普通高等教育"十一五"国家级规划教材
普通高等教育车辆工程专业规划教材

汽车电子控制技术

(第3版)

鲁植雄　冯崇毅　主　编
肖茂华　迟英姿　副主编

人民交通出版社股份有限公司
China Communications Press Co.,Ltd.

内 容 提 要

本书为普通高等教育车辆工程专业规划教材。主要内容包括：现代控制技术基础知识；现代汽车集成系统的基本组成、控制原理与方法；发动机燃料供给、点火、排气净化和辅助等各个功能子系统控制的基本组成、控制原理与方法，以及典型结构和部件的工作过程；制动、驱动、转向、自动变速、悬架以及操纵与安全系统，仪表和辅助装置等底盘功能子系统控制的基本组成、控制原理和方法，以及相应的典型结构和部件的工作特性与过程分析；现代汽车网络控制系统和总线技术的基本组成、控制原理和基本特性。

本书为高等院校车辆工程专业、汽车服务工程专业、交通运输专业学生的教材，也可供相关专业技术人员阅读参考。

图书在版编目(CIP)数据

汽车电子控制技术/鲁植雄，冯崇毅主编. —3 版. —北京：人民交通出版社股份有限公司，2018.8
ISBN 978-7-114-14828-6

Ⅰ.①汽… Ⅱ.①鲁… ②冯… Ⅲ.①汽车—电子控制 Ⅳ.①U463.602.7

中国版本图书馆 CIP 数据核字(2018)第 137219 号

书　名：	汽车电子控制技术(第3版)
著 作 者：	鲁植雄　冯崇毅
责任编辑：	李　良
责任校对：	尹　静
责任印制：	张　凯
出版发行：	人民交通出版社股份有限公司
地　　址：	(100011)北京市朝阳区安定门外外馆斜街3号
网　　址：	http://www.ccpcl.com.cn
销售电话：	(010)59757973
总 经 销：	人民交通出版社股份有限公司发行部
经　　销：	各地新华书店
印　　刷：	北京虎彩文化传播有限公司
开　　本：	787×1092　1/16
印　　张：	19.25
字　　数：	476千
版　　次：	2005年10月　第1版
	2011年12月　第2版
	2018年8月　第3版
印　　次：	2023年11月　第3版　第3次印刷　累计第7次印刷
书　　号：	ISBN 978-7-114-14828-6
定　　价：	46.00元

(有印刷、装订质量问题的图书，由本公司负责调换)

普通高等教育车辆工程专业规划教材

编委会名单

编委会主任

龚金科(湖南大学)

编委会副主任(按姓名拼音顺序)

陈　南(东南大学)	方锡邦(合肥工业大学)	过学迅(武汉理工大学)
刘晶郁(长安大学)	吴光强(同济大学)	于多年(吉林大学)

编委会委员(按姓名拼音顺序)

蔡红民(长安大学)	陈全世(清华大学)	陈　鑫(吉林大学)
杜爱民(同济大学)	冯崇毅(东南大学)	冯晋祥(山东交通学院)
郭应时(长安大学)	韩英淳(吉林大学)	何耀华(武汉理工大学)
胡　骅(武汉理工大学)	胡兴军(吉林大学)	黄韶炯(中国农业大学)
兰　巍(吉林大学)	宋　慧(武汉科技大学)	谭继锦(合肥工业大学)
王增才(山东大学)	阎　岩(青岛理工大学)	张德鹏(长安大学)
张志沛(长沙理工大学)	钟诗清(武汉理工大学)	周淑渊(泛亚汽车技术中心)

第3版前言

汽车电子控制技术的应用是汽车技术发展的主流,也是评价汽车设计性能和制造水平的重要指标。汽车控制技术已经由简单机械控制、单项子系统独立控制发展成为信息化、系统化和智能化的集中控制,成为提升汽车性能的重要因素。汽车电子控制技术领域成为汽车产业更新换代最快的领域。

对于高等院校车辆工程专业而言,汽车电子控制技术课程具有典型的机械电子工程学科的特点。通过对汽车电子控制技术的学习与掌握,可使学生具备有关机、电、液综合控制系统等方面的知识结构,对于培养复合型人才具有特殊的意义。为满足高等院校车辆工程以及相关专业的教学需要,满足汽车产业工程技术人员和生产经营管理人员了解与掌握相关知识的需要,特编写了本教材。

《汽车电子控制技术》自2005年首次出版以来,收到各方面的反馈信息,对书中的内容提出很好的意见与建议。在本次教材修订编写过程中,编者结合理论研究以及直接和间接的实践结果,充分搜集生产、科研第一线的信息,参阅了大量文献资料,充分听取了来自各方的意见和建议,力求全面、整体、系统和动态地介绍与分析有关汽车系统控制的基本原理、组成、方法和工作过程,以及相关的典型结构与配置。除了删除第二版中不合适的部分,保留并加强经实践检验证明是正确且效用明显的部分之外,重点加强了有关汽车集中(集成)控制系统等部分内容的编写,力求紧跟当今发展趋势。

本次修订仍然遵循原版编写原则,即以现代汽车集中控制技术为主线,以汽车系统控制为重点内容,系统介绍有关知识,展开并突出应用技术,辅之以相关方面的理论论述,以及结构、总成的介绍与分析,形成整体化、动态化和模块化的知识结构。在内容的选择和层次、条理的安排方面,则突出鲜明、准确的原则,不追求详细的理论和数学模型的推导与计算,不简单求全罗列具体结构类型与车型。

当前,高等院校专业的学时日益减少与必修知识门类日益增多的矛盾日渐尖锐。鉴于此,本次修订继续强调为教师留出选择、组合以及发挥与补充的余地,为学生和其他读者留下思考的余地。教师可从不同的角度出发分析,启发思维,触类旁通,举一反三,充分发挥主观能动性,培养学生的自学与独立思考的能力。

本教材由南京农业大学鲁植雄和南京工业大学浦江学院冯崇毅担任主编,南京农业大学肖茂华和南京工业大学浦江学院迟英姿担任副主编。参加本教材修订的还有南京农业大学腾秀梅、张大成,以及南京工业大学浦江学院王源绍。第一、六、八、九章由冯崇毅编写;第二、七章由鲁植雄编写;第三、四章由迟英姿编写;十二、十三章由肖茂华编写;第五章由王源绍编写;第十章由张大成编写;第十一章由腾秀梅编写,并进行全书校对和文字整理工作。全书由鲁植雄负责统稿。

鉴于现代汽车技术发展日新月异,汽车控制理论、方式和方法不断推陈出新,此次修订时不可能完全涵盖领域发展全貌,因此欢迎各位专家和读者提出宝贵意见和建议,以便丰富、完善和补充本教材,共同提高车辆工程学科建设水平。

编　者
2018 年 5 月

目 录

第一章 绪论 ... 1
- 第一节 汽车控制系统的发展沿革 ... 1
- 第二节 现代汽车电子控制技术简介 ... 4
- 复习思考题 ... 5

第二章 汽车电子控制技术基础 ... 6
- 第一节 汽车电子控制系统的组成与特征 ... 6
- 第二节 汽车传感器 ... 9
- 第三节 汽车电子控制单元 ... 12
- 第四节 汽车电子控制系统中的执行元件 ... 15
- 第五节 汽车电子控制系统中的控制理论 ... 17
- 第六节 汽车综合控制 ... 21
- 复习思考题 ... 24

第三章 发动机电子控制燃料喷射系统 ... 26
- 第一节 汽油发动机燃料供给 ... 26
- 第二节 电子控制燃料喷射 ... 29
- 第三节 空气供给系统 ... 42
- 第四节 燃油供给系统 ... 43
- 第五节 电子控制系统 ... 52
- 复习思考题 ... 66

第四章 点火系统控制 ... 67
- 第一节 对点火系统的基本要求 ... 67
- 第二节 计算机控制点火系统 ... 69
- 第三节 点火提前角控制 ... 70
- 第四节 无分电器点火系统 ... 75
- 第五节 爆震控制 ... 78
- 复习思考题 ... 80

第五章 辅助控制 ... 82
- 第一节 怠速控制 ... 82
- 第二节 发动机排放污染控制 ... 88
- 第三节 其他辅助控制 ... 93
- 第四节 稀薄燃烧控制 ... 98
- 第五节 故障的自诊断系统 ... 104
- 复习思考题 ... 108

第六章 发动机集中控制系统 110
- 第一节 发动机集中控制系统的组成与方式 110
- 第二节 发动机集中控制典型系统分析 114
- 复习思考题 117

第七章 柴油机电子控制系统 118
- 第一节 概述 118
- 第二节 电子控制直列泵柴油喷射系统 120
- 第三节 电子控制分配泵柴油喷射系统 122
- 第四节 电子控制泵喷嘴系统 125
- 第五节 电子控制共轨系统 129
- 第六节 柴油机喷油控制 135
- 复习思考题 140

第八章 自动变速控制系统 141
- 第一节 自动变速器基本组成与工作原理 141
- 第二节 液力变矩器 148
- 第三节 行星齿轮传动机构 153
- 第四节 自动换挡控制系统的结构与工作原理 160
- 第五节 无级变速 170
- 复习思考题 173

第九章 汽车制动控制系统 175
- 第一节 汽车制动控制系统基本原理 175
- 第二节 ABS 基本组成 176
- 第三节 ABS 控制模式与控制方式 180
- 第四节 ABS 控制过程 184
- 第五节 ABS 技术的发展趋势 187
- 复习思考题 188

第十章 驱动防滑与稳定性控制系统 189
- 第一节 驱动防滑控制系统 189
- 第二节 ESP 系统控制系统 201
- 第三节 集中控制系统框架下的底盘控制 204
- 复习思考题 208

第十一章 行驶与安全控制系统 209
- 第一节 电控悬架系统 209
- 第二节 巡航控制系统 215
- 第三节 导航系统 220
- 第四节 安全气囊 224
- 第五节 防撞控制系统 230
- 第六节 电控中央门锁与防盗系统 233

| 第七节　电控转向系统 | 236 |
| 复习思考题 | 245 |

第十二章　舒适与方便控制系统 | 247
第一节　电控自动空调	247
第二节　电控座椅	250
第三节　车门控制系统	252
第四节　电子仪表	253
第五节　智能前照灯系统	258
第六节　电控刮水器	261
复习思考题	263

第十三章　汽车网络系统 | 265
第一节　汽车网络的类型与传输原理	265
第二节　汽车网络系统组成	272
第三节　控制器局域网	278
第四节　局域互联网	288
第五节　车辆局域网	291
复习思考题	294

参考文献 | 295

第一章 绪 论

本章主要介绍:汽车控制技术的发展沿革、各个发展阶段的基本特点以及现代汽车电子控制技术的基本功能。

第一节 汽车控制系统的发展沿革

现代汽车技术已跨越行业与学科的界限而成为一门综合性学科领域。现代汽车已经不仅仅是一个热能转换机构以及相应传动与操纵机械装置的简单合成,而是充分运用现代高新技术最新成果综合合成的集成控制系统。

当代汽车技术的进步,主要得益于汽车电子控制技术的飞速发展,其历程如图 1-1 所示,大致可分为四个阶段。

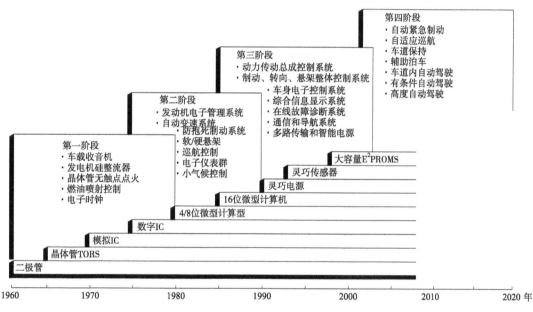

图 1-1 汽车电子控制技术的形成与发展

一、机械控制阶段

早期阶段,由于汽车产品本身尚处于不断完善与成熟的阶段,可挖掘的潜力很大,因此该阶段汽车产业追求的是产品数量与质量的不断提高,以及汽车性能的逐步完善。此时的汽车控制技术仅仅建立在简单机械控制(例如,化油器各个系统随发动机工况的自动调节与运行、车辆转向轮定位系统对车辆转向性能的控制等)和简单电气系统控制(例如,发电机输出电压的调节和蓄电池充电电流的调节等)的基础上,控制的目的仅是实现不同工作状况和环境条件下发动机的正常、稳定工作和性能的基本发挥。

由于社会、市场和产业的发展使汽车产品质量与数量日益提高,成本日益降低,因此汽车已经进入家庭,成为一种大众化消费品。现代社会汽车产品大众化后所面临的重大问题是:高速、安全、可靠、舒适和防污染。经过多年的发展,传统机械装置,如曲柄连杆机构、定轴齿轮传动机构等,其功能已经相当齐全,技术成熟,潜力基本挖尽。如果不在原理、结构与技术上产生根本性的重大变化,仅仅在提高机械系统性能上谋求发展则已经没有什么可能了。特别是对于某些装置而言,如触点式点火机构、触点式发电机电压调节装置和机械式仪表显示装置等,由于原理和结构的限制,性能已不可能获得根本的改善,再在现有基础上挖潜力只能是事倍功半。如果选择大规模地从根本上改变机械系统传统结构,将会造成车辆结构复杂化以及可靠性降低,使得调整与维护困难。旋转活塞发动机发展多年,至今仍未能代替往复式活塞发动机,以及机械式汽油喷射系统的探索过程等,都充分证明了这一点。另外,对于某些特殊要求与性能来说,诸如减少车辆有害物质排放、提高安全性能、提高乘坐舒适性和操作方便性、节约燃料以及采用新型燃料等,仅靠机械系统控制是无法实现的。

二、机械—电子控制阶段

追求车辆性能大幅度、突破性地提高与完善,必须通过提高控制系统的性能来实现。控制系统的作用本质上就是使各个机构与总成(子系统),在任何时候均能与车辆整体以及环境变化相适应,随时处于最佳工况与匹配状况。通过提高控制系统性能来改善汽车的性能可以收到事半功倍的效果。

汽车控制系统的最初发展是从改进汽油机点火系统性能开始的。晶体管的发明,使采用无触点点火装置来增强点火初级电流的稳定性成为可能,极大地提高了点火能量,改善了燃烧状况。这些局部技术改进可提高控制质量并获得相当的成果。但从总体上来说,该阶段仍然是在机械系统的基础上,采用电子控制技术改进系统运行性能,并没有本质上的变化。可以认为,该阶段控制技术仍然是"为机械系统服务的"。

具有试验性质控制技术的初期标志性发展是:第二次世界大战期间问世的机械式汽油喷射技术,运用于歼击机的发动机上,其目的仅是为了替代化油器并取消浮子室,以改善歼击机空中翻滚、格斗时发动机工作的可靠性。

随着基础科学技术的发展,特别是集成电路与大规模集成电路技术、计算机数字化技术的运用,以及基础控制学理论与方法的发展,汽车电子控制技术取得一系列突破性的进展。如电子控制汽油喷射(EFI)、ABS控制、无分电器点火(DLI)系统控制、自动变速控制以及排气污染物吸附与消除控制等。

该阶段面临的问题是如何使汽车各个子系统的工作均衡与协调。在采用晶体管技术改造点火系统的早期,曾发生过:由于点火系统性能的改进,使发动机功率提高而各个机械部分所受到的负荷也随之增大,于是造成原有结构零部件磨损强度增大,子系统的工作匹配出现不协调现象,并最终导致发动机的可靠性、维修性以及使用寿命的下降。另外,子系统实施互相独立的所谓"并行"控制方式,必然造成部分功能的重复,从而引起资源的浪费和系统的日益复杂化。

据估计:从20世纪70年代开始至2008年,车辆综合性能提高超过80%来自车辆系统控制技术的进步。随着技术发展与性能提高、完善的需要,过去认为是高档的设备与装置现已成为普通的标准配备,并不断出新。如果仍然延续传统的控制方式,将导致车辆系统的日益复杂化。主要弊病表现为：分系统各自配备独立硬件组成和控制通道，形成对独立目标的"一对一"约束；20世纪70—80年代生产的某些车辆上竟装有35个CPU处理单元，8个ECU（Electronic Control Unit）；传感器和执行器数量也不断增加；控制功能的重复与叠加导致系统干涉现象的产生；功能扩展余度狭窄，过程繁杂；软、硬件等系统资源利用效率下降；复杂性增加，可靠性下降，成本增加。

三、集中系统控制阶段

传统的汽车控制技术是对每个局部分系统进行独立控制，使其本身工作性能达到理想状况。但对于整车而言，现代汽车追求的目的并不是简单控制单个因素，或若干因素控制的简单叠加就可以实现的。例如：排放控制就涉及空气供给系统、燃料供给系统、点火系统并影响车辆的动力性、经济性；传动系统控制则直接涉及发动机的工作状况、辅助系统工作状况以及环境和车辆操纵目的等。显然，局部或个体最佳并不能获得整体最佳的效果，片面追求某些局部功能（比如排放控制），势必引起其他功能（比如发动机动力性、经济性）的下降。

系统控制工程、人机工程学等基础理论的发展，以及计算机中央处理技术、网络技术和新材料、新能源的发展与运用，为汽车控制技术集成化提供了雄厚的技术基础，现代汽车集中控制技术在此基础上应运而生。

所谓现代汽车集中控制系统，就是采用信息—系统—控制模式，将整体系统的多个控制功能集中由一个功能强大的ECU实行控制，将局部最佳转化为系统最佳，使车辆系统响应随动于外界环境的变化，寻求系统整体的最佳对外反应以及系统资源的最佳利用效率。

车辆集中控制系统在设计阶段，就严格按照人、车、环境整体最佳效应的原则与目标进行整体规划与设计，运用系统—信息—控制模式，按照整体性、动态性和开放性的控制原则，并采用计算机网络信息技术，实现控制的集成化。

传统汽车是一个实现热能转换的机械系统。传统控制技术和装置则是"添加式"的，仅为了提高某些局部性能（如促进完全燃烧、自动变换传动比、单独控制排放和提高制动性能等），而在此基础上采用控制手段。从系统工程的观点出发，可以将现代汽车看作是一个典型意义上的智能化、信息化和具备良好的人—机—环境效应的大系统。该系统由信息传感、信息处理、执行和数据传输等分系统组成，形成以中央信息处理为核心、由网络和总线技术提供信息传输、资源共享、互为冗余的有机整体。该系统首先监控并搜集车辆所处的环境变化、车辆本身状况和驾驶人的操纵意志等信息，并通过网络数据总线传递至计算机处理系统，按照预编程序进行处理，再由计算机发出控制指令并传递至执行系统实现预期的功能。对于功能与要求相同或相近的控制功能，例如：发动机与传动系统、点火与怠速系统、驱动与制动系统以及各种辅助系统与总系统等，实现集中控制，使系统更为简化与集中，可靠性也大大提高。从这个意义上说：现代车辆本身是一个控制系统，传统的曲柄连杆机构、燃料供给系统、点火系统、配气机构、传动机构、制动系统、操纵系统和悬架系统等，都可看作是为了完成中央计算机发出的指令、而实现预定的终端功能的执行机构。

现代车辆集中控制系统与传统控制系统的最大区别在于：控制系统不再是仅仅为了提高机械系统的功能而设置的，而是以控制系统为主，通过信息与指令的传感与传输，控制执行机构（传统机械装置）来实现预期功能的智能化、网络化。

四、智能网联阶段

智能网联汽车是指搭载先进的车载传感器、控制器、执行器等装置,并融合现代通信与网络技术,实现车与X(车、路、人、云等)智能信息交换、共享,具备复杂环境感知、智能决策、协同控制等功能,可实现安全、高效、舒适、节能行驶,并最终实现替代人来操作的新一代汽车。

智能网联汽车可以提供更安全、更节能、更环保、更便捷的出行方式和综合解决方案,是国际公认的未来发展方向和关注焦点。

从技术发展路径来说,智能汽车分为3个发展方向:网联式智能、自主式智能及前两者的融合,即智能网联汽车。

智能网联汽车融合了自主式智能汽车与网联式智能汽车的技术优势,涉及汽车、信息通信、交通等诸多领域,其技术架构较为复杂,可划分为"三横两纵"式技术架构:"三横"是指智能网联汽车主要涉及的车辆、信息交互与基础支撑3个领域技术,"两纵"是指支撑智能网联汽车发展的车载平台以及基础设施条件。

汽车技术的每一个跨越式发展均与社会经济与技术的发展同步实现。评价汽车性能的一个重要参数就是:控制系统消耗的资源在整车成本中所占比例,该数据在20世纪末达到20%~30%。今后还将进一步提高。相信随着高技术的进一步发展与普及,各种科技发展的最新成果也会日益增多地运用于汽车控制系统中。

第二节　现代汽车电子控制技术简介

汽车电子控制系统由多种传感器、中央控制ECU、执行机构、显示器、数据总线和相应软件集合而成。该系统采用复杂的多元过程控制,使车辆系统工作于适时的最佳状况。典型的汽车控制系统结构基本组成如图1-2所示。

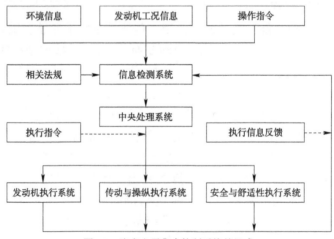

图1-2　汽车电子集中控制系统的组成

现代汽车系统的运行分别受到驾驶人的操纵意志、车辆适时工况和环境状况及其变化等因素的制约。上述因素的相关信息由多种传感器传输至ECU为其识别,强大的中央处理系统通过数据处理得出最佳控制指令,并将其传输给诸如燃料供给装置、点火装置、传动装置、制动和转向装置等执行机构,使车辆获得与社会环境、路况、交通状况和驾驶人期望相适应的、预期的系统响应,以按照操纵者的意志和环境的要求运行。

作为典型的变工况高速交通工具,对车辆控制系统的要求是动态性、敏捷性、快速性、可靠性和自动化程度。为强调车辆运行的舒适、平顺与加强人机工程效应,操纵方便,现代汽车安装了多样化的附加配置与显示装置。这些装置除了功能齐全、方便外,最重要的是控制系统直接控制其运行,使这些设备、装置与整车融为一体,形成一个协调、互补的高性能的服务网络。

随着汽车电子化、信息化的深入,替代传统线束装置的、以网络通信为基础的线控技术(Control-By-Wire,CBW)和以控制器局域网(Controller Area Network)为标志的车辆线控网络通信技术将在车上普遍应用。由于数据传输速度高、时间特性好(通信事件发生时间是确定的)、高容量、高可靠性高和高冗余度等优良特性,使得车辆控制系统集成功能日益强大,结构日益简化,控制速度、精度和可靠性明显提高,并具备足够的功能扩展余地,为车辆性能和功能的不断扩展和完善提供了广阔的发展空间。

现代控制技术将汽车、人与路融合为一体,随动于环境的变化,始终使三者处于最佳匹配。汽车不仅在高速公路上行驶,而且也"奔驰"在信息高速公路上:各种定位与地理信息系统将清楚地显示车辆的适时位置;各种传感装置将综合信息输入处理系统;高速计算机对瞬间环境状况与车辆状况进行适时计算并给出执行指令;数据链与数据总线将各种信息、指令及时传递;传统的机械装置在高技术信息系统的支撑下随时以最佳状况运行;驾驶人可以通过网络随时掌握所需的信息并依此给出操纵指令。先进的科学技术将人、车和环境集成为一个完美、和谐的整体,这就是现代汽车系统控制技术所追求的境界。

复习思考题

1-1 为何说汽车电子技术占其总成本的比例越来越高?
1-2 简述汽车电子控制技术应用的发展趋势。
1-3 简述智能网联汽车的发展趋势。

第二章　汽车电子控制技术基础

本章主要介绍：汽车电子控制系统软硬件基本组成、特征与工作原理；车用传感器基本类型、性能要求与选用原则；车辆电子控制单元(ECU)、控制系统执行器的主要功能和组成；现代车辆控制系统基础理论、控制模型和方式。

第一节　汽车电子控制系统的组成与特征

一、汽车电子控制系统的组成

现代汽车是以计算机为中心的高度自动化、集成化的控制系统,该系统随着汽车功能的不断增多而日臻完善和复杂。

电子控制系统的基本组成框图如图2-1所示。

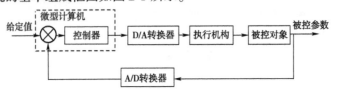

图2-1　电子控制系统的基本组成框图

电子控制系统包括硬件和软件两大部分。

1. 硬件

汽车计算机系统一般称为ECU,其硬件结构一般由三部分组成:外部传感器、汽车计算机(电脑)和执行机构,如图2-2所示。ECU主要由输入接口、微处理器(计算机)和输出接口组成。

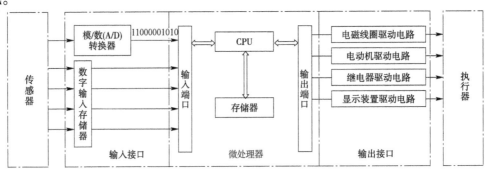

图2-2　汽车电子控制系统的基本组成

ECU基本工作原理:汽车在运行时,各传感器不断检测汽车运行的工况信息,并将这些信息实时地通过输入接口传给ECU。ECU接收到这些信息后,根据内部预编的控制程序,进行相应的决策和处理,并通过其输出接口输出控制信号给相应的执行器,执行器接收到程序信号后,执行相应的动作,实现某种预定的功能。

2. 软件

软件分成系统软件和应用软件。

系统软件是对主机和外部设备进行统一管理和控制的各种程序系统，包括操作系统、语言加工系统和诊断系统，由计算机制造厂提供。

应用软件是为实现控制功能所编制的程序，其核心是控制程序。应用软件主要根据被控制对象和控制要求来编写，故必须由计算机控制系统设计人员自行编制。

二、汽车电子控制系统的特征

汽车电子控制系统的特征主要表现为目的性、相关性、层次性和随机性四个方面。

1. 目的性

汽车电子控制系统的目的是解决与汽车性能相关的问题，而这些问题仅依靠通常的机械系统是难以解决的。例如 ABS 是为了保证汽车行驶时的安全性；悬架控制用来改善汽车的平顺性、操纵性和稳定性；而动力转向的目的是为了改善停车或低速驾驶时的转向力以及保证在高速行驶时的路感。

具体而言，汽车电子控制系统主要是为了改善如下一些基本功能：

(1) 改善乘坐舒适性。良好的乘坐舒适性应该是汽车在任何路面行驶时，无论法向和侧向运动，颠簸和冲击都较小，理想的情况是希望获得像乘坐喷气式客机在天空飞行一样舒适。

(2) 汽车行驶时的姿态控制。控制汽车在转向、制动和加速时的侧倾、纵倾等运动，以保证驾驶人有最舒适的汽车水平位置。

(3) 保证有高的操纵性和稳定性。依靠电子控制系统，汽车能对驾驶人的操纵及时而正确地给予响应，无论在何种速度下都能保证汽车的操纵性和稳定性。此外，汽车应不受侧向风或路面不平度的干扰。

(4) 提高行驶能力极限。汽车电子控制系统应在任何路面和任何行驶工况下实现最大的轮胎与路面间的牵引力。

(5) 自适应操纵系统。当作用在汽车上的惯性力超过轮胎与路面间的牵引力极限时，控制系统应能自动地给予转向、制动和加速，以避免汽车进入危险状态。

2. 相关性

汽车上各种电子控制系统往往是相互关联的，如果不考虑这种相关性，任何控制系统都会出现非预期的结果。例如汽车上的主动悬架，如果不考虑防滑制动系统的行为，就有可能在紧急制动时导致汽车的上下起伏和纵向摇摆。这是因为主动悬架对防滑制动系统的波动产生的响应。又如主动悬架可以减小汽车侧倾，可是却破坏了四轮转向系统（4WS）的横摆响应。与此同时，若依靠 4WS 改善横摆响应，则主动悬架的侧倾收敛效果会减弱。

3. 层次性

汽车电子控制系统是有层次的，一般可以分成三个层次，如图 2-3 所示。第一层次是汽车综合控制系统。第二层次是各个子系统，如发动机控制、制动控制、转向控制、悬架控制和动力传动控制系统等。而控制系统对前、后、左、右四个车轮制动和悬架装置的控制，发动机控制系统对燃料和空气供给系统的控制等则属于第三层次。

如将人—车—环境控制系统看作一个单独的控制层次，就成为四个层次。

4. 随机性

由于汽车在不同的气候环境和道路条件下行驶,而其行驶工况又是动态变化的,因而汽车作为一个系统,是动态的、不确定的或随机的。例如:若某一悬架控制系统是为特定的载荷工况和道路条件设计的,那么在动负荷和路面不平度变化时,该悬架控制系统就不能保证汽车获得良好性能。因此,汽车电子控制系统必须能适应外界条件的随机变化。

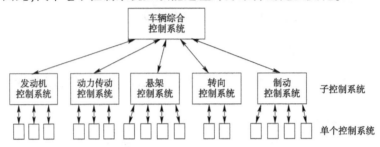

图 2-3　汽车电子控制系统的三个层次

三、汽车电子控制系统的工作原理

汽车电子控制系统事先将一系列的指令程序储存在 ECU 程序存储器中,这些指令程序在设计、制造时就已设定好,ECU 输入信号来自控制系统的各个传感器。图 2-4 所示为微处理器控制的车速表及燃油液位指示表系统。

ECU 工作时接收分布在汽车各部位的传感器送来的信号,它把这些输入信息与存储器中的"标准数据"进行比较,根据结果控制执行机构采取相应的动作。微处理器对许多传感器输来的信息依次地进行轮流处理。在一项信息经过处理并输给仪表后,才开始处于预定次序中下一个传感器传来的信息。另一种工作方式是,微处理器按常规连续进行工作,而当某一传感器的信号改变时,微处理器中断其工作而处理新的信息。

图 2-5 所示的是作用于车速表系统的"中断"过程。当驾驶人想把英制的车速改为国际单位制时,他可用键盘向微处理器输入中断信号,使程序改变。当微处理器完成程序转换后,仪表读数随即改变。中断期间,传感器传来的数据储存在随机存储器中。

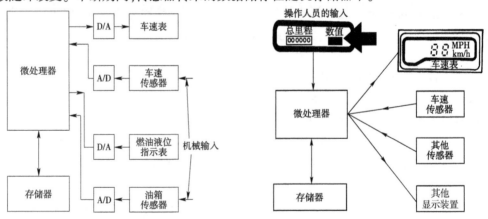

图 2-4　微处理器控制的车速表及燃油液位指示表系统　　图 2-5　车速表系统中的中断

标准的汽车计算机系统可在发动机 ECU 和车身 ECU 之间以 8000b/s 以上的速率交流信息。由于计算机要采集多个来源不同的信息,所以需要采用多路传输信息采样系统。ECU 在检查和处理不同信息时,它是按可编程只读存储器的程序有规则地进行信息采样和信息处理

（图2-6）。例如ECU要检查冷却液温度、发动机转速和其他传感器的输入，其中冷却液温度的变化不是很快，不需要经常检查；而发动机转速变化很快，必须经常检查。此外计算机还要用可消除存储器存储里程表读数，供电子显示装置使用；用随机存储器计算输入的数据。

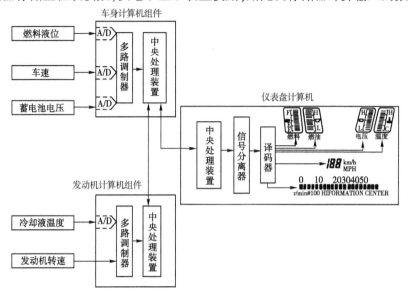

图 2-6　电子控制系统的数据处理原理框图

多数汽车计算机系统使用独立的供电系统(5~7V)，供应发动机和车身计算机及其他有关电路和传感器用电。为了尽可能避免干扰，其供电和搭铁接头通常是和蓄电池主要供电系统(12V)的接头分开的，称为无"噪声"隔离接头，其他辅助电气设备的线路不允许接到这一套独立的供电和搭铁接头上。

第二节　汽车传感器

一、汽车传感器的分类

1. 按能量关系分类

传感器按能量关系分类，可分为主动型和被动型传感器。汽车上使用的传感器大多数属于被动型传感器，这种被动型传感器需要外加输入电源（一般为+5V），才能输出电子信号。例如温度传感器，它以改变电阻值的方式向外输出电信号，但信号的输出需要测试回路提供电源，电源的输出能量要受测试对象输出信号所控制。采用电阻、电感、电容及应变效应、磁阻效应、热阻效应制成的传感器，属于被动型传感器。

主动型传感器是指传感器本身在吸收了能量（光能和热能）经自身变换后再输出电能。例如，太阳能电池和热电偶输出的电能分别来源于传感器吸收的光能和热能。因此，主动型传感器不需要外加电源，它本身是一个能量变换器。采用压电效应、磁致伸缩效应、热电效应、光电效应等制成的传感器，属于主动型传感器。

2. 按信号转换分类

按信号转换关系分类，可分为由一种非电量转换成另一种非电量，如弹性敏感元件和气动传感器；另一种是由非电量转换成电量的传感器，如热电偶温度传感器、压电式加速度传感器等。

3. 按输入量分类

按输入量分类即按被测量分类,可分为位移、速度、加速度、角位移、角速度、力、力矩、压力、真空度、温度、电流、气体成分、浓度传感器等。

4. 按工作原理分类

按传感器的工作原理分类,有电阻式、电容式、应变式、电感式、光电式、光敏式、压电式、热电式传感器等。

5. 按输出信号分类

按传感器输出信号分类,有模拟式和数字式传感器两种。

6. 按使用功能分类

汽车各种传感器按其使用功能又可分为两类,一类是使驾驶人了解汽车各部分状态的传感器,另一类是用于控制汽车运行状态的传感器,汽车用传感器的种类见表2-1。

表2-1 汽车用传感器的种类

种 类	检测量或检测对象
温度传感器	冷却液、排出气体(催化剂)、吸入空气、发动机机油、自动变速器液压油、车内外空气
压力传感器	进气歧管压力、大气压力、燃烧压力、发动机油压、自动变速器油压、制动油压、轮胎压力
转速传感器	曲轴转角、曲轴转速、转向盘转角、车轮速度、变速器输入轴转速、变速器输出轴转速、空调压缩机转速
速度、加速度传感器	车速(绝对值)、车身加速度
流量传感器	吸入空气量、燃料流量、废气再循环量、二次空气量、制冷剂流量
液量传感器	燃油、冷却液、电解液、清洗液、机油、制动液
位移方位传感器	节气门开度、废气再循环阀开度、汽车高度(悬架、位移)、行驶距离、行驶方位、GPS全球定位、加速踏板位置
气体浓度传感器	O_2、CO_2、NO_x、HC、柴油烟度
其他传感器	转矩、爆震、燃料成分、湿度、玻璃结雾、鉴别饮酒、睡眠状态、电池电压、蓄电池容量、灯泡断线、荷重、冲击物、轮胎失效、风量、日照、光照、地磁等

二、汽车传感器的性能要求

汽车用传感器的性能指标包括精度指标、响应性、可靠性、耐久性、结构紧凑性、适应性、输出电平和制造成本等。其传感器性能要求如下:

(1)有较好的环境适应性。汽车工作环境温度是在 -40~80℃,各种道路条件下运行,特别是发动机承受着巨大的热负荷、热冲击、振动等,因此要求传感器能适应温度、湿度、冲击、振动、腐蚀及油液污染等恶劣工作环境。

(2)有较高的工作稳定性及可靠性。

(3)再现性好。由于计算机在汽车上的应用,要求传感器再现性一定要好,因为即使传感器线性特性不良,通过系统可以进行修正。

(4)具有批量生产和通用性。由于汽车工业的发展,要求传感器应具有批量生产的可能性。一种传感器可用于多种控制,如把速度信号微分,可得到加速度信号等,所以传感器应具有通用性。

(5)要求小型化,便于安装使用,检测识别方便。

(6) 应符合有关标准要求。

(7) 传感器数量不受限制。

在现代汽车电子控制系统中,传感器可把被测参数转变成电信号,无论参数数量有多少,只要把传感器信号送入计算机,就可以进行处理,实现高精度控制。表 2-2 中给出了汽车传感器的检测项目和精度要求。

汽车传感器的检测项目精度要求 表 2-2

检测项目	检测范围	精度要求	分辨能力	响应时间
进气歧管压力	10 ~ 100kPa	±2%	0.1%	2.5ms
空气流量	6 ~ 600kg/h	±2%	0.1%	2.5ms
冷却液温度	-50 ~ 150℃	±2.5%	1℃	10s
曲轴转角	10° ~ 360°	±0.5°	1°	20μs
节气门开度	0° ~ 90°	±1%	0.2°	10ms
排气中氧浓度	0.4 ~ 1.4	±1%	1%	10ms

除此之外,汽车电子控制系统中的传感器还承受着发动机的热负荷、振动、冲击,以及使用在油蒸汽、泥泞道路等恶劣环境,因此要求传感器能适应各种恶劣环境和条件。

三、汽车传感器的选用原则

1. 量程的选择

量程是传感器测量上限和下限的代数差。例如检测车高用的位移传感器,要求测量上限为 40mm,测量下限为 -40mm,则选择位移传感器的量程应为 80mm。

2. 灵敏度的选择

传感器输出变化值与被测量的变化值之比称之为灵敏度。例如,测量发动机冷却液温度的传感器,它的测量变化值为 170℃(-50 ~ 120℃),而它的输出电压值要求为 0 ~ 5V,所以选择其灵敏度为 5V/170℃。

3. 分辨率的选择

分辨率表示传感器可能检测出的被测信号的最小增量。例如,发动机曲轴的位置传感器,要求分辨率为 0.1°,也就是表示设计或选择数字传感器时,它的脉冲当量选择为 0.1°。

4. 误差的选择

误差是指测量指示值与真实值之间的差。有的用绝对值表示,例如,温度传感器的绝对误差为 ±0.2℃,有的用相对于满量程之比来表示。例如,空气流量传感器的相对误差为 ±1%。传感器误差是系统总体误差所要求的,应当得到满足。

5. 重复性的选择

重复性是传感器在工作条件下,被测量的同一数值,在一个方向上进行重复测量时,测量结果的一致性。例如,检测发动机在转速上升时期对某一个速度重复测量时,数值的一致性或误差值,应满足规定要求。

6. 线性度的选择

汽车传感器的线性度是指它的输入输出关系曲线与其理论拟合直线之间的偏差。这种偏差要选择大小一定、重复性要好,而且有一定的规律,这样在计算机处理数据时可以用硬件或软件进行补偿。

7. 过载的选择

过载表示传感器允许承受的最大输入量(被测量)。在这个输入量作用下传感器的各项指标应保证不超过其规定的公差范围。一般用允许超过测量上限(或下限)的被测量值与量程的百分比表示。选择时只要实际工况超载量不大于传感器说明书上规定值就可以。

8. 可靠度的选择

可靠度的含义是在规定条件下(规定的时期、产品所处的环境条件、维护条件和使用条件等),传感器正常工作的可能性。例如压力传感器的可靠度为0.997(2000h),它是指压力传感器符合上述条件时,工作在2000h内,它的可靠性(概率)为0.997(99.7%)。在选择时,要求传感器的工作时间长短及概率两指标都要符合要求,才能保证整个系统的可靠性指标。

9. 响应时间的选择

传感器的响应时间(或称建立时间)是指阶跃信号激励后,传感器输出值达到稳定值的最小规定百分数(如5%)时所需时间。例如压力传感器响应时间要求是10ms,也就是要求该传感器在工作条件下,从输入信号加入后,要经10ms后,它的输出值才达到所要求的数值。这个参数大小会直接影响汽车起动时间的大小,所以在选择时只能小于10ms,才能满足汽车起动时间或工况变换的时间要求。

第三节 汽车电子控制单元

一、汽车电子控制单元的主要功能

汽车电子控制单元(ECU)是电子控制系统的核心部件,主要有如下功能:

(1)接受传感器或其他装置的输入信号,并将输入信号处理成ECU能够接收的信号,如将模拟信号转换成数字信号。

(2)为传感器提供参考电压,如2V、5V、9V或12V。

(3)存储、计算、分析处理信息,存储运行信息和故障信息,分析输入信息并进行相应的计算处理。

(4)输出执行命令,把信号变为强信号的执行命令。

(5)输出故障信息。

(6)完成多种控制功能。如在发动机控制中,ECU可完成点火控制、燃油喷射控制、怠速控制、排放控制、进气控制、增压控制等多种功能。

二、ECU的组成

ECU一般由输入接口电路、微处理器和输出接口电路组成,如图2-7所示。

1. 输入接口电路

输入接口电路,主要是完成外部传感器与微处理器之间的信息传递。主要功能是对传感器输入信号进行预处理,使输入信号变成微处理器可以接收的信号。

1)模拟信号的处理

若输入的模拟信号信号较弱,如氧传感器(产生一个低于1V的电压信号),则首先需要对信号进行放大处理,再通过A/D(模拟转换器),将放大后的模拟信号转换成数字信号。

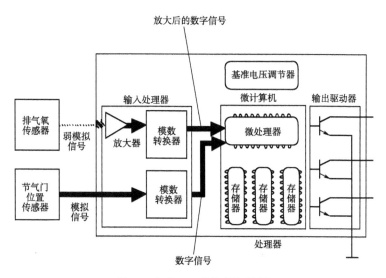

图 2-7　汽车 ECU 的组成原理框图

若输入的模拟信号在 A/D 所设定的量程范围内,可直接进行 A/D 转换。如空气流量传感器的输出电压在 0～5V 之间变化,且没有超过 A/D 所设定的范围,所以可以直接进行 A/D 转换。

若模拟信号的电压超过了 A/D 转换器的量程,则首先需要进行电平转换,将其限定在 A/D 的量程范围,然后再进行 A/D 转换。

A/D 转换器以固定频率不断地对模拟信号进行扫描,例如若在某时刻 A/D 扫描到节气门位置传感器的电压信号是 5V,那么 A/D 转换器就对该电压赋以特定的数值 3,然后再将数值转换成二进制 11。A/D 转换器不断地对模拟信号进行采样、赋值并转换成二进制,再实时地传送给微处理器进行处理。图 2-8 所示为 A/D 转换器的工作原理。

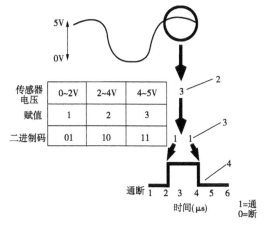

图 2-8　A/D 转换器的工作原理

2) 数字信号的输入

控制系统采集的数字信号,主要是来自转速传感器的转速信号和曲轴位置信号,它们都是脉冲信号。这两个信号经过处理电路之后,通过 I/O 接口可直接送入微处理器。由于磁感应式转速传感器的输出信号随转速变化而变化,当发动机转速低时,电压信号很弱,需要进行放大和将波形变成整齐的矩形波,为此,要设置放大电路和脉冲信号整形电路。

另外,为了提高测量精度,输入接口电路中一般还有转角脉冲发生器,可将曲线转角传感器每转产生的几十个脉冲转变成 720 个脉冲。

2. 微处理器

目前，汽车上用的微处理器主要是 8 位单片机或 16 位单片机，一些轿车上已开始使用 32 位单片机。单片机是指将 CPU、RAM/ROM、I/O 接口、定时/计数器等元件集成在一块芯片上所形成的芯片级计算机。单片机具有小型化、功能强、可靠性高、价格低、性能价格比高和功耗低等一系列优点，因而在汽车的实时控制中得到了广泛的应用。

许多轿车上一般采用通用的单片机，如 Intel MCS8048、8049、8032、Motorola MC6802、RCA1802 等 8 位机及 Intel MCS8097 16 位机。除了通用的系列单片机之外，在汽车上还用到一些专用单片机，专用单片机是为某一领域或某一特定商品而开发设计的，其内部系统结构或指令系统都是特殊设计的（甚至内部已固化好程序），例如某些汽车上使用的 Siemens 80C166、80C196KB、80535 等单片机。

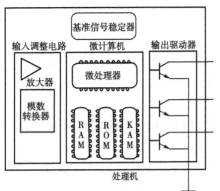

图 2-9　ECU 内部结构（福特公司）

图 2-9 所示是福特公司汽车上所用 ECU 内部结构，该 ECU 内部的微处理器外部存储器有以下四类：随机存取存储器（RAM）、只读存储器（ROM）、可编程只读存储器（PROM）、可保持存储器（KAM）。

1）随机存取存储器（RAM）

汽车运行时，由于传感器输出到计算机的信息是随着汽车工况的变化而频繁变化的，所以微处理器通常是将该类信息存储在 RAM 中的。除此之外，微处理器也把计算结果和其他易变数据放在 RAM 中。

所谓"随机存取"是指微处理器能以任意的顺序从任何一个 RAM 地址内提取信息。如果 RAM 是易失性的存储器，每次点火开关断开时，存储的信息就随即消失。RAM 也可设计成非易失的，这种 RAM 在点火开关断开后仍保留存储的信息。如果 RAM 是易失性的存储器，当发动机重新起动时，可以写入新的信息。

2）只读存储器（ROM）

微处理器能从 ROM 中读取信息，但不能把信息写入 ROM 中，而且，微处理器不能擦除 ROM 中的信息。在 ROM 芯片的制造过程中，信息已经经编程送入 ROM 内，即使蓄电池的接线断开，ROM 中的信息也不会丢失。

ROM 中设有查询表，其中包含有关汽车该如何运行的信息，如点火提前角脉谱图和混合气空燃比脉谱图。微处理器根据传感器的输入信息获得发动机的转速和负荷信息，然后根据转速和负荷信息从 ROM 中查取相应的理想点火提前角和理想空燃比，并进行相应的控制。

3）可编程只读存储器（PROM）

通用汽车公司的许多计算机内部都设有 PROM。PROM 中包含一些专用程序，比如点火提前角程序。这类程序是依照每一种车型的特殊要求专门设计的，因为点火提前角程序一般随着变速器或主传动比的不同而有所不同。

某些计算机中采用了电可擦除可编程只读存储器（EPROM）。这种存储器的特点是：制造厂家很容易对存储器芯片重新编程，这种芯片一般不脱离计算机单独维修。

4）可保持存储器（KAM）

KAM 与 RAM 类似。例如，微处理器能从 KAM 读取信息，也能把信息写入 KAM 中，或者擦除 KAM 中的信息。然而,当点火开关断开时,KAM 仍能保留信息,但当蓄电池电源与计算机系统分开时,KAM 存储器中的信息将被擦除。KAM 主要用于自适应控制。

3. 输出接口电路

计算机输出的是数字信号,并且输出电压也低,用这种输出信号一般不能驱动执行元件进行工作。输出回路在计算机与执行元件之间建立的联系,可将计算机做出的决策指令,转变为控制信号来驱动执行元件进行工作。它起着控制信号的生成与放大功能。

第四节 汽车电子控制系统中的执行元件

执行元件的作用是根据 ECU 输出的控制信号执行某种相应的动作,以实现某种预定的功能。如燃油喷射控制中的喷油器和电动油泵、点火控制中的点火线圈、怠速控制中的步进电动机、自动变速器控制中控制换挡的电磁阀、空调控制中的压缩机等,都是执行元件。

各种控制系统中执行元件的使用情况见表 2-3。

汽车各个控制系统中使用的执行元件一览　　　　表 2-3

种类	电气式		液压式		气压式	
	控制系统	执行元件	控制系统	执行元件	控制系统	执行元件
动力传动装置控制	电子燃油喷射装置	电动机/电磁线圈	电子控制自动变速器/4轮驱动器	气门机构/离合器阀	车速控制系统	电磁膜片
汽车控制	动力转向/四轮转向	电动机	防抱死制动系统/动力转向/四轮转向/电控悬架	车轮/气门机构/汽缸/电磁阀/电动机	空气悬架	电磁阀
车身控制	车门自动锁定/空调器/自动调节座位/电动车窗	电磁线圈/电动机	—	—	—	—

由表 2-3 可见,由于电子技术的蓬勃发展,目前在汽车上,从以提高汽车基本性能的发动机控制系统、底盘控制系统到以提高舒适性、方便性为目的的空调机、电动车窗等系统,都广泛地采用了诸如电动机、电磁线圈之类的电磁执行元件,大大地提高了汽车的基本性能。

一、电磁线圈

电磁线圈作为控制系统的执行元件在汽车上的应用有多种形式,但按能量转换方式大致可分为两种:

(1)直接以电磁能为动力的方式。

(2)以电磁线圈驱动油压、气压控制阀的方式。

方式(1)仅限于以便利性及安全性为目的的自动门锁、自动变速器的固定挡等有限范围。

方式(2)是近年来在提高汽车的行驶、转向、制动、舒适性等基本性能为目的的各种电子液压系统中得以普遍采用。其中,电磁线圈按照计算机的指令把液压或气压进行转换,驱动电子液压控制阀或电子气压控制阀。

汽车上采用的电磁阀大致可分为以下三类:

(1)用开关型电磁阀进行转换控制。普通开关型电磁阀动作较慢,一般用于液体通路的开关控制。

(2)用快速开关型电磁阀进行功能控制。快速开关型电磁阀可以较高的动频率工作,还可以利用高速开关调整液路中油压的大小和流量,实现更多的功能控制,这种电磁阀的结构比较精密。

(3)用比例型电磁阀进行模拟控制。用比例型电磁阀可对阀的开度进行线性控制,结构比较简单。

二、电动机

1. 汽车用电动机的分类

电动机在汽车上应用十分广泛,类型也很多。

按电动机的特性分可分为 A 类、B 类和 C 类三种类型,各种类型电动机的特性指标见表 2-4。

各类电动机的特性　　　　表 2-4

类型	A 类	B 类	C 类
转矩(N·m)	0.05	0.32	0.137
空载转速(r/min)	13.7	5.6	4.4
电动机直径(mm)	30	45	78.7
电动机长度(mm)	32	90	112.5

注:A 类指空调、门锁、电动后视镜等部位的电动机。
　　B 类指电动车窗、刮水器等部位的电动机。
　　C 类指空调送风、电动风扇等部位的电动机。

按电动机的工作原理分可分为直流电动机、伺服电动机和步进电动机。

直流电动机具有良好的调速特性、较大的起动转矩、相对功率大及快速响应等优点。尽管其结构复杂、成本较高,但在汽车控制系统中作为执行元件仍获得广泛的应用。

步进电动机是一种将电的脉冲信号转换成相应的角位移或线位移的执行元件,每施加一个脉冲信号,它就运动一步,故称之为步进电动机。

目前步进电动机广泛地应用于汽车控制系统中,这是因为步进电动机的控制系统具有直接实现数字控制、控制性能良好、不需要反馈就能对位置或速度进行控制等特点。

2. 电动机的特性要求

由于汽车运行工况本身特性要求,因此对汽车控制用电动机的性能,在环境适应性、可靠性、经济性等方面有着特殊要求,见表 2-5。

对汽车控制用电动机特性的要求　　　　表 2-5

分类	项目	内容	分类	项目	内容
性能	快速响应	响应时间要短	可靠性	寿命	使用寿命要长(应能连续地或间歇地运行)
	高分辨能力	能够进行细微的控制且再现性要好		故障	要求不会发生火灾(应装置在安全位置)
	高输出转矩	要求质量/功率比小,转矩应有足够的余量	肃静性	声音	要求动作时声音小不能有励磁噪声

续上表

分类	项目	内容	分类	项目	内容
环境适应性	耐寒,耐热性	要求使用的温度范围广	经济性	消耗功率	消耗功率小
	抗振性	应能承受剧烈振动		体积	体积小
	耐气候性	应有良好的耐水、耐冷热性能		质量	质量小
	耐化学性	应有良好的耐汽油、耐热水的性能		价格	价格便宜

第五节 汽车电子控制系统中的控制理论

建立在自动控制理论基础上的汽车电子控制技术,使汽车操纵实现了自动化,极大地提高了汽车性能,减轻了驾驶人的劳动强度,大大地提高了汽车产品的质量。目前,汽车上采用的主要控制理论有:PID 控制、最优控制、自适应控制、滑模控制、模糊控制、神经网络控制、预测控制等。

一、PID 控制

PID(比例、积分、微分)控制属于经典控制理论的范畴,是连续系统中技术成熟、应用最广泛的一种控制方式。它最大的优点是不需要了解被控对象的数学模型,只要根据经验在线调节控制参数,即可取得满意的结果。不足之处是对被控对象的参数变化比较敏感。PID 可由硬件电路实现,也可由计算机软件编程实现,后者通常被称为"数字 PID 调节器"。由于软件编程方法实现 PID 控制时参数变化可灵活调整,因此应用十分广泛。

数字 PID 控制系统的基本原理如图 2-10 所示。它采用闭环控制方案,输出信号 $y(t)$ 被反馈到输入端,输入信号与反馈信号进行比较后的偏差 $e(t)$ 被送入数字 PID 控制器,经数字 PID 控制器后形成数字输出控制信号 $u(t)$,该信号经零阶保持电路(实际上是 D/A 转换器)处理后变成模拟信号以控制被控对象。

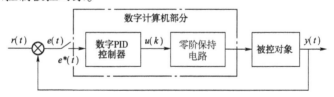

图 2-10 PID 控制系统的基本原理

PID 控制器实际上是根据偏差的变化情况来调节控制量。比例环节及时成比例地反映控制系统的偏差信号,偏差 e 大,则控制量也应加大;积分环节的作用在于消除误差,就是把以往的偏差累积起来,加大控制量以消除偏差 e,提高系统的无差度;微分环节反映偏差信号的变化趋势,起预测作用并能在偏差信号变化过大之前引入一个有效的早期修正信号,从而加快系统的动作速度。通过这种控制方法,可使输出量尽量接近期望的输出量。

PID 控制在汽车电子控制系统应用非常广泛,如节气门开度的控制、离合器的接合控制等。

二、最优控制

最优控制是所选的系统性能指标达到最优的一种控制方法。系统性能指标是根据工作要求选定的。控制系统中,最优控制的设计方法主要有极大(小)值原理和动态规划法。

设状态方程式的规范表达形式为

$$\dot{X} = AX + BU + D\xi$$
$$Y = CX \qquad (2-1)$$

式中:A——系统矩阵;
B——控制矩阵;
C——输出矩阵;
D——扰动矩阵;
X——状态向量;
Y——输出向量;
U——控制向量;
ξ——扰动向量。

评价控制系统性能的二次型目标函数为

$$J_v = \int_0^\infty (X^T Q X + U^T R U) \, dt \qquad (2-2)$$

式中:Q——状态变量的加权矩阵;
R——控制变量的加权矩阵。

式(2-2)中的第一项就是要使系统尽快从非零状态转移到零状态,即系统的调整时间要短,超调量要小。但调整时间越短,势必控制量加大,能量消耗加大。式(2-2)中的第二项就是抑制调节过程中的控制量,使控制量在执行机构允许的范围内,且节能。Q、R 都是加权矩阵,可用随机的方法决定。取不同的值就允许对不同的分量加不同的权系数,如认为某一个分量特别需要约束,则对它所加的权系数越大;如认为某一个分量无关紧要,可以不加约束,即对它所加的权系数是零。由于对控制量 U 的每一个分量都需约束,故矩阵 R 为正定对称矩阵。对状态变量 X,则不一定每个分量都需加以约束,故矩阵 Q 可取为半正定对称矩阵。实践表明,正确选取加权矩阵的值十分重要,取不同的加权矩阵,会得到不同的系统性能。

最优控制算法实质上是求解在约束条件下的极值问题。

应用极值原理,求最优控制问题,使 J_v 为最小,可得到著名的 Riccati 方程

$$A^T P + PA + Q - PBR^{-1}B^T P = 0 \qquad (2-3)$$

由此可求出矩阵 P。继而求出反馈控制矩阵 K 为

$$K = R^{-1} B^T P \qquad (2-4)$$

这样可解出控制向量 U 为

$$U = -KX \qquad (2-5)$$

目前最优控制在汽车电子控制悬架的控制中比较常见。

三、自适应控制

汽车电子控制系统是随汽车的行驶而不断运行的系统,一般在进行控制系统设计时,认为系统的模型参数保持不变。但是,随着汽车的连续使用,系统元件磨损、老化、调整间隙过大等,都使系统的参数发生了变化,若控制器的控制方式保持不变,则系统的控制性能就会变差。如在对汽车悬架的电子控制中,悬架质量和轮胎气压是系统两个重要参数,但随着装载量的变化,悬架质量会发生变化,轮胎气压也会经常发生变化。控制系统应能随时根据这种变化采取

相应的措施,自适应控制就是解决这个问题的。

自适应控制有两个主要分支:参考模型自适应控制和自校正自适应控制。这两种控制在理论上比较成熟,应用也较广泛。

1. 参考模型自适应控制系统的基本原理

参考模型自适应控制系统对系统控制性能的要求用一个参考模型来体现,模型的输出就是理想的响应,如图 2-11 所示。系统在运行中不断比较参考模型和被控对象的输出或状态。设两者的误差信号为 e,自适应控制器根据误差信号 e 调整控制器的某些参数或产生一个辅助输入,使 e 尽快地趋近于零。这样,控制对象的输出就是参考模型的输出。当被控对象的参数发生变动时,参考模型自适应控制系统仍然确保被控对象的输出为参考模型的输出,这样就实现了自适应控制。

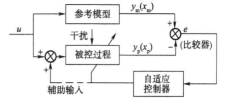

图 2-11 参考模型自适应控制的原理图

2. 自校正自适应控制系统的基本原理

自校正自适应控制系统由被控对象、辨识器和控制器三部分组成,如图 2-12 所示。图中 R 为输入,D 为随机扰动,例如来自路面不平度的扰动等,Y 为输出。这类控制系统的主要特点是有辨识器,它自动测量和分析系统参数及状态的变化情况,例如图中所示的悬架质量和轮胎气压的变化。

轮胎气压一般经过前处理器变成直接与轮胎刚度成比例的电信号,辨识器能辨别这些信号,并将其输入控制器。被控对象的特性变化也同时输入控制器。然后,控制器根据变化了的被控对象参数、被控对象的性能变化以及事先指定的性能指标,综合评判,并通过改变控制器的参数,使系统能适应新的条件。

上述两类自适应控制的共同特点是控制参数随着被控对象特性的变化和环境的改变不断进行调整,控制器具有一定的自适应。但两类系统中控制器参数的调整方法是不同的。参考模型自适应控制系统调整控制参数的根据是参考模型的输出(或状态)和被控对象输出(或状态)之间的误差,而自校正自适应控制系统调整的根据则是被控对象的参数识别。自适应控制律的设计思想也不同,参考模型自适应控制的设计思想确保系统稳定,而自校正自适应控制

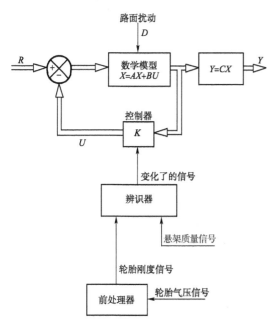

图 2-12 自校正自适应控制的原理图

的设计思想则是保证某一性能指标最优。

自适应控制方法在汽车电子控制系统中得到了广泛的应用,如在发动机空燃比控制中,氧传感器装在排气管内,由于高温和污染的工作环境,使氧传感器很容易老化,从而引起测量误差。采用自适应控制可以将氧传感器的输出信号与储存在控制单元中的参数进行对比,以确定氧传感器是否老化和老化的程度。若系统发现氧传感器老化,则通过选用适当的修正系数对氧传感器的输出值进行校准,使其输出值接近老化前的正常情况。

四、模糊控制

模糊控制是近年来兴起的一种新型的智能控制。它模仿人工控制活动中人脑的模糊概念和成功的控制策略,运用模糊数学,把人工控制策略用计算机来实现。

模糊控制不依赖系统的精确数学模型,因而对系统参数变化不敏感,具有很强的鲁棒性。另外,它的控制算法是基于若干条控制规则,算法非常简捷,特别适合于像汽车这一类快动态系统。

模糊控制的基本原理如图2-13所示。

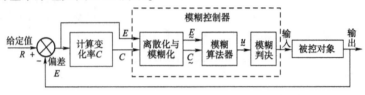

图2-13 模糊控制系统的原理框图

模糊控制的基本方法如下:
(1)将精确量模糊化。
(2)将模糊变量分解成模糊子集。
(3)构造模糊控制规则集。
(4)确定系统的模糊输出量。
(5)进行模糊判决,得出控制量的精确值。

为了提高一般模糊控制的跟踪性能和定位精度,可以增加系统偏差e、偏差变化率$\dot{e}$和控制量u的档次,但这样又使算法不够简洁,控制表过于烦琐。克服这个缺点的方法是使一般模糊控制和其他控制方式相结合,相互取长补短。

在汽车的制动装置系统、变速控制、车身弹性缓冲系统及巡航控制系统等部件中,已经广泛地使用模糊技术。例如日本三菱公司研制的模糊跟踪系统,能够检测前转向轮的转角和车速,求得汽车的转向速度,可以根据驾驶人所要求的功率对轮胎承受能力进行控制,还能自调整发动机的功率,从而保证了汽车转向时不会发生偏行。日本三菱公司在轿车的自动变速器上使用模糊技术,大大减少了过去由"计算机"控制自动变速器进行精确计算的许多麻烦,使自动变速更具实时性和时效性。而美国的福特汽车公司应用模糊技术制造出一种新的汽车调节器,不但能够准确地保持汽车速度,还能够在与其他汽车距离过近时自动制动。

五、神经网络控制

所谓人工神经网络(Artificial Neural Networks,ANN)是指用工程技术手段模拟人脑神经的结构和功能的技术,用电子计算机模拟人脑神经元对信息进行加工、存储和搜索等的技术。采用神经网络基本原理对控制对象进行控制的方法称为神经网络控制。

仿真人的神经网络控制系统,是实现人工智能的一种途径。神经网络具有无限逼近非线性函数的能力,而且它不需要任何的先验知识,只要有一定的数据进行训练即可,这样可以用神经网络代替模型的非线性函数。而且神经网络可以离线训练,也可以在线训练,采用神经网络进行控制可以减少整个系统的标定时间,可以简化控制策略。而且神经网络对于训练数据的噪声不很敏感,具有很好的外延性和鲁棒性。这种系统在20世纪60年代已经成为控制论研究的重要领域。目前,这项研究已全面展开,并在很多领域中得到应用。人工神经网络这种方法在汽车控制中的应用虽只是开始,但已显示出它巨大的生命力。

目前,神经网络模型已有近 50 种,为了应用于汽车控制,多采用 Rumd-hart 等人提出的反向传播(Back Propagation,BP)网络,它是目前应用最广泛、自学能力比较强的一种模型。

BP 神经网络由输入节点、中间层节点、输出节点以及前向相互的连接所构成。输入和输出节点数目由实际问题确定,中间层的层数及节点数取决于问题的复杂性及分析精度。图 2-14 所示是一个双隐层 BP 神经网络。

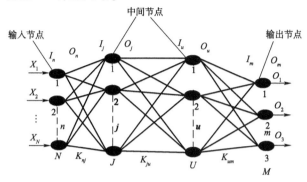

图 2-14 双隐层 BP 神经网络

BP 神经网络的学习过程是由前向计算过程、误差计算和误差反向传播过程组成。神经网络的具体学习过程是:当有信息输入时,把输入信号送到输入节点,经过权值的处理传播到隐节点;在隐含层经过作用函数运算后,送到输出节点;得到输出值,让它与期望输出值进行比较,若有误差就反向传播,逐层修改权值和阈值。重复上述过程,直到输出满足要求为止。

近年来,汽车领域中开展了神经控制的应用研究,在自动换挡、四轮转向控制、自动制动、自动牌照识别等方面取得了不少成果。1994 年日本东京工学院和马自达汽车公司采用神经网络方法设计了四轮汽车转向(4WS)控制系统,经大范围车速试验证实该系统改善了汽车的动态响应特性和抗干扰稳定性,目前已经在 4WS 汽车上应用。如果说日本人的尝试是对局部性能的改善,1996 年美国密歇根大学交通研究所提出的基于神经网络的汽车转向智能控制则是雄心勃勃地向全自动驾驶进行挑战的计划,其研究目的是要根据环境信息和汽车当前运动信息对驾驶人控制方向的模型进行辨识,以期模仿人驾驶汽车的行为。

第六节 汽车综合控制

系统控制的一个重要原则是各个系统的性能简单相加,并不能达到优化整体性能的目的。汽车是一个有机的系统,把其中任何一个子系统变为可控的,那么这种控制会对汽车的各个使用性能产生影响,它们之间必然存在着相互协调的问题。因此,考虑问题必须研究各子系统间相互制约和相互影响,从整体性和相关性上解决汽车控制问题。

图 2-15 所示为底盘各控制系统间的相互影响,其中双线表示基本和直接的动作,实线表示对其他功能的间接影响,虚线表示约束条件。由此可以看出:

(1)车辆的每种运动都是通过轮胎和路面间的接触力而发生紧密联系。

(2)当由主动悬架来降低侧倾角时,由于不足转向特性被削弱,使得横摆响应特性变坏。

此外,为了避免单独控制的相互干扰,利用车辆的综合控制系统,对每个单独的控制进行协调,方可改善整个车辆的动力学性能,因此,综合控制就是协调控制。

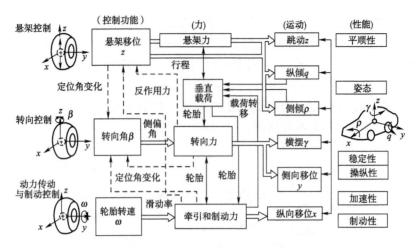

图 2-15 底盘各控制系统间相互影响

一、综合控制的原则

1. 改善性能

其首要原则,就是把各个单独的系统组合起来以改善车辆的性能,如图 2-16 所示,将主动悬架系统(A-SUS)和主动四轮转向系统(4WS)控制相结合,主动 4WS 系统在小于 $0.5G_y$ 范围内可取得明显的控制效果,而 A-SUS 侧倾刚度分布控制则在较高的 G_y 有着明显的效果,两者的结合可明显改善汽车的操纵性能。

2. 消除干扰

另一重要原则是消除干扰。利用主动悬架 A-SUS 系统的姿态控制,可以有效地消除由于汽车采用防抱死制动后引起的汽车"点头"现象,即消除了防抱死控制系统的干扰。

3. 增加功能

其次,也可通过综合控制来增加功能。利用 4WS 系统的横摆角速度的控制,可有效地改善汽车行驶的稳定性,若与 ABS 结合,即使在低 μ 值的路面制动,均可获得良好的稳定性,因而增加了汽车的控制功能。

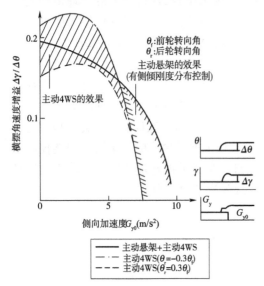

图 2-16 A-SUS 和 A-4WS 综合控制效果(侧倾刚度分布控制和后转向控制效果)
θ-转向角;γ-横摆角速度;G_y-侧向加速度;$\Delta\theta$-50°

4. 相辅相成

体现这一原则的典型例子是防抱死制动和牵引控制的结合,对车辆的防滑起到有效的控制作用,如图 2-17 所示。当车轮打滑时,首先利用防抱死制动系统采取制动控制,使滑转的车轮停止打滑,再利用牵引力控制系统通过控制节气门来降低发动机功率,可有效地防止汽车加速时的打滑现象,有效提高汽车行驶的稳定性。

5. 共同使用

共同使用原则意味着不同的控制系统使用同样的信号、信号处理和同样的硬件,如执行机构、传感器、ECU 等。如图 2-18 所示,这样有利于提高控制系统的性价比。

二、综合控制系统的分类

若按系统分类,汽车的综合控制系统可分为动力传动系统综合控制和底盘系统综合控制;若按功能分类,又可分为纵向控制和横向控制。其中纵向控制是指巡驶控制,而横向控制是以转向为核心的综合控制。

1. 底盘系统综合控制

底盘综合控制系统的意义在于驾驶人根据外部环境依靠转向盘、加速踏板或制动踏板等控制转向系统、悬架系统、传动系统和制动系统,实现人—车—环境整体性能优化。图2-19所示为SOARA底盘综合控制系统中的各子系统的组成及功能。

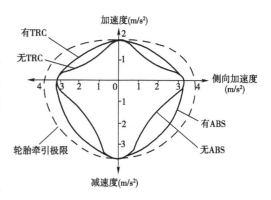

图 2-17 在冰雪路面有无 ABS 和 TRC 对纵向和侧向加速度利用范围的影响

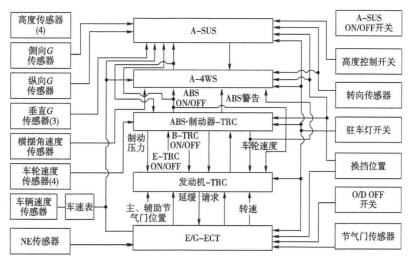

图 2-18 车辆综合控制系统 ECU 框图

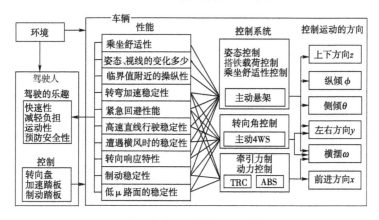

图 2-19 SOARA 综合控制系统

综合控制的效果(图2-20):轮胎的牵引力极限(最外端)、无综合控制系统的车辆的加速度和减速度的分布(最内部)及有综合控制系统的车辆的加速度和减速度的分布。由此可以得出结论:

(1)利用综合控制,车辆可获得更高的加速度和减速度。

(2)依靠4WS的前轮转向角的比例控制加上横摆角速度反馈控制,可极大改善转向响应。

(3)依靠主动悬架的姿态控制,能够使车辆有稳定感,并在横摆和侧倾方面获得良好的频率响应。

(4)依靠4WS与主动悬架的结合,可以提高车辆的操纵稳定性,也可能产生紧急回避性能的效果。

(5)依靠4WS与ABS综合控制效果,可同时保证汽车制动时的制动效率和方向稳定性。

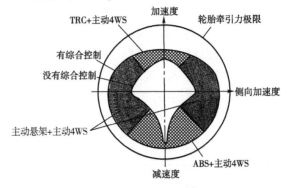

图2-20 综合控制效果

2. 整车综合控制

整车综合控制系统是以电控全时间式四轮驱动(4WD)为核心,并与四轮转向(4WS)、主动悬架、自动变速器(ECT)、燃油喷射控制(EFI)组合起来进行综合控制,如图2-19所示。

该整车综合控制系统的功能是:将其他系统与四轮驱动装置的功能协调起来,优势互补以实现更理想的运动性和稳定性。其协调控制包含以下几项内容:

(1)ABS与4WD协调控制——利用控制中央差速器进行协调控制,通过改变4WD的直联状态,充分发挥ABS的功能,防止4WD对ABS所产生的转矩干涉现象。

(2)ABS与主动悬架的协调控制——利用主动悬架来抑制制动时汽车发生的点头现象。

(3)4WD与主动悬架的协调控制——利用主动悬架来抑制汽车加速或高速转向的车辆姿态,提高汽车的操纵稳定性。

(4)ABS与EFI的协调控制——在ABS工作时,停止EFI工作。

(5)ECT与EFI的协调控制——在ECT变速换挡时,通过点火延迟来降低发动机输出转矩,以便减小换挡冲击。

(6)ABS与4WS的协调控制——保证车辆在制动时,在获得最短制动距离同时确保其较高的方向稳定性。

(7)4WD与4WS的协调控制——利用中央差速器,通过改变4WD的直联状态来进行协调控制,以获得更高的车辆稳定性和操纵性。

复习思考题

2-1 简述汽车电子控制系统的特征。

2-2 简述汽车电子控制系统的工作原理。

2-3 简述汽车传感器的类型。

2-4　简述汽车传感器的选用原则。
2-5　简述汽车 ECU 的基本组成。
2-6　简述汽车执行器的类型与特点。
2-7　汽车上采用的主要控制理论有哪些？
2-8　为何汽车广泛采用综合控制技术？

第三章 发动机电子控制燃料喷射系统

本章主要介绍:汽油发动机电子控制燃料喷射(EFI)系统的基本原理、方式、组成和功能,主要控制参数及其在特殊工况下的修正方法和特性,以及各个分系统主要元器件的基本构造和工作原理。

第一节 汽油发动机燃料供给

一、汽油发动机燃料配给及功率调节

1. 汽油发动机燃料配给及其要求

为使汽油发动机正常运转,必须为其提供连续的、特定数量的和具有特定混合比的燃料空气混合气,该过程称为燃料供给。燃料供给过程的质量在很大程度上决定着发动机的性能及其发挥。

燃料配给由燃料供给系统完成。该系统由汽油供给和空气供给两个子系统组成,向发动机提供特定浓度和数量的可燃混合气,进入汽缸内燃烧。燃烧过程化学反应式为

$$C_aH_b + xO_2 \rightarrow aCO_2 + \frac{b}{2}H_2O \tag{3-1}$$

可燃混合气中的空气与燃油质量之比称作空燃比,其数值用 A/F 值表示。理论上完全燃烧时相应的 A/F 值(约为14.7)称为理论空燃比。但运行过程中由于受到发动机结构与工况变化等因素影响,混合气实际 A/F 值通常大于或小于理论值。

汽油发动机燃料供给系统控制指标为:适时提供特定数量与 A/F 值的可燃混合气。

2. 发动机功率调节方式

内燃发动机功率取决于工作循环过程中进入汽缸内并完全燃烧的燃料数量。功率调节方式有两种类型。

1) 量调节式

所谓量调节式是指:可燃混合气燃料与空气在进气系统中混合而成,每个工作循环进入汽缸的混合气 A/F 值和数量均是变化的,进入汽缸内的燃料数量由此而定。即通过改变混合气供给数量来调节发动机功率。缸外喷射、化油器式燃料供给系统就是按照量调节原理设计的。

2) 质调节式

所谓质调节式是指:每个工作循环由进气系统进入汽缸的气体数量基本不变,且仅为纯空气,其混合气形成是在缸内完成的。即进入汽缸的燃料数量取决于缸内形成的混合气的浓度(A/F 值)。质调节方式燃烧较为充分,热效率高,而且排气有害成分较少,是一种较为理想的功率调节方式。缸内喷射汽油机燃料供给和柴油机的燃料供给方式就是典型的量调节方式。

化油器式发动机燃料供给系统的最大弊病,是由于其量调节式的原理缺陷而产生的,即无法根据发动机的适时状态和预期变化,对进入汽缸的燃油料数量进行精确计量和控制,从而无

法满足现代汽车性能不断完善与发展的需求,成为汽油机性能进一步提高的"瓶颈"。

二、汽油发动机工作过程对可燃混合气的要求

可燃混合气成分空燃比对发动机动力性、经济性及排放性均有较大的影响,如图3-1所示。

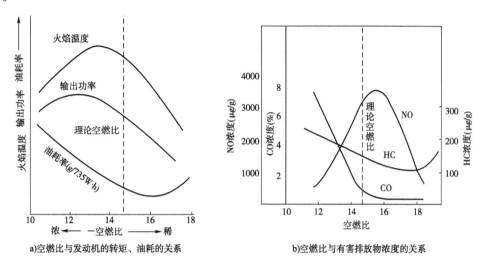

图 3-1 空燃比与发动机的转矩、油耗及有害排放物浓度的关系

(一)空燃比对发动机性能的影响

1. 空燃比对发动机动力性、经济性的影响

理论与实践均表明,当 A/F 约为 12.5 时,燃烧速度最快,发动机所产生的功率与转矩最大,故发动机的动力性最好,所以又称其为功率空燃比。

当空燃比约为 16 时,由于混合气较稀有利于燃料完全燃烧,故可降低发动机的油耗。因为,此时发动机的经济性最好,故又称其为经济空燃比。

2. 空燃比对发动机排放性能的影响

发动机排出的废气成分主要是 CO_2、H_2O 和 N_2,剩余的 O_2 以及完全没被燃烧的 HC,燃烧不完全的 CO 及高温富氧条件下燃烧生成的 NO_x。其中 CO、HC 和 NO_x 是主要的有害成分。图 3-1 中所示为 CO、HC 及 NO_x 三种有害成分的浓度随空燃比而变的规律,其中 CO 和 HC 以理论空燃比为界,随着混合气变浓而逐渐上升,而在空燃比略大于理论空燃比的区域内,CO 及 HC 的浓度均比较低。但由于 NO_x 是高温富氧的产物,故在此范围内将出现最大值。

显然,发动机的性能与空燃比有着密切的关系,其影响的程度和变化规律较为复杂。所以,如何精确控制混合气的空燃比成为提高发动机排放性能的关键问题。

(二)发动机工况对混合气空燃比的要求

汽车发动机的工作模式是变工况模式,即在车辆运行过程中,其工况(负荷和转速)在工作范围内是不断变化的,且在工况变化时,发动机对可燃混合气的空燃比要求差异较大。

1. 稳定工况对混合气的要求

发动机的稳定工况是指发动机已完全预热,进入正常运转,且在一定时间内转速和负荷没有突然变化的情况,又可分为怠速、小负荷、中等负荷、大负荷和全负荷等几种。

1) 怠速和小负荷工况

怠速工况发动机对外无功率输出且以最低稳定转速运转。怠速工况下,混合气燃烧所做的功只用于克服发动机内部的阻力,维持最低转速稳定运转。汽油机怠速转速一般为300~1000r/min。

怠速工况下节气门处于关闭状态。此时吸入汽缸内的可燃混合气数量极少,且汽油雾化蒸发不良,进气管中的真空度很高。当进气门开启时,缸内压力仍高于进气管压力,结果导致汽缸内的混合气废气率较大。因此,为保证混合气能正常燃烧,必须供给小 A/F 值浓混合气,如图 3-2 中 A 处。

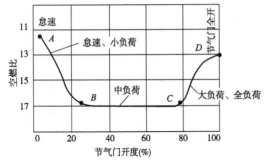

图 3-2 汽油机负荷变化时的混合气空燃比

随着负荷的增加,节气门开度逐步增大而转入小负荷工况,此时吸入混合气的品质逐渐改善。所以小负荷工况对混合气成分的要求如图 3-2 中的 AB 线段所示。即发动机在小负荷运行时,供给的混合气也应加浓,但加浓的程度随负荷的增加而减小。

2) 中等负荷工况

汽车发动机的大部分工作时间都处于中等负荷状态。此时,节气门已有足够大的开度,上述影响因素已不复存在,因此可供给发动机较稀的混合气,以获得最佳的燃油经济性。这种工况相当于图 3-2 中的 BC 段,A/F 为 16~17。

3) 大负荷和全负荷工况

大负荷工况节气门开度已超过3/4,此时应随着节气门开度的开大而逐渐地加浓混合气以满足发动机功率的要求,如图 3-2 中的 CD 段。

实际上,节气门未全开时,如需获得更大的转矩,只需进一步加大节气门开度即可实现,没有必要改变混合气 A/F 来提高功率,而应当继续使用经济混合气来达到省油的目的。因此,在节气门全开之前所有的部分负荷工况都应按经济混合气配给。只是在全负荷工况时,节气门已经全开,此时为了获得该工况下的最大功率必须供给功率混合气,如图 3-2 中的 C 点。在从大负荷过渡到全负荷工况的过程中,混合气的加浓也是逐渐变化的。

2. 过渡(非稳定)工况对混合气的要求

汽车运行中过渡工况主要包括冷起动、暖机、加速和减速三种状况,其典型特征就是在一定时间内,转速和负荷处于非稳定的工作状况。

1) 冷起动

冷机起动时,燃料和进气温度均很低,汽油蒸发率很小,雾化不良。为了保证冷起动顺利,发动机要求供给很浓的混合气,以保证混合气中有足够的汽油蒸汽。一般要求 A/F 达到 2:1,才能保证在汽缸内形成足够浓度的可燃混合气。

2) 暖机

冷机起动后汽缸开始点火做功,发动机温度逐渐上升,即为暖机。在暖机过程中,由于温度较低、燃油雾化较差,因此也需要较浓的混合气,而且随着温度增加而逐渐减小,直至达到正常工作温度。

3) 加速和减速

发动机加速是指负荷突然迅速增加的动态过程。此时,驾驶人猛踩加速踏板,节气门开度突然加大,进气管压力随之增加,由于汽油的流动惯性和进气管压力增大后汽油蒸发量的减少,大量的汽油颗粒被沉积在进气管壁面上,形成厚油膜,称之为"附壁"现象。因此进入缸内的实际混合气则被瞬时稀释,严重时会出现过稀,使发动机转速下降。为了避免该现象发生,在发动机加速时,应向进气系统补充一些附加汽油以弥补加速时的混合气瞬时稀释,以获得良好的加速性。

当汽车减速时,如果在没有脱开传动系统的状况下,迅速松开加速踏板突然关闭节气门,此时由于惯性作用,发动机处于拖动状况,且仍保持很高的转速,因此进气管真空度急剧增高,促使附着在进气管壁面上的汽油蒸发汽化,并在空气量不足的情况下进入汽缸内,造成混合气过浓,严重时甚至熄火。因此在发动机减速时,应供给较稀的混合气,以避免这一现象产生。

对于发动机燃料供给系统的关键要求是:实时、连续、精确地控制混合气 A/F,以满足发动机在变工况和条件下对混合气的要求。显而易见,量调节方式的化油器式燃料供给系统无法很好满足上述要求。

第二节 电子控制燃料喷射

电子控制燃油喷射(Electronics control Fuels Injection,EFI)系统的基本原理为:空气进入进气系统时,由传感器检测进气质量并将相关信息输入中央控制单元(ECU)。ECU按照特定的模式计算确定此时燃烧所需的 A/F 值,进而确定所需的汽油供给数量,并据此发出喷油指令,使喷油器将经过精确计量的燃油,以一定压力喷射至发动机的进气道或汽缸内,与相应空气形成可燃混合气。

燃油喷射式的燃料配给方式可以适时、连续、精确控制可燃混合气的空燃比,有效地提高和改善发动机的动力性、经济性,并能达到排气净化的目的。

从原理上分析,EFI系统将传统化油器发动机功率量调节方式转化为部分质调节方式(仍然设置节气门),以此提高发动机性能。

内燃机技术的发展紧紧围绕着完全燃烧这一主题。影响完全燃烧的主要因素是:可燃混合气 A/F 值与燃烧时刻。而EFI系统的主控参数为:喷油量和喷油正时。

一、喷油正时控制

喷油正时是指喷油器喷油的正确时间。EFI系统按照喷油时刻与发动机运转状态之间的联系可分为同步喷射和异步喷射两种类型。

所谓"同步"是指喷射频率与曲轴运动状态(或活塞行程)同步,即喷油时刻与曲轴位置有严格对应关系,且最终喷油信号由曲轴位置传感器信号触发;异步喷射则与曲轴运动无任何相关关系,多属临时性的补充供油性质,如急加速时的异步喷射。

同步喷射又分为同时喷射、分组喷射和顺序喷射三种类型。

1. 同时喷射

同时喷射控制方式控制电路如图3-3所示。该电路将所有喷油器并联共用一个喷油驱动回路,ECU根据曲轴位置传感器信号触发驱动回路,控制功率三极管的导通和截止,同步接通或切断各喷油器电路使喷油器喷油。曲轴每转一圈,喷油器同时喷射一次,即每工作循环喷油两次。图3-4所示为同时喷射系统工作波形图。

同时喷射方式中所有喷油器同步动作,如图3-4所示,喷油正时与发动机工作循环无关,因此各缸喷射时刻不可能同时达到最佳,有可能造成各缸混合气的混合浓度不均匀。该方式对各活塞行程位置不需判定,喷射驱动回路通用性好,系统结构、控制电路和控制软件均相对较简单,目前已基本被淘汰。

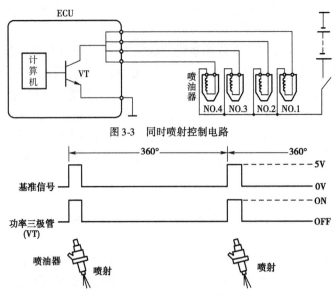

图 3-3　同时喷射控制电路

图 3-4　同时喷射正时波形

2. 分组喷射

分组喷射喷油过程分组进行。如四缸发动机喷油器分成两组,由 ECU 控制交替喷射,每循环喷射一次或两次。其喷油信号也是由曲轴位置传感器信号触发,控制电路如图 3-5 所示。正时图如图 3-6 所示。分组喷射属于一种过度和简化性的技术,目前仍然拥有一定的实际运用范围。

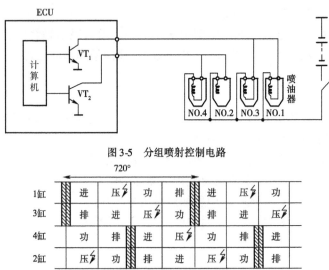

图 3-5　分组喷射控制电路

图 3-6　分组喷射正时图

3. 顺序喷射

顺序喷射(独立喷射)每循环各缸喷油器按照特定的顺序依次独立喷射一次。顺序喷射的控制电路如图 3-7 所示。各喷油器喷油过程分别由 ECU 单独控制。控制电路的特点是驱动回路与汽缸数相同。

顺序喷油控制由曲轴位置传感器提供曲轴转角及活塞行程位置信号,ECU 据此信号准确判定工作汽缸位置与活塞行程,发出指令控制驱动电路使相应的喷油器喷油。例如:北京切诺基喷油器是在各缸排气行程活塞到达上止点前 64°开始喷射,喷射时序与点火顺序相同。六缸发动机喷油时序是 1-5-3-6-2-4 或 1-4-2-6-3-5。图 3-8 所示为四缸发动机顺序喷射的正时图。

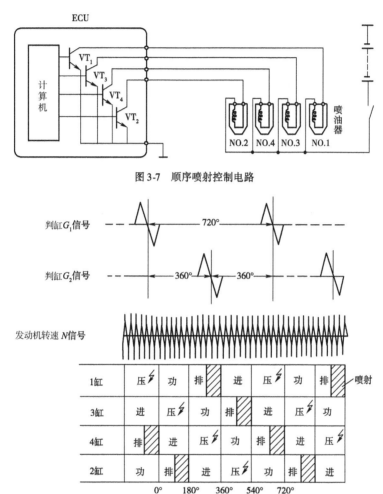

图 3-7 顺序喷射控制电路

图 3-8 顺序喷射正时图

顺序喷油可在各缸工作循环的最佳时刻进行,控制精度好,对混合气形成和 A/F 控制十分有利,有利于提高发动机各项性能。虽然顺序喷射系统结构以及控制软件相对复杂,但由于其优点是主要的,目前为绝大多数车辆所采用。

二、喷油量控制

当发动机工况和喷油系统结构确定后,每循环喷油量取决于由 ECU 控制的喷油器工作(喷射)持续时间。由于 ECU 发出的控制喷油持续时间的指令是脉冲型信号,该脉冲的工作宽度(简称"喷油脉宽")就决定了喷油持续时间。即:喷油量控制实质上是根据特定状况下所设定的目标,对喷油持续工作时间(喷油脉宽)实施控制,确保发动机处于最佳 A/F 燃烧状况。

(一)起动喷油量控制

起动时,发动机由起动机带动运转,由于转速很低,转速的波动很大,因此这时空气流量计(L型系统)或进气管压力传感器(D型系统)所测得的进气量信号有很大的误差,基于这个原因,在发动机起动时,ECU不以空气流量信号作为喷油量的计算依据,而是按预先给定的启动程序来进行喷油控制。

发动机起动时的喷油量采用开环控制。首先ECU根据起动开关及转速传感器的信号,判定发动机是否处于起动状态,以决定是否按起动程序控制喷油,当起动开关接通,且发动机转速低于300 r/min时,且节气门位置传感器表明节气门处于关闭状态,ECU就判定发动机处于起动状态,从而按启动程序控制喷油。这时ECU根据发动机冷却液温度由ROM中存储的冷却液温度—喷油脉宽(喷油时间或喷油量)查出相应的基本喷油量(图3-9a),然后根据进气温度和蓄电池电压信号,对基本喷油量进行修正,得到起动时的喷油量(图3-9b),即

起动喷油量 = 基本喷油量 + 进气温度修正值 + 电压修正值

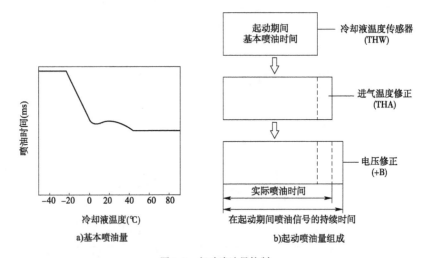

图3-9 起动喷油量控制

起动时处于拖动状态的发动机达到一定的转速(200~300r/min)时,喷油器的喷油时间应逐渐减少,这是因为拖动状态本身所需的油量是一个不断衰减的过程。另一方面,因为随着发动机转速升高到一定值时才出现节流现象,致使每循环吸入的空气量相对减少,故喷油量也应相应减少。

起动时无法汽化的燃油过多时,附壁现象会出现在汽缸内部并波及火花塞(俗称火花塞"淹死"),使得起动更加困难。另外,缸内附壁还会导致缸壁上的润滑油膜被稀释与冲刷,磨损加剧。为消除这一有百害而无一益的现象,EFI系统设有清除溢流功能。起动时,当发动机低速运转时,踩下加速踏板使节气门开度大于80%时,ECU将发出指令供给稀混合气(A/F可达20甚至不喷油),以消除缸内燃附壁现象,直到发动机转速大于400r/min。

(二)起动后喷油量控制

当发动机转速超过预定值(如400 r/min)时,ECU自动转入起动后喷油控制方式计算和控制喷油量。

在发动机起动后,ECU首先根据进气量传感器(空气流量传感器或歧管压力传感器)和曲轴位置传感器(发动机转速传感器)信号计算基本喷油量,然后参考节气门开度、发动机冷却

液温度、进气温度、加减速工况、蓄电池电压等参数来修正喷油量,以提高控制精度。起动后的喷油量为

$$T = T_p \cdot F_c + T_u \tag{3-2}$$

式中:T_p——基本喷油量,该喷油量为实现既定空燃比(一般为理论空燃比)的喷油量;

F_c——基本喷油量修正系数;

T_u——蓄电池电压修正系数(反映喷油器无效喷射时间)。

1. 基本喷油量的确定

1)质量流量法

空气流量计测量的是单位时间内进入汽缸的空气质量 m_a,喷油器则是按曲轴每转进行喷射的,所以可以导出四冲程发动机喷射持续时间的公式为

$$T_p = \frac{120 m_a}{n \cdot i \cdot A/F \cdot m_T} \tag{3-3}$$

由此

$$T_p = K' \cdot \frac{m_a}{n} = f(m_a, n) \tag{3-4}$$

式中:i——汽缸数;

m_T——喷油器的质量流量;

m_a——发动机每秒吸入的空气质量流量;

K'——常数,由喷油器结构、喷射方式、汽缸数目及目标空燃比确定。

因此,可以把不同空气质量流量与不同转速 n 时的最佳 T_p 值形成的三维曲面图存入计算机中。发动机运行时,根据瞬时的进气流量与 n 的信息,用内插法从存储器中查得相应的 T_p 值,如图3-10所示。

空气流量法不受发动机使用磨损或制造工艺引起充气效率变化所带来误差的影响,而且校正误差的速度较快,在目前的汽油机管理系统中应用广泛。

2)速度密度法

吸入进气管内充量的密度可以从理想气体状态方程中求得

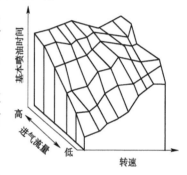

图3-10 基本喷油量三维图

$$\rho_{in} = \frac{p_{in}}{R \cdot T} \tag{3-5}$$

式中:ρ_{in}——进气管内的充量密度;

p_{in}——进气管内的充量绝对压力;

T——进气管内的气体绝对温度;

R——气体常数。

发动机不是一个理想的抽气泵,在进气行程中进入汽缸内的气体密度与进气管内的气体密度是不一样的。因为在进气过程中,受残余气体、气体流动损失、进排气门重叠度、温度变化等因素影响,使实际吸入汽缸内的气体密度有所改变,即 $\rho_c = \rho_{in} \cdot \eta_v$。

吸入汽缸内的循环充气量为

$$\Delta m_a = \rho_{in} \cdot V_s \cdot \eta_v \tag{3-6}$$

式中:η_v——充气效率;

V_s——汽缸工作容积。

在汽油喷射系统中，供给喷油器的油压 p_T，经过压力调节器后是不变的。喷油器头部是由电磁线圈的电流通断来控制喷嘴针阀开闭的。因此，喷出的油量 Δm_T 和喷油持续时间 T_p 及喷油器的流量 m_T 之间的关系为

$$T_p = \frac{\Delta m_T}{m_T} \tag{3-7}$$

因为空燃比 $A/F = \Delta m_a/\Delta m_T$，于是对于固定的空燃比，每缸的喷油量为

$$\Delta m_T = \frac{\rho_{in} \cdot V_h \cdot \eta_v}{R \cdot T \cdot A/F} \tag{3-8}$$

也可以写成

$$m_T = \mu \cdot f \sqrt{2p_T(\rho_T - \rho_{in})} \tag{3-9}$$

式中：$\mu \cdot f$——喷油器的有效流通截面；

ρ_T——燃油密度；

p_T——供油压力（恒定）。

上式中的变量有 η_v、p_{in}、T 三个，其中充气效率 η_v 又是进气管绝对压力 p_{in} 和发动机转速 n 的函数。因此，喷油持续时间是由 p_{in}、T 与 n 三个变量所决定的。为了便于计算和安排存储数据，可以忽略其中的次要因素 T，在发动机与喷油器等结构一定的情况下，基本喷油时间 Δt 的公式可简化为

$$T_p = K \cdot p_{in} \cdot \eta_v = f(p_{in}, n) \tag{3-10}$$

其中：

$$K = \frac{V_s}{R \cdot T \cdot A/F \cdot m_T} \tag{3-11}$$

可设定为常数。

因此，可以把不同进气管压力 p_{in} 与不同转速 n 时的最佳 Δt 值形成的三维曲面图存入计算机中。发动机运行时，根据瞬时的进气压力 p_{in} 与 n 的信息，用内插法从存储器中查得相应的 T_p 值。

2. 基本喷油量修正系数 F_c

基本喷油量修正系数 F_c 代表多种修正系数的综合影响，可以表示为

$$F_c = f(F_{ET}, F_{AD}, F_O, F_L, F_H, \cdots) \tag{3-12}$$

式中：F_{ET}——冷却液温度修正系数；

F_{AD}——加、减速修正系数；

F_O——理论空燃比反馈修正系数；

F_L——学习控制修正系数；

F_H——大负荷、高转速修正系数。

下面分别叙述。

1）与冷却液温度相关的燃油修正

发动机工作温度较低时汽油雾化不良，较高时易产生汽油蒸气，如果在此两种工况下仍然按基本喷油量进行燃料配给，所配制的混合气 A/F 将大于目标值，造成混合气过稀，使得发动机怠速运转不稳定甚至熄火。因此，须根据发动机工作温度对基本喷油量进行相应修正，增加燃油喷射量，即所谓"温度修正"。须实行温度修正的特殊工况如下。

(1) 冷起动后加浓修正。

实施工况为冷发动机低温起动后的一段时间。此时即使按照理想 A/F 实行燃油配给,但由于低温导致的汽油雾化不良和"附壁"效应的存在,仍会造成实际混合气 A/F 较大。必须在基于理想 A/F 配给的基础上增加喷油量,且发动机温度越低,所需的喷油增量越大,修正时间也越长,目的是克服低温造成燃油供给不足导致的发动机起动困难。

ECU 对冷起动后加浓修正按以下程序处理:

①根据发动机工作温度确定起动后加浓修正系数的初始值,如图 3-11a) 所示。

②发动机完成爆发后,每隔一定时间,对起动后燃油加浓修正系数进行衰减,其过程如图 3-11b) 所示。

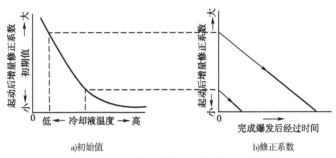

图 3-11 起动后增量系数 F_{ET} 的初值和衰减系数

(2) 暖机燃油加浓修正。

冷车起动后即进入暖机阶段。暖机时加浓修正的目的是补偿冷态时汽油汽化不足而导致的实际供油数量的不足,如图 3-12 所示,发动机起动运转之后,机件温度和冷却液温度会不断上升,修正系数随发动机工作温度的上升而逐渐衰减。

起动后燃油加浓修正与暖机加浓修正同时开始。不同之处在于:起动后燃油加浓修正在发动机完成爆发后数十秒内就会结束,而暖机加浓修正过程将一直持续到冷却液温度达到规定值为止。

(3) 高温燃油加浓修正。

针对发动机高温起动进行一种补偿供油措施。例如:夏天汽车长时间高速行驶之后熄火后的 10~30min 内再起动,一般应进行高温燃油加浓修正。

汽车高速行驶时,由于风冷作用,汽油温度通常不会太高(约50℃)。如此时熄火,发动机将成为热源,使燃油总管和喷油器内的温度上升至 80~100℃,出现沸腾现象产生汽油蒸汽,致使喷油器喷射工作过程中的实际燃油喷射量较计算值减少,造成 A/F 值偏大。为此而采用高温起动燃油加浓修正措施,一般当发动机工作温度上升到某一设定值(如100℃)以上时才进行,修正值范围与变化规律如图 3-13 所示。

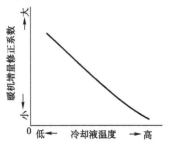

图 3-12 暖机燃油量修正系数

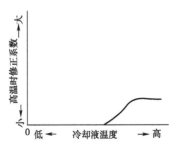

图 3-13 高温起动时燃油加浓修正

有的发动机在进行高温起动燃油加浓修正时,不是检测发动机工作温度信号,而是直接检测燃油总管内的汽油温度传感器发出的汽油温度信号,再根据其值确定高温燃油加浓修正的范围。

2)非稳定(过渡)工况燃油修正

汽车处于加速、减速等非稳定(过渡)工况时,如果仅采用基本喷油量进行燃料配给,则燃料"附壁"效应导致混合气 A/F 实际值会相对于计算值产生偏移。其趋向是:加速时 A/F 增大(混合气变稀),减速时 A/F 变小(混合气变浓)。如果不进行相应的燃油量修正,发动机和车辆本身均会产生"喘振"现象,排气有害成分也会因此而增加。因此 EFI 系统必须根据发动机燃料调整特性对基本喷油脉宽进行修正,即非稳定(过渡)工况燃油修正。

(1)加速燃油修正。

燃料附壁的数量受到进气系统压力及附壁表面温度的影响。进气系统压力越高或附着部位表面的温度越低,附壁燃油汽化速度越慢,附壁燃料数量越多。

加速时节气门突然开大,进气系统压力骤增,附壁燃油数量增加,造成实际供给燃油量相对不足,致使实际 A/F 大于目标值。考虑压力与温度的共同影响,燃油修正系数 F_{AC} 应由两部分组成,即

$$F_{AC} = F_{DL1} \cdot F_{TH1} \tag{3-13}$$

式中:F_{DL1}——负荷变化率修正系数;

F_{TH1}——冷却液温度修正系数。

F_{DL1} 是针对发动机加速负荷(节气门开度)变大时进气系统内压力升高的修正系数。图3-14所示为发动机加速时,负荷变化率与修正系数 F_{DL1} 之间的关系。显见,负荷变化率 $\Delta Q/n$ 越大,意味着进气管压力变化越大,则修正系数 F_{DL1} 越大,供油增量也就越大。

如图3-15所示,在发动机加速工况下,负荷变化率相同时,冷却液温度越低,F_{TH1} 越大,F_{AC} 越大,供油增量也就越大。

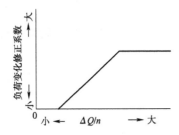

图3-14 加速时负荷变化率修正

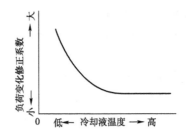

图3-15 加速时冷却液温度修正

(2)减速燃油修正。

减速时节气门开度减小,进气系统压力降低,附壁汽油加速汽化,因此与加速工况恰恰相反,这时混合气的浓度显然会变稀。同样考虑进气系统压力与发动机工作温度的影响,减速燃油修正系数 F_{DC} 为

$$F_{DC} = -F_{DL2} \times F_{TH2} \tag{3-14}$$

式中:F_{DL2}——发动机负荷率变化的修正系数;

F_{TH2}——冷却液温度修正系数。

其变化分别如图3-16、图3-17所示。

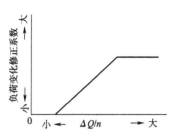
图 3-16 减速时负荷率变化修正

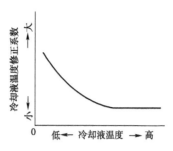
图 3-17 减速时冷却液温度修正

（3）急加速时异步喷射。

由于急加速工况突然增大的负荷会使燃油供给产生滞后现象，因此为了确保急加速工况发动机反应灵敏，过度迅捷，则需实施临时性异步燃油增量喷射。

从图 3-18 可以看出，急加速时节气门开度、吸入空气质量与活塞行程的对应关系。图 3-18 中 G_{a1} 为加速初始时测定的空气质量流量，T_A 为依据目标 A/F 和 G_{a1} 确定的同步喷射脉宽。

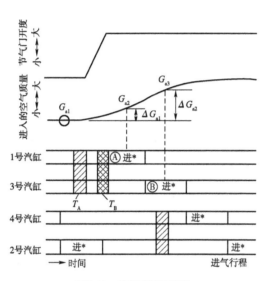
图 3-18 异步喷射的时序

由图 3-18 可见，急加速时，1 号汽缸在进气行程Ⓐ中实际吸入的空气质量为 G_{a2}，所对应的空气质量增量为 ΔG_{a1}。对应燃油喷射持续时间 T_A 所喷射的汽油量明显不足，进而引起 A/F 增大，使汽车加速过程缓慢；同理，3 号汽缸在进气行程Ⓑ中，实际吸入的空气质量为 G_{a3}，所对应的空气质量增量为 ΔG_{a2}，因此也会产生同样的结果。所以，为补充与空气增量 ΔG_{a1} 及 ΔG_{a2} 相对应的汽油喷射量，必须进行异步喷射。异步喷射时间在图中用 T_B 表示。

异步喷射量是根据发动机的节气门开度变化率确定的。假设节气门初始开度用 T_{HA} 表示，以 10~20ms 内的 T_{HA} 变化量 ΔT_{HA} 为依据，确定异步喷射量。如图 3-19 所示，节气门开度变化量 ΔT_{HA} 越大，吸入的空气质量增量越大，所需的异步喷射油量也就越大。

3）大负荷、高转速稳定工况燃油增量修正

发动机稳定运行于部分负荷时，A/F 控制的原则为：在保持排放性能前提下，尽量提供经济混合气，以提高发动机经济性。

而当汽车在大负荷、高速度行驶时,应追求发动机的动力性。根据图3-20中所示空燃比变化规律,控制系统应根据负荷与转速信号,将A/F控制中心设定在与转矩峰值相对应的12.5处,并实施时开环控制,以提高发动机动力性。

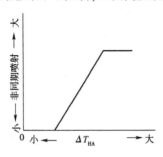

图3-19　加速时异步喷射量修正

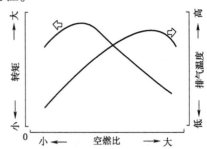

图3-20　转矩、排气温度与空燃比的关系

4)空燃比(A/F)反馈控制修正

为满足排放法规要求,现代汽车上一般都装有三元催化反应器。为充分利用三元催化反应器净化排气,必须将混合气A/F控制在理论值附近,才能使CO、HC的氧化作用与NO_x的还原作用同时、有效地进行。为此需提高A/F的控制精度,使其尽可能收敛于以理论值(14.7)为中心的非常狭窄的理想状态范围内,以获得催化反应器的最佳净化效果。

EFI系统仅依靠空气流量传感信号进行开环控制,是肯定达不到上述预期要求的。必须借助氧传感器进行反馈控制,如图3-21所示,才能达到此目的。

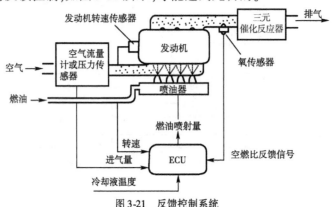

图3-21　反馈控制系统

(1)空燃比(A/F)反馈控制。

EFI系统利用氧传感器输出信号电压在$A/F=14.7$时发生临界跃变,将其与基准电压(4.5V)进行比较,即可判定适时混合气A/F值并以此进行反馈控制。如果氧传感器输出信号电压大于基准电压,则判定A/F过小,进而减小喷油脉宽;反之则增大喷油脉宽。A/F反馈控制的实质就是通过氧传感器信号使A/F回归理论值的控制。

如图3-22所示,假设混合气A/F偏小,则氧传感器输出高电位信号,EFI系统可据此使反馈修正系数减小(先骤降,再缓降),减少喷油脉宽。喷油量的减少使得A/F增大,混合气随之又很快变稀;当A/F低于预定值时,氧传感器输出低电位信号,EFI系统据此又使反馈修正系数增大(先骤升,再缓升),增大喷油脉宽,混合气随之又很快变浓,如此周而复始,A/F不断地被施以负反馈控制,最终收敛于14.7左右。

图3-22所示为A/F、氧传感器电压信号和A/F反馈修正系数三者之间宏观上的相应关系。从整体上看,在特定周期中,如果实际A/F较小,由于混合气处于"浓"状态所占的时间比

处于"稀"状态所占的时间相对较长,故氧传感器输出信号处于高电位的时间也相对较长,修正系数使 A/F 向着减小的方向移动。反之则相反。最终导致 A/F 在理论值附近获得平衡。

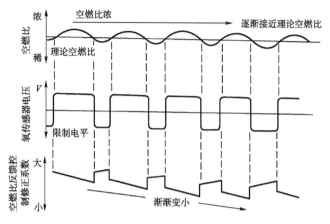

图 3-22　空燃比反馈控制过程

闭环控制系统反馈控制过程需经过一定时间,才能使 A/F 稳定收敛于理论值附近。该时间段包括混合气从进入汽缸直至废气到达氧传感器,以及氧传感器的响应时间等。因此,实际控制将导致混合气 A/F 逐步收敛于 14.7 附近的一个狭窄范围内。

(2)反馈控制的实施条件。

闭环控制在发动机的某些工况下不适宜采用。如发动机起动时以及暖机过程未完成的状况下,发动机温度低,附壁现象严重,汽油汽化较差,这时都需要较浓的混合气。此时如果仍按反馈控制原则使供给的混合气 A/F 值收敛于理论值附近时,发动机会起动困难;又如发动机在大负荷或高转速运转时,需要较浓的功率混合气,此时如果 A/F 仍收敛于理论值附近,则将造成发动机运转不良,动力不足。所以,在某些情况下应停止反馈控制,即进入开环控制。通常在下述的情况中,反馈控制将自动解除:

①发动机起动与暖机时。
②起动后燃油增量修正(加浓)时。
③节气门全开(大负荷、高转速)时。
④发动机处于非稳定工况(加、减速)时。
⑤燃油中断停供油时。
⑥氧传感器检测的 A/F 信号过小且持续时间大于规定值(如 10s 以上)时。
⑦氧传感器检测的 A/F 信号过大且持续时间大于规定值(如 4s 以上)时。

此外,由于氧传感器在 400℃ 温度以下不会产生相应的电压信号,故反馈控制也不会发生作用。当开环控制时,令其修正值等于 1,而闭环控制时,其值在 0.8～1.2 范围内变化。

5)学习空燃比控制修正

学习空燃比控制修正(图 3-23)可进一步提高 A/F 控制精度。特定发动机各种工况下的基本喷射时间标准数据可根据计算机 ROM/MAP 中存储的理论值数据得出。但实际运行中由于发动机各子系统性能的劣化,会增大实际 A/F 相对于理论值的偏离。虽然反馈修正可以修正该偏差,但修正范围有限(一般为 0.8～1.2)。如在反馈修正过程中,反馈修正的中心线偏向稀或浓的一侧(如图 3-23a 中的 $A—B—C$ 所示),且修正值超出修正范围时(图 3-23a 中的 C 线),就会造成控制困难。为使该修正值回到可控范围内,并使反馈修正中心线回到 A/F 理论值的位置上(如图 3-23a 中的 A 线),带有学习控制功能的 EFI 系统 ECU 可根据反馈修正值的偏离情况,设定一个学习修正值(学习修正系数),以实现燃油喷射时间的总修正。

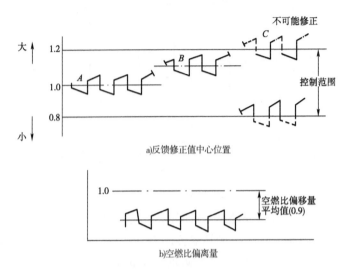

图 3-23 学习控制示意

学习控制基本过程分为三个阶段:
(1)求出实际 A/F 值与理论值的偏离量。
(2)求出适时 A/F 偏离的学习修正值并由 ROM/MAP 可靠保存。
(3)将适时学习修正值与各修正系数综合,对喷射时间实施以总体修正。

例如:由于某种原因(如空气滤清器因脏物堵塞),造成空气流量计或旁通空气道中的空气量相应变化(减少),引起实际 A/F 较理论值偏小。假若无反馈控制时的发动机实际 A/F 较理论值小 10%,经反馈控制后其反馈修正值的中心线将偏离理论中心约 0.9(减少 10%),即实际反馈修正值的中心将偏离 A/F 理论值 0.1(图 3-23b)。若使反馈修正值的中心回到理论 A/F 值 1.0 的位置上,即可确定学习控制修正值约为 0.1。

ECU 求出该学习修正值并将其存储于 ROM/MAP,以便在后续过程将符合当前条件的学习修正值及时反映到基本喷射脉宽上,即为学习修正。显见,A/F 控制精度提高。

检测 A/F 的偏离量并求出正确的学习修正值需要一定时间。每当断开点火开关、切断 ECU 电源时,所求得的学习控制修正值会立即被清除。以后再遇到相应特性变化引起的空燃比偏离时,学习修正值不会立即反映到喷射时间脉宽上,从而降低空燃比的控制精度。为做到及时修正,实现 A/F 高精度控制,EPU 中存储学习控制修正值的存储器(如 RAM)不应受点火开关控制,而由一根备用电源线与蓄电池直接连接。

图 3-24a)是无学习控制系统的反馈修正情况。通常反馈控制的积分速度是百微秒级,当 A/F 出现偏移时,在工况变化条件下,用几十毫秒的指令不能实现 A/F 的控制目标。

图 3-24b)是有学习控制的反馈修正情况。由于学习修正量能随运转条件变化立即被反映出来,所以当 A/F 发生偏移时,能及时将其收敛控制于理论值范围内,如图 3-25 所示。

6)蓄电池电压修正系数

由于喷油器实际打开的时间比 ECU 控制喷油器的时间要晚,即存在一段滞后(也称为喷油器的无效喷油时间),如图 3-26 所示,这意味着喷油器打开的时间比 ECU 计算所需要打开的时间短,致使实际空燃比要比发动机所要求的空燃比大,混合气偏稀。蓄电池电压越低,滞后的时间也越长。ECU 根据蓄电池电压的高低相应地修正喷油信号的持续时间,使实际喷油时间接近于 ECU 的计算值。蓄电池电压越低,则修正系数越大,即喷油持续时间得到适当的延长,以此弥补了较长的滞后时间,如图 3-27 所示。

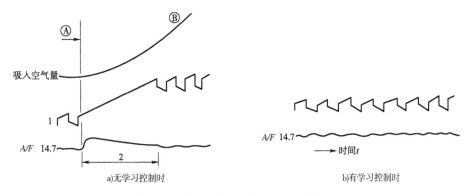

图 3-24 有或无学习控制的控制精度比较图
1-反馈修正系统;2-其间不能实现理论空燃比

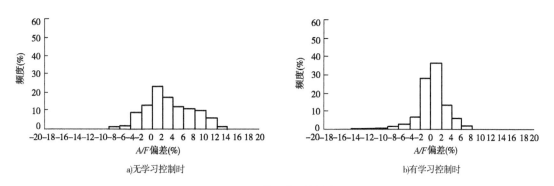

图 3-25 空燃比学习控制效果

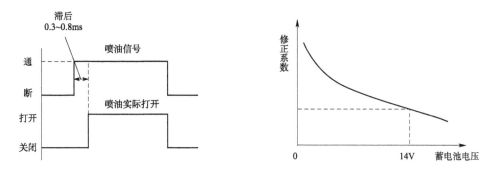

图 3-26 喷油信号与喷油器实际开启时间的差别　　图 3-27 蓄电池电压修正系数

通过以上分析可知,发动机 EFI 控制系统可在各种工况和环境条件下,通过动态修正控制 A/F,确保实现完全燃烧。表 3-1 为福特汽车公司为适应发动机不同工况的需要,EFI 系统控制 A/F 的数据。

发动机各种况时的空燃比(福特汽车公司)　　　　　表3-1

发动机工况	空燃比	发动机温度	氧传感器
起动阶段	2:1~12:1	由冷到凉	无信号
暖机阶段	2:1~15:1	渐热	无信号直到发动机热起
开环控制阶段	2:1~15:1	冷或热	可能有信号,但计算机不处理
闭环控制阶段	14.7:1	热	有信号
急加速	不同浓度混合气依据驾驶人的需要	热	有信号,但计算机不处理
减速	不同浓度混合气	热	有信号,但计算机不处理
急速	浓或稀取决于校正情况	热	有信号,计算机可能不处理,取决于校正情况

第三节　空气供给系统

EFI系统主要由空气供给系统、燃油供给系统和控制系统(ECU)三个子系统组成(图3-28)。

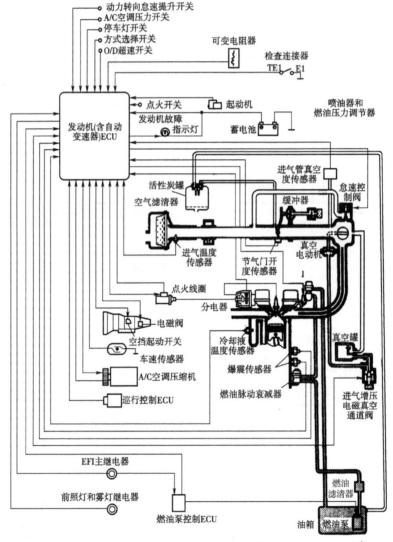

图3-28　皇冠2JZ-GE发动机控制系统示意图

空气供给系统(图3-29)实现供给、计量和控制发动机燃烧所必需的空气的功能。

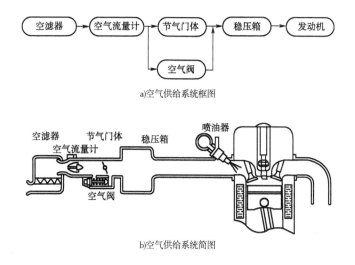

图 3-29 空气供给系统

根据空气计量方式的不同,可将 EFI 空气供给系统分为下列基本类型:
(1)L 型 EFI 系统:通过空气流量计检测、计量进气质量。
(2)D 型 EFI 系统:通过进气歧管绝对压力传感器检测、计量进气质量。

进气系统基本工作过程:特定转速下空气流量随节气门开度而成正比。急速工况节气门基本关闭,通过节气门的空气流量几乎为零。此时将开辟一个空气旁通通道,称为急速通道。该旁通空气通道中设置一个由 ECU 指令控制的空气阀,控制其流通截面,实现对发动机急速转速及负荷的适时控制。急速控制具体方式见下面的内容。

第四节 燃油供给系统

图3-30 所示为燃油供给系统基本组成。燃油泵提供系统压力,将燃油从燃油箱中吸出,建立工作压力,经滤清后泵送到各个喷油器。喷油器根据 ECU 指令将燃油精确计量喷入各进气歧管或稳压箱中,与流入发动机内的空气混合形成可燃混合气。喷油结束后多余的燃油从调压器经回油管送回油箱。其主要元件介绍如下。

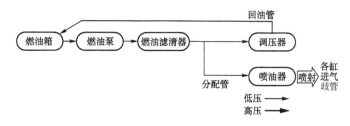

图 3-30

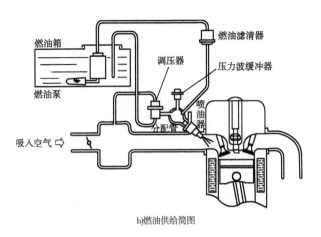

b)燃油供给简图

图 3-30 燃油供给系统

一、燃油泵

1. 结构

目前 EFI 系统采用的电动燃油泵的工作原理与结构和普通的工业用小型泵基本相同。

值得一提的是：由于汽油极易挥发，加上工作温度以及系统产生局部真空的影响，助长了汽油的蒸发汽化，形成燃油供给系统内部气阻。为此在现代汽车上广泛采用双级泵结构形式的电动燃油泵，并将其安装在油箱内。

双级泵结构如图 3-31 所示，由初级泵和主输油泵形成组件。初级泵分离进油端产生的蒸汽，并将燃油以低压送到主输油泵内。主输油泵多采用滚柱泵或涡轮泵，主要用以建立所需的泵油压力。该类型燃油泵具有良好的热起动性能。

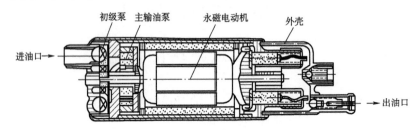

图 3-31 双级电动燃油泵

2. 电动燃油泵的转速控制

电动汽油泵的控制电路决定了其工作状态。对于不同的汽油喷射系统，有不同的电动汽油泵控制电路。电动汽油泵的控制电路一般具有下列功能：

(1) 预运转功能：即接通点火开关而不起动发动机时，油泵能运转 3~5s，向油管中预充压力燃油以利于起动。

(2) 起动运转功能：即在起动机带动发动机运转的过程中，油泵能同时运转，保证起动供油。

(3) 恒速运转功能：即在起动机带动发动机运转过程中，油泵能始终恒速工作，以保证正常的泵油量和泵油压力。

(4) 变速运转功能：即根据发动机工况的变化控制油泵高速、低速变换运转。发动机在低转速或中小负荷工况下工作时，燃油消耗量比较小，此时油泵低速运转就可以满足发动机的燃油需求,同时又可减少油泵的磨损、噪声以及不必要的电能消耗;发动机在高速或大负荷工况下工作时,燃油消耗量比较大,如果此时油泵高速运转,就可以增加泵油量,从而满足发动机对燃油的需求。

(5)自动停转保护功能:发动机熄火后,即点火开关仍处于接通位置,油泵也能自动停转。控制电路的这一功能可以防止汽车因撞车等事故造成油管破裂时的燃油大量外溢,从而避免因点火开关仍处于接通位置而引起火灾。

电动燃油泵的转速控制一般是采用 ECU 通过控制燃油泵继电器来实现的,其控制电路如图 3-32 所示。

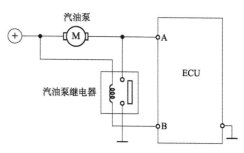

图 3-32 电动燃油泵的转速控制电路

当 ECU 根据传感信号检测到发动机处于起动工况时,便控制接通 B 号端子的搭铁电路 30s,汽油泵继电器线圈中有电流通过,继电器触点闭合,使汽油泵工作 30s,进行起动供油。

当发动机起动完毕进入正常运转阶段时,ECU 控制切断 B 号端子的搭铁电路,同时根据发动机工况控制 A 号端子搭铁电路的通断。

当发动机转速较高或负荷较大时,ECU 控制接通 108 号端子搭铁电路的时间长,切断搭铁电路的时间短,加在汽油泵上的平均电压较高,汽油泵的泵油量就较大;反之,当发动机转速较低或负荷较小时,ECU 控制接通 A 号端子搭铁电路的时间较短,切断搭铁电路的时间较长,加在汽油泵上的平均电压较低,汽油泵的泵油量就较小。如此,即可使汽油泵根据发动机工作时的燃油需求量来供油。

发动机熄火 1s 内,ECU 控制汽油泵停止工作。当接通点火开关而不起动发动机时,ECU 控制接通 A 号端子的搭铁电路 5s,使汽油泵工作 5s,提高油路中的压力,以利于起动。

二、燃油压力调节器

燃油供给系统工作时,燃油喷射量与喷油器前后端压力差及喷油器电磁阀开启时间有关。该压力差在数值上等于燃油总管油压与进气歧管压力之差。假设发动机工作时燃油总管(即喷油器后端)油压保持不变,由于进气歧管压力随发动机的负荷和转速的变化发生变化,则喷油器的喷油绝对压力也将随发动机负荷和转速发生波动,影响燃油喷射计量精度。

因此在燃油供给系统中必须设置燃油压力调节/阻尼器,将喷油器的喷油绝对压力波动控制在规定值内,并消除供油系统中燃油脉动,提高喷油计量精度。

燃油压力调节器根据进气歧管绝对压力变化信号调节系统油压(燃油总管油压),使喷油器喷油绝对压力基本保持恒定,调节范围一般为 250~400kPa,其特性曲线如图 3-33 所示。

燃油压力调节器安装于燃油总管上或油箱内,典型结构如图 3-34 所示。其内部被膜片 7 分割为弹簧室和燃油室,分别与发动机进气歧管和燃油总管相通。膜片下方燃油室一侧承受燃油总管的油压(系统油压),另一侧则受进气歧管负压与弹簧 6 压力的合力作用。

发动机工作时,若进气歧管负压负向增加,则作用在调节器膜片弹簧室侧的压力减小,在系统油压作用下,膜片 7 上移,打开单向回油阀 2,使部分燃油经回油管流回油箱,系统降压;

反之若进气歧管负压正向增加,则系统增压。其基本关系为

喷油绝对压力 = 系统油压 – 进气歧管绝对压力
= (弹簧压力 + 进气歧管绝对压力) – 进气歧管绝对压力

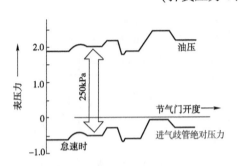

图 3-33 燃油压力调节器工作特性

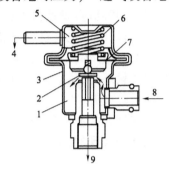

图 3-34 油压调节器
1-燃油室;2-单向回油阀;3-壳体;4-真空接口;
5-弹簧室;6-弹簧;7-膜片;8-进油口;9-出油口

所以喷油绝对压力等于弹簧压力。

显而易见,喷油绝对压力仅取决于弹簧力,不随进气歧管负压的变化而变化,保持恒定。

发动机停止工作时油泵停转,在弹簧张力作用下使单向回油阀2关闭,可使系统保持一定的残余压力,以便下次起动迅速建立系统油压。

某些型号的燃油压力调节器的真空接口4的管路由开关阀(VSV)控制,其作用是在发动机热车起动时,切断油压调节器和进气歧管之间真空管的通路,以增大燃油压力,防止油路中的燃油因温度过高产生气阻引起 A/F 值增大。

三、喷油器

喷油器是一种加工精度非常高的机械元件。它根据 ECU 发出的喷油脉冲信号,精确计量喷射燃油。要求其动态流量范围大、雾化性能好、抗堵塞能力强。世界各国厂商不断开发各种不同结构形式的喷油器,以满足这些性能要求。若干典型喷油器的结构与工作原理介绍如下。

(一)喷油器的结构与工作原理

1. 轴针式电磁喷油器

轴针式电磁喷油器的结构如图 3-35 所示。

ECU 无信号时电磁线圈3无电流。轴针针阀6被螺旋弹簧4压在喷油器出口处的锥形阀座上形成密封。当 ECU 发出脉冲信号时,电磁线圈电路接通产生电磁力,吸动衔铁带动针阀克服弹簧力离开阀座上移约0.1mm,汽油在压力作用下从针阀与阀座之间精密环形缝隙中喷出。为使燃油能被充分雾化,轴针的前端被加工成针状。喷油信号结束则电磁线圈电流被切断,电磁力迅速消失,针阀在螺旋弹簧作用下迅速复位,阀门关闭重新形成密封,停止喷油。

轴针式电磁喷油器燃油从顶部进入,仅在针阀开启喷油时,燃油才在喷油器体内轴向流动。则发动机室温度较高时易产生气阻。为此采用一种底部供油方式轴针式电磁喷油器(图3-36)。该方式燃油经内腔从上部流出,可围绕阀座区形成环流,冷却效果十分明显,可防止气阻,提高热起动性,应用日趋广泛。

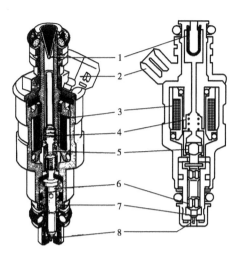

图 3-35 轴针式电磁喷油器
1-滤网;2-接口;3-电磁线圈;4-弹簧;5-衔铁;
6-针阀;7-阀体;8-轴针

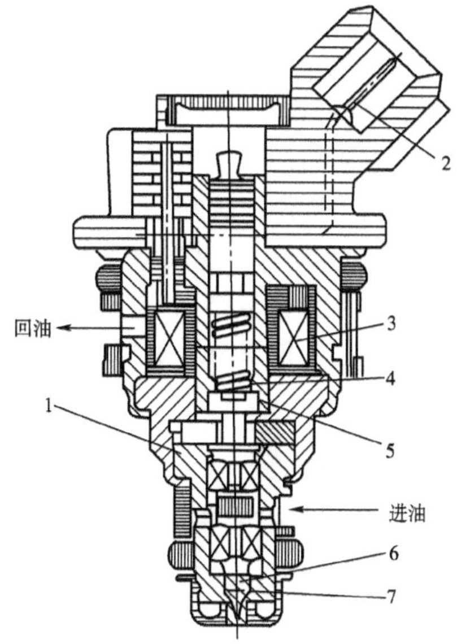

图 3-36 底部供油式电磁喷油器结构
1-针阀体;2-接电端口;3-电磁线圈;4-弹簧;5-衔铁;6-针阀;7-阀座

2. 球阀式电磁喷油器

球阀式电磁喷油器结构如图 3-37 所示。与轴针式电磁喷油器的主要区别在于阀针是由钢球、导杆和衔铁整体制成。因为球阀具有自动定心作用,无须较长和强度较大的导向杆,可采用较短的空心导向杆。所以移动质量(约 2g)仅为轴针式阀针一半(图 3-38),致使动态流量范围扩大,且密封性能良好。

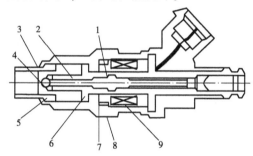

图 3-37 球阀式电磁喷油器结构
1-弹簧;2-阀杆;3-阀座;4-喷孔;5-护套;6-挡块;7-衔铁;8-喷油器体;9-电磁线圈

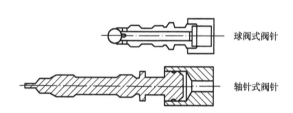

图 3-38 同等级的球阀式与轴针式阀针的运动质量比较

3. 片阀式电磁喷油器

片阀式电磁喷油器结构如图 3-39 所示。与其他类型喷油器的最大区别在于只用一块约 0.5g 的圆形阀片 11 来代替针阀与孔式阀座组合成液压阀。由于片阀的运动惯量极小,有利于减少喷油器运动的时间滞后现象,动态流量范围更大,计量精度高,工作噪声低,耐久性好,且抗堵塞能力明显优于普通轴针式喷油器。曾

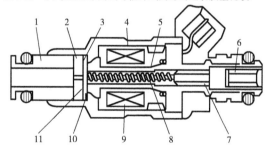

图 3-39 片阀式电磁喷油器结构
1-喷嘴套;2-阀座;3-垫圈;4-喷油器体;5-铁芯;6-滤网;7-调压滑套;8-弹簧;9-电磁线圈;10-限位圈;11-阀片

有实验数据证明:喷射6亿次无故障,动态流量仅变化小于±4%,静态流量仅变化小于±1%。运行200个实验循环后,普通轴针式喷油器流量减少47%,而片阀式电磁喷油器只减少0.3%,甚至运行1000个循环后流量减少仍小于2%。

片阀式电磁喷油器工作原理如图3-40所示。当电磁线圈无电流通过时阀片5被弹簧2压力和液体压力紧压在阀座上形成密封。当ECU发出喷油信号时,电磁线圈即刻通电产生电磁力,使衔铁3和阀片5克服弹簧力和液体压力上移脱离阀座密封环,压力油从密封环中计量孔喷出。ECU喷油信号结束,电磁线圈电流被切断,电磁力迅速消失,在弹簧力和液体压力的作用下阀片迅速复位重新形成密封,停止喷油。

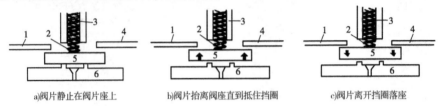

图3-40 阀片工作原理
1、4-挡圈;2-弹簧;3-衔铁;5-阀片;6-阀座

4. 双孔式喷油器

在多气门发动机上,采用单股油束喷油器会造成低速瞬时加速响应不佳。因此广泛采用双孔式电磁喷油器以避免该现象,且动态流量范围更大,抗堵塞能力更强。其结构如图3-41所示:在喷油器头部加装一个可使流量严格均分化的双孔分流套,两股油束能同时将相同的燃油量分别喷入两个进气口中,从而消除燃油附着,有效改善多气门发动机的瞬时加速度响应性能。

(二)电磁喷油器特性

1. 无效喷射时间

由于喷油器运动元件的机械惯性及电磁线圈磁滞性等影响,阀的运动会产生滞后现象(图3-42)。故当喷油信号脉冲 T_i 加至喷油器电磁线圈后,针阀升至最大升程时刻相对喷油信号脉冲上边沿滞后 T_o;而脉冲消失后针阀完全落座关闭相对驱动脉冲下边沿滞后 T_c。一般而言 $T_o > T_c$,则 $T_o - T_c$ 就形成无效喷射时间。

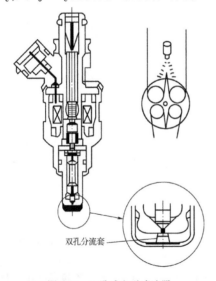

图3-41 双孔式电磁喷油器

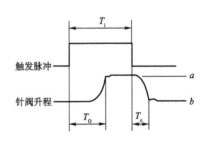

图3-42 驱动脉冲和针阀工作特性

T_o、T_c 的影响因素为蓄电池电压、阀体运动部件质量与行程以及弹簧机械特性等,其中动态变化较大的是蓄电池电压。因此必须根据蓄电池电压的变化对 T_i 加以修正。

2. 电磁喷油器流量特性

1) 电磁喷油器静态流量

静态流量是指:在特定压力下,针阀保持在最大升程位置,单位时间喷射的燃油量（mm^3/min）,用 Q 表示。显而易见,Q 即为图 3-43 所示动态流量特性曲线的斜率。

2) 电磁喷油器动态流量 q

动态流量是指:通电时间（喷油脉宽）T_i 内喷射的燃油量（mm^3/ms）。在图 3-43 所示的线性范围内,相对任意 T_i 的动态喷射量可用下式表示:

$$q = \frac{Q}{60}(T_i - T_u) \tag{3-15}$$

式中:Q——静态流量,mm^3/ms;

T_i——通电时间（喷油脉宽）,ms;

T_u——无效喷射时间（$T_u = T_o - T_c$）,ms。

理论上 q 与 T_i 之间呈线性关系。但实际喷射中由于 T_u 的影响,造成在 T_i 较小（略小于 T_o）与较大（接近脉冲周期 T）的区域内,实际动态流量特性呈非线性,如图 3-44 所示。

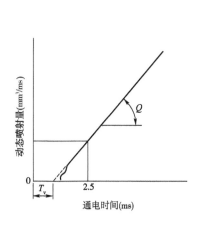

图 3-43 喷油器的喷油量特性　　图 3-44 电磁喷油器的动态流量特性及线性误差

显然只有当动态流量 q 与 T_i 呈线性关系时,ECU 才能精确控制喷油量。通常用 R_d 来衡量动态流量 q 的线性范围,希望其值越大越好。

3. 电磁喷油器性能基本评价指标

1) 最小线性动态流量 q_{min}

最小线性动态流量是指喷油器最小有效通电时间所对应的动态喷油量,可表示为

$$q_{min} = K \cdot t_{min} \tag{3-16}$$

式中:q_{min}——最小线性动态流量,mm^3/ms;

K——喷油器结构常数;

t_{min}——喷油器最小有效通电时间。

如图 3-45a）所示,t_{min} 实际上就是喷油滞后时间 T_o 和针阀达到最大升程后所需的稳定时

间 T_{B0} 之和,并随喷油器种类的不同而有所差异,一般在 1.2~1.8ms。所对应的动态喷油量 q_{min} 称为最小动态流量或最小线性动态流量。

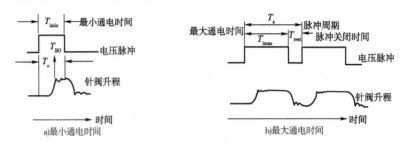

图 3-45 电磁喷油器最小通电时间与最大通电时间

2) 最大线性动态流量 q_{max}

最大线性动态流量是指喷油器最大允许通电时间所对应的动态喷油量,可用下式表示:

$$q_{max} = K \cdot T_{max} \tag{3-17}$$

式中:q_{max}——最大线性动态流量,mm^3/ms;

　　　K——喷油器的结构常数;

　　　T_{max}——喷油器的最大允许通电时间。

由于喷油器关闭时针阀与阀座从接触到完全静止需要一定时间,即喷油器的关闭迟滞时间 T_{rest}。令脉冲周期为 T_z 时,最大允许通电时间 T_{max} 实际上就是喷油器的喷油脉宽周期 T_z 和关闭停顿时间 T_{rest} 之差。一般 T_{rest} 约为 0.6ms,所对应的动态喷油量 q_{max} 称为最大动态流量或最大线性动态流量。

3) 动态流量线形范围 R_d

动态流量线形范围的表达式为

$$R_d = \frac{q_{max}}{q_{min}} = \frac{T_{max} - T_u}{T_{min} - T_u} \tag{3-18}$$

现代汽车向大排量、大功率和宽转速范围发展,因此要求电磁喷油器具有较宽的动态流量线形范围;而对于小排量的发动机来说,电磁喷油器动态流量特性在小流量区的良好线性尤为重要。

(三)电磁喷油器驱动电路

根据电磁线圈电阻值,可将喷油器分为高阻(电磁线圈电阻 12~17Ω)与低阻(电磁线圈电阻 0.6~3Ω)两种类型。相应的驱动方式可分为三种形式,如图 3-46 所示。

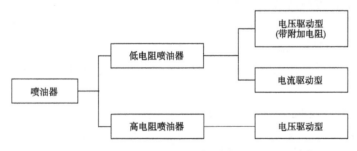

图 3-46 喷油器驱动方式

电压驱动与电流驱动型喷油器控制电路分别如图 3-47a)、b)所示。

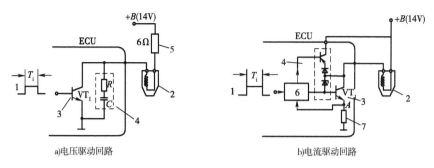

图 3-47 喷油器驱动回路

1-输入脉冲;2-喷油器;3-VT_1 功率三极管;4-消弧回路;5-附加电阻;6-电流控制回路;7-电流反馈电阻

电压驱动方式驱动低阻型喷油器,为防止工作电流增加引起的线圈热损耗,需在电路中设置附加电阻。该方式优点是动态响应好。但电路中加入附加电阻将导致工作电流减小,降低了喷油器的磁场力,导致电磁线圈磁滞现象增强,T_O 和 T_C 增大,对动态流量线形范围不利。

电流驱动回路喷油器阻抗小,电磁线圈电流上升快,针阀运动迅速,缩短无效喷射时间,动态响应好。驱动回路中增加反馈电路用于限制电磁线圈的最大工作电流。当针阀升到全开位置时,其电磁线圈的电流达到峰值电流 I_p,如图 3-48b)所示。峰值电流 I_p 因喷油器的结构与发动机工况的不同而异,一般为 4~8A(驱动电源电压为 14V 时)。随着喷油器电磁线圈电流增大,反馈电压(图 3-48b 中 A 点电压)升高,由于电流反馈电路的作用,针阀在全开位置时喷油器电磁线圈电流稳定保持为 1~2A(图 3-48b 中的 I_h)。该电流足以维持针阀在全开位置,并可防止电磁线圈过热,减小功耗。

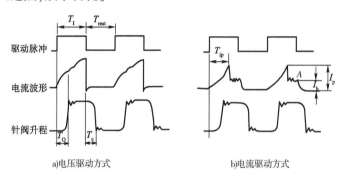

图 3-48 各种驱动电路的电流波形差别

T_I-通电时间;T_O-开阀滞后时间;T_C-闭阀滞后时间;I_p-峰值电流;I_h-保持电流;T_{ip}-峰值电流到达时间

电压驱动高阻型驱动回路如图 3-47a)所示,其控制原理与前者相同。从驱动脉冲接通电路开始,电磁线圈中的电流逐渐增大到一定程度时针阀开启,之后电流继续增大,直到驱动脉冲结束时电流达到饱和,因此这种电压驱动电路称为饱和驱动器。但由于高阻式喷油器电磁线圈电阻与电感均较大,故当功率管 VT_1 截止时,在线圈两端可能高感应电动势,与电源电压同时作用在 VT_1 上可将其击穿损坏。为保护 VT_1 及缩短电磁阀关闭时间,在驱动回路中常设有消弧回路。

相比而言,电流驱动低阻型驱动方式无效喷油时间最短,动态响应最好,电压驱动低阻型次之,电压驱动高阻型方式再次之。现代 EFI 系统中电流驱动低阻型驱动方式应用日趋广泛。

第五节　电子控制系统

EFI 总体组成如图 3-49 所示。

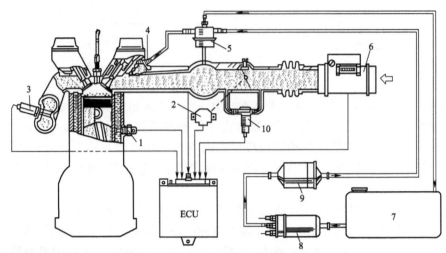

图 3-49　EFI 系统总体组成

1-冷却液温度传感器；2-节气门位置传感器；3-氧传感器；4-喷油器；5-汽油压力调节器；6-热膜式空气流量计；7-汽油箱；8-电动汽油泵；9-汽油滤清器；10-怠速控制阀

一、电子控制单元

电子控制系统根据功能可分为电子控制单元(ECU)、传感器和执行器三个子系统。

ECU 的主要功能是根据发动机和车辆运行状态确定燃油最佳喷射量，以此获得发动机适时最佳 A/F 值。

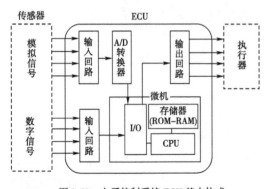

图 3-50　电子控制系统 ECU 基本构成

通常，ECU 首先根据进气量(压力)及发动机转速信号计算基本喷油时间，然后再根据发动机各种辅助工作参数信号进行修正，确定出适时工况下的最佳喷油持续时间，控制发动机的 A/F 值。

根据要求，ECU 还具有控制发动机的最佳点火时间、怠速转速、废气再循环率以及故障自诊断等功能。

图 3-50 所示为电子控制系统及 ECU 基本构成，其具体结构和功能参见 2.3 章节有关内容。

二、EFI 传感器

EFI 传感器的作用是：利用装在各部位的信号检测/转换装置，测量或检测在发动机运行状态的各种工作参数，并将它们转换成计算机能识别的信号传输至 ECU 进行处理，进而发出指令对执行元件进行适时控制。这些参数动态反映了与发动机适时工况相关的工作参数信息及其变化趋势，如进气质量、混合气浓度、负荷状况、冷却液温度、环境温度、转速与曲轴位置等。

车辆发动机控制系统主要的传感器有:空气流量计、进气管绝对压力传感器、大气温度与压力传感器、发动机冷却液温度传感器、机油温度传感器、节气门位置传感器、曲轴位置传感器、爆震传感器、氧传感器等。

传感器输出信号的波形通常分为三种类型:模拟信号、数字开关量信号及连续脉冲数字信号。

以下介绍EFI系统的主要传感器。

(一)空气流量计

空气流量计的作用是:将吸入发动机的空气量转换成电信号送至ECU,作为确定基本喷油量的主要依据之一。采用该类型传感器检测进气流量的EFI系统称为L型EFI系统。

空气流量计按其结构形式可以分为以下类型:

(1)翼片式空气流量计:体积流量型,20世纪50—70年代较为流行。由于该流量计进气阻力较大,会影响进气系统性能,现已基本淘汰。

(2)卡门旋涡式空气流量计:体积流量型。

(3)热线/热膜式空气流量计:质量流量型。

目前常用的空气流量计有:卡门旋涡式空气流量计、热线式空气流量计、热膜式空气流量计。

1. 卡门旋涡式空气流量计

卡门旋涡式空气流量计运用卡门旋涡原理计量进气流量,具有响应速度快,体积/质量小,进气阻力小,无磨损,测量精度高等优点,但成本较高。

1) 结构

进气管道中央设置一个锥体状涡流发生器。当空气流过时,在涡流发生器的后部将会不断产生涡流串,其频率与流量成正比。因此,检测旋涡串频率便可感知进气量的大小。检测旋涡串频率的方式分为反光镜检测和超声波检测两种。

反光镜检测方式是利用旋涡引起的空气压力变化测量进气流量,如图3-51所示。在系统中设置一个薄金属制成的反光镜,由发光管对准其照射并将光信号反射给光电管。在涡流发生器两侧设置导压孔将涡流后部压力导向反光镜表面。当卡门旋涡发生时,涡流发生器两侧压力发生周期性变化,该压力周期性变化通过导压孔使反光镜产生振动,从而引起光电管接受的反射光产生周期变化,ECU根据所监测的反光信号的频率便可感知系统进气量。

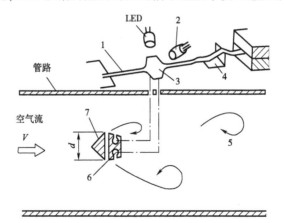

图3-51 卡门旋涡式空气流量计(反光镜检测方式)
1-全波段;2-光电管;3-反光镜;4-板簧;5-卡门旋涡;6-导压孔;7-涡流发生器

超声波检测方式是利用旋涡引起的空气密度变化进行测量的,如图3-52所示。在空气流动的垂直方向安装超声波信号发生与接收装置,在发动机运行时不断地向接收器发出一定频率的超声波且穿过旋涡。由于受旋涡影响造成空气密度的变化,引起超声波穿越后的相位发生相应偏移,由此形成疏密波。ECU根据所监测的超声波疏密的频率便可感知系统进气量。超声波检测方式由于没有运动部件,检测精度较高。

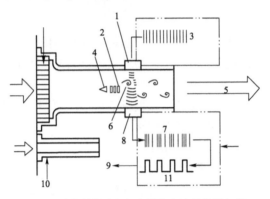

图3-52 卡门旋涡式空气流量计(超声波检测方式)
1-信号发生器;2-涡流稳定板;3-超声波发生器;4-涡流发生器;5-通往发动机;6-卡门旋涡;7-与涡流对应的疏密声波;8-接收器;9-接计算机;10-旁通通路;11-整形矩形波(脉冲)

2)卡门旋涡流量计的测试原理。

当通过进气通道的空气流速 V 变化时,将导致卡门频率 f 产生相应变化,其关系为

$$V = d \frac{f}{S_t} \tag{3-19}$$

式中:d——涡流发生器外径,cm;

S_t——斯特罗巴尔数,约为0.2。

进气通道结构、形状以及涡流发生器尺寸设计确定后,斯特罗巴尔数 S_t 在特定测量范围内可视为定值。显见,通过测量卡门频率即可计算出空气流速 V,再乘以空气通道有效截面积,即可得出进气系统空气体积流量,再根据进气密度进行修正既可得出进气质量。

2. 热线式空气流量计

1)结构

热线式空气流量计主要由采样管、铂热线、进气温度传感器、控制回路等组成。根据铂热线在壳体内安装的部位,又分为主流测量和旁通测量两种结构类型。图3-53所示为主流式热线空气流量计的典型结构。

热线为线径70μm的铂丝,固装于采样管中。采样管置于主空气通道中央,两端装有金属防护网,防止气流中的杂质损伤铂丝。

铂丝阻值随温度变化。热线本身构成惠斯顿电桥的电阻臂 R_H,如图3-54所示。采样管内安装一个铂薄膜热敏电阻器,其阻值随进气温度变化,称为温度补偿电阻,构成惠斯顿电桥电阻臂 R_K。取样管塑料护套上安装一只精密电阻,且能用激光修整,构成惠斯顿电桥

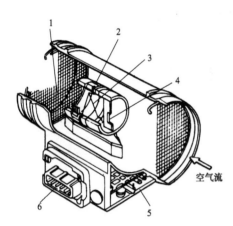

图3-53 热线主流式空气流量计结构图
1-防护网;2-取样管;3-铂热线;4-温度补偿电阻;5-控制线路板;6-电连接器

电阻臂 R_A。该电阻上的电压就是空气流量输出信号。惠斯顿电桥臂上另一电阻 R_B 被装在控制线路板上面,该电阻器在最后调试试验中用激光修整,以便对设定空气流量下的空气流量计输出特性进行校正。

整个流量计安装在进气系统主流通道上,称为"主流式"热线空气流量计。

旁通式热线空气流量计与主流测量方式在结构上的主要区别在于:将铂热线和温度补偿电阻安装在空气旁通道上。

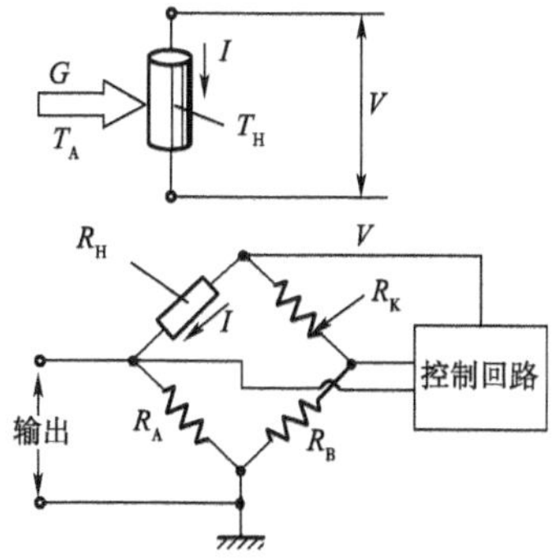

2)测量原理

在流动空气中放置一发热体,因向周围空气放热而冷却。流经发热体的空气量越多,则发热体的传热量越大。热线式空气流量计就是利用发热体和空气传热这种现象来测量发动机进气量。

图 3-54 热线式空气流量计测量原理
R_H-热线电阻;R_K-温度补偿电阻;R_A-精密电阻;R_B-调零电阻

置于进气气流中的发热体(铂热线电阻)向空气散热时的传热系数可用下式来表示:

$$h = \alpha + \beta \sqrt{G} \tag{3-20}$$

式中:h——传热系数;

α、β——常数;

G——空气的质量流量,mm^3/s。

按照传热学原理,置于空气流中的热线电阻在单位时间内损失的热量 H 可用下式来表示

$$H = h \cdot A \cdot (T_H - T_A) \tag{3-21}$$

式中:A——热线传热面积,mm^2;

T_H——铂电阻的温度,℃;

T_A——温度补偿电阻的温度,℃。

热线产生的热量 W 为

$$W = R_H I_H^2 \tag{3-22}$$

热线处于热平衡 $W = H$ 时,假设热线与补偿电阻的温度($T_H - T_0$)为一定值(100℃),则热线电阻中的电流与空气质量流量 G 的关系可用下式表示,即

$$I \propto \sqrt{\alpha + \beta \sqrt{G}} \tag{3-23}$$

显见,流过热线的电流直接与空气质量流量 G 有关,不需空气密度修正,其输出特性如图 3-55 所示。

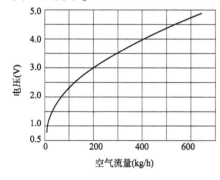

图 3-55 热线式空气流量计的输出特性

热线式空气流量计利用惠斯登电桥平衡原理,设计控制电路使热线电阻温度与进气温度的差值保持恒定。

当发动机进气流量增加时,铂热线上被带走的热量就会增加,使其迅速冷却,电阻值随之下降,惠斯登电桥失去平衡。此时,控制电路会自动增加供给热线的电流,使热线恢复原设定的温度和电阻,直至电桥恢复平衡。电子控制回路所增加的电流大小取决于热线被冷却的程度,即空气质量流量。因此发动机进气质量流量增加,将引起热线电流的增加,同时电阻 R_A 的电压也相应增加,

ECU 根据该电压信号便可测定空气的质量流量。

由于流量计基于热线表面与空气的热传导,铂热线上的任何污染附着都会造成测量误差,因此控制电路中设置自动"清污"功能。每当发动机熄火后的 4s 内,控制电路会自动提供自净电流,使热线迅速升高到 1000℃ 的高温并保持 1s,可将黏附在热线表面污物完全清除干净。

3. 热膜式空气流量计

热膜式空气流量计的结构和原理与热线式空气流量计基本相同,只是将发热体由热线改为金属铂热膜,如图 3-56 所示。这种结构可使发热体不直接承受空气流动所产生的作用力,增加其强度,提高了工作可靠性。

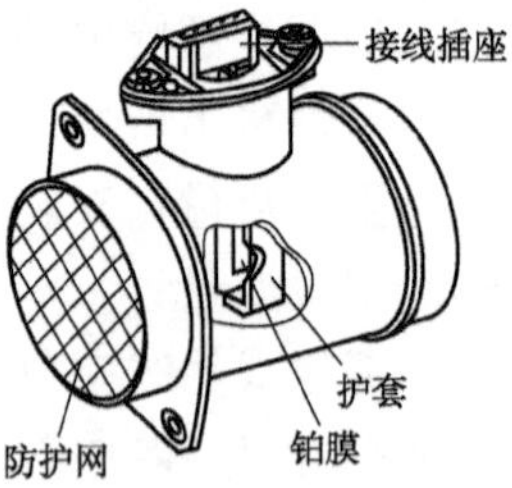

图 3-56 热膜式空气流量计

热线式和热膜式空气流量计能直接测出进气流的质量流量,避免了海拔引起的误差,再加上该空气流量计响应时间短,测量精度高。因此,已成为现代汽车电子燃油喷射系统较流行的空气流量计。表 3-2 为三种空气流量计的性能比较。

空气流量计性能对比　　　　表 3-2

性能＼种类	热膜式空气流量计	热线式空气流量计	卡门旋涡式空气流量计
响应特性	○	○	○
急速稳定性	○	○	○
废气再循环适用性	○	○	○
发动机性能随时间的变化	◎	◎	◎
海拔修正	—	—	√
进气温度修正	—	—	√
安装性	○	○	○
成本	◎	○	○

注:◎表示优;○表示良;—表示不要;√表示要。

(二)进气歧管绝对压力传感器

在 D 型 EFI 系统中,发动机进气流量是通过进气歧管绝对压力传感器(简称进气绝对压力传感器)来测量的。与空气流量计不同的是:进气绝对压力传感器采用的是间接测量方式,即依据发动机的负荷变化测出进气歧管内绝对压力的相应值,进而测算发动机的进气量。

进气绝对压力传感器就其信号产生的原理可分为半导体压敏电阻式、电容式、膜盒传动的可变电感式和表面弹性波式等类型。其中电容式和半导体压敏电阻式在当今 D 型发动机电子控制系统中应用较为广泛。

1. 半导体压敏电阻式进气绝对压力传感器

该传感器是利用半导体的压阻效应测量进气歧管绝对压力。其结构由压力转换元件、混合集成电路等构成,如图 3-57 所示。

压力转换元件是具有压阻效应的半导体硅膜片,其一面是真空室,另一面导入进气歧管压力。其中部经光刻形成直径约 2mm、厚约 50μm 的薄膜,薄膜周围安置有 4 个应变电阻。以惠斯顿电桥方式连接。

压敏电阻式进气绝对压力传感器工作原理如图 3-58 所示。当硅膜片受力变形时,R_2 和 R_4 受拉,其阻值随应力增加而增加;R_1 和 R_3 受压,其阻值则随应力增加而减小。如此造成惠斯顿电桥失去平衡,有信号输出。而硅膜片受力与变形程度与进气歧管绝对压力成正比,即进气歧管绝对压力越大则硅膜片受力与变形程度越大,输出的信号越强烈,且输出信号电压随进气歧管绝对压力呈线性变化。

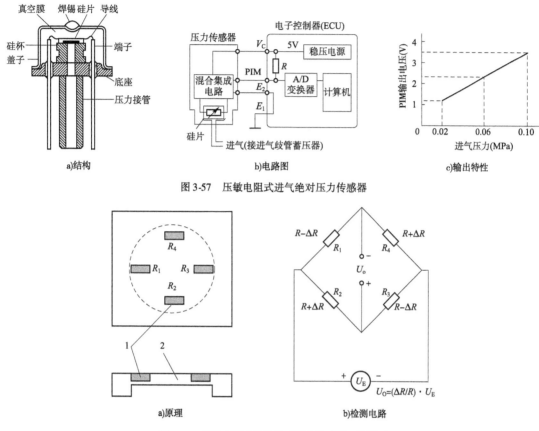

图 3-57 压敏电阻式进气绝对压力传感器

图 3-58 压敏电阻式进气绝对压力传感器工作原理
1-应变电阻;2-硅膜片

混合集成电路的功能是将较弱的信号进行放大后再输出,可明显提高传感器灵敏度。该类传感器具有尺寸小、精度高、成本低、响应性好、通用性强及测量范围广等优点,是目前进气绝对压力传感器中最先进和应用最为广泛的类型。

2. 电容式进气绝对压力传感器

该传感器主要是利用电容效应测量进气歧管绝对压力,其结构与原理如图 3-59 所示。

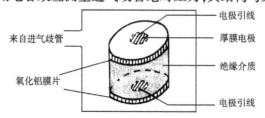

图 3-59 电容式进气绝对压力传感器结构示意图

压力转换元件由可产生电容效应的厚膜电极构成,电极被附在氧化铝膜片上。当进气歧管绝对压力变化时,可使氧化铝膜片产生变形,导致传感器电极的电容产生相应变化,引起与其相关的振荡电路的振荡频率发生相应变化。ECU 则根据传感器输出信号的频率便可感知进气歧管的绝对压力。其信号频率和进气歧管绝对压力值成正比,该频率变化范围为80~120Hz。

其他类型的进气歧管绝对压力传感器,其基本原理均相同,即:利用压力转换元件将进气歧管绝对压力转换为电信号,经放大、整形处理后传递给ECU。

(三)氧传感器

在排气管中设置氧传感器,可以向ECU反馈实际A/F信号,以此控制其收敛于理论值($A/F=14.7$),形成闭环控制。另外,采用三元催化转换器以降低排放污染,也必须利用氧传感器将实际A/F控制收敛于理论值附近的狭窄范围内。在目前已实际应用的氧传感器有氧化锆式和氧化钛式两种类型。

1.氧化锆式氧传感器

氧化锆式氧传感器基本元件是专用陶瓷体,即氧化锆(ZrO_2)固体电解质,其结构如图3-60所示。陶瓷体制成管状,又称锆管,其内外表面都覆盖着一层多孔性铂膜作为电极。锆管内表面与大气相通,外表面与发动机排出的废气相通。

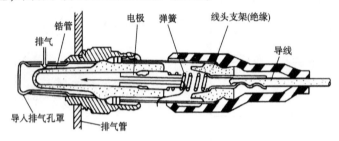

图3-60 氧化锆式氧传感器的结构

当温度较高时,渗入锆管固体电解质内的氧气发生电离。且电离后的氧离子由氧浓度高的内侧向氧浓度低的外侧扩散,致使两电极之间产生电动势,形成微电池。即氧化锆元件在高温下将锆管内、外表面的氧浓度差转换成微电动势。检测该电动势即可获得氧浓度信号。

此外,锆管内外两侧的氧浓度差越大,产生的电动势就越大,其输出特性如图3-61a)所示。可以看出,就固体电解质氧化锆管单独而言,虽然可利用浓度差产生电动势,但在理论A/F附近很窄范围内所产生的电动势的变化率很小,很难准确地检测出理论空燃比的临界点。通常利用具有催化作用的铂作电极,可使电动势在理论空燃比附近产生阶跃变化,如图3-61b)所示,以此准确测定出发动机的理论空燃比的临界点。

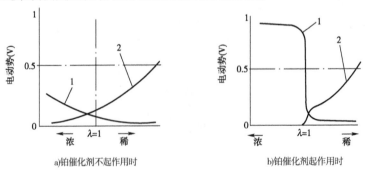

图3-61 氧化锆式氧传感器的输出特性
1-电动势;2-传感器表面O_2的浓度

氧化锆式氧传感器输只有在400℃以上时才能正常工作。所以氧传感器必须加热来保证其工作温度,又称为加热式氧化锆氧传感器。该传感器在内部增加了一个陶瓷加热元件用于加热。不论排气温度是多少,只要不超过工作极限温度陶瓷体温度总是不变的。其优点是使用氧传感器安装灵活性大,不受极端升温的影响,同时,也扩大了空燃比闭环控制的工作范围。

2. 氧化钛式氧传感器

氧化钛式氧传感器与氧化锆式氧传感器有很大的不同,它是利用导体二氧化钛(TiO_2)的导电性随排气中氧含量的变化而变的特性制成的,故又称电阻型氧传感器。二氧化钛是一种在室温下具有很高电阻的半导体,但当排气中氧含量少(混合气浓)时,二氧化钛中的氧分子将逃逸,使其晶体出现缺陷后,将有更多的电子可用来传送电流,材料的电阻亦随之降低。此种现象与温度和氧含量有关。因此,欲将二氧化钛在 300~900℃ 的排气温度中连续使用,必须进行温度补偿。当混合气较浓时,排气中氧气极少,二氧化钛阻值减少,否则,当混合气较稀时排气中氧较多,二氧化钛阻值将增加,并且其在理论空燃比 $\lambda = 1$ 临界点处产生突变,如图3-62 所示,以此可检测出可燃混合气理论空燃比临界状态点。

氧化钛式氧传感器具有两个二氧化钛元件:一个是具有多孔性用来感测排气中氧含量的二氧化钛陶瓷;另一个则为实心二氧化钛陶瓷,用作加热调节及温度补偿,如图3-62 所示。该传感器一般安装于排气歧管或尾管上,可借助排气高温加热至适当的工作温度。

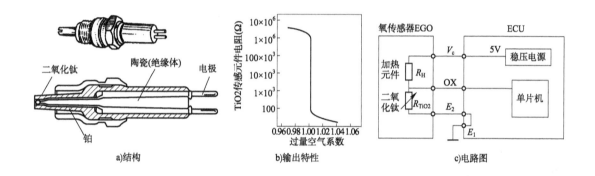

图 3-62 氧化钛式氧传感器

相比而言,氧化钛式氧传感器具有结构简单、体积小、成本低等优点。但其电阻值随温度变化较大,需采用一些温度补偿方法,以便在高温下也能进行检测。

(四)节气门位置传感器

节气门位置传感器通常装在节气门体上,可同时把节气门开度、怠速、大负荷等信号转换成电压信号送至 ECU 中。

节气门位置传感器有线性输出和开关量输出等两种形式,目前主要采用线性输出型。

线性输出型节气门位置传感器的结构与工作原理类似于滑片电阻,如图3-63a)所示。在传感器上安装了两个与节气门联动的电刷(滑动触头),其中一个电刷触头在印刷电路基片上的滑片电阻上滑动,将节气门开度变成电压信号输出,其信号输出特性如图3-63b)所示,节气门开度与传感器输出电压信号成正比。

典型的线性输出型节气门位置传感器与 ECU 的连接线路如图3-64 所示。传感器上设置的另一个电刷(怠速),则用于精确检测节气门全闭状态,用以对发动机怠速时的转速、喷油量及点火提前角进行自动控制。

(五) 温度传感器

判定发动机的热状态、计算进气质量流量以及排气净化处理等，需要对发动机冷却液温度、进气温度与排气温度进行连续精确地测量。因此 EFI 设置了一系列温度传感器。表 3-3 列出了汽车发动机用温度传感器的性能要求。

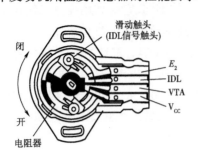 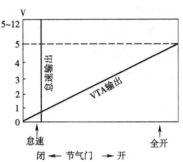

a) 线性输出型节气门传感器结构　　　　b) 线性输出型节气门传感器输出特性

图 3-63　线性输出型节气门传感器结构与输出特性

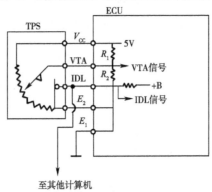

图 3-64　线性输出型 TPS 与 ECU 的连接

温度传感器有绕线电阻式、热敏电阻式、扩散电阻式、半导体晶体管式、金属芯式和热电耦式等类型。较为典型的、在汽车 EFI 系统中应用较多的是绕线电阻式和热敏电阻式温度传感器。

1. 绕线电阻式温度传感器

在绝缘绕线架上绕上高纯度的镍线，再罩上适当的外套而成，用于测量冷却液和进气温度。利用其电阻值随温度变化而变化的特性。其精度在 ±1% 以内，响应特性较差，响应时间约为 15s。

2. 热敏式温度传感器

利用半导体电阻的热敏特性检测温度，有 NTC（负温度系数）和 PTC（正温度系数）两种。该类型传感器灵敏度高，但输出特性线性差，响应特性比绕线电阻式传感器好，使用温度一般限于 300℃ 以内，因而被广泛地用于检测冷却液和进气温度，图 3-65 所示为典型热敏式温度传感器结构，表 3-3 为汽车发动机用温度传感器性能指标。

(六) 曲轴位置传感器

曲轴位置传感器可向 ECU 提供发动机曲轴转角、活塞行程位置信号及发动机转速信号。曲轴位置传感器可分为光电式、磁电式、霍尔式三大类型。由于磁电式、霍尔式传感器抗污能力和高速时信号识别能力强，因此应用广泛。

曲轴位置传感器可安装在曲轴前端或凸轮轴前端,可传感曲轴位置、凸轮轴位置、分电器位置或飞轮位置。各种不同的传感类型原理和结构形式基本相同,只是安装位置有所区别而已。

汽车发动机用温度传感器性能指标　表3-3

工作范围	-50~+120℃(满量程150℃)
输出	0~5V
精度	±2℃
分辨率	±0.5℃
响应时间	冷却液:10s　空气:1s
可靠性	0.999　4000h

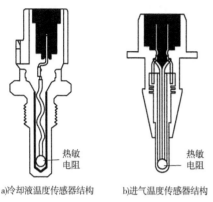

a)冷却液温度传感器结构　　b)进气温度传感器结构

图3-65　热敏式温度传感器

1. 磁电式曲轴位置传感器

1)基本原理与结构

磁电式曲轴传感器结构如图3-66a)所示,主要由永久磁铁、叶轮(转子)、电磁线圈等组成。转子固定在分电器轴上,线圈被固定在分电器外壳上。永久磁铁的磁力线通过叶轮、托架等构成磁路。

工作原理如图3-66 b)所示。当发动机工作时分电器轴带动叶轮旋转,导致磁路的气隙发生变化,相应改变了磁路的磁阻。即转子的叶片接近托架时(位置A→位置B),气隙变得越来越小,使得磁路的磁阻变小;磁通量相应增加;转子的叶片转离托架时(位置B→位置C),气隙变得越来越大,使得磁路的磁阻变大,磁通量相应减小。如此在电磁线圈内产生感生电动势,成为输出信号。该电动势大小和方向均呈周期变化,频数与齿数相等,可以据此检测曲轴转角位置、活塞行程位置及发动机转速。

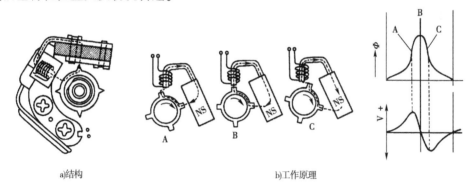

a)结构　　　　　　　　　　b)工作原理

图3-66　磁电式曲轴位置传感器结构与原理

2)典型系统分析

图3-67是日产公司磁电式曲轴位置传感器结构示意图,主要由轮齿式的信号盘、磁头、电磁线圈、电路等组成。

该传感器采用模块式设计:有一个带有细齿的信号盘,随曲轴同步旋转。信号盘的外缘沿圆周每隔4°加工一齿,共有90个齿。此外,每隔120°(六缸发动机)或180°(四缸发动机)布置一个信号凸缘。安装在信号盘边沿的传感器盒内装三个(六缸机为三个,四缸机则为两个)

由永久磁铁及铁芯组成的电磁头。其中磁头②感知信号磁盘120°凸缘,用于产生120°信号;磁头①和③间隔3°曲轴转角的位置安装,用以感知信号盘齿圈,产生曲轴1°信号。信号盒内装有放大及整形电路,并通过连接器与ECU相连,120°信号和1°信号通过线束输出。

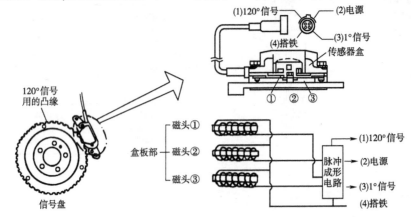

图3-67 日产公司磁电式曲轴位置传感器

发动机运转时,感应线圈内的磁通周期变化,产生交变感应电动势信号,如图3-68所示。该信号通过整形、放大后变成脉冲信号输出。按照其结构分析,曲轴每旋转一圈,磁头②上将产生三个120°脉冲信号,磁头①、③上将各产生90个脉冲信号。

由于磁头①和③相隔3°安装,且两磁头所对应的脉冲信号周期占曲轴转角均为4°,故磁头①和③所产生脉冲信号的相位差恰好为1°。显见,将两个磁头产生的脉冲信号经处理后,即可获得曲轴1°转角信号(图3-68)。

此外,由于产生120°信号磁头②安装位置对应于活塞压缩行程上止点前70°(图3-69),故其信号亦可称为上止点前70°信号,即发动机在运转过程中,各缸在压缩行程上止点前70°均由磁头②产生一个基准脉冲信号。

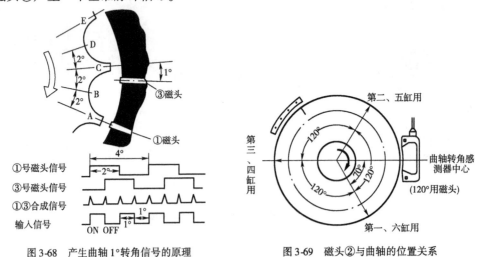

图3-68 产生曲轴1°转角信号的原理　　图3-69 磁头②与曲轴的位置关系

2. 霍尔式曲轴位置传感器

霍尔式曲轴位置传感器是利用霍尔效应产生与曲轴转角、转速和位置相对应的电压脉冲信号。

1)霍尔效应原理简介

霍尔效应原理如图3-70所示。当电流I通过放在磁场中的半导体电基片(称霍尔元件)

且电流方向与磁场强度 B 方向垂直时,电荷在洛伦兹力作用下沿电流方向的一侧发生漂移。因此在垂直于电流与磁通的霍尔元件的横向截面上会产生一个与电流和磁场强度成正比的电压,称为霍尔电压 U_H,可用下式表达:

$$U_H = \frac{R_H}{d} IB \tag{3-24}$$

式中:R_H——霍尔系数;
　　　d——基片厚度;
　　　I——磁场电流;
　　　B——磁场强度。

可以肯定,当结构一定且电流 I 为定值时,霍尔电压 U_H 与磁场强度 B 成正比。霍尔式曲轴位置传感器就是利用触发叶片或轮齿通过改变霍尔元件的磁场强度,使霍尔元件产生霍尔电压,从而输出曲轴位置信号。

2)典型系统分析

(1)基本结构。

美国 GM 公司霍尔式曲轴位置传感器为触发叶片结构型,如图 3-71 所示。主要由永久磁铁、触发叶轮、导磁板和霍尔集成电路等组成。两个触发叶轮的侧面各安置一个霍尔信号发生器。

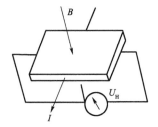

图 3-70　霍尔效应原理
I-电流;B-磁场强度;U_H-霍尔电压

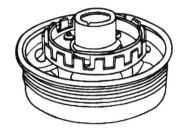

图 3-71　霍尔式曲轴位置传感器(GM 公司)

该传感器安装在曲轴前端。两个带叶片的触发轮固装在发动机曲轴皮带轮前端并一起旋转。外触发叶轮外缘上匀布着 18 个触发叶片和 18 个窗口,每个触发叶片和窗口的宽度均为 10°弧长。内触发叶轮外缘上设有三个触发叶片和三个窗口,三个触发叶片的宽度不同,分别为 100°、90°和 110°弧长;三个窗口的宽度也不同,分别为 20°、30°和 10°弧长。

内触发叶轮安装位置是这样设置的:宽度为 100°弧长的触发叶片前边沿位于压缩行程一、四缸上止点前 75°;90°弧长的触发叶片前边沿在六、三缸压缩行程上止点前 75°;而 110°弧长的触发叶片前边沿在五、二缸压缩行程上止点前 75°。

(2)工作原理。

如图 3-72 所示,当触发叶片转动时,每当叶片进入永久磁铁与霍尔元件之间的空气隙中时[图 3-72a)],由于霍尔元件的磁场被触发叶片旁路,因此不产生霍尔电压。当触发叶片离开空气隙时[图 3-72b)],永久磁铁 3 的磁通通过导磁板 5 穿过霍尔元件,产生霍尔电压。

霍尔电压信号经霍尔集成电路放大整形后,向 ECU 输出曲轴转角位置信号。

外触发叶片每旋转一周产生 18 个脉冲信号,称为 18X 信号,如图 3-73 所示。一个脉冲周期对应 20°曲轴转角,ECU 对 18X 信号进行处理后,即可求得曲轴 1°转角信号。

内触发叶片每旋转一周产生 3 个不同宽度的电压脉冲信号,称为 3X 信号。各个脉冲信号上升边沿分别相对于一、四缸,三、六缸和二、五缸压缩行程上止点前75°,可用于 ECU 控制点火与喷油基准信号。

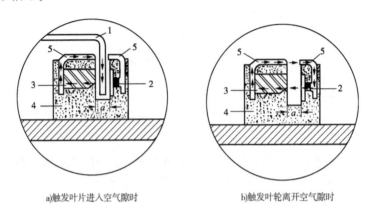

a)触发叶片进入空气隙时　　　b)触发叶轮离开空气隙时

图 3-72　霍尔信号发生器工作原理
1-触发叶片;2-霍尔元件;3-永久磁铁;4-底板;5-导磁板

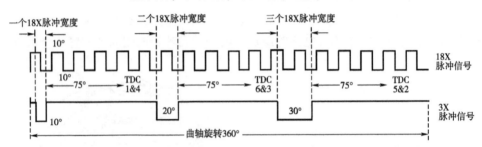

图 3-73　霍尔式曲轴位置传感器输出信号(GM 公司)

(七)爆震传感器

爆震传感器用于检测发动机的爆震趋势与程度,以实现发动机点火时刻的闭环控制,从而有效地抑制爆震现象的发生。此外,由于闭环控制系统可将发动机的燃烧过程控制在微爆状态,故能有效地提高发动机的工作性能。爆震传感器是点火闭环控制系统中不可缺少的信号反馈元件。

发动机爆震检测方法通常有:汽缸压力法、发动机机体振动法及燃烧噪声法。其中汽缸压力检测法,精度最佳,但传感器直接接触爆震源,耐久性差且安装困难。一般仅用于试验研究型发动机。燃烧噪声检测法采用非接触式检测法,故耐久性很好,但精度和灵敏度偏低。目前,最常见的是用发动机机体振动法来判断爆震强度。

采用检测发动机机体振动法的爆震传感器有磁致伸缩和压电式两种类型,压电式又分共振型和非共振型结构。表 3-4 列出现已实用化的该类爆震传感器的性能比较。

振动检出型爆震传感器的性能比较　　　　　表 3-4

特性	型号	磁致伸缩式 (共振型)	压电式	
			共振型	非共振型
外形		稍大	小	小
结构		复杂	较复杂	简单
机电变换效率		小	大	大

续上表

特性 \ 型号	磁致伸缩式（共振型）	压电式	
		共振型	非共振型
阻抗	小	大	大
爆震信号判别	传感器输出信号可识别	←	回路中需有滤波器
调整	需要调整共振点	←	不需要调整
适应性	随发动机而变更	←	可适用各种发动机
采用车厂	通用、日产公司	克莱斯勒、丰田公司	三菱、雷诺

1. 磁致伸缩式爆震传感器

这种传感器用于检出爆震产生的振动，通常安装在发动机的机体上，可将机体振动信号转换成电压信号以此检测发动机的爆震强度。应用最早的首推磁致伸缩式爆震传感器，其结构如图 3-74 所示，主要由铁芯、永久磁铁及感应线圈等组成。

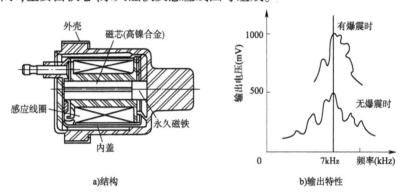

a) 结构　　　　　　b) 输出特性

图 3-74　磁致伸缩式爆震传感器的结构与输出特性

当发动机产生振动时，磁芯受振动偏移，致使感应线圈内磁通量发生变化，由此在感应线圈内产生感生电动势，其大小与发动机振动的频率有关。当传感器的固有振动频率与发动机发生爆震时的振动频率一致且产生谐振时，传感器将输出最大电压信号。爆震传感器的信号输出特性如图 3-74 所示，ECU 根据谐振点输出的电压信号，即可判断出发动机爆震强度。

2. 非共振型压电式爆震传感器

这种爆震传感器用于根据振动加速度信号来判断发动机爆震强度，如图 3-75 所示。其组成元件主要有：同极性相向对接的两个压电元件和固定于壳体上的配重。发动机工作时，配重首先将机体加速度信号转换成压力信号，作用于压电元件上，压力元件再将压力信号转换成电压信号。

当发动机振动时，安装在发动机缸体上的爆震传感器内部配重因受振动影响而产生加速度，因此，在压电元件上就会受到振动加速时力的作用，而产生电压信号。

非共振型压电式爆震传感器信号输出特性如图 3-76 所示，其特点是较为平缓。即使在爆震发生的频率及其附近，输出电压也不会很大。因此，必须将反映发动机振动频率的输出电压信号送至能识别爆震信号的滤波器中，通过滤波处理后便可判别是否有爆震信号产生及其强度。传感器的检测频率范围设计成由零至数十千赫兹，可检测具有很宽频带的发动机振动频率。当用于不同发动机上时,只需将滤波器的过滤频率调整即可使用,而不需更换传感器,此为非共振型压电式爆震传感器的突出优点。

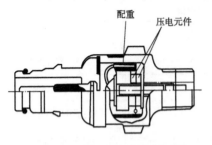

图 3-75 非共振型压电式爆震传感器

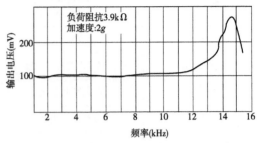

图 3-76 非共振型压电式爆震传感器输出频压特性

复习思考题

3-1 名词解释:空燃比、理论空燃比、功率空燃比、经济空燃比、发动机稳定工况、发动机过渡工况(非稳定工况)、同步喷射、异步喷射、同时喷射、分组喷射、顺序喷射、喷油脉宽、开环控制、闭环控制、反馈控制。

3-2 起动时喷油量是怎样控制的?

3-3 起动后喷油量是怎样控制的?

3-4 起动后喷油量的修正值有哪些?

3-5 分析热膜式空气流量计的工作原理。

3-6 磁感应式发动机转速传感器是如何感知发动机转速的?

3-7 分析负温度热敏电阻特性曲线。

3-8 节气门位置传感器是怎样工作的?

3-9 氧化锆式氧传感器与氧化钛式氧传感器有何不同?

3-10 喷油器是如何控制的?

3-11 燃油压力调节器是如何保持喷油压力稳定的?

第四章 点火系统控制

本章主要介绍：计算机点火系统的基本组成与原理；点火系统控制过程与控制参数分析；点火提前角控制过程以及特殊工况下的修正方法；现代汽车点火系典型系统分析；无分电器点火系统基本原理、结构以及不同类型的特性分析；典型系统分析。

第一节 对点火系统的基本要求

为保证发动机在各种工况和使用环境条件下均准确、可靠地点火，点火系统应满足下列三方面基本要求。

一、能产生足以击穿火花塞电极间隙的电压——电火花

击穿火花塞电极间隙的电压俗称"击穿电压"。起动时，击穿电压为 9~17kV，正常工况时为 15kV 以上。击穿电压的影响因素如下。

1. 火花塞间隙

电极间隙越大，电场力作用越小，气体中的电子和离子距离增大，发生碰撞电离的概率越小，因此火花塞的击穿电压越高（图 4-1a）。

2. 汽缸内混合气的压力与温度

实际上击穿电压与混合气密度直接有关。密度越大则单位体积中的气体分子数量越多，离子自由运动的距离就越短，不易产生碰撞电离。只有提高加在电极上的电压，增大作用于离子上的电场力，使离子加速才能发生碰撞电离击穿火花塞间隙。因此混合气密度越大，击穿电压越高（图 4-1b）。

混合气的压力及温度实际上影响的是混合气密度。当混合气压力减小或温度升高时，混合气的密度会相应变小，使火花塞的击穿电压变低。反之，则会变高。

3. 电极的温度和极性

实践证明，当火花塞的电极温度超过混合气的温度时，击穿电压约降低 30%~50%，这是由于电极的温度越高，包围在电极周围的气体密度越小，容易发生碰撞电离的缘故。此外，当受热电极（中心电极）为负极时，火花塞的击穿电压约可降低 20%（图 4-1c）。

4. 发动机的运行工况

发动机工况不同时，火花塞的击穿电压将随发动机的转速、负荷、压缩比、点火提前角以及混合气浓度变化。

起动时的击穿电压最高。因为起动时汽缸壁、活塞及火花塞的电极都处于冷态，吸入的混合气温度低、雾化不良，压缩时混合气的温度升高不大，加之火花塞电极间可能积有汽油或机油，因此所需击穿电压最高。此外，汽车加速时，由于大量低温混合气被突然吸入汽缸内，会降低进气系统温度，也需要较高的击穿电压（图 4-1d）。

为了保证点火可靠，点火系统必须具备一定的高压储备，以保证在所有情况下送往火花塞

电极间的电压均大于该工况下火花塞的击穿电压值。但电压过高,又会造成绝缘困难,成本提高。一般次级电压限制在50kV以内,但某些车辆发动机或者为了提高对各种性能燃料的适应性,可将次级电压提高。目前特殊的发动机系统设计可以产生大于150kV的高压。

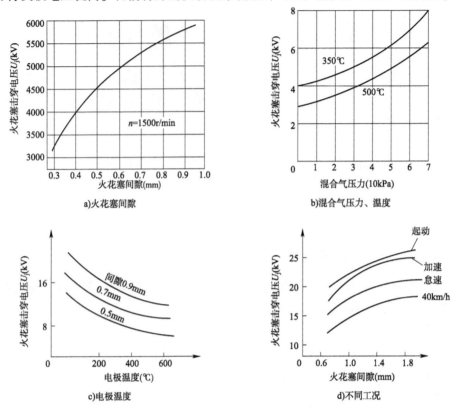

图 4-1 影响击穿电压的因素

二、火花塞应具有足够的能量

要使混合气可靠点燃,火花塞产生的电火花必须具有一定的能量。汽车发动机工况变化范围宽广,所需的点火能量变化较大。

另外,为了提高经济性及减少有害排放物,当代汽车发动机广泛采用稀薄燃烧技术,在工作时尽量提供 $A/F>17$ 的稀混合气。由于稀混合气难于点燃,也需要增加火花的能量。基于上述原因,为了保证可靠点火,一般需要点火系统可靠提供50~80mJ,最大可达150mJ的点火能量,即所谓高能点火系统。

三、点火时刻应适应发动机的工作情况

变工况发动机工作模式对点火时刻(点火提前角)的要求相当高点火提前角是指点火瞬时,汽缸中心线与曲柄中心线的夹角。

最佳点火提前角随发动机结构、工况和使用条件而变化。几乎所有发动机运行与结构参数均能够对点火提前角产生影响,包括转速、负荷、汽油辛烷值、压缩比、混合气的成分、进气压力、火花塞的数量等(图4-2)。

综上所述,点火提前角受制于燃烧速度和燃料性能,所有引起燃烧速度和燃料性能变化的因素,必将同时影响最佳点火提前角的数值。

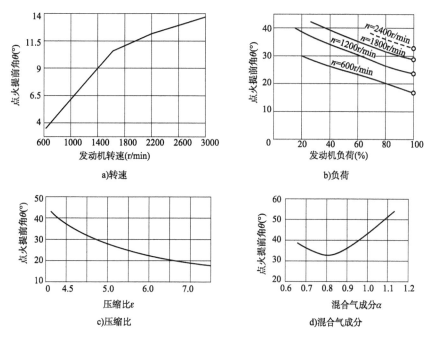

图 4-2 影响最佳点火提前角的主要因素

显见,变工况发动机对点火提前角的要求是多变的、复杂的、随机的和相互制约的。而且,提高发动机性能的许多措施,比如稀薄燃烧技术和追求"微爆"的临界工况,均会对点火系统提出新的要求。现代发动机点火系统控制的目的,就是在集中控制的框架下,对上述因素变化在点火系统中引起的反应实施控制,追求发动机工作状态的最佳效应。

第二节 计算机控制点火系统

一、计算机控制点火系统的特点

20世纪70年代末出现的无触点点火装置解决了点火电压和点火能量的问题,但点火提前角的控制基本上是机械式,甚至是手动式(例如根据汽油的辛烷值调整点火提前角)的。因为机械装置本身固有的局限性,无法保证在各种状况下点火提前角均处于最佳,极大地影响点火系统的稳定性和可靠性。

现代汽车发动机计算机控制点火系统最大的成功之处在于实现了点火提前角的自适应性自动控制。即当发动机运行工况以及使用环境变化时,可对点火提前角进行实时控制,最大限度地改善和提高发动机的各项性能,其具体特点为:

(1)在所有的工况及各种环境条件下,均可自动获得理想的最佳点火提前角,从而使发动机动力性、经济性、排放性及工作稳定性等特性均处于最佳匹配状态。

(2)在整个工作范围内,均可提供足够的点火能量,提高了点火的可靠性,有效地减少能源消耗和废气有害成分。

(3)配合稀薄燃烧技术,在整个工作范围内提供所需恒定点火能量。

(4)配合闭环反馈控制技术,与燃料供给系统实行综合控制,可使点火提前角控制在刚好不发生爆震的临界状态,以此获得较高的燃烧效率,有利于发动机各种性能的提高。

点火提前角控制不能仅从点火系统或者发动机系统出发考虑,而是要求与其他系统协调,提供动态的集中控制平台,以此追求系统最佳,即车辆整体的最佳控制。

二、计算机控制点火系统的基本组成

计算机控制的点火系统仍由传感系统、中央处理系统(ECU)和执行系统组成。其结构如图 4-3 所示,包括电源、传感器、点火控制模块、分电器、火花塞等。

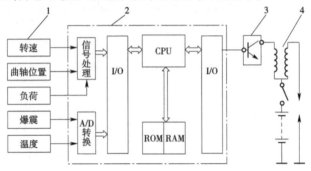

图 4-3 微机控制的点火系统
1-传感器;2-微型控制器;3-点火控制装置;4-点火线圈

就点火系统本身而言,传感系统的功能是检测各种发动机运行参数、环境参数和各种辅助系统(例如:空调装置、排气净化装置等)的状况与变化,为 ECU 提供点火提前角的控制依据。其中最主要的传感器是发动机转速传感器、曲轴位置传感器和空气流量传感器。

ECU 是点火系统的控制中枢。在发动机工作时,ECU 不断地采集各传感器的信息,按事先设置的程序计算得出并向点火执行装置发出控制指令,以控制电火系统在最佳时刻产生特定能量的电火花。

点火控制模块、点火线圈、分电器和火花塞均为点火系统的执行机构,在接受 ECU 发出的指令后产生特定动作,实现电火花的产生与传递过程。

三、计算机控制点火系统的原理与控制过程

如图 4-3 所示,发动机运行时,ECU 不断地通过传感系统采集发动机的转速、负荷、冷却液温度、进气温度等信号,并根据存储器 ROM 中存储的预编程序与有关数据,确定出该工况下获得最佳点火提前角和所需的初级电路的导通角,并以此向点火控制模块发出指令。

点火控制模块根据 ECU 指令控制点火线圈初级回路的导通和截止。实现磁场与电场能量的转换、储存、释放与分配功能。迅速点燃汽缸内的混合气,使发动机完成做功行程。

此外,在带有爆震传感器的点火提前角闭环控制系统中,ECU 还可根据爆震传感器的输入信号来判断发动机的爆震程度,并将点火提前角控制在发动机工作于"微爆"状态,以获得较高的燃烧效率。

第三节 点火提前角控制

影响点火提前角的主要因素是发动机转速和负荷,但点火提前角的控制本身属于相当复杂的多元求解问题,人们普遍采用了试验法,通过大量的台架与道路试验,并采用特定算法对试验数据进行处理后,可获得发动机在不同转速、不同负荷时所对应的最佳点火提前角的点

(集),以此绘出电火提前角的三维控制脉谱(MAP)图(图4-4a),再将该图转换成二维表,并将这些数据储存在ECU的ROM存储器中(图4-4b)。

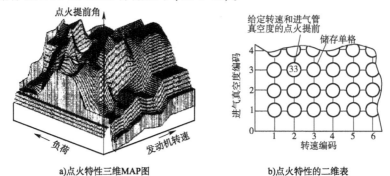

a)点火特性三维MAP图　　b)点火特性的二维表

图4-4　发动机点火最佳特性图与二维表

在发动机实际运行中,ECU根据各传感器输入的信息与ROM存储器MAP中的预存数据进行逐点对比,再根据结果从二维表中找出点火提前角的最佳值,然后再对点火系统进行适时控制。

点火提前角控制系统,因制造厂家开发点火装置的型号不同而各异,以下根据具有典型意义的实例来分析计算机点火提前角控制过程。

一、丰田TCCS系统的点火提前角控制

丰田TCCS系统点火提前角的控制方法可以表示为

实际点火提前角 = 初始点火提前角 + 基本点火提前角 + 修正点火提前角

式中各项所对应的实际内容如图4-5所示。但点火提前角的修正值因发动机而异,并根据不同的发动机控制系统特性进行修正。

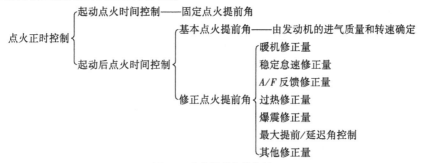

图4-5　点火提前角的控制

(一)初始点火提前角

当发动机结构与功率设定之后,即可根据发动机燃烧理论,以及台架试验数据处理的结果同时计算设定点火提前角的初始值,也称为固定点火提前角,并形成相关三维控制脉谱图数据。对于丰田IG-GEL发动机而言,其值为上止点前10°。此外,在下列之一情况出现时,实际点火提前角的控制也为固定值:

(1)发动机起动时,转速处于非稳定变化状态,无法正确计算点火提前角。

(2)发动机起动且转速稳定在怠速以下。

(3)节气门位置传感器怠速触点闭合(输出怠速信号),且车速≥2km/h时。

(4)发动机ECU内的后备系统工作时。

(二)基本点火提前角

基本点火提前角储存在 ECU/ROM 存储器中的控制 MAP 中,又分为以下两种。

1. 急速基本点火提前角

急速基本点火提前角是指传感器有急速信号输出时所对应的基本点火提前角。其值根据空调或其他辅助系统是否工作及急速转速略有不同,如图 4-6 所示。若空调工作,急速目标转速应提高,可适当增加点火提前角,以利发动机稳定运转,相应的基本点火提前角定为 8°。空调不工作时急速基本点火提前角则定为 4°。即该两种工况所对应的实际点火提前角分别为 18°和 14°。

2. 正常工况基本点火提前角

该值主要依据发动机的转速和负荷确定。ECU 根据相关传感器的输出信号从 ROM 存储器中找出基本点火提前角的最佳值,如图 4-7 所示。

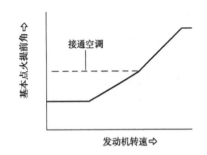

图 4-6　急速时的基本点火提前角

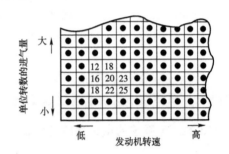

图 4-7　正常行驶时的基本点火提前角

(三)点火提前角修正

通过上述方法得到基本点火提前角后,再通过修正方可得到最终实际控制的最佳点火提前角。点火提前角修正一般分为以下四种。

1. 暖机修正

暖机修正是指急速工况 ECU 根据冷却液温度进行的点火提前角修正。图 4-8 所示为点火提前角暖机修正特性。当冷却液温较低时,混合气燃烧速度较慢,应适当的增大点火提前角,以缩短发动机暖机时间。随着冷却液温度的升高点火提前角修正值应逐渐减小。

2. 急速稳定修正

急速时发动机负载和环境的变化(如空调、动力转向等系统工作,环境温度、压力的变化等)会引起急速转速变化。ECU 可根据转速差(实际转速 – 目标转速)动态地修正点火提前角如图 4-9 所示。若急速转速低于目标转速时,控制系统将发出指令相应地增加点火提前角,以利于发动机稳定运转。

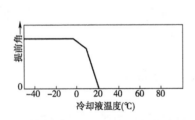

图 4-8　点火提前特性的暖机修正

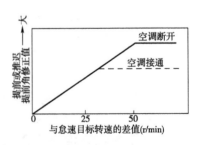

图 4-9　点火角的急速稳定性修正

3. 过热修正

发动机处于正常运行工况(无怠速信号)时若冷却液温度过高,为避免爆震,应适当减小点火提前角。但当发动机处于怠速运行工况时,若冷却液温度过高,为了避免发动机过热,则应增加将点火提前角。其过热修正特性如图 4-10 所示。

4. A/F 反馈修正

当 EFI 系统进入闭环控制时,ECU 通常根据氧传感器反馈信号对 A/F 进行修正。随着喷油量修正值的变化,发动机转速在一定范围内产生波动。为提高发动机运转的稳定性,当反馈修正油量减少而导致混合气变稀时,点火提前角应适当地增加,而反之相反,如图 4-11 所示。

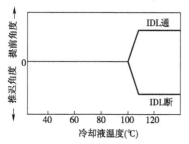

图 4-10 点火提前角的过热修正

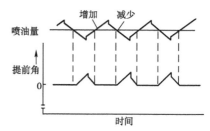

图 4-11 点火提前角的 A/F 反馈修正

发动机在不同工况下的实际点火提前角,就是基本值与各项修正值之和。当发动机工作时,曲轴每旋转一圈,ECU 就会根据所获得的工况与环境信息及其变化确定点火提前角,并适时发出指令控制执行机构运行,对点火提前角进行动态控制调整。

当 ECU 给出的实际点火提前角超过允许范围时,发动机将难以运转。由于初始点火提前角已被固定,受 ECU 控制的部分只是各项修正值之和,且只能在某一允许范围之内变化。超过此范围时,则 ECU 就按照预先设定的点火提前角最大或最小值进行控制。

二、日产公司 ECCS 系统点火提前角控制

日产公司的 ECCS 控制系统如图 4-12 所示。其六缸机控制原理如图 4-13 所示。

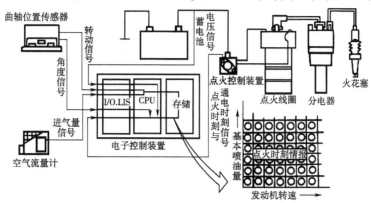

图 4-12 日本日产公司 ECCS 点火控制系统

发动机运转时,曲轴转位置传感器向 ECU 输入 1°检测信号和 120°触发(判缸)信号(参见本书第三章的曲轴位置传感器)。

在 ECU/ROM 内存点火系统 MAP 中对点火基准信号进行预先设定:

(1) 各缸均于压缩行程上止点前 70°触发点火信号,间隔 120°。
(2) 该信号设定 4°的点火时刻滞后,则实际基准点火时刻为压缩行程上止点前 66°。

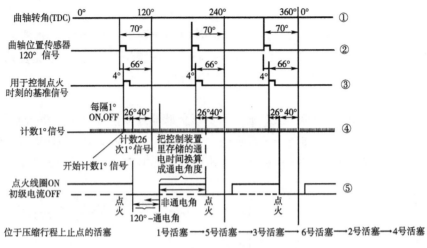

图 4-13　点火时刻的控制原理

ECU 以所设定的基准点火提前时刻为基准，根据传感器输入信号，通过 ECU/ROM 内存的点火控制 MAP 确定点火提前角，以及相应的点火模块导通角的最佳值 θ，并以此计算最佳点火时刻 Z 值：$Z = 66°$——点火提前角最佳值。在接收到实际基准点火时刻信号的同时，ECU 计数器开始计数曲轴转角传感器的 1°信号。当计数值等于 Z 时，便立即向点火控制模块发出指令，触发点火模块产生高压并在火花塞电极处产生火花。

同时，控制系统根据最佳导通时间及发动机转速计算点火模块最佳导通角 θ，完成对点火线圈储能过程的控制以获得最佳点火能量。在 ROM 中存放的点火模块导通时间并不是常数，可根据蓄电池电压进行修正，如图 4-14 所示。

根据发动机工况变化，ECCS 系统主要分为三种不同的点火控制模式。

1. 正常工况点火提前角控制

当 ECU 无怠速传感信号输入时，即执行正常工况点火提前角控制模式。其基本原理可表示为

$$\text{实际点火提前角} = \text{基准点火提前角} \times \text{冷却液温度修正系数} \tag{4-1}$$

基准点火提前角事先设定并预存在 ECU/ROM 存储器点火 MAP 中，根据发动机实际转速和负荷便可从中查出各种工况所对应的最佳点火提前角，再根据各种工况与环境信息进行修正。图 4-15 所示为根据发动机冷却液温度进行的修正，可得到适时条件下的最佳点火提前角。

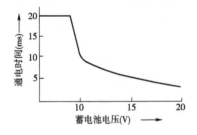

图 4-14　通电时间和蓄电池电压的关系

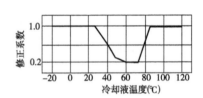

图 4-15　冷却液温度修正系数

2. 怠速点火提前角控制

当 ECU 接收到传感器怠速信号时，即进入怠速点火提前角控制模式。此时 ECU 主要是根据发动机转速和冷却液温度控制点火提前角，其特性如图 4-16 所示。

当怠速的转速低于 1000r/min 时，点火提前角设定为 15°。高于该转速时则根据冷却液温

度来控制点火时刻(图4-17);冷却液温低于50℃,应按特性曲线 B 推迟点火时刻,以此加快发动机及催化反应器达到正常工作温度的速度,使运转稳定;冷却液温大于50℃时,则应按特性曲线 A 来加大点火提前角。

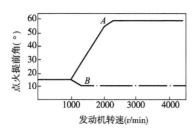

图4-16 怠速时点火提前角的控制

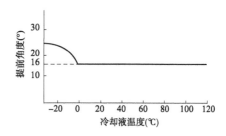

图4-17 发动机起动时的点火时刻控制

3. 起动时点火提前角控制

起动时为使发动机尽快着火运转,应根据冷却液的温度选择最佳点火提前角,如图4-15所示。从图中看出,当发动机在冷却液温度0℃上起动时,其点火提前角为设定16°。而当冷却液温度在0℃以下时,则应根据冷却液温度适当地增加点火提前角。

但是当起动转速低于100r/min时,为了可靠点火,点火提前应根据起动转速的下降而适当降低点火提前角,其点火提前角为

$$平常起动时的点火提前角 \times \frac{起动转速}{100} \qquad (4-2)$$

第四节 无分电器点火系统

无分电器点火(DLI)系统是在计算机控制点火系统的基础上,将点火系统中的分电器总成用固态电子控制装置取代,又称直接点火装置。DLI利用电子配电技术将点火线圈的次级绕组依次直接与火花塞相连,把点火线圈产生的高压电直接送至火花塞,实现了点火系统全固态化的目标。

DLI系统改变了传统的机械式分火方式,从而彻底克服了机械系统的固有缺陷,可靠性高、无机械磨损、无须调整。DLI系统的高压可以不通过导线直接作用在火花塞上,线路接点少,可降低电波干扰及线路损耗。DLI系统基本组成如图4-18所示。

相对于传统的点火控制模块而言,DLI系统的点火模块增设了电子配电功能,可根据发动机工作时序依次控制各个点火线圈的导通与截止,完成点火控制过程。

一、无分电器点火系统的配电方式

根据配电方式的区别,DLI系统可分为单独点火、双缸同时点火和二极管配电点火三种类型,如图4-19所示。

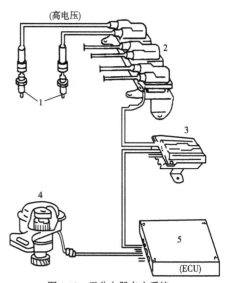

图4-18 无分电器点火系统
1-火花塞;2-点火线圈;3-点火控制模块;4-传感器;5-微型控制器

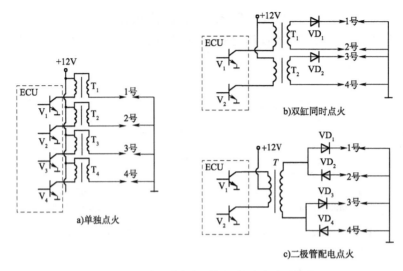

图 4-19 无分电器点火系统电子配电方式示意图

1. 单独点火配电方式

如图 4-19a)所示,该方式可将点火线圈与火花塞安装安装为一体,在取消分电器的同时也取消了高压线,故电压分配性能好,能量损失最小,但其结构与点火控制电路较为复杂。

2. 双缸同时点火配电方式

如图 4-19b)所示,该方式采用两个火花塞共用一个点火线圈且同时点火,故只能用于缸数为双数的发动机。与单独点火配电方式比较,其结构和点火控制电路相对简单,仍保留了点火线圈与火花塞之间的高压线,因此线路能量损失略大。串联在高压回路中的二极管,可用来防止点火线圈在初级绕组导通瞬间所产生的次级电压(1000~2000V)加在火花塞上后发生的误点火。

此外,双缸同时点火配电方式要求共用一个点火线圈的两个汽缸工作相位相差 360°曲轴转角,以确保点火线圈点火时,同时点火的两个汽缸中,处于排气行程的汽缸由于缸内气体的压力较小,且缸内混合气又处于后燃期,易产生火花,故放电能量损失很少。而点火高压和点火能量的大部分被加在处于压缩行程的汽缸的火花塞上,故该缸的火花状况与单独点火时的情况基本相同。

3. 二极管配电点火方式

图 4-19c)所示,该方式为 4 个汽缸共用一个点火线圈,内装双初级绕组、双输出次级绕组的特制点火线圈,且利用 4 个二极管的单向导电性交替的完成对 1、4 缸和 2、3 缸配电过程。这种点火配电方式与双缸同时点火配电方式相比,具有相同的特性,但对点火线圈要求较高,而且发动机的汽缸数应是数字 4 的倍数。

DLI 系统点火提前角自动控制系统框图如图 4-20 所示。ECU 的输入信号主要来自于进气歧管压力传感器、冷却液温度传感器、节气门位置传感器、空调开关信号、起动开关信号及曲轴位置传感器。其中,曲轴位置传感器分别输出 G_1、G_2 和

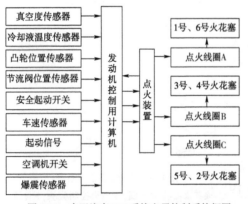

图 4-20 丰田汽车 DLI 系统电子控制系统框图

Ne 信号。G_1 与 G_2 用于提供各缸点火时刻基准及判缸信号,Ne 除了向控制系统提供用于计量的 1°曲轴转角信号外,还可提供发动机的转速信号。

二、典型 DLI 系统分析

图 4-21 所示为日本丰田公司 1G-GZEU 型发动机采用的 DLI 系统电路图,ECU 除向点火控制模块输出点火信号 IG_t 外,还可同时输出汽缸判别信号 IGd_A、IGd_B,为点火控制模块提供汽缸的点火时序。下面以此为例加以说明。

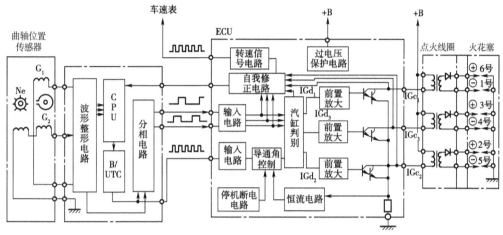

图 4-21 丰田 1G-GZEU 型发动机采用的 DLI 系统原理图

1. 曲轴位置传感器信号

曲轴位置传感器由 G_1、G_2 及 Ne 等三个线圈组成(图 4-21),用于判别汽缸行程及检测曲轴转角的位置,以此确定点火提前角和导通角。

G_1 信号产生的原理与普通磁电式信号发生器的工作原理相同。只要 G_1 线圈信号出现,就表示第六缸处于压缩行程上止点,该信号主要确定点火时刻基准。

G_2 线圈与 G_1 线圈相位相差 360°曲轴转角,因此当 G_2 信号出现时,即表示第一缸活塞处于压缩行程上止点。其作用与 G_1 信号相同。

Ne 信号传感器转子有 24 个齿,每转一圈将产生 24 个脉冲信号,其周期长度为 30°发动机曲轴转角。将该脉冲信号整形后,再通过电路将 24 个脉冲进行 720 脉冲分频,即可产生 1° 曲轴转角信号。该信号主要用于计量点火提前角和点火线圈的导通角。

2. ECU 输出信号

ECU 依据发动机转速、进气量、冷却液温度、起动开关等信息,精确计算点火提前角,并向点火控制模块发出 IGd_1、IGd_2 及 IG_t 信号,如图 4-22 所示。其中,IG_t 为点火信号,用于各缸点火提前角的控制,而信号 IGd_1 和 IGd_2 为判缸信号,其信号状态见表 4-1。点火控制模块可据此判定汽缸的点火次序,依次完成对各点火线圈点火过程的控制。

各点火线圈导通角控制由点火控制模块中的导通角控制系统完成。

由于 EFI 系统中喷油器驱动信号也来自于曲轴位置传感器。若点火系统出故障使火花塞不点火,而曲轴位置传感器工作正常,喷油器会照常喷油,因此会造成液态燃料进入汽缸,导致发动机状态异常,或继续运转时三元催化反应器过热。为了避免这种现象发生,特设定当完成点火过程后,点火控制模块应及时向 ECU 返回点火确认信号 Ig_f,若其 3~5 个工作循环均无 Ig_f 信号反馈时,ECU 便以此判定点火系统有故障,发出指令强行断油,使发动机熄火。

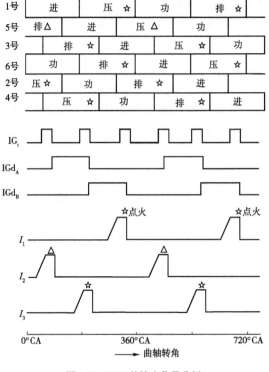

图 4-22 ECU 的输出信号分析

IGd$_A$、IGd$_B$ 信号状态　　　　　　　　　　　　表 4-1

信号 火花塞号	IGd$_A$	IGd$_B$	结　果
No.1、No.6	0	1	点火
No.2、No.5	0	0	点火
No.3、No.4	1	0	点火

第五节　爆震控制

理论与实践均表明,发动机工作于爆震临界状态将获得最佳燃烧性能。但该状态极不稳定,其控制过程也必须是动态的。爆震控制系统的目的就是使发动机稳定地工作在无限逼近爆震临界状态区域。对于爆震控制而言,点火时刻控制具有重要的作用。

一、爆震与点火时刻的关系

爆震的产生和发动机点火时刻密切相关,如图 4-23 所示。如点火时刻早,燃烧的最高压力会过高,爆震就容易发生。通常发动机发出最大转矩对应的点火时刻将处在产生爆震对应的点火时刻附近(MBT 曲线)。传统点火系统除根据油料品质选择点火提前角外,并无其他爆震控制系统。点火时刻设定远离爆震界限,点火时刻滞后,导致发动机转矩

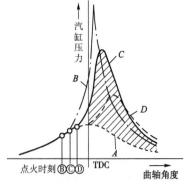

图 4-23 汽缸压力与点火时刻关系
A-不点火时的汽缸压力曲线;B、C、D-不同点火时刻点火时的汽缸压力曲线

和功率下降,燃料消耗增加,图 4-24 所示。

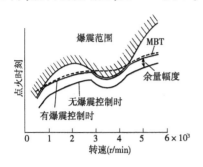 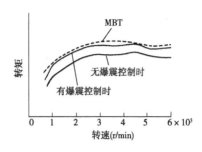

图 4-24　爆震与点火时刻及发动机转矩的关系

因此,在设置爆震传感器的点火系闭环控制系统中,可利用反馈控制把点火时刻控制在爆震界限点附近,即所谓"微爆"状态,有利于提高发动机各项性能。

装有废气涡轮增压的发动机,由于与汽油混合的是绝热增压的空气,提高了进气行程终了缸内的温度与压力,使发生爆震的概率增加,更需要采用闭环控制系统以抑制爆震倾向。有的系统中除了控制点火提前角外,还同时控制废气旁通阀的动作,从而更有效地抑制爆震的产生。

二、爆震控制系统

安装在发动机缸体上的爆震传感器可感应出发动机不同频率范围内的振动。当发动机发生振动时,传感器可产生较大振幅的电压信号,如图 4-25 所示。

发动机产生振动是否一定会发生爆震,还必须利用 ECU 中的爆震信号识别系统进行判定,如图 4-26 所示。先用滤波电路将传感器输入的发动机振动信号进行过滤,只允许特定频率范围的振动信号通过滤波电路。再将滤波后信号的峰值电压与爆震强度基准值进行比较,若其值大于或等于爆震强度基准值,ECU 即可据此判定发动机处于爆震状态。

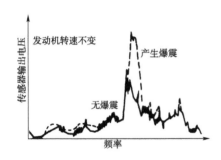 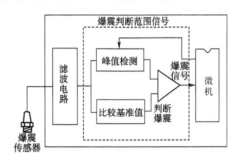

图 4-25　爆震传感器的检测频率与输出电压　　　图 4-26　ECU 中的爆震信号识别电路

判定发动机存在爆震状态后,ECU 发出控制指令,点火系统执行机构以某一固定值(1.5°~2°曲轴转角)逐渐减小点火提前角,直至爆震信号消除,且在一段时间内保持在最后点火提前角值不变。此后若又有爆震发生,继续前一个控制过程;若无爆震就此消除,则又开始以相同固定值逐渐增大点火提前角,一直到爆震重新产生,周而复始,使得发动机始终工作于"微爆"临界状态。其实际点火提前角控制过程如图 4-27 所示。

爆震强度通常是根据爆震信号超过基准值的次数来判定。其次数越多,爆震强度越大;次数越少,则爆震强度越小,如图 4-28 所示。

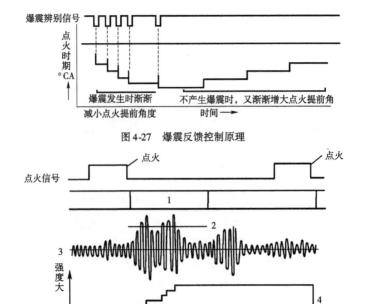

图 4-27 爆震反馈控制原理

图 4-28 爆震强度的判定
1-爆震判断期间；2-爆震判断基准；3-爆震传感器输出信号；4-爆震强度判定曲线

值得注意的是：由于发动机运行时的振动频率繁杂而多变，为提高控制系统的可靠性，避免误操作，ECU 通常为控制系统设定控制范围：只有在发动机工作于易于产生爆震且能够进行识别的转速与负荷范围时，才允许对爆震信号进行识别并施行爆震控制。

当发动机转速与负荷处于控制范围之外时，爆震趋势渐弱，此时点火控制系统处于开环控制状态；当发动机转速与负荷处于控制范围之内时，ECU 将自动转入闭环控制模式。

爆震控制系统设置了一个安全电路，一旦发生线缆断裂、传感器失灵、检测电路发生故障等意外情况，安全电路将推迟点火时刻，并且接通仪表板警告灯，警示驾驶人发生了故障。

随着控制技术的发展，爆震控制精度日益提高。在实施爆震反馈控制时，可以个别汽缸实施独立点火时刻反馈控制，允许工作区域逼近爆震区域的程度极大提高。

复习思考题

4-1 名词解释：击穿电压、点火提前角、点火闭合角、基本点火提前角、修正点火提前角、磁致伸缩效应、压电效应。

4-2 汽油发动机对点火系统的基本要求是什么？

4-3 影响点火电压的因素有哪些？

4-4 为何稀混合气需要较高的点火能量？

4-5 为何点火应适当提前？

4-6 影响最佳点火提前角的因素有哪些？

4-7 为何最佳点火提前角应随发动机转速升高而增大？

4-8 在同一转速下，为何最佳点火提前角随负荷的增大而应减小？

4-9 为何最佳点火提前角应随压缩比的增大而减小？

4-10 为何混合气过稀或过浓的均需增加点火提前角？

4-11　为何在高原地区行车应适当加大点火提前角？
4-12　点火过迟或过早对发动机性能有何影响？
4-13　在发动机起动初始，为何将点火提前角固定在某一值？
4-14　怠速时基本点火提前角是怎样控制的？
4-15　正常运转时基本点火提前角是怎样控制的？
4-16　修正点火提前角通常根据哪些信号进行修正？
4-17　发动机暖机时，点火提前角是怎样修正的？
4-18　发动机怠速稳定时，点火提前角是怎样修正的？
4-19　发动机温度过高时，点火提前角是怎样修正的？
4-20　当进行空燃比反馈控制时，点火提前角是怎样修正的？
4-21　为何要控制点火闭合角？
4-22　微机点火控制系统有哪些种类？
4-23　微机点火控制系统的组成部件有哪些？
4-24　为何说曲轴传感器的精度越高，控制点火提前角的精度也越高？
4-25　曲轴位置传感器如何获得1°信号？
4-26　在点火控制系统中，为何要有第一缸上止点信号？
4-27　点火控制系统怎样采用闭环控制？
4-28　影响爆震的因素有很多，如点火提前角、发动机转速、负荷、冷却液温度等，为何一般采用改变点火提前角来控制发动机爆震，有没有其他的方式来控制发动机爆震？

第五章 辅助控制

本章主要介绍:分析怠速(ISC)、污染控制、废气再循环(Exhaust Gas Recirculation,EGR)、活性炭罐蒸发、进气增压、稀薄燃烧、GDI、ACIS和故障自诊断等控制系统的原理、结构与过程分析,以及安全保险功能和后备系统等功能子系统的基本控制方法。

第一节 怠速控制

一、怠速控制目的与原理

1. 怠速控制的目的

汽车在交通密度大的城市道路上行驶时,约有30%的燃油消耗在怠速工况,且怠速工况发动机排放污染程度相当高。发动机冷车运转、空调、电器负荷,自动变速器、动力转向伺服和主动悬架机构等耗能系统的介入,都会引起怠速转速变化,使发动机运转不稳甚至引起熄火现象,导致排放污染和燃油消耗增加。因此怠速工况控制成为 EFI 控制系统的重要内容之一。

2. 怠速工况控制应满足的基本要求

应满足以下基本要求:
(1)动力平衡。
(2)较低的燃油消耗。
(3)良好的排放特性。
(4)快速平稳的过渡特性。

3. 控制指标

(1)稳定性:怠速实际转速的波动值不能超过某一设定值,不能使驾驶人有异常的感觉。
(2)抗干扰性:外界条件突变(空调、动力转向、节气门变化等)时,发动机不能熄火或失速,发动机能恢复怠速稳定(例如空调不使用时,怠速在 800r/min 工作,使用空调后怠速可在 850r/min 稳定工作)。
(3)过渡性能:从怠速到驱动挡和驱动挡到怠速都能平滑过渡。
(4)排放性能:HC,CO 排放物不超过法规的限值。
(5)冷却液温度特性:冷却液的温度决定基本目标怠速的转速值。

4. 怠速控制系统应具备的功能

主要功能有:
(1)在所有怠速工况下发动机保持目标怠速转速值。
(2)当负荷突变时能补偿负荷的变化。
(3)防止失速。
(4)将燃油消耗量降到最低。
(5)学习功能:能自动补偿发动机由于老化或制造上造成的差异。

(6)节气门全闭减速时,增加额外的空气,以减少有害排放物。

(7)改善汽车低速驾驶性能。

(8)避免系统在其自振频率附近发生振荡。

怠速控制通常用转速作为反馈信号进行闭环控制,当节气门关闭或汽车的行驶速度低于设定值(例如6km/h)时,都按怠速进行控制。

5. 怠速控制目的

在保证排放要求且运转稳定的前提下,尽量降低发动机的最低稳定保持转速,以降低该工况的燃油消耗。其控制内容包括:起动后控制、暖机过程控制、负荷变化控制和减速控制等几项。

6. 怠速控制原理

怠速控制原理如图5-1所示。传感器感知怠速工况和负载设备的工作状况并将相应信息传送给ECU,ECU根据信息将内存控制目标转速与发动机的实际转速进行比较,再根据其差值确定相应的控制量,发出指令控制执行机构动作。

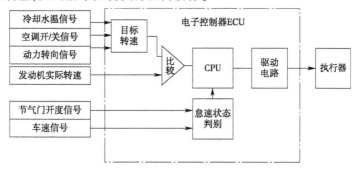

图5-1 怠速控制原理

ECU根据传感器信号经处理后发出指令,改变进气系统怠速旁通通道的流通截面,通过控制进入发动机的充气量,实现怠速转速的控制。怠速时喷油量控制,一般仍是由EFI系统根据与空气量相匹配的原则进行增减,以达到由ECU确定的预期A/F。

7. 怠速控制方式

怠速控制方式主要有节气门旁通式控制和节气门直动式控制两种,如图5-2所示。

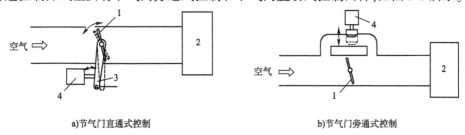

a)节气门直通式控制　　　　　　b)节气门旁通式控制

图5-2 怠速空气量的控制方式

1-节气门;2-进气岐管;3-操纵臂;4-控制执行机构

二、节气门旁通式控制

(一)步进电动机控制

目前现代汽车上广泛采用的是步进电动机式怠速控制系统,通过步进电动机驱动的怠速控制阀改变进气系统怠速旁通通道的流通截面,如图5-3所示,该系统主要由步进电动机驱动的急速控制阀、传感器及 ECU 组成。

发动机急速运行时,ECU 首先根据发动机的"急速"信号、车速信号进行工况确认,然后再根据冷却液温度传感器、空调、动力转向机构及自动变速器等机构的工作状态,依据 CPU 的 ROM 存储器中的脉谱数据,确定目标转速。一般正常情况下,多采用发动机急速反馈控制方式,即将发动机实际转速与目标转速进行比较,根据比较得出的差值,确定相应于目标转速的控制量(步长)并向步进电动机发出驱动指令。

步进电动机式急速控制阀的结构如图 5-4 所示,主要由永久磁铁构成的转子、励磁线圈构成的定子和能把旋转运动变成直线运动的进给丝杆机构及阀门等组成。步进电动机和急速控制阀做成一体,装在进气总管内。

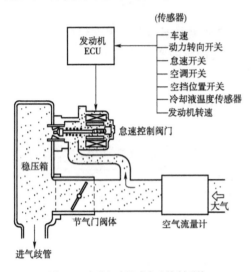

图 5-3 步进电动机式急速控制系统

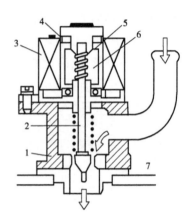

图 5-4 步进电动机急速控制阀
1-阀座;2-阀轴;3-定子线圈;4-轴承;5-进给丝杆机构;6-转子;7-阀芯

步进电动机控制电路如图 5-5 所示。ECU 按"相"序使功率三极管 $VT_1 \sim VT_4$ 依次导通,分别给步进电动机定子线圈供电,驱动步进电动机转子按照特定步长旋转,带动急速调整装置的阀门轴向移动,改变阀门开启程度进而改变急速旁通通道的流通截面,调节旁通空气流量,即可调节急速转速。

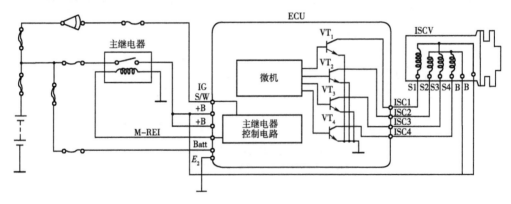

图 5-5 步进电动机控制电路

步进电动机式急速控制系统的主要控制内容如下。

1. 起动初始位置确定

为改善发动机起动性能,发动机起动时,急速控制阀预设在全开位置(相当于步进电动机

125步位置),此时,经过怠速控制阀的旁通空气量最大,发动机容易起动。

为达此目的,当点火开关断开时,主继电器由ECU的M-REL端继续供电2s,保持接通状态,待步进电动机进入起动初始位置后才断电。

2. 起动控制

发动机起动后怠速转速迅速升高,当转速达到规定临界值(此值由冷却液温度确定)后,ECU开始根据冷却液温度来控制怠速机构阀门位置。如图5-6所示,起动时冷却液温度如为20℃,当发动机转速达到500r/min时,ECU将控制怠速控制阀从全开位置(125步)的A点到达B点位置。

3. 暖机控制

如图5-7所示,暖机时系统根据冷却液的温度来确定步进电动机的运动步数,随着温度上升,怠速控制阀开始逐渐关闭。当冷却液温度达到70℃时,暖机控制过程结束。

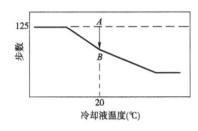
图5-6 起动控制特性

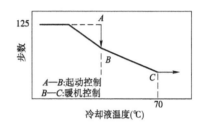
图5-7 暖机控制特性

4. 反馈控制

如果发动机怠速运转的实际转速与ROM存储器中的相应目标值相差超过一定值(如20r/min)时,ECU将通过步进电动机控制怠速控制阀增减旁通空气量,使发动机的实际转速逐渐收敛于目标转速。

5. 发动机负荷变化预控制

发动机怠速运转时如空挡起动开关、空调开关接通或断开,都将使发动机的负荷立刻发生变化。为了避免发动机怠速时转速波动或熄火,在发动机转速出现变化前,ECU使控制怠速控制阀事先开大或关小一个固定数值。

6. 电器负载增多时的怠速控制

在怠速运转时,如使用的电器负载增大到一定程度时,蓄电池电压就会降低。为了保证向ECU和点火开关提供正常的供电电压,需控制步进电动机,相应地增加旁通道空气量,以提高发动机的怠速转速,提高发电机的输出功率。

7. 学习控制

由于发动机寿命期间其性能会发生变化,虽然步进电动机控制阀门的位置未变,但怠速转速会与初设的数值略有不同。因此利用ECU反馈控制,可使发动机转速回归到目标值(学习过程),此时,ECU还可将步进电动机的步进"步数"(学习结果)同时存储在ROM存储器中,以便在怠速控制过程中出现相同"点"时直接调用。

显见,具有反馈和自学习功能步进电动机控制系统控制精度高、灵敏性好、可靠性好及自适应能力强,故在现代汽车怠速控制系统中得到广泛应用。

(二)**电磁阀控制**

相比而言,旋转滑阀式怠速控制系统主要由电磁控制的旋转滑阀式怠速调整装置、传感器及ECU组成。其控制原理大同小异。ECU根据传感器的输出信号来判断发动机的怠速运行状况,进而控制怠速旋转滑阀的动作,使发动机保持在最佳怠速转速。

旋转滑阀式怠速调整装置的结构如图5-8所示,主要由永久磁铁、电枢、旋转滑阀、螺旋回转弹簧及电刷等组成。滑阀固装在电枢轴上,与电枢轴一起转动,用以向电磁线圈L_1和L_2提供磁场电流。永久磁铁固定在外壳上,其间形成磁场。电枢位于永久磁场中,电枢的铁芯上绕有两组反相的电磁线圈。线圈L_1通电时,电枢带动滑阀顺时针偏转;线圈L_2通电时,电枢带动滑阀则逆时针偏转。

其控制原理如图5-9所示。ECU首先根据各传感器的输入信号采用占空比控制方式控制线圈L_1和L_2导通与截止,进而控制电枢轴(滑阀)的偏转角,以此改变旁通的空气量,调整发动机的怠速转速。占空比的调整范围为18%(旋转滑阀关闭)~82%(旋转滑阀打开)之间。滑阀的偏转角度限定在90°内。

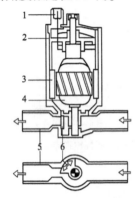
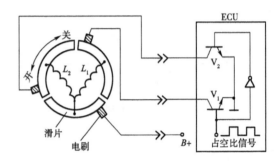

图5-8 旋转滑阀式怠速调整装置
1-连接器插座;2-外壳;3-永久磁铁;
4-电枢;5-空气旁通道;6-旋转滑阀

图5-9 旋转滑阀式怠速调整装置基本原理

虽然旋转滑阀式怠速调整装置采用占空比控制方式,而步进电动机式怠速控制阀采用的是相位控制方式,但控制原理基本相同。

旋转滑阀式的怠速控制电路如图5-10所示。

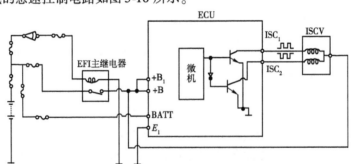

图5-10 旋转滑阀式怠速控制电路

在整个怠速范围内,ECU根据冷却液温度等传感器输入的信号,确定发动机所处怠速工况的占空比,对怠速转速进行控制。

1. 起动控制

在发动机起动时,ECU根据发动机运行情况,从ROM存储器中取出相应的设定数据,以此控制电磁滑阀的偏转角,调整旁通的空气量。

2. 暖机控制

在发动机起动后,ECU 根据冷却液温度,控制发动机在暖机过程中调整怠速转速。

3. 反馈控制

发动机起动后,当满足反馈控制条件(怠速触点闭合、车速低于 2km/h、空调开关断开)时,ECU 将根据发动机实际转速与存储器中预先设定的目标转速进行比较,如果发动机的实际转速低于目标转速,ECU 控制怠速控制阀将阀门开大;反之,如果发动机的实际转速高于目标转速时,将阀门关小。

4. 发动机负荷变化时的预控制

在发动机怠速运转时,若空挡起动开关接通或某种负载较大电器立即工作,会使发动机的负荷改变。此时,为避免由此引起的转速波动或熄火,在发动机转速出现变化前,ECU 控制怠速控制阀开大或关小一定角度。

5. 学习控制

同样,ECU 亦可用反馈控制的方法,进行学习修正,将怠速转速调整到目标值。当目标怠速达到后,ECU 将相应的占空比值存入备用的存储器中,以便在今后的怠速控制中作为相同工况控制点的占空比的基准值。

三、节气门直动式控制

上述的旁通空气式是通过控制旁通空气通道的空气流量来实现的,此外,节气门直动式则是通过直接控制节气门开启程度,调节发动机充气量,实现怠速控制。节气门直动式怠速控制执行机构的结构如图 5-11 所示。

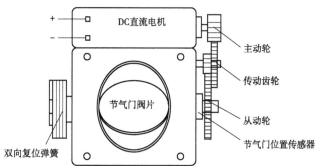

图 5-11 节气门直动式怠速控制执行机构

怠速执行机构主要由直流电动机、减速齿轮、丝杠等部件组成。怠速执行机构的传动轴与节气门操纵臂的全闭限制器相接触。当 ECU 控制直流电动机的通电时,电磁力矩通过减速齿轮被增大。再通过丝杠机构将角位移转换为传动轴的直线运动。通过传动轴的旋入或旋出,调节节气门全闭限制位置,达到调节节气门处空气流通截面,进而实现怠速转速控制。

其控制原理如图 5-12 所示,图中 α_V 为节气门目标控制转角。ECU 主要根据发动机冷却液温度对发动机的怠速转速进行反馈控制,根据怠速的转速差控制发动机怠速调节执行机构的动作,通过改变节气门的开度(转角),实现对发动机的怠速转速的控制。

(1)发动机的怠速转速主要取决于发动机的冷却液温度,发动机起动、暖机、正常工作时的怠速目标转速,如图 5-12a)所示。

(2)自动变速汽车的发动机怠速转速(曲线 1)较手动挡或空挡的怠速转速低(曲线 2),以便降低挂上前进挡时汽车的爬行倾向;当空调工作时(曲线3),则保持较高的急速转速,防止空调压缩机起动或停机时引起急速不稳的现象。

(3)如图5-12b)所示为发动机负荷变化时预控线。预控线限制了节气门的最小转角,主要是用于避免发动机的负荷突然改变引起的转速波动或熄火,用以防止发动机的工况过渡时,引起的转速突然下降的现象。

(4)如图5-12c)所示,还可利用进气管的真空度来修正节气门的开度。对节气门开度进行真空修正,可避免发动机急减速时,由于转速突然下降,引起发动机缸内混合气过浓熄火。测量转速下降时的发动机转速,以此控制节气门的开度可达到上述目的。

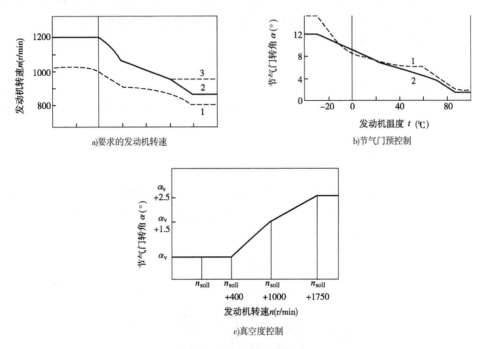

图5-12 急速控制的控制原理
1-前进挡;2-空挡;3-空调接通(α_V 为节气门目标控制转角)

第二节 发动机排放污染控制

一、废气再循环控制

废气再循环(Exhaust Gas Recirculation,EGR),是指在发动机工作时将一部分废气引入进气系统,与新鲜空气混合后吸入汽缸内再次进行燃烧的过程。EGR是目前用于降低排气中NO_x含量的一种有效方法,它是通过降低燃烧室的燃烧温度来抑制NO_x的生成。废气再循环程度用EGR率来表示,其定义为

$$EGR 率 = \frac{EGR 流量}{吸入空气量 + EGR 流量} \times 100\%$$

如图5-13所示,当EGR率达到15%时,NO_x的排放量即可减少60%。但EGR率增加过多时,会使发动机动力性能下降,HC含量上升。因此,必须对EGR率实行适时控制,既能降低

NO_x 含量,又可保证发动机的动力性。

废气再循环电子控制系统的主要功能,就是选择 NO_x 排放量多的发动机运行工况,进行适量(范围可达 15% ~ 20%)EGR 率控制。

1. 普通 EGR 电子控制系统

图 5-14 所示为典型的 EGR 控制系统(日产 VG30 型发动机所采用),主要由电磁阀、节气门位置传感器、废气再循环控制阀、曲轴位置传感器、ECU、冷却液温度传感器、起动信号等组成。

其工作原理为:发动机工作,ECU 根据点火开关、曲轴位置、冷却液温度、节气门位置以及传动系统等传感器信号,经处理后确定发动机运行工况并发出指令,控制电磁阀电磁线圈的导通与截止,同时利用进气歧管真空来控制废气再循环控制阀开启或闭合动作,使废气再循环进行或停止。

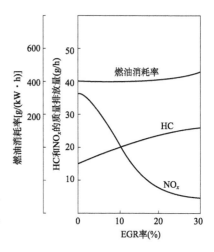

图 5-13 EGR 率与燃油消耗率、NO_x、HC 的关系

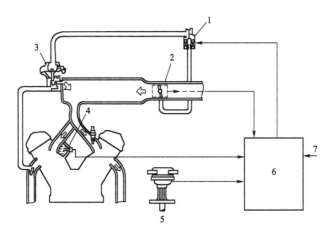

图 5-14 普通 EGR 控制系统
1-废气再循环电磁阀;2-节气门;3-废气再循环控制阀;4-冷却液温度传感器;5-曲轴转角传感器;6-ECU;7-起动信号

具体工作过程见表 5-1。在表中所列的各种工况下,当 ECU 向废气再循环电磁阀发出"接通"信号,电磁阀被接通(ON),其阀门关闭,切断了控制废气再循环控制阀膜片室的真空通道,使废气再循环系统不起作用;反之,当电磁阀处于 OFF 时,其阀门打开,通往控制废气再循环控制阀膜片室的真空通道打开,废气再循环系统再次起作用。

废气再循环的控制过程　　　　　　　　　　　　　　表 5-1

工　况	废气再循环电磁阀	废气再循环系统
发动机起动时 节气门位置传感器的怠速触点接通时 发动机温度低时 发动机转速 　低于 900r/min 　高于 3200r/min	ON (电磁阀"接通"阀门关闭)	不起作用
除以上工况外	OFF(断开)	起作用

普通废气再循环(EGR)电子控制系统的控制特点是：EGR阀工作其EGR率是不可调节的。

2. 可变EGR率的废气再循环控制系统

图5-15所示为可变EGR率废气再循环控制系统。该系统主要由EGR控制阀、VCM控制阀、ECU及各类传感器等组成。

EGR控制阀内有一膜片，膜片在弹簧及两侧压差作用下可上下移动，同时带动其下方的锥形阀移动，将阀门关闭或打开。阀门打开时EGR阀将排气管和进气管连通，废气即可从排气管中流入进气歧管。EGR阀门的开启高度由真空控制阀(VCM)来控制。

VCM阀的构造及原理如图5-16所示。可变EGR率的废气再循环控制系统也是通过控制VCM真空电磁阀相对通电时间，来控制EGR阀膜片室的真空度，进而改变EGR阀的开启度，以调节EGR率。由于占空比越大，则电磁线圈通电相对时间越长，膜片室的真空度越小，EGR阀开启高度越小，进入汽缸中的废气越少，EGR率越低。因此，ECU只要控制施加在VCM阀电磁线圈上脉冲电压的占空比，就可实现对EGR率的控制。

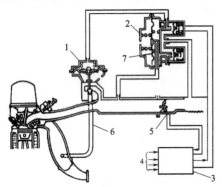

图5-15 可变EGR率的废气再循环控制装置
1-EGR控制阀；2-VCM真空控制阀；3-电子控制器；4-传感器输入信号；5-节气门传感器；6-EGR管路；7-定压室

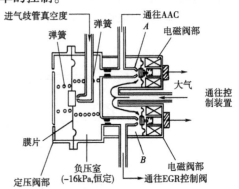

图5-16 真空控制阀的基本结构

3. 闭环控制式废气再循环

上述两种形式的EGR控制系统均属开环控制，EGR率只能预先设定，不能检测并控制发动机各种工况下的实际EGR率。目前，在EGR控制系统中广泛采用的闭环反馈控制式EGR系统，以EGR率或EGR阀的开度作为反馈信号实行闭环控制。

1) EGR阀开度反馈控制

如图5-17所示，与普通EGR系统相比，EGR阀开度反馈控制只在EGR阀上增加了一个用于检测其开启高度的、电位计式的EGR位置传感器。该传感器可将EGR阀开启高度转换为相应的电压信号反馈给ECU。ECU根据反馈信号控制真空电磁阀的动作，进而调节EGR阀膜片室的真空度，以此改变EGR率。

2) EGR率反馈控制

日本三菱公司率先开发了可直接用EGR率作为反馈信号的EGR闭环控制系统，控制原理如图5-18所示。

EGR率传感器安装于稳压箱(进气总管)上，可利用测量混合气中的氧气浓度来检测混合气的EGR率，并将其检测信号反馈给ECU，ECU依据此信号发出控制指令调整EGR阀的开启高度,以此控制混合气中的 EGR 率,使其始终保持在最佳状态,从而有效地减少 NO_x 的排放量。

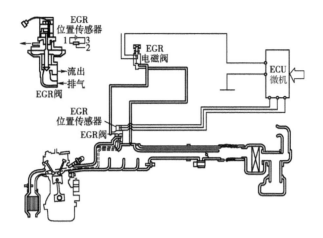

图 5-17 具有 EGR 阀开度反馈信号的闭环控制系统

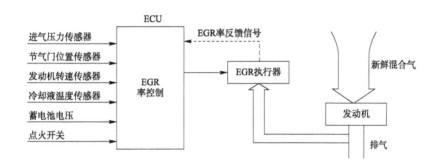

图 5-18 具有 EGR 率反馈信号的闭环控制系统

闭环控制式废气再循环控制系统技术先进,效果较好,因此被广泛使用。

4. EGR 的控制策略

(1)冷机或怠速、小负荷时:NO_x 的排放量本来就很小,发动机为了稳定的运行要求缸内充分充气,EGR 阀关闭。

(2)轻微加速或低速巡航控制期间:可以使用小量的 EGR,减少 NO_x 的浓度,保持良好的动力性。

(3)中等发动机负荷时:NO_x 的排放量是较高的,尽最大可能地使用 EGR 量,从而大量减少 NO_x 排放物。随负荷的增加,EGR 率也可相应增加。

(4)发动机要求大功率、高转速时:较好的动力性,此时混合气也较浓,NO_x 排放生成物相对较少,可不用 EGR 或少用 EGR。

EGR 率与发动机负荷、发动机转速之间的关系如图 5-19 所示。

(5)EGR 率与点火提前角的关系:EGR 率对排放和油耗的影响还受到点火提前角的影响。在增大 EGR 率时,同时适当地增加点火提前角(图 5-20),进行综合控制,就能得到较好的排放、燃油消耗率等发动机性能。

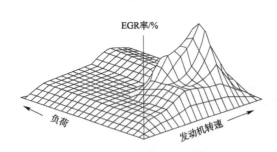

图 5-19 EGR 率与发动机负荷、发动机转速之间的关系

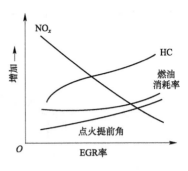

图 5-20 EGR 率与点火提前角的关系

5. EGR 的工作与不工作条件

1) EGR 工作条件

当满足以下条件，EGR 系统才进入工作状态：

(1) 进气温度 >17℃。

(2) 冷却液温度 >50℃。

(3) 发动机转速 ≤3500r/min。

(4) 处于轻负荷区。

2) EGR 不工作条件

在下面任一工况，都不进行 EGR 工作：

(1) 发动机起动时。

(2) 节气门位置传感器的怠速触点接通。

(3) 发动机温度低时。

(4) 发动机转速 <900 r/min。

(5) 发动机转速 >3200 r/min。

6. 内部 EGR

通常把发动机排气经过 EGR 阀进入进气歧管，与新鲜混合气混合在一起的方式称为外部 EGR。

由于配气相位重叠角进气门同时开启，造成一部分废气滞留在缸内，稀释了新鲜混合气的方式称为内部 EGR。

滞留在缸内的废气量决定重叠角的大小，重叠角大，内部废气再循环量也大。可变配气相位，内部 EGR 将可取代外部 EGR。

二、活性炭罐蒸发污染控制

为了防止汽油箱向大气中排放燃油蒸汽所产生的污染，在现代小型乘用车上普遍采用了由 ECU 控制的活性炭罐蒸发污染控制系统，如图 5-21 所示。

油箱中的燃油蒸汽通过止回阀进入炭罐上部，空气从炭罐下部进入清洗活性炭。ECU 根据发动机转速、温度、空气流量等信号，控制活性炭罐电磁阀的动作来控制排放控制阀上部的真空度，从而控制排放阀的开闭动作。当排放控制阀打开时，燃油蒸汽通过阀中的定量排放小孔吸入进气歧管，然后进入汽缸燃烧。

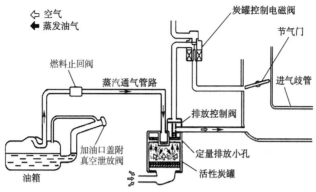

图 5-21 活性炭罐蒸发污染控制系统

在某些车型上,为抑制发动机爆震,当 ECU 判断发动机即将产生爆震时,即刻关闭炭罐电磁阀,切断真空,关闭排放控制阀,直至爆震趋势消失后且超过 150ms 时,使炭罐电磁阀恢复工作。

满足以下条件,活性炭罐蒸发污染控制系统才进行工作:
(1) 热机(冷却液温度为 65~110℃)。
(2) 前进挡。
(3) 发动机的转速高于怠速(节气门开度为 1.2%~100%)。
(4) 氧传感器功能正常(发动机已进入闭环工作模式或断油时间小于 2s)。
(5) 系统电压低于 17V。

第三节 其他辅助控制

一、进气谐振增压控制系统

进气谐振增压系统是利用进气流惯性产生的压力波来提高充气效率。

当气体高速流向进气门时,如果进气门突然关闭,进气门附近的气体流动突然停止,由于惯性作用,进气管中气体仍继续流动,将使进气门附近的气体压缩,压力上升,随即被压缩的气体又开始膨胀,向与进气气流相反的方向流动,压力下降。膨胀气体波传到进气管口又被反射回来,如此反复就形成压力波。

如果使进气压力脉动波与进气门的配气相位很好配合,即可使进气管内的空气产生谐振,利用谐振效果在进气门打开时就会形成增压进气效果,有利于提高发动机性能。

一般而言,谐振压力波的波长与进气管的长度成正比。波长较长的谐振压力波有利于发动机中低转速区转矩增加;波长较短的谐振压力波有利于发动机高速范围内输出功率的增加。但进气管长度是不能改变的,因此早期惯性增压一般都是按最大转矩所对应的转速区域来进行设计。

日本丰田 2JZ-GE 发动机采用了波长可变的谐波进气增压控制系统(ACIS)。该发动机进气管长度虽不能变化,但由于在进气管中部增设了一个大容量的空气室和电控真空阀,即可实现压力波传播有效长度的改变,从而同时兼顾了发动机低速和高速的谐波增压效应。

当发动机转速较低时,大容量空气室出口的控制阀关闭,进气管内的脉动压力波传动长度为由空气滤清器到进气门的距离,这一距离较长,是按发动机中低速进气增压效果要求设计的。当发动机转速较高时,则空气室出口的控制阀打开,由于大容量的空气室的参与,在进气道控制阀处形成气帘,使进气压力脉动波只能在空气室出口和进气门之间传播,这样便等效缩短了压力波传播距离,使发动机在高速区也能得到较好的气体动力增压效果。

ACIS 系统的工作原理如图 5-22 所示,其控制原理如图 5-23 所示。

ECU 根据发动机转速信号控制电磁真空阀的动作,低速时电磁真空阀由于不通电而关闭,真空罐无法与真空泵的管路连通,真空泵不动作,进气增压控制阀关闭,此时进气压力波传播距离较长,以适应低速区形成气体动力增压效果;高速时,ECU 接通电磁真空阀的电路,真空阀打开,真空罐与真空泵连通,真空泵动作,将进气增压控制阀打开,缩短了进气压力波传播距离,使发动机在高速区也能得到较好的气体动力增压效果。

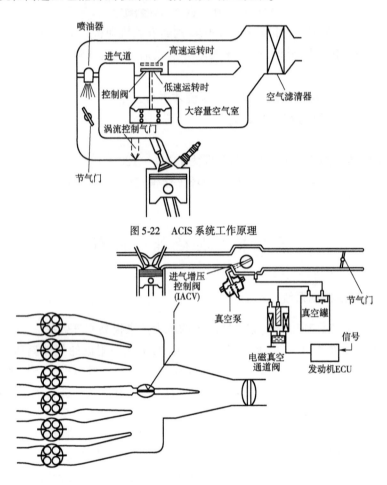

图 5-22 ACIS 系统工作原理

图 5-23 ACIS 系统控制原理

二、可变进气控制系统

现代汽车高速发动机多采用多气门(3～5 个气门)进气系统,但由于转速范围较大,仍难以兼顾高低转速工况性能。而发动机控制系统能较方便地实现可变进气控制,解决高低速进气的矛盾。

多气门发动机每缸至少有两个进气门,各配一个进气歧管,如图 5-24 所示。其中一个进气歧管装有由 ECU 根据发动机转速控制的控制阀。在进气量较少的低转速,控制阀全关,使进气通路减少一半,以增大进气气流惯性,提高充气率,同时增强低速时在燃烧室内形成的进气涡流强度,有助于燃烧的稳定和热效率的提高。在进气量大幅增加的高转速区,则控制阀全部打开,在增加进气通道有效流通截面的同时,减少进气阻力,并可适当地抑制燃烧室内的气流扰动,保证发动机从低速到高速均能获得理想的进气性能。

可变进气系统控制机构的结构与控制原理与谐波进气增压系统完全一样。

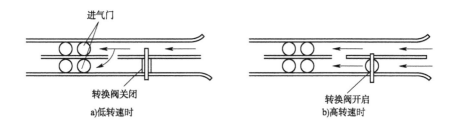

图 5-24 可变进气系统的原理

三、废气涡轮增压系统

废气涡轮增压闭环控制系统如图 5-25 所示。其中 ECU 依据发动机的加速、爆震、冷却液温度、进气量等信号确定增压压力的目标值,并通过进气管压力传感器来反馈发动机的实际增压压力值。ECU 根据其差值控制脉冲信号的占空比,进而分别控制电磁阀的相对开启时间,以此调节可变喷嘴环和涡轮增压器废气放气阀真空膜盒的真空度,改变可变喷嘴环的角度和废气放气阀的开度,从而控制废气涡轮的转速,以此产生发动机所需要的目标增压压力。

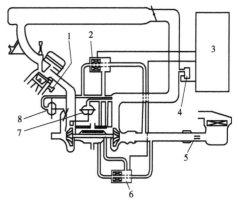

图 5-25 增压压力闭环控制系统
1-爆震传感器;2-放气阀控制电磁阀;3-ECU;4-进气管压力传感器;5-空气流量计;6-可变喷嘴环控制电磁阀;7-可变喷嘴环真空膜盒;8-放气阀真空膜盒

四、可变正时控制系统

1. 目的

在发动机高速时,同时改变进气门的正时与升程,以改善汽车的动力性和使用经济性。

2. 理想的配气相位

(1)低速时。采用较小的气门叠开角以及较小的气门升程,防止出现缸内新鲜充量向进气系统的倒流,以增加低速转矩,提高经济性。

(2)高速时。应具有最大的气门升程和进气门迟闭角,以最大限度地减小流动阻力,并充分利用过后充气,提高充量系数,满足发动机高速时动力性的要求。

进气门从开启到关闭的进气持续角相应地调整,以实现最佳的进气正时,将泵气损失降到最低。

3. 控制原理

可变正时控制系统简称为 VVT-i 系统,主要由传感器、发动机 ECU、凸轮轴液压控制阀等组成,目前,主要是对进气正时进行控制。

基本进气正时是根据节气门位置和空气流量信号确定的,并储存在发动机 ECU 中的只读存储器。发动机工作时,根据节气门位置传感器和空气流量计的信号,实时确定基本进气正时,然后根据冷却液温度、车速等确定修正量,并计算出最佳进气正时。发动机 ECU 根据最佳进气正时,发出指令到凸轮轴正时液压控制阀,控制阀根据 ECU 指令控制机油槽阀的位置,也就是改变液压流量,把提前、滞后、保持不变等信号指令选择输送至 VVT-i 控制器的不同油道上,使进气凸轮轴转动一个角度,以实现进气正时控制。控制系统通过凸轮轴位置传感器信号反馈一信号给发动机 ECU,以便监控系统工作,实现进气正时的闭环控制(图 5-26)。

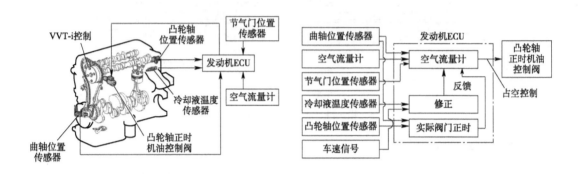

图 5-26 可变正时控制系统(进气正时)

五、停缸控制技术

发动机部分负荷时,切断部分汽缸的供油而使工作汽缸的负荷提高,以改善发动机性能的技术称为停缸技术。

汽油发动机小负荷运转时,节气门开度小,节流作用大,换气能量损失增加,造成机械效率下降。进入汽缸混合气的减少和残留废气量的相对增加,使燃烧过程变差,发动机循环波动变大,为了保持稳定的点火和必要的燃烧速度,被迫采用过浓的混合气,致使指示效率显著下降,发动机的经济性变差。若在部分负荷时关闭部分汽缸,就必须供给工作汽缸更多的可燃混合气以达到停缸前发动机的功率,这样可增加工作缸的负荷率,从而提高发动机的机械效率。

汽油发动机在部分负荷时,因节气门开度小,节流作用变大,致使进气歧管压力降低,发动机的充气效率下降。假如在此工况下,停止部分汽缸工作(停缸),要让发动机输出停缸前的功率,必须给工作缸更多的可燃混合气,就得开大节气门,使节流作用变小,发动机进气歧管内的压力上升,充气效率提高,滞留在缸内的残余废气量相对减少,从而提高混合气的燃烧品质,减少了发动机的循环波动。

由于停缸工况下发动机的泵气损失功减少,同时发动机的机械摩擦损失功也减少,从而可明显提高发动机的燃油经济性,这是停缸节油的主要原因。

实现停缸的方法有 3 种:
(1)仅仅停止供油(简称断油)。
(2)停止气门运动和断油(简称停阀机)。
(3)断油的同时引入工作缸的废气到不做功的汽缸内(断油回流)。

停缸控制技术原理如图 5-27 所示。

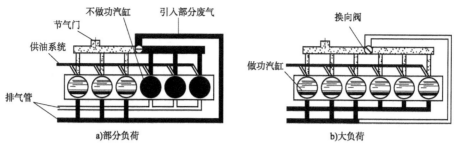

a)部分负荷　　　　　　　　　b)大负荷

图 5-27　停缸控制技术

六、怠速起停控制技术

智能起停(Start/Stop)系统的工作原理是发动机怠速时,当满足怠速停机条件时发动机自动停机;当驾驶人有重新起动车辆的意图时,发动机自动起动以驱动车辆行驶。怠速起停系统能够有效提高城市行驶车辆的燃油经济性,减少汽车污染物排放。

起停系统控制策略根据车速、发动机转速、变速器挡位和离合器等输入信号以及驾驶人的挡位、离合器等信号做出判断,在特定的情况下给出自动停机指令或者自动起动指令。判断驾驶人真正的意图,并且能够迅速做出响应,迅速起动或停止汽车,并且不会对驾驶人的正常操作产生影响,综合考虑所有相关情况,确保起停操作的安全。合理安排停机的时机,尽可能提高再次起动的速度,同时要求不会对空调等功能使用产生影响。

起停系统不断采集信号及驾驶人指令,判断驾驶人是否有停机意图,若有,再判断系统是否允许停机,系统允许则停机,否则结束系统,等待下一次检测。

起停控制系统是一个综合多项输入信号,经过分析,再输出信号的系统,可以将其分解成起停条件判断、起停需求判断、起停协调策略这3个相对独立又相互联系的模块,通过各模块之间互相合作,使怠速起停功能得以实现,图 5-28 所示为怠速起停系统控制策略结构图。

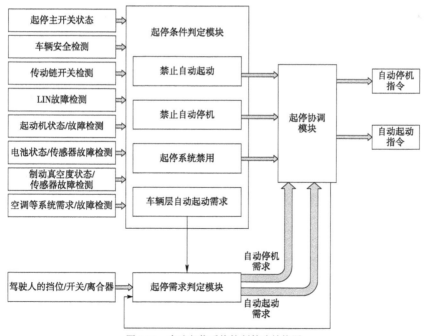

图 5-28　怠速起停系统控制策略结构图

第四节 稀薄燃烧控制

为了降低汽车的排放污染,目前普遍采用闭环燃油喷射电子控制系统加三元催化装置。但采用这种方式由于要求 A/F 为理论值(14.7∶1),因此是以牺牲燃油经济性为前提的。相比而言,稀薄燃烧技术 $A/F>17∶1$ 的发动机通常具有如下的优点:

(1)热效率随空燃比增加而增加,与一般当量空燃比的发动机相比,热效率能提高8%以上。特别是由于稀薄燃烧时的燃烧温度较低、完全燃烧程度高、泵流损失小且不易产生爆震,从而还可进一步提高发动机的热效率。

(2)由于稀薄燃烧使燃烧过程保持足够的氧气,因此可有效降低排放中 CO 和 HC,同时由于燃烧温度的降低,可以有效抑制 NO_x 产生所需的高温条件。

(3)稀燃技术有利于改善发动机部分负荷特性,这对于经常工作在部分负荷工况的小型乘用车具有重要意义。在稀燃发动机上,当负荷变化时,由于可采用变质调节,则可有效地降低泵吸损失,从而有利于改进部分负荷时的热效率。

汽油发动机实现稀燃的关键技术归纳起来有以下三个主要方面。

1. 提高压缩比

采用紧凑型燃烧室,通过进气口位置改进使缸内形成较强的空气运动旋流,提高气流速度;将火花塞置于燃烧室中央,缩短点火距离;提高压缩比至13∶1左右,促使燃烧速度加快。

2. 分层燃烧

采用由浓至稀的分层燃烧方式。通过缸内空气的运动在火花塞周围形成易于点火的浓混合气,空燃比达到12∶1左右,外层逐渐稀薄。浓混合气点燃后,燃烧迅速波及外层,以此实现分层燃烧。

3. 高能点火

高能点火和宽间隙的火花塞有利于火核的形成,火焰传播距离缩短,燃烧速度增快,稀燃极限大。稀燃发动机可采用双火花塞或者多极火花塞装置来达到上述目的。

从20世纪70年代起,人们就开始从化油器式的汽油机上进行分层稀薄燃烧的尝试,分层燃烧系统从组织混合气化层位置来看,可分为进气管分层燃烧和缸内直喷分层燃烧。相比而言,前者是一种低成本的技术方案,现已被国际上许多厂家所认可,已在电控汽油机上获得了应用。

一、进气管分层燃烧的电子控制

1. 进气管分层燃烧模式

目前国内外已提出多种分层燃烧方案,根据分层燃烧原理的不同,进气管分层燃烧模式可分为涡流分层燃烧系统和滚流分层燃烧系统。

1)涡流分层燃烧

在涡流分层燃烧系统中,使进气涡流运动与喷油定时巧妙配合,就可以实现混合气的轴向分层。这种系统的分层原理如图5-29所示:首先由进气形成强烈的涡流,当进气门开启接近最大升程时刻,喷油器将燃料喷入进气道,燃料在涡流作用下,沿汽缸轴向产生上浓下稀的分层,使火花塞附近保持易于点燃的浓的混合气,以此实现分层燃烧的目的。

本田公司可变进气系统(VTEC-E)四气门发动机,采用可变涡流、可变气门正时、可变气门最大升程技术,成功实现了涡流分层燃烧技术,从而使空燃比达到22,部分负荷时的燃油消耗率降低了12%,有效降低了NO_x。

2) 滚流分层燃烧

在进气过程中形成绕垂直于汽缸轴线方向旋转的有组织的空气旋流,称为滚流(Tumble),又称为横向涡流。与前者相比,其特点是:平行于滚流轴向的速度分量很小;在进气行程形成的混合气分层,在压缩行程的大部分时间里得到保持,如图5-30所示。由于滚流的压缩后期被上行的活塞挤压,故在上止点附近破碎成许多微涡和较强的湍流,可提高混合气的燃烧速度,使发动机能够在很稀的混合气条件下,实现稳定燃烧。

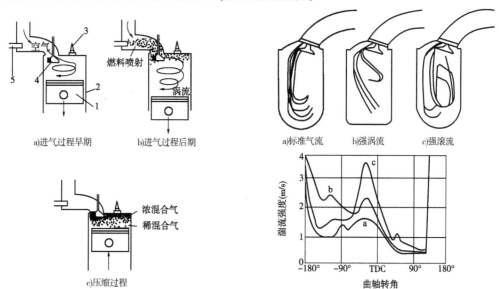

图5-29 轴向分层燃烧系统工作原理
1-活塞;2-汽缸;3-火花塞;4-导气屏进气门;5-喷油器

图5-30 滚流与涡流的湍流强度对比

三菱公司研制的MVV发动机采用典型的滚流分层技术,利用双气道产生滚流,燃油通过其中的一个气道引入汽缸,另一个气道只进空气,从而产生分层。使火花塞附近形成易于点火的浓混合气,大大提高的燃油经济性,有效地降低了排放。

2. 进气管分层燃烧的电子控制

稀薄燃烧的发动机,其实只在部分工况范围内实行稀薄燃烧,而在起动、怠速、加速及全负荷工况都不能实行稀薄燃烧。因此具有稀薄燃烧的发动机集中控制系统必须根据工况进行实时控制,其中与稀薄燃烧相关的控制包括:进气涡流比、喷油正时、点火正时、过量空气等控制。其过程如下。

1) 进气涡流比的控制

奥地利AVL公司四气门稀薄燃烧发动机控制原理如图5-31所示。该系统主要由切向进气道、中性进气道、涡流控制阀、双束喷油器组成。

切向进气道与中性进气道分别接通不同的进气门。其中,切向进气道可产生绕汽缸中心旋转的进气涡流,中性进气道因与汽缸中心线夹角较小产生而向下气流。位于中性进气道内的涡流控制阀,用于控制两个进气道中的流量比,ECU主要根据发动机的工况改变涡流控制阀的开度,进而控制缸内充气运动的涡流比。

低负荷时,涡流控制阀关小,涡流比增大,并形成分层充气,可实现稀薄燃烧;高负荷时,控制则相反,且提供均质混合气,通过提高充气效率,使发动机获得较高的转矩和功率。

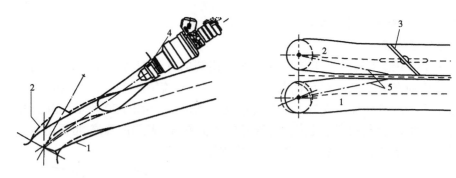

图 5-31 AVL 四气门稀薄燃烧系统
1-切向气道;2-中性气道;3-涡流控制阀;4-双速喷油器;5-两支油束

2) 喷油正时控制

喷油正时对稀薄燃烧的燃烧速率和燃烧稳定性有一定的影响。相对较迟的喷油,有利于燃烧稳定性的提高;喷油较早,则容易形成"负充气分层",导致燃烧延缓、燃烧稳定性恶化。此外,考虑 NO_x 的高温富氧的生成条件,在稳定燃烧的稀薄极限前提下,应适当增加喷油提前角,以此降低缸内燃烧温度。

3) 点火正时控制

混合气变稀,着火落后期与急燃期明显增加,因此,点火提前角应相应增加;但随着缸内空气扰流增加,点火提前角应相应减小。此外,还应考虑喷油正时等因素对点火正时的影响。

4) λ 闭环控制

带有稀薄燃烧的 λ 闭环控制系统也是通过氧传感器进行反馈控制。相比而言,常规 λ 闭环控制系统,是回归 $\lambda=1$ 的当量理论燃烧,主要是为了提高三元催化装置的净化效率;而稀薄燃烧的 λ 闭环控制系统采用的是片式宽带氧传感器,λ 的取值范围为 0.8~2.5,因此可以将闭环控制的目标设定在一个很宽的 λ 范围内的任意值。

5) 稀燃极限控制

因混合气过稀会引起缺火,所以存在稀薄燃烧极限。混合气浓度接近极限值时,燃烧开始不稳定,平均指示压力的波动则明显增大。表现为:一方面,同一工作循环内各缸之间的平均指示压力的波动增大;另一方面,同一缸内不同循环之间平均指示压力的波动也会增大,因此可以:

(1) 利用转速传感器,根据曲轴转角动态波动值来检测各缸之间的功率差,并可对压力较低的缸进行单独的燃油补偿。

(2) 通过汽缸内安装的燃烧压力传感器,检测特定曲轴转角位置的燃烧压力值,根据燃烧压力动态波动值,调整正、负喷油量,使整个发动机的混合气浓度保持在稀燃极限上。

通过稀燃极限电子控制,可使稀薄燃烧时的混合气浓度接近稀燃极限,达到较好的控制效果。

二、缸内直喷分层燃烧的电子控制(GDI)

为了满足对汽车发动机经济性和排放的日益严格要求,人们提出了多种新的燃烧方式,其中汽油缸内直喷技术得到了广泛重视和发展。到目前为止,许多国外汽车公司和研究机构都开发了比较成熟的 GDI 机型和产品。

在汽油机中采用缸内直接喷射后,能有效提高缸内充气系数,降低爆震极限,提高压缩比,改善发动机性能。使其燃油经济性提高 25% 左右,动力输出也比进气道喷射的汽油机增加将近 10%。

缸内喷注的关键技术在于产生与传统发动机不同的缸内气流运动状态,通过技术手段使喷射入汽缸的汽油与空气形成一种多层次的旋转涡流。因此采用了立式吸气口、弯曲顶面活塞、高压旋转喷射器等三种技术手段。

1. 缸内直喷汽油机燃烧模式

1)分层稀燃模式

分层稀燃是指:在中小负荷时,通过在压缩行程后期喷油和燃烧系统的合理配合实现分层燃烧,并采用质调节以避免节流阀的节流损失,以达到与柴油机相当的燃油经济性。

2)均质稀燃模式

均质稀燃是指:在大负荷和全负荷工况下,通过较早地把燃油在进气行程中喷入汽缸,保证在点火时刻形成预混燃烧的均质混合气,以保持汽油机升功率高的优点。

此外,也可采用分段喷油技术完成分层燃烧。即在进气早期开始喷油,使燃油在汽缸中均匀分布,在进气后期再次喷油,最终在火花塞附近形成较浓的可燃混合气,这种将一个循环中的喷油量分两次喷入汽缸的技术可以很好地实现混合气的分层,且使发动机在整个负荷范围内均具有较好的动力性、经济性和排放性能。

2. 典型系统分析

1)丰田 D-4 缸内直喷系统

丰田公司于 1996 年开发成功并商品化的 D-4 缸内直喷式稀燃发动机,如图 5-32 所示。

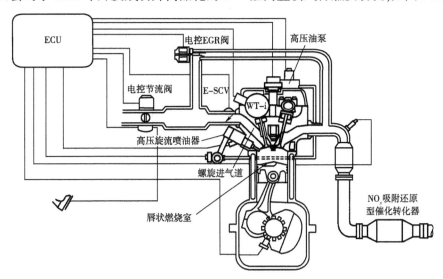

图 5-32　丰田 D-4 缸内直喷式稀燃发动机

其特点为:

(1)利用电子涡流控制阀(E-SCV)形成不同角度的斜向进气涡流,促进缸内混合气的形成。

(2)半球屋顶形的燃烧室、弯曲顶面的活塞与进气涡流旋向及高精度的喷油正时,在火花塞形成易于点燃的混合气区域。

(3)采用高压(8~13MPa)旋流喷油器,形成高度微粒化的汽油喷射,抑制燃烧可能产生的黑烟。

(4)采用了电控 EGR 系统,有利于排气中 NO_x 的转化。

(5)可实现对不同的工况范围,采用不同的燃烧方式,如图 5-33 所示。在低速和部分负荷时,采用分层燃烧的模式;而在高速和大负荷或全负荷时,则采用均质当量比燃烧模式;在两者之间,则采用弱分层燃烧和均质燃烧两个区域。

2)三菱4G系列缸内直喷系统

比较著名的三菱缸内喷注汽油机(GDI),可令空燃比达到40:1。如图5-34所示,它采用立式吸气口方式,从汽缸盖的上方吸气的独特方式产生强大的下沉气流。这种下沉气流在弯曲顶面活塞附近得到加强并在汽缸内形成纵向涡流。在高压旋转喷注器的作用下,压缩行程后期被直接喷进汽缸内的燃料形成浓密的喷雾,这种混合气被纵向涡旋转流带到火花塞附近,在火花塞四周形成较浓的层状混合状态。这种混合状态虽从燃烧室整体来看十分稀薄,但由于呈现从浓厚到稀薄的层状分布,因此能保证点火并实现稳定燃烧。

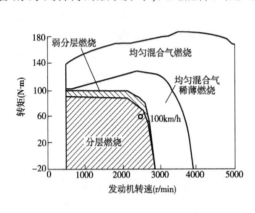

图5-33 丰田D-4缸内直喷式稀燃发动机控制方式　　图5-34 三菱公司GDI发动机结构

3.缸内直喷分层燃烧的电子控制方法

博世(BOSCH)公司的汽油直接喷射系统如图5-35所示。主要控制内容如下。

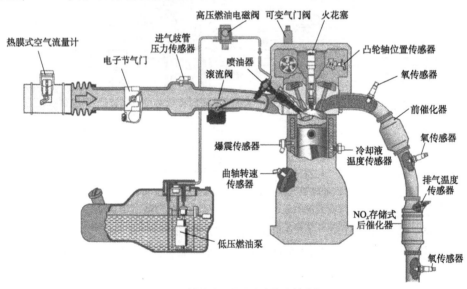

图5-35 博世公司的汽油直接喷射系统

1)GDI的电子控制模式

GDI的电子控制模式应根据工况不同分别采用不同的控制模式,如图5-36和表5-2所示。当发动机工作在低速、低负荷工况时,发动机则应采用推迟点火,分层燃烧的控制模式,而发动机工作在高速、大负荷工况时,发动机则应采用提早喷油,均质燃烧的控制模式。

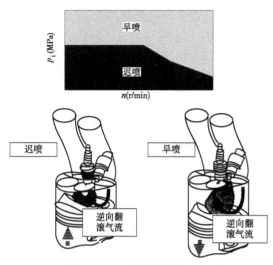

图 5-36 GDI 电子控模式按工况区分

2) 转矩的控制

ECU 在任何工况下都要首先识别发动机对转矩的需求，然后再对不同工况采用不同的转矩调节方式。例如，发动机在起动、怠速时，要求对转矩进行补偿；在汽车或发动机进行减速时，要求减少转矩。ECU 主要根据节气门的位置确定转矩调整模式，当发动机工作在低工况（低速、低负荷工况）区域，此时发动机处在分层燃烧模式，节气门处于全开状态，电子控制装置只能通过质调节方式控制转矩；反之，发动机处在均质燃烧模式，电子控制装置只能通过调整节气门开度的量调节方式控制转矩。且质调节模式时，点火提前角和进气量不会影响发动机的转矩。

GDI 按工况区分控制模式 表 5-2

工况	主要目标	空燃比	节气门	转矩调节	充量	喷油正时	喷油压力	燃油雾化	油束窗穿透
低	经济性	25～40	全开	质调节	分层	压缩行程的晚期	高	好	浅
高	动力性	14.7	节气	量调节	均质	吸气行程的早期	低	差	深

此外，当转矩控制发生模式切换时（图 5-37），为保持转矩的恒定。必须对切换点进行如下控制：

（1）节气门应先行关闭，在切换点处增加稍许喷油量，使空燃烧比避开 19～22 的禁区；（分层燃烧模式时，若 $A/F < 22$，则产生黑烟；均质燃烧模式时；若 $A/F > 19$，则会发生燃烧不稳定甚至缺火等现象）。

（2）为保持转矩恒定，必须适当地减小点火提前角，以抵消减小空燃比对转矩的影响。

3) 喷油正时的控制

两种控制模式对油束和喷油正时有不同的要求。低工况时，采用分层燃烧，要求油束集中，雾化好，对燃烧的穿透深度有一定的要求，且喷油推迟到压缩行程后期，使火花塞附近能形成易于点燃的浓混合气；高工况时，采用均质燃烧，要求油束分散，并有适中的穿透深度，且喷油提前到吸气行程的前期，以此避免燃油沾湿活塞或汽缸壁面。

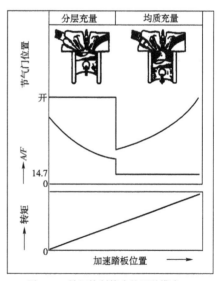

图 5-37 转矩控制策略的两种模式

此外，在质调节时，当转速发生变化时，喷油提前角随转速增加而增加，以保证喷油和点火之间保证足够的间隔时间。

4) 喷油压力的控制

喷油压力对油束的雾化及穿透深度有明显的影响。在油束涡流相同的情况下，提高喷油压力,能改善燃油雾化程度,使油束穿透深度减小,此类现象适合分层燃烧情况;反之,均质燃烧模式,应适当降低喷油压力,以满足混合气形成的要求。

第五节 故障的自诊断系统

现代汽车发动机控制系统中都设有故障自诊断系统。该系统可监测、诊断发动机的工作情况及工作中出现的故障,并具有安全保险功能和应急备用系统。

一、故障自诊断功能

当电子控制系统出现故障时,ECU 中的故障检测电路可将该故障以代码的形式储存在 ECU 中的 RAM 中,便于查找故障时调用。与此同时,点亮安装在仪表板上的故障警告灯,以提醒驾驶人及时检修。故障警告灯通常为带有发动机标志或印有"CHECK ENGINE"字样的方框形的黄色信号灯,并装在仪表板上。

此外,在仪表板下方或熔断器盒内设有专用接口,即故障自诊断接口。该接口直接与 ECU 相连,将解码器或检测设备插入此专用接口,便可将故障码或诊断的数据流由此读出,以便在控制系统出现故障时,能及时、快速地查找和排除系统中的故障(图 5-38)。

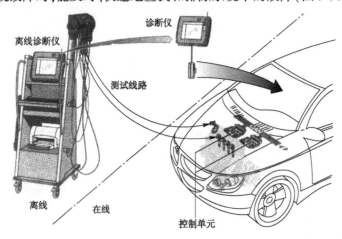

图 5-38 汽车故障诊断系统

二、OBD 系统工作原理

1. 传感器故障自诊断原理

传感器是向发动机 ECU 输送信号的电控系统基础元件,自诊断系统不需设计专门电路即可对各种传感器进行故障自诊断,其基本原理是基于各种传感器正常工作时输入 ECU 的信号电压都是在一定范围内变化的。当某一传感器输入 ECU 的信号出现下面任何一种情况时,自诊断系统均判定为"故障信号"。

1) 超出正常范围

当某一电路出现超出标准数据库规定范围的信号时,故障自诊断系统就判定电路信号出现故障。如冷却液温度传感器正常工作时其输出电压信号在 0.1~4.8 V 范围内变化,即若冷却液温度传感器输出电压低于 0.1 V(相当于冷却液温度高于 139℃)或高于 4.8 V(相当于冷却液温度低于 -50℃)时,如图 5-39 所示,ECU 即判定为故障信号,存入存储器。

2) 在一定时间内ECU接收不到某传感器信号

在汽车行驶时,当ECU在一定时间段内接收不到某一传感器的输入信号时,即判定该传感器出现故障。如汽车发动机在正常工作温度下运转时,ECU在1min以上的时间内检测不到氧传感器信号,则判定为氧传感器电路有故障。

3) 传感器输入ECU的信号在一段时间内不发生变化

汽车正常行驶时,其工作状况不断变化,ECU监测的传感器信号也是不断变化的。当ECU监测的某传感器信号在一段时间内不发生变化时,即判定该传感器电路有故障,如监测到氧传感器信号在1 min以上的时间内都不发生变化,则ECU诊断为氧传感器电路有故障。

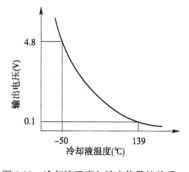

图5-39 冷却液温度与输出信号的关系

值得注意的是,如果偶然出现一次不正常信号,ECU不会诊断为故障,只有当"故障信号"持续出现超过一定时间或多次出现,ECU才会诊断为该传感器有故障,并将此故障以故障码的形式输入到ECU,同时把"故障指示灯"电路接通。例如,汽车发动机在某一转速下工作时,转速信号丢失3~4个脉冲(脉冲个数由发动机的要求定,不同发动机有可能不一样),ECU不会诊断为转速信号出现故障。

2. 执行机构故障自诊断原理

汽车行驶时,自诊断系统对执行机构的故障诊断原理与控制方式有关。开环控制系统通常都需要增加专用电路来监测执行器的故障信息,而闭环控制电路则可以利用执行机构的反馈信号进行故障自诊。

在没有反馈信号的开环控制系统中,执行器只接收输入信号,即只接收ECU的控制指令信号而没有其他的反馈信号,因此执行器或其电路是否有故障,自诊断系统只能根据ECU的输出指令信号来判断,而没有来自执行机构的信号,此时要增设专用电路来检测执行机构的工作信息。例如,图5-40所示为某电子控制点火系统中点火器的故障诊断电路实例。当点火电路中控制点火线圈初级电路通断的功率三极管出现故障时,点火监控电路就得不到功率三极管正常工作的信号(功率三极管正常工作就是不断地交替导通和截止),也就不能向ECU反馈点火监控信号。ECU在一定时间内接收不到该反馈信号,即判定点火系统出现故障。此时,ECU立即切断喷油脉冲信号,停止喷油器的喷油。

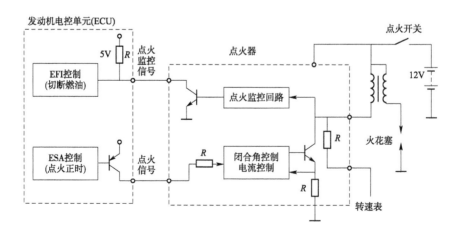

图5-40 点火器故障诊断电路

在具有反馈信号的闭环控制系统中,执行器不仅接收 ECU 的指令信号,同时还输出反馈信号给 ECU。因此自诊断原理类似于传感器的自诊断原理。

此外,与传感器故障诊断一样,如果由于某种原因偶尔出现一次不正常信号,ECU 并不会判断为故障,只有当点火器多次没有点火监控信号反馈给 ECU 时,自诊断系统才判定点火系统发生故障。

3. 配线电路的故障自诊断

故障信号的出现并不只是与传感器或执行器本身发生故障有关,而且很有可能还与配线电路的故障有关。

如图 5-41 所示,当冷却液温度传感器与 ECU 之间的配线开路时,其输出的电压信号就会高于 4.8 V,ECU 也会判定为冷却液温度传感器故障。同理,当冷却液温度传感器与 ECU 之间的配线短路时,其输出的电压信号就会低于 0.1 V,ECU 也会判定为冷却液温度传感器故障。

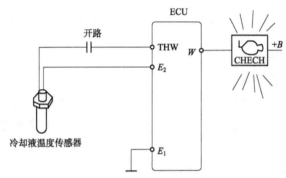

图 5-41 冷却液温度传感器电路故障

值得一提的是,控制系统中某些故障现象可能会影响发动机的工作性能,因没有进行检测,故不会产生故障码,但这些故障有可能引起其他形式的故障码,如配气正时、汽缸压力等参数的变化会直接影响混合气的形成过程,并对燃烧过程造成影响,其故障现象可能会以与氧传感器有关的故障码存储在存储器中。此外,自诊断系统不能确定控制电路中接头松动或损坏的故障,但可能产生一个作为故障结果的故障码。因此,ECU 判断出某一系统发生故障时,只是提供了故障的性质和范围,要最后确定是传感器、执行器还是相应配线电路的故障,还需要进一步检查配线、插头、ECU 和相关的元器件才能准确确定故障源。

此外,自诊断系统还会根据故障性质,自动启动失效保护系统或应急备用系统等。

三、安全保险功能

安全保险功能是 ECU 在检测出故障后采取的一种保险措施,又称为"故障模式效能管理"。

当任何一个元件或其电路出现故障时,如果仍继续按通常方式控制发动机运转,就可能使发动机或其他部件也出现问题。为避免这种情况,当 ECU 诊断出故障时,除前面提到的故障报警、内存故障代码外,立即启动安全保障功能。此时,ECU 不再使用已发生故障的元件及其信号,而采用存储器中预先存入的代用值来替代,使控制系统以特定的工况继续工作,确保车辆仍能继续行驶。对于个别重要的信号发生故障有可能危及发动机安全运转时,则 ECU 立即采取强制性措施,切断燃油喷射,发动机停止运转,确保车辆安全。

下面分别介绍各传感器及其电路发生故障时的情况及安全保障功能的作用。

(1) 当冷却液温度、进气温度传感器信号电路发生故障时，ECU 会检测到低于 -50℃ 或高于 139℃ 的温度信号，这将引起空燃比过小或过大（混合气过浓或过稀），导致发动机转速不稳、工作粗暴。此时，安全保障功能将自动采用正常运转值（标准值）。通常按发动机冷却液温度 80℃、进气温度 20℃ 控制发动机工作，防止混合气过浓或过稀。

(2) 如果点火系统发生故障造成不能点火，ECU 接收不到点火控制器反馈的点火确认信号时，如喷油器继续喷油，大量未燃的混合气就会吸入汽缸后排出流入三元催化转换器，使其温度很快升高并超过许用温度。为避免这种情况发生，此时 ECU 安全保障功能立即切断燃油喷射，使发动机停止运转。

(3) 节气门位置传感器（线性型）信号电路故障时，安全保障功能将采用正常运转值（标准值）。通常按节气门开度为 0° 或 25° 值控制发动机工作。

(4) 爆震传感器（KNK）信号或爆震控制系统故障，无论是否产生爆震，点火提前角控制会无法由爆震控制系统控制执行，从而导致发动机损坏。此时安全保障功能将点火提前角固定在一适当值。

(5) 曲轴位置传感器（G_1 和 G_2）信号电路故障。由于 G 信号用于识别汽缸和确定曲轴基准角，当出现开路或短路时，发动机无法控制，会造成发动机不能起动或失速。安全保障功能会使 ECU 接通系统后备工作状态，如果仍能收到 G_1 或 G_2 信号，则曲轴基准角还能由保留的 G 信号判别。

(6) 空气流量计信号电路故障导致不能检测进气量，ECU 无法计算基本喷油时间，从而引起发动机失速或不能起动。安全保障功能将由起动信号和怠速触点接触情况确定的固定值（标准值）控制喷射时间和点火正时，保证发动机能够运转。

(7) 进气歧管压力传感器信号电路故障导致 ECU 也不能计算基本喷油时间，从而导致发动机不能起动或失速。安全保障功能将进入备用状态或采用标准值保证发动机运转。

(8) 安全保险功能主要依靠 ECU 内的软件完成，可使控制系统继续工作或停机，但继续工作时发动机性能有所下降。

四、应急备用系统

应急备用系统又称后备功能，它是当 ECU 内的 CPU 出现故障时，ECU 可把燃油喷射和点火正时控制在预定的水平上，并作为一种备用功能使车辆继续行驶。该系统只能维持基本功能，而不能保证发动机按正常性能运行。

当控制系统遇到下列情况之一而车辆无法行驶时，ECU 在点亮"检查发动机"灯的同时，将接通后备系统工作状态，自动启用后备系统。

(1) ECU 中的中央微处理器、输入/输出（I/O）和存储器发生故障。

(2) 曲轴转角传感器信号电路开路或短路。

(3) 空气流量计或进气歧管绝对压力传感器信号电路开路或短路。

应急备用系统的工作原理如图 5-42 所示。当 ECU 监测到满足启用应急备用系统的条件之一时，在点亮故障灯的同时，接通备用电路，发出转换信号使转换电路转接到备用输出信号通道。ECU 输出的备用系统的喷油脉宽和点火信号是根据起动（STA）信号和怠速（IDL）触点状态（闭合或断开），选择起动、怠速和非怠速三种不同工况预先设定的固定数值，替代正常控制时的最佳喷油脉宽和最佳点火提前角。后备系统只能简易控制，维持最基本的功能，使车辆能继续行驶，而不能保持正常运行时的最佳性能，故不宜长期在"后备"状态下行驶，应及时进行检修。

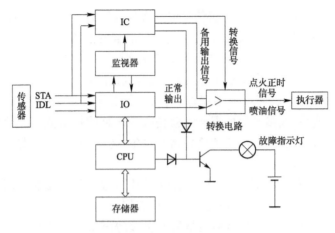

图 5-42 应急备用系统工作原理

备用系统中预先设定的固定数值,因发动机型号不同而异。表 5-3 所示是某发动机后备系统工作的固定数值实例。

后备系统控制数据一览表 表 5-3

参数	CPU 备用系统			曲轴转角传感器备用系统		
	起 动	怠 速	非怠速	起 动	怠 速	非怠速
喷油脉宽	12.0ms	2.3ms	4.1ms	1.0 ms	与进气空气量成正比例	
喷油频率	每转一次			每隔65.3ms	每隔69.9ms	每隔30ms
点火提前角	上止点前10°	上止点前10°	上止点前20°	每隔50 ms	每隔23 ms	每隔5ms
停顿间隔	5.12 ms			3ms	4ms	3ms

复习思考题

5-1 名词解释:步进电动机、动态效应、惯性效应、波动效应、VVT-i、GDI、稀薄燃烧、分层燃烧、缸内直喷。

5-2 怠速控制系统应具备哪些功能?

5-3 简述三相反式步进电动机的工作原理。

5-4 论述步进电动机式怠速控制策略。

5-5 论述旋转滑阀式怠速调整装置的构造原理。

5-6 论述旋转滑阀式怠速控制策略。

5-7 简述直动式节气门体的构造原理。

5-8 简述节气门直动式怠速控制策略。

5-9 为何要进行废气再循环控制?

5-10 简述废气再循环闭环控制原理。

5-11 废气再循环的工作条件是什么?

5-12 简述活性炭罐蒸发污染控制原理。

5-13 活性炭罐蒸发污染控制的工作条件是什么?

5-14 三元催化装置的功能与工作条件是什么?

5-15 简述排放控制的基本原理。

5-16 简述废气涡轮增压的基本原理。
5-17 简述机械增压控制的基本原理。
5-18 简述进气复合增压控制的基本原理。
5-19 简述可变进气管长度增压原理。
5-20 简述进气共振增压原理。
5-21 简述可变正时原理。
5-22 简述可变气门升程原理。
5-23 论述 GDI 发动机与 PFI 发动机的主要区别。
5-24 GDI 发动机中为何采用宽带氧传感器？
5-25 GDI 发动机有哪三种燃烧模式？
5-26 论述 NO_x 传感器的工作原理。
5-27 论述宽带氧传感器的工作原理。

第六章 发动机集中控制系统

本章主要介绍:发动机集中控制系统的基本原理、方式、基本组成和功能集成特性,以及整车集中控制系统的初步介绍,并进行相关典型系统分析。

第一节 发动机集中控制系统的组成与方式

一、发动机集中控制的目的与原则

发动机集中控制技术(又称为集成控制、综合控制等)代表当今发动机乃至整车控制技术的发展趋势。

随着汽车控制技术的不断出新,高速公路体系的快速发展,环境/安全控制标准的不断强化,以及汽车性能与要求的不断提高,几乎任何车载/车用配置的增添和性能的完善,均会对动力系统提出新的要求,使得发动机控制日益多样化与复杂化。

汽车发动机由多个单元(子系统)构成。从系统工程角度整体分析,各子系统控制变量的数量,以及变量控制变化范围是有限的,需要进行协调控制,才可能达到系统整体最优的目的。比如:点火、燃料供给和排放等系统的运行控制变量可为负荷、转速、喷油时刻、点火时刻和点火电压等;如在某一时刻将上述某一控制变量相对于某一子系统而言控制到最佳状态,则相对于其他子系统而言,甚至相对于本系统其他同步运行的控制变量而言则并没有处于最佳,而是处于"次最佳"状态。随着汽车系统性能的提升和执行器的增加,采用高度并行的独立控制模式,由于各个子系统对同一变量的需求不同,不可避免地会出现控制功能相互影响甚至制约的矛盾。

第三章的 EFI 系统控制就是典型、传统的子系统独立并行控制模式。该模式使汽车控制系统有序化程度受到抑制,阻碍了汽车技术的发展。为进一步提高汽车控制系统资源的利用效率,早在 20 世纪 80 年代,基于系统工程的理论与实践,就已经提出了所谓"汽车集中(集成)控制"概念,最早的集中(集成)控制就是在发动机控制系统中实现的。

发动机集中控制的基本原则是:统一监督和协调各个子系统的运行,在高度集中控制的框架下,把功能强大的中央处理器作为控制中心,对发动机实施整体决策。

在此原则下,每一个子系统中具体事件的控制(比如:对转速变化引起的点火时刻修正控制等)均必须从整体角度进行考虑;反映发动机工作环境及其变化的信息被集中进行处理,实现信息共享,互为冗余;所有机构与分系统均执行中央控制系统指令,协调形成所谓"从传感器到动力输出"的整体式链式运行系统,以达到对汽车性能的多元综合控制的要求。

二、发动机集中控制系统基本组成

发动机集中控制系统可以分为三大基本功能模块,如图 6-1 所示。

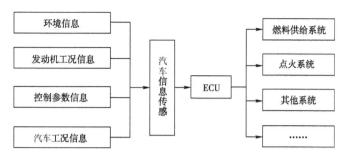

图6-1 发动机集中控制系统示意

1. 信息传感系统模块

从总体上分析,汽车发动机信息传感模块的处理对象是:反映人、车、环境组成的大系统状态及其变化信息。具体而言,就是检测发动机和汽车的环境、工况以及驾驶人的操作意志等信息。这些信息发送给ECU用于识别发动机乃至整车所处的状况与环境,并确认其人为的预期变化趋势。

现代汽车中,汽车发动机集中控制采用智能型多路传感系统代替了传统的独立传感器。其特点在于:传感系统中的各个传感器均采用自适应标准化界面/接口,通过CAN总线实现通信模数转换与数据传输,共享电源、信息处理软件及中心处理器。如此设计使得信息传感系统具有多变量数据采集、辅助信息附加输出、自我监控/校正和性能与故障诊断及预告等特点。

发动机集中控制系统传感模块,将监控的系统信息分成若干大类分别进行采集、传输与监控,具体包括:

(1)环境信息:大气温度、压力和湿度、海拔等。

(2)发动机工况:工作温度、负荷、转速、排放状态等。

(3)发动机运行变量状态:工作循环、进/气排温度和压力,点火电压,点火时刻,发电机工作电压、电流,机油压力以及辅助系统(空调、三元催化和进气谐振等)运行状态。

(4)汽车工况:汽车速度与功率、传动系统工况、制动/驱动系统工况、操纵系统工况和辅助系统工况等。

发动机集中控制联合传感系统由大量传感器(数量将超过100个)组成,适时按类别检测上述信息,通过网络通信系统向ECU传递并存储。传感信息不再是仅为某个单独子系统或某个独立控制功能服务,而是供发动机乃至整车集中控制决策时的读取服务。

例如,ECU并不仅依据点火系统的控制MAP,根据发动机的负荷和转速对点火时刻进行修正,而是利用综合信息系统提供的各类信息组成的信息流,在主控导向功能的前提下整体决策,确定相对于适时发动机(乃至整车)整体的最佳点火时机,并达到与EFI、EGR、ABS/ASR/ESP、ECT、A-SUS(主动悬架)和PAS(动力转向系统)等控制系统的匹配与协调,在此基础上实现整车集中控制。

2. 中央处理模块

集成化ECU在集中控制的框架下对发动机实施整体决策。其预编程序MAP的形成方式与方法与传统控制系统有很大的区别。最主要的是:采用更为先进的控制理论和算法建立数学模型,对台架与道路试验数据进行计算处理,形成具有严格整体性质的预编程序MAP预存在ECU/ROM中,作为整体控制决策的理论基础参数。

为体现控制的整体性,发动机集中控制ECU采用多种控制模式,包括分层控制、交叉控制、叠加控制和组合控制等新型模式。在现代汽车发动机上运用较为广泛的是分层控制与交叉控制模式。而在汽车底盘系统控制中其他几种控制模式均采用较多。

1) 分层控制

分层控制是指将发动机的控制功能分为若干垂直层次,实施分层控制,如图 6-2 所示。

图 6-2　发动机分层控制

第一层为总体目标。比如:追求动力性或者经济性,追求动力/经济性或环保性,追求稳定或非稳定工况最佳等。

第二层为传感信息读取。由于联合传感系统提供服务,该决策层获得信息的方式不再是检测,而是读取。比如:当发动机要求获得最大动力性时,需要读取 ECU 内存的哪些信息作为控制依据。

显见,发动机集中控制系统基本传感信号可为某项独立控制过程(比如 A/F)专用,也可为某功能模块,(比如点火控制模块)专用,或者二者兼而有之,更有可能是为总系统控制而采集的信息。

第三层为功能子系统控制,即在由最高层确定的发动机总控制目标框架下,确定子系统的控制目标。比如:在追求发动机动力性的上层目标框架下,对点火系统、燃料供给系统和辅助系统目标的确定。

第四层为具体执行器功能控制,即对喷油器、点火模块、怠速旁通通道等执行机构的指令控制。

每一低层控制均在高一层控制被适时定义后才可运行。其基本特性为:上层系统和基层执行装置之间的控制指令与信息流是垂直连接的,形成"从传感器到动力输出"的链式运行结构。

2) 交叉控制

交叉控制是指在发动机控制总目标的框架下,子系统控制功能在时间与顺序上的交叉。

传统子系统单目标独立控制过程中,其他子系统也会发生随动性变化。比如:当点火时刻处于自身实现最佳的非稳定过程中,由于点火能量和点火正时变化的影响,可能导致燃烧状况发生变化,则闭环反馈信号将使 A/F 和 EGR 控制系统运行。而两个系统控制运行结果又影响 EFI 系统的运行。

因此,集中控制 ECU/MAP 预存模式会在信息集成的基础上,视情采用并行或独立方式对点火与燃料供给系统实施交叉控制,直至两者控制结果反映的、由点火时刻和 A/F 共同保证当前发动机主控性能要求(比如转矩输出或抑制某种有害排放物)处于某种最佳状态,即可实现在新的状况下达到新的协调与平衡。

3. 网络数据总线

集中控制系统必须获得网络数据总线的支持,是实施集中控制的必要条件。具体内容请参阅本书第十三章。

三、发动机集中控制方式

发动机系统集中控制的基本方式可以概括为:利用集成效应采取的整体、开放式动态控制,且遵循自上而下的控制原则,即先整体再局部,先宏观再微观的原则。

发动机集中控制系统的集成组合包括若干子系统的局部集成,其基本结构如图6-3所示。

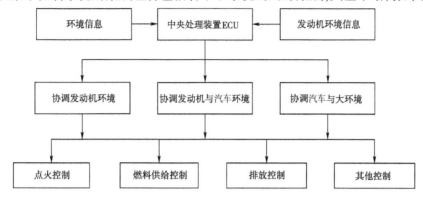

图6-3 发动机管理系统集成示意

1. 执行功能实现过程集成

具体内容包括:空气供给、燃料供给、可燃混合气形成、点火燃烧、工作循环完成以及辅助系统(如冷却、润滑和废气再循环等)过程的控制功能,即对最基本的(如工作循环和热功转换等)功能的控制。该类控制属于传统工程中所谓"全分布"功能控制。功能的具体实现可采用现有成熟的基层独立执行系统。

2. 工作过程控制集成

从系统工程角度出发分析,所谓发动机工作过程变化是指:外界环境的变化在系统内部产生的响应。该响应通过各项工作变量的变化向外界反应。

在发动机工作过程中,传感系统监测各个方面信息,例如:环境、驾驶人操作期望、发动机/汽车适时工况、辅助系统工况和子系统工作参数适时变化等信息,对这些响应实施跟踪与集中和动态控制。比如:A/F、点火时刻、排气成分和稳定与非稳定特殊工况控制等。

3. 发动机与环境协调性的外部集成

此处所谓"环境"是指:发动机本身工作环境、发动机与汽车其他系统之间的环境影响以及汽车与外界大环境(包括自然、人文与社会环境)之间的协调。具体内容包括:

(1)发动机动力、经济、排放性能以及稳定与非稳定工况之间的协调。

(2)发动机与传动、操纵、安全和辅助等分系统之间的协调。

(3)汽车与驾驶人、自然环境以及道路和交通环境之间的协调。

(4)汽车本身需求与适时自然与社会环境之间的协调。

4. 中央处理系统的总体集成

该功能的实现方式为:任何一个底层的具体功能实现与过程控制,必须置于中央处理功能的跟踪、监控与协调下,实现所谓"全集中"控制。

显见,所谓发动机工作过程与环境协调的实质就是:在最底部具体执行功能控制和整体控制层之间增加一个监控中间层(图6-3),其监控内容为子系统之间、子系统与总系统之间、汽车控制系统与大环境之间的协调性,实际上就是形成介于"全集中"和"全分布"控制之间的中间层监控结构。

从最底层向上进一步分析发动机集中控制系统,如图6-3所示,可将其分层分析如下:

(1)功能控制模块:处于最底层的基本运行模块,即传统发动机各个机构,例如曲柄连杆机构,配气机构,润滑、冷却、点火系统等,属于传统的机械/电气控制类型。

(2)基本控制模块:高于功能控制模块的控制层,即采用电子控制技术对上述基本运行功

113

能实行控制的模块,如点火系统控制、燃料喷射控制和排放控制等。

(3)监控控制模块:高于基本控制模块的控制层,实现对基本控制模块进行协调、监控的模块。其功能是获得发动机乃至整车系统与环境的高度协调,即所谓的"中间控制层"。比如:发动机动力性与经济性的协调、发动机动力/经济性与排放性的协调、发动机稳定与非稳定工况的协调、发动机动力系统与辅助装置的协调、发动机与底盘的协调以及汽车、环境和人之间的协调等。

(4)最终控制模块:最高层次的中央处理模块,实现集中决策、适时监控与协调功能。针对该特性,也可以将现代发动机集中控制系统称为"现代发动机管理系统"。

由此得出结论:监控层次越高,所涉及集成功能越多,或者说,要求的协调越多。

5. 发动机集中控制系统特点

(1)简化汽车设计:集中控制系统的采用,使得汽车在设计过程即可采用系统工程结构体系。抽象化"管理"的内涵本身就包含着规范化和程序化,实现一致界面和一致性功能设置的概念。因此,在设计阶段即可采用分层模式实现模块化和分布化的规划与设计,从而简化设计过程,缩短设计周期,因此而可以不断地、迅速地推出新车型以实现高速更新换代。这一点对于在汽车产业激烈的市场竞争中,提高企业的生存与发展能力是相当有利的。

(2)功能扩展方便迅速:现代发动机管理系统可以实现所谓"即插即用(plug-and-play)"的功能扩展方式,称为"系统可扩展性",即系统本身可轻易地扩展到更多层次的架构。任何环境、法规和先进技术与装置一旦出现,就可以采用规范化和程序化的一致界面将其"插接"在现有系统中,在不同的层次迅速形成新的控制功能。采用集中控制技术,可使汽车产品随动于汽车技术日新月异的发展,并迅速实现产业化与商品化。

(3)系统可靠性强:发动机集中控制(管理)系统由于采用分层控制方式,并由高一层次进行故障诊断和工况监控,当某一层管理控制系统或部件失效时,其上下层即可直接沟通通信渠道,形成"越级"控制(管理),继续使系统受控运行,从而提高了系统的容错能力,也就提高了系统的可靠性。

(4)发动机集中控制(管理)系统必须在新的控制理论与模型,以及网络计算机控制技术的支持下运行,因此而增加了软件的复杂性。

显见,发动机集中控制的最大改变是在控制理论、方式以及相应的软件方面。当前,新的综合控制理论与方法不断地成熟与完善,并在发动机乃至整车控制中应用日益广泛,体现出巨大的综合优势并代表了汽车技术的发展趋势。

第二节 发动机集中控制典型系统分析

博世公司的 Mortronic Systems——发动机数字化供油/点火综合控制系统是一套典型的发动机集中控制系统。

一、Mortronic Systems 概述

该系统自1979年问世,经不断改进,目前已经相当成熟与先进,成为在欧美车型中运用最为广泛的、实现发动机控制集成控制技术的典型产品。

该系统建立在原有的、经过检验的、成熟的分系统控制软、硬件基础上,因此性能非常可靠和稳定。利用新型控制理论进行软件设计,将发动机的主要功能——点火与燃料供给实行集

中控制,进而扩展到将发动机的各种附加功能和各个子系统实行综合/集中控制;必要时可扩展至整车集中控制,实现车辆集成化、数字化控制。

二、Mortronic Systems 基本原理

1. 理论标准数据的获取与存储

系统首先在环境协调总目标框架下,设定一个能够确保最高层目标实现的核心主控(导向)功能。该功能根据汽车设计原则的不同而不同,汽车一般为发动机转矩主控,作为对低一层次子系统控制和协调的监控依据与基准。主控(导向)功能实现的关键控制变量称为主控变量。

影响发动机输出转矩的核心因素是燃料顺利地进入汽缸并实现最佳燃烧。Mortronic Systems 将 A/F 设定为主控变量。影响发动机 A/F 数值的主要因素为:燃料供给、空气供给和点火系统的运行状态、汽缸内部燃烧状况、润滑和冷却系统以及各种辅助系统(如排放、爆震、传动、制动、操纵和悬架系统等)以及整车其他系统的运行状况。

上述因素通过工作参数,如进气系统压力、喷油系统压力、喷油脉宽以及喷油时刻、点火提前角和点火系闭合角,乃至 EGR 率、传动比、制动/驱动强度等影响 A/F 值,必须为控制系统所监控。Mortronic Systems 通过对上述影响发动机运行的工作参数,采用分层或交叉方式实施综合协调控制,克服子系统单独并行控制模式产生的功能相互影响甚至制约的矛盾,实现系统最佳运行状态。

输出转矩反映的发动机(整车)综合运行状态,对燃烧过程的理论需求,经过大量实验数据处理结合新型数学模型仿真,形成多维 MAP 储存在 ECU/ROM 中,如图 6-4 所示,成为主控参数 A/F 的理论标准和修正基础。发动机运行过程中,所有涉及的参数,例如点火提前角和喷油时刻等均参照上述标准进行精确、适时控制与修正,确保转矩主控目标的实现。结果形成以设定的输出转矩为代表的所谓"系统最佳"状态,而非传统控制技术的"子系统最佳"。

2. 实际运行变量传感

从联合传感、集中控制出发分析,发动机任一确定的瞬时工况都对应着唯一的控制变量组。例如:点火提前角和喷油时刻表示的某种瞬时工况,对应着相应的发动机转速与负荷,即对应着发动机转速/负荷 MAP 中某个确定的点(图 6-4)。因此联合传感的关键在于:对应于同一确定的瞬时工况点,其所有控制变量必须在 MAP 中的同一区域进行检测并计算,以获得最佳传感值。

另外,点火提前角和喷油时刻是发动机运行的重要控制变量,而转速和负荷是发动机各个子系统最主要的实际运行传感参数。因此任何子系统(例如:EGR、A/F 反馈控制等)所需的点火提前角和喷油时刻参数,必须依据相同且唯一的发动机转速和负荷瞬时传感信号 MAP 进行确定和计算,并依据其他的辅助传感信号进行修正,以实现各个子系统的协调,达到整体最佳状态。这也就意味着:任何发动机运行实际参数的传感(比如转速 n),在同一瞬时工况状态下只能在相同的测取点测取一次,且必须实现资源共享。该理论称为"传感数据唯一性"。

Mortronic Systems 很好地运用并实现了传感数据唯一性的原理,因此在监控的控制方式下,实现联合传感,可减少由于传感器精度等引起的随机误差,大幅度提高控制精度与适应性,并实现信息共享,互为冗余。

3. ECU 运行控制

Mortronic Systems 的所有控制功能集成到一个功能强大的 ECU 中,如图 6-5 所示。

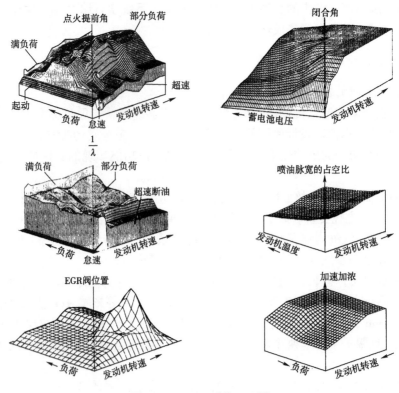

图 6-4 Mortronic 系统 MAP 图

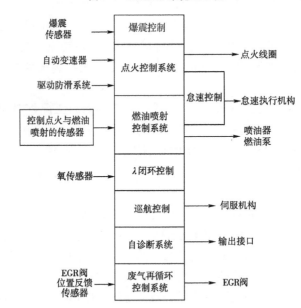

图 6-5 Mortronic Systems 运行控制示意图

类似于传感器功能的扩展,采用规范化的接口界面和程序化的控制方式,以及经过整体处理的执行信号,现有汽车各类执行系统在 Mortronic Systems 框架下可以充分发挥其多重功能。例如:发动机负荷与转速的执行控制,可以实现诸如 EGR、节气门开度、进气谐振、A/F 闭环控制以及加速异步喷射等功能。

汽车的某些子系统采用的输入/输出信号与 Mortronic Systems 不尽相同,例如:ECT(自动变速器)、ABS/ASR/ESP(制动/驱动防滑/电子稳定控制)等系统。但如果该系统与 Mortronic Systems 的数据交换数目有限,可以不必进行系统集成,而是采用交互界面的形式就可直接实施集中控制。由此可简化软件设计的复杂性。典型的示例为汽车传动和操纵系统控制,如图 10-5、图 10-12 所示。

三、典型 Mortronic Systems 控制案例

1. A/F 闭环控制

主控变量设置为转矩,主控参数为 A/F 值;通过氧传感器反馈燃烧质量信息;适时状态下各子系统对 A/F 的需求理论值作为 ECU/MAP 内存的基准。ECU 同时感知最高层环境需求,以及所有子系统(比如:怠速、爆震控制、EGR、三元催化器、EFI 以及空调等)的适时状态,据此计算该状态下各系统执行控制变量(可以是点火提前角、进气量、喷油脉宽等)实际值;采用交叉控制方式,发出指令对相关子系统的控制变量实施整体协调控制,达到以 MAP 内存发动机转矩理论数值为基准的、以发动机输出转矩为控制目标的发动机燃烧最佳状态。如果集成控制扩展至整车,则该 A/F 数值将使得底盘和车身各个子系统达到整体协调。

2. 爆震临界控制

发动机爆震临界状态对于充分发挥燃料的热效率最为理想。影响爆震的主要因素为点火和燃料供给。传统控制变量为点火提前角,但该控制是爆震传感器检测到爆震信号后才实施,即爆震发生后的反馈控制,爆震危害已成为现实。点火提前角控制虽然可以迅速消除爆震,但将造成发动机动力和经济性下降,特别是排放污染加剧。此外,点火提前角控制爆震难以实现工作区域逼近爆震临界区域的理想状态。

Mortronic Systems 采用交叉控制方式可以兼顾防止爆震与提高燃烧效率。

在发动机工作于非爆震区域时,通过燃烧变量精确控制 A/F 值,使工作区域逼近爆震临界状态。一旦 ECU 判断将要发生或已发生爆震,则转换为点火提前角控制以消除爆震或爆震趋势。如此不断交叉控制,以达到消除爆震和提高燃烧效率的双重效果。关于爆震控制具体方式可参阅第四章。

复习思考题

6-1 简述发动机集中控制系统的基本原理。

6-2 简述发动机集中控制系统的特点。

6-3 简述发动机集中控制系统的主要控制内容。

第七章 柴油机电子控制系统

本章主要介绍：柴油机控制系统的特点、结构、分类和控制原理及方法；柴油机主要电子控制系统功能分析；电子控制直列泵喷射系统、电子控制分配泵喷射系统、电子控制泵喷嘴系统和电子控制共轨系统的基本原理、特性、组成结构、控制方法和特性分析。

第一节 概　　述

一、柴油机电子控制技术的特点

柴油机电子控制技术与汽油机电子控制技术有许多相似之处，系统都是由传感器、电子控制单元和执行器三大部分组成。在电子控制柴油机上所用的传感器中，如转速、压力、温度等传感器以及加速踏板传感器，与汽油机电子控制系统都是一样的。电子控制单元在硬件方面也很相似，在整车管理系统的软件方面也有些类似。但柴油机电子控制技术有两个明显的特点：一是其关键技术和技术难点是在柴油喷射电子控制执行器上；二是柴油电子控制喷射系统的多样化。

柴油机燃油喷射具有高压、高频、脉动等特点，其喷射压力高达 60～150MPa，甚至 200MPa，为汽油喷射的几百倍，上千倍。对于燃油高压喷射系统实施喷油量的电子控制，困难大得多。而且柴油喷射对喷射正时的精度要求很高，相对于柴油机活塞上止点的角度位置远比汽油机要求准确，这就导致了柴油喷射的电子控制执行器要复杂得多。因此，柴油机电子控制技术的关键和难点是在柴油喷射电子控制执行器，即电子控制柴油喷射系统上，主要控制量是喷油量和喷油正时。

柴油机在机械控制时代，就已经有直列泵、分配泵、泵喷嘴、单体泵等结构完全不同的系统，每个系统都有其特点和适用范围，每种系统中又有多种不同的结构。由于电子控制技术的执行机构比较复杂，因此形成了柴油机电子控制燃油系统的多样化。

柴油机电子控制技术包括燃油控制、进气控制、怠速控制、增压控制、废气再循环控制、配气正时控制等内容，其中最核心的技术是燃油控制，且不同于汽油机。而进气控制、怠速控制、增压控制等技术与汽油机类似，这里不作介绍，仅介绍电控柴油机的燃油控制。

在柴油机的电子控制系统中，最早研究并实现产业化的是电子控制的柴油喷射系统。随着排放法规的加严以及加工和制造技术的进步，先后出现了多种电控燃油喷射系统，这些电控喷油系统是在不同机械式喷油系统的基础上发展起来的，从而形成了多种类型的电控燃油喷射系统。下面分别介绍这些系统并对其控制特点进行对比。

二、电控柴油喷射系统的类型

1. 按直接控制量分类

电控柴油喷射系统按直接控制量不同，可分为位置控制式、时间控制式和时间—压力控制式三种。

1）位置控制式电控柴油喷射系统

位置控制式柴油控制系统的特点是不仅保留了传统的喷油泵—高压油管—喷油器系统，而且还保留了喷油泵中齿条、齿圈、滑套、柱塞上控油螺旋槽等控制油量的机械传统机构，只是对齿条或滑套的运动位置，由原来的机械调速器控制改变为电子控制，使控制精度和响应速度得以提高。柴油机的机构几乎无须改动，故生产继承性好，便于对现有机器进行升级改造。其缺点是控制自由度小，控制精度差，喷油率和喷射压力难于控制，而且不能改变传统燃油系统固有的喷射特性，也很难大幅度地提高喷射压力。位置控制式喷油主要是在直列泵和分配泵上进行改进。在直列泵上，它是通过控制喷油泵齿杆位移来控制喷油量，通过控制液压提前器来实现喷油正时控制；在分配泵上，它是通过控制滑套位移控制喷油量，控制 VE 泵上的提前器或改变凸轮相位来进行喷油正时控制。

在位置控制式电子控制燃油系统中，喷油量的控制是根据 ECU 的指令由齿杆或溢油环的位置进行控制。喷油时间的控制是根据 ECU 的指令由发动机轴和凸轮轴的相位差进行控制。

2）时间控制式电控柴油喷射系统

所谓时间控制，就是用高速电磁阀直接控制高压燃油的适时喷射。这种系统可以是保留原来的喷油泵—高压油管—喷油器系统，也可以采用新型的产生高压的燃油系统。用高速电磁阀直接控制高压燃油的喷射，一般情况下，电磁阀关闭，执行喷射；电磁阀打开，喷油结束。喷油始点取决于电磁关闭时刻，喷油量则取决于电磁阀关闭时间的长短。因此既可以实现喷油量控制又可实现喷油定时的控制。时间控制系统的控制自由度更大。时间控制式电子控制系统中，喷油泵仍采取传统直列泵、单体泵、分配泵 BOSCH 柱塞供油的原理，即通过柴油机曲轴驱动的喷油泵凸轮轴，使柱塞压缩燃油，从而产生高压脉冲，这一脉冲以压力波的形式传至喷油器，并顶开针阀。但传统的喷油泵中，柱塞同时起到建立供油压力与调节供油量的作用。时间控制式燃油系统，采用高速电磁阀泄油调节原理，柱塞只承担供油加压的功能，供油量、供油时刻则由高速电磁阀单独完成。因此供油加压与供油调节在结构上就互相独立。这样传统的喷油泵结构得以简化，强度得以提高，而且传统喷油泵中的齿圈、滑套、柱塞上的斜槽、提前器、齿杆等可全部取消，喷油泵的设计自由度提高，高压喷油能力大大加强。但是这种燃油系统喷油压力依旧利用脉动柱塞供油，因此其对转速的依赖性很大。在低速、低负荷时，其喷油压力不高，而且难以实现多次喷射，极不利于降低柴油机的噪声的振动。

3）时间—压力式电控柴油喷射系统

时间—压力控制式，即电子控制共轨式燃油系统。这是国外于 20 世纪 90 年代中期开始，推向市场的一种新型柴油机电子控制喷射技术。它摒弃了以往传统使用的泵—管—嘴脉动供油形式，代之用一个高压泵在柴油机的驱动下，以一定的速比连续将高压燃油输送到共轨（即公共容器）内，高压燃油再由共轨送入各缸喷油器。在这里，高压油泵并不直接控制喷油，而只是向共轨供油以维持所需的共轨压力，并通过连续调节共轨压力来控制喷射压力，采用压力—时间式燃油计量原理，用高速电磁阀控制喷射过程。喷油压力、喷油量及喷油定时由 ECU 灵活控制。这种系统具有下述优点：

（1）可实现高压喷射，喷射压力可比一般直列泵系统高出 1 倍，最高已达 200MPa。

（2）喷射压力独立于发动机转速，可以改善发动机低速、低负荷性能。

（3）可以实现预喷射，调节喷油速率形状，实现理想喷油规律。

（4）喷油定时和喷油量可自由选定。

(5)具有良好的喷射特性,可优化燃烧过程,使发动机耗油、烟度、噪声及排放等性能指标得到明显改善,并有利于改进发动机转矩特性。

(6)结构简单,可靠性好,适应性强,可在所有新老发动机上应用。

2. 按产生高压燃油的机构分类

根据其产生高压燃油的机构,电子控制柴油机喷射系统可分为电子控制直列泵喷射系统、电子控制分配泵喷射系统、电子控制泵喷嘴喷射系统、电子控制单缸泵喷射系统、电子控制共轨式喷射系统。其中共轨式电子控制喷射是电子控制技术发展起来所形成的新型喷射机构,其他系统都是在原来的喷射机构上加上电子控制执行机构后形成的。

第二节 电子控制直列泵柴油喷射系统

电子控制直列泵燃油系统中,由调速器执行机构控制调节齿杆的位置,从而控制供油量;由提前器执行机构控制发动机驱动轴和喷油泵凸轮轴间的相位差,从而控制喷油时间。调速器执行机构和提前器执行机构是电子控制直列泵系统中的两个特殊机构。

一、系统组成

图7-1所示为直列式电子控制直列泵及控制系统。从各个传感器传来的信号(图中细线)输入ECU的微处理器。与发动机负荷及转速状态相适应的信号(图中粗线)送往电子调速器和电磁阀,使调速器和提前器动作。另外,在提前调速器和提前器中,有检测实际动作值的传感器。

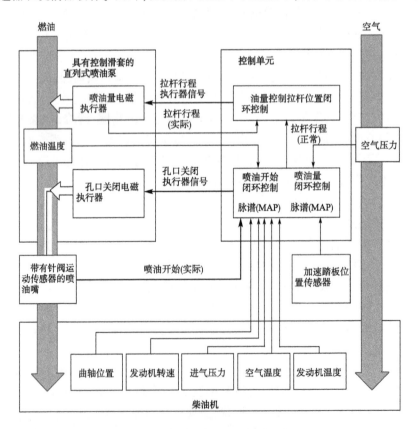

图7-1 电子控制直列泵燃油系统的控制框图

ECU 根据由各种传感器输入的信号计算并调节供给喷油泵油量控制拉杆执行器的电流大小,图 7-1 说明了 EDC(柴油机电子控制)系统的控制流程。安装在一个喷油器上的针阀运动传感器将泵油柱塞及套筒孔口实际关闭开始喷油的信号输入 ECU,ECU 将该输入信号与已经被程序化的存储在计算机的脉谱值进行比较,然后,ECU 通过调节供给孔口关闭执行器的电流大小,来满足实际的油门或喷油量的要求,喷油泵齿条电磁执行器的行程正比于当前所需的喷油量,孔口开启,喷油结束。在电子控制式直列泵中,改变孔口开启的方式与机械式直列泵相同,即通过移动油量控制齿条使泵油柱塞转动。

二、主要电子部件

直列式喷油泵的电子控制系统中,主要电子部件是:对喷油量进行电子控制的电子调速器,和对喷油时间进行电子控制的电子提前器(或电子定时器)。

喷油泵本体的燃油压送机构与传统机械式喷油泵完全相同。电子调速器和电子提前器则根据发动机机型可以装用其中某一种,或将两种都装上。

(一)电子调速器

1. 结构

电子调速器的结构如图 7-2 所示。

电子控制直列泵系统中,调速器执行机构的作用相当于飞块。用电磁作用力或电磁液压力代替离心力控制齿杆位移。

电子调速器的内部主要由下述 4 部分构成:

(1)线性螺线管。控制线圈中的电流,使喷油泵的调节齿杆移动。

(2)齿杆位置传感器。由线圈和铁心构成,检测出调节齿杆的位置。

(3)转速传感器。检测出发动机的转速。

(4)传感器放大器。将检测到的齿杆位置传感器的输出信号放大后送到 ECU 中。

此外还有:将加速踏板的角度转换成电信号的加速踏板位置传感器、冷却液温度传感器和起动信号等。

2. 喷油量控制

当电流流过线性螺线圈时,滑动铁心被拉向图示箭头的方向,在复位弹簧作用力下,滑动铁心在某一个平衡位置停住(图 7-3)。

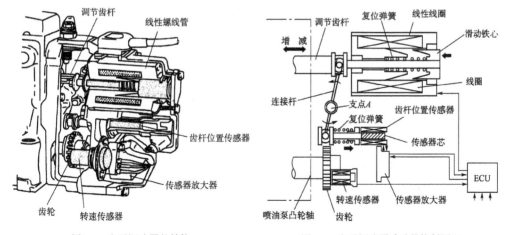

图 7-2 电子调速器的结构　　图 7-3 电子调速器喷油量控制原理

调节齿杆和滑动铁心是连在一起的和铁心一起连动,向增加喷油量的方向移动。如果铁心向箭头相反的方向移动,则调节齿杆使喷油量向减少的方向移动。

现在,假设调节齿杆向增加喷油量的方向移动,和调节齿杆联动的连接杆则以支点 A 为中心,向逆时针方向转动,连接杆的下端和齿杆位置传感器的传感器铁心联动。所以,传感器的铁芯向右方(箭头方向)移动。因此,齿杆位置传感器的输出发生了变化。

齿杆位置传感器送来的信号经过传感器放大器进行整流、放大,输入到 ECU 中。然后,ECU 将该信号和齿杆位置的目标值进行比较,根据两者的差值向线性螺线管发出驱动信号,改变喷油量。

(二) 电子提前器

提前器执行机构位于发动机驱动轴和凸轮轴之间,用于调节两轴之间的相位,并传递喷油泵的驱动转矩。因此,相位调节需要很大的作用力,大多采用液压进行调节。角度提前机构的典型例子是偏心凸轮方式和螺线形花键轴。电磁阀由 ECU 驱动,控制作用在油压活塞上的油压。油压活塞左右移动使转换机上下运动,从而改变发动机驱动轴和凸轮轴之间的相位。相位差的检出方法如图 7-4 所示。

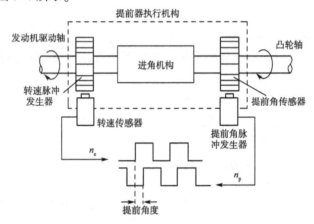

图 7-4 电子提前器的相位角检测原理

发动机驱动轴和凸轮轴上分别装有转速脉冲发生器和提前角脉冲发生器。

对应两个脉冲发生器分别装置了转速传感器和提前角传感器。从这两个传感器的信号 n_e 和 n_p 可检测出两者的相位差。

除了发动机的转速外,电子提前器对于发动机的负荷也可以通过适当改变喷油时间而加以控制。

第三节 电子控制分配泵柴油喷射系统

一、组成与分类

20 世纪 80 年代以后,各种电子控制式分配泵相继问世。电子控制分配泵都是在 VE 型分配泵的基础上实现电子控制的。

电子控制分配泵系统如图 7-5 所示。和其他电子控制燃油系统一样,该系统可分为三大部分:传感器、电子控制单元(ECU)和执行器。

电子控制分配泵燃油系统是根据各种传感器的信息检测出发动机的实际运行状态,由计算机完成如下控制：

(1)喷油量控制。
(2)喷油时间控制。
(3)怠速转速控制。
(4)故障诊断功能。
(5)故障应急功能。

根据不同的机型电子控制的具体内容不同。有些机型可以实现上述的(1)、(2)、(3)的三项控制,有些机型仅只对(2)项,即只对喷油时间进行控制。

电子控制分配泵系统按喷油量、喷油时间的控制方法可以分为位置控制式和时间控制式两类。

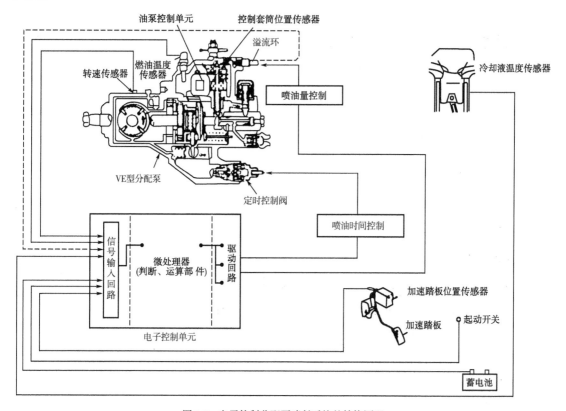

图 7-5　电子控制分配泵喷射系统的结构原理

二、位置控制式电子控制分配泵柴油喷射系统

位置控制式电子控制分配泵系统是将 VE 型分配泵中的机械调速器转换成电子控制的执行机构,其基本特点是：保留了机械分配泵的溢油环,采用旋转式电磁铁,因此,不用杠杆。电磁铁中控制轴旋转改变了控制轴下端偏心球的位置,直接控制溢油环,控制喷油量。

1. 喷油量控制

喷油量的控制方式如图 7-6 所示。ECU 根据发动机的状态计算出目标喷油量,并将结果输出到驱动回路；驱动回路根据 ECU 的指令边反馈控制执行机构的位置,边控制输出。这样,将 VE 型分配泵的溢油环控制在目标位置,从而控制喷油量。

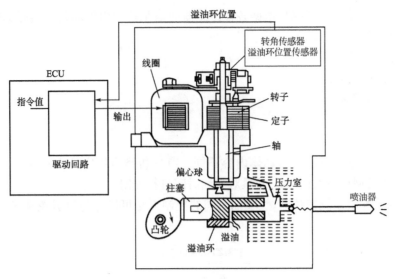

图 7-6 喷油量控制原理

2. 喷油时间控制

喷油时间的控制方式如图 7-7 所示。VE 型分配泵的提前器活塞内设有连通高压腔和低压腔的通道,按占空比控制定时调节阀,使定时活塞两侧的压力差变化,从而控制喷油时间。由传感器检测出定时活塞的位置,从而进行反馈控制。

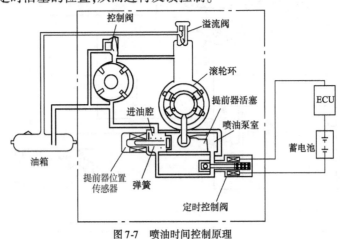

图 7-7 喷油时间控制原理

三、时间位置式电子控制分配泵柴油喷射系统

这种系统的微处理器内设有时钟,通过时钟控制喷油终了时间,从而控制喷油量。控制喷油终了的执行机构是电磁阀,对每次喷油都可以进行控制,因此,取消了其他的喷油控制机构。另外,时间控制方式的电子回路比较简单。

时间控制式电子控制分配泵喷射系统的显著特点是取消了原 VE 型分配泵上的溢油环,在泵的进油通路上设置一个电磁溢流阀,其油量控制原理如图 7-8 所示。

在柱塞泵油阶段,当电磁溢流阀断电时,溢流阀打开,高压燃油立即卸压,停止喷油。喷油始点并不取决于电磁溢流阀关闭的时刻,而是取决于分配泵端面凸轮的行程,与采用溢油环改变喷油终点以控制油量的方式一样。电磁溢流阀打开越晚,喷油量越多。端面凸轮行程始点就是喷油泵角度信号上的无齿段终点的信号。喷油泵角度传感器装在滚轮环上。这样,即使喷油正时有变化,由于喷油泵角度信号传感器随着滚轮环一起移动,因此喷油泵角度并不改变,泵油始点与无齿段终点相对位置始终不变。

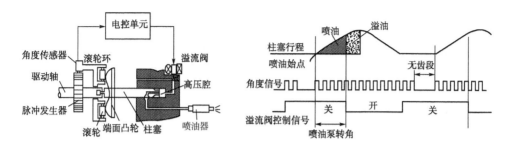

图 7-8 喷油量的时间控制原理

第四节　电子控制泵喷嘴系统

一、组成

泵喷嘴就是将泵油柱塞泵和喷油器合成一体安装在缸盖上。喷油器由于无高压油管,所以可以消除高压油管中压力波和燃油压缩的影响,使高压容积大大减小,因此喷射压力可很高。电子控制泵喷嘴压力目前最高已达 200MPa。它的驱动机构比较特殊,必须是顶置式凸轮驱动机构。

电子控制泵喷嘴系统主要由泵喷嘴、驱动摇臂机构、电子控制单元、各种传感器等组成(图 7-9)。

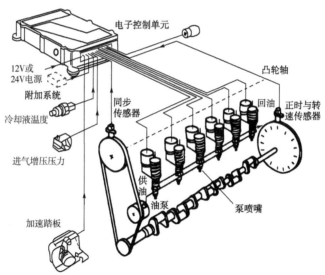

图 7-9 电子控制泵喷嘴系统的组成

电子控制泵喷嘴系统的最大特点是:燃油压力升高仍然是机械式的,喷油始点和终点由电磁阀控制,即喷油量和喷油时间由电磁阀控制。

电子控制泵喷嘴系统的结构特点如下:

(1)为了使供油泵将燃油稳定地供到安装在汽缸盖内部的喷油器内,采用大容量齿轮式供油泵。

（2）自供油泵压送来的燃油经高效滤清器滤除杂质后，送入汽缸盖上的主供油管内；主供油管和汽缸盖上的各个喷油器之间由支管连接。溢出燃油通过连接各喷油器的溢油管经调压阀排到汽缸盖外部。

（3）ECU 打开或关闭喷油器的电磁阀，控制喷油量和喷油时间；必须向各个喷油器布置导线，为了缩短线束长度，ECU 直接安装在发动机机体上。为了减小因发动机引起的振动，采用橡胶固定，同时，采用燃油冷却 ECU 的背面。

（4）ECU 根据安装在飞轮以及凸轮相关部位的两个转速传感器检测到的发动机转速和曲轴转角及各传感器信号进行最佳燃油喷射控制。

（5）柱塞通过摇臂由凸轮轴驱动，压缩燃油；喷油器的高速电磁阀是常开的，燃油通过汽缸盖内部的油路流动；但电磁阀关闭时，柱塞开始向喷油器压油，燃油从喷油器喷入汽缸；当电磁阀打开时，溢油开始，喷油结束。该电磁阀的开闭由计算机控制，根据发动机的运行状态，可以实现最佳控制喷油量和最佳控制喷油时间。

（6）因为没有喷油管，没有"死"容积，不仅可以实现高压喷射，而且可以通过适当组合喷油器的喷孔流通截面积和驱动凸轮的形状，使喷油率的形状徐徐上升，减少预混合期间的喷油量，从而达到控制预混合燃烧。

二、泵喷嘴的结构与工作原理

1. 泵喷嘴的结构

泵喷嘴安装在柴油机原喷油器的位置上，其外形也与普通喷油器相似。图 7-10 所示为泵喷嘴的结构示意图。泵喷嘴实际上是由喷油泵、喷油器和电磁控制阀三部分组成，其主要部件为：喷油凸轮、摇臂、球头螺栓、泵油柱塞、泵油柱塞复位弹簧、电磁控制阀阀体、电磁控制阀针

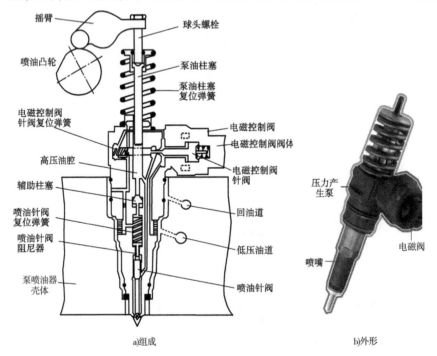

a)组成 b)外形

图 7-10 泵喷嘴结构

阀、电磁控制阀针阀复位弹簧、辅助柱塞、喷油针阀、喷油针阀复位弹簧和喷油针阀阻尼器等。其中,喷油凸轮安装在控制气门打开和关闭的凸轮轴上,其上升段为陡峭的直线(有利于快速提高喷油压力),而下降段较平缓(有利于在喷油结束后向高压油腔缓慢进油,避免在燃油中产生气泡)。高压燃油泵喷嘴上部的泵油柱塞产生。电磁控制阀位于泵喷嘴的中部,由柴油机电子控制系统控制。电磁控制阀针阀用于接通和切断高压油腔与低压油道之间的通道。辅助柱塞的上部为圆台,实际上是两个阀门。圆台的锥面用来开启和关闭高压油腔与辅助柱塞腔之间的通道,而圆台的底面则用来开启和关闭辅助柱塞腔与喷油针阀复位弹簧腔之间的通道。喷油针阀阻尼器为倒"工"字形,其作用是控制燃油的预喷量。

2. 泵喷嘴的工作原理

泵喷嘴的喷油过程可分为预喷油和主喷油两个阶段,也可分为预喷油、预喷油结束、主喷油、主喷油结束及高压油腔进油 5 个过程。喷油时间和喷油量由辅助柱塞、喷油针阀、喷油针阀复位弹簧、喷油针阀阻尼器与电磁控制阀共同控制。下面按 5 个过程来描述泵喷嘴的工作原理。

1)预喷油

当凸轮的直线段与摇臂接触时,电子控制单元向电磁控制阀供电,使电磁控制阀针阀向左移动,切断高压油腔与低压油道之间的通道,与此同时,泵油柱塞在摇臂的作用下,克服泵油柱塞复位弹簧的弹力而向下运动,使高压油腔中的油压迅速上升。当油压上升到 18MPa 时,燃油在喷油针阀中部锥面上产生的向上推力大于喷油针阀复位弹簧的预紧力,从而顶起喷油针阀,开始预喷油(图 7-11a)。

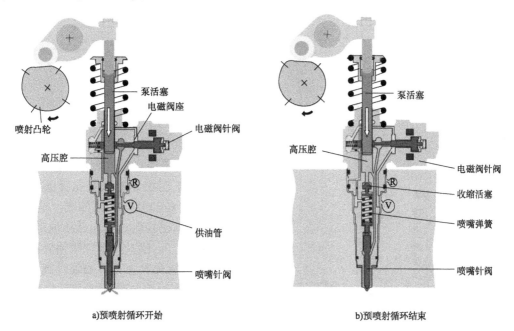

a)预喷射循环开始　　　　　　　　　　b)预喷射循环结束

图 7-11　预喷射工作示意图

2)预喷油结束

预喷油开始后,喷油针阀继续向上运动,当凸轮转过喷油行程的 1/3 时,喷油针阀阻尼器下端进入喷油针阀阻尼器孔内,喷油针阀顶部的燃油就只能通过细小的缝隙流向喷油针阀复位弹簧腔内。这样,在喷油针阀的顶部形成了一个所谓的"液压垫圈",阻止喷油针阀继续向上运动,使燃油的预喷量受到限制。

随着泵油柱塞的继续向下运动,高压油腔里的油压继续上升,当油压达到规定值时,辅助柱塞在高压燃油的作用下向下运动后,高压油腔的体积突然增大,燃油压力瞬间下降。此时,喷油针阀中部锥面上的向上推力随之下降,喷油针阀在喷油针阀复位弹簧的作用(由于受辅助柱塞的压缩而弹力增大)下复位,预喷油结束(图7-11b)。

3)主喷油

预喷油结束后,泵油柱塞继续向下运动,导致高压油腔内的油压迅速上升。当油压上升到大于预喷油的油压(30MPa)时,喷油针阀向上移,主喷油开始。由于高压油腔内燃油油压上升的速度极快,所以高压油腔内的油压继续上升,直到205MPa左右(图7-12a)。

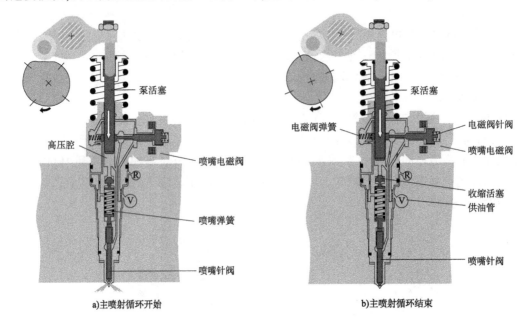

图7-12 主喷油工作示意图

4)主喷油结束

当电子控制系统停止向电磁控制阀供电时,电磁控制阀针阀在电磁控制针阀复位弹簧的作用下向右移动,接通高压油腔与低压油道。这时,高压油腔内的燃油经电磁控制阀流向低压油道,高压油腔里的燃油压力下降,喷油针阀在喷油针阀复位弹簧的作用下复位,辅助柱塞则在喷油针阀复位弹簧的作用下关闭高压油腔与喷油针阀复位弹簧之间的油道,主喷油结束(图7-12b)。

5)高压油腔进油

当凸轮的下降段与摇臂接触时,泵油柱塞在泵油柱塞复位弹簧的作用下向上运动,高压油腔因体积增大而产生真空。这时,低压油道(与进油管相连接)内的燃油经电磁控制阀流向高压油腔,直到充满高压油腔为止,从而为下一次喷油做好准备(图7-13)。

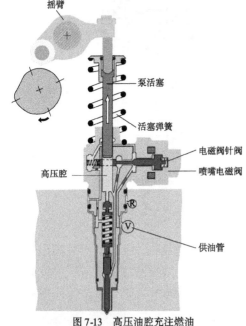

图7-13 高压油腔充注燃油

第五节 电子控制共轨系统

一、系统组成

电子控制高压共轨燃油系统是21世纪新一代绿色柴油机的燃油系统,可通过各种传感器和开关检测出的发动机实际运动状态,并通过计算机计算处理后,对喷油量、喷油时间、喷油压力和喷油率等进行最佳控制。

与其他电控柴油系统相比,具有更高的技术和经济优势。

电子控制高压共轨系统从功能方面分析,可以分成控制系统和燃料供给系统两大部分。其基本组成如图7-14所示。

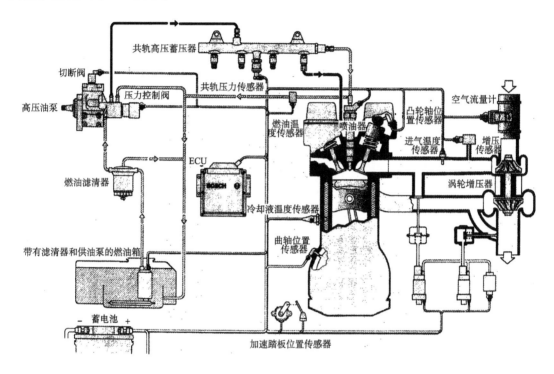

图7-14 电子控制共轨系统的组成

1. 控制系统

控制系统的功能是根据各个传感器的信息,由ECU进行计算、完成各种处理后,求出最佳喷油时间和最合适的喷油量,并且计算出在什么时刻、在多长的时间范围内向喷油器发出开启电磁阀或关闭电磁阀的指令等,从而精确控制发动机的工作过程。

2. 燃料供给系统

燃油供给系统主要由燃油箱、燃油滤清器、输油泵、高压油泵、共轨和喷油器等组成。

燃油供给系统的基本工作原理是:供油泵将燃油加压成高压供入共轨内;共轨实际上是一种燃油分配管。储存在共轨内的燃油在适当的时刻通过喷油器喷入发动机汽缸内。电子控制共轨系统中的喷油器是一种由电磁阀控制的喷油阀,电磁阀的开启和关闭由电子控制单元控制。

二、主要工作部件

共轨燃油系统主要部件有预供油泵、燃油滤清器、高压油泵、压力控制阀、高压共轨管、限压阀、流量限制器、喷油器等。

1. 预供油泵

预供油泵又称供油泵或一次泵,其功用是向高压泵提供充足的燃油。主要有电动式和机械式两大类型,其中电动式供油泵应用较多,其构造原理与电动汽油泵相似。

2. 高压油泵

高压油泵简称高压泵,其功能是在汽车运行各种工况下,提供足够的高压油。

图7-15与图7-16分别为高压泵的纵向和横向结构图。一个高压泵上有三套柱塞组件,由偏心轮驱动,在相位上相差120°。从图上可以看出,偏心轮驱动平面和柱塞垫块之间为面接触,比传统的凸轮—滚轮之间的线接触的接触应力要小得多,更有利于高压喷射。高压泵的基本工作原理如下:当柱塞下行时,来自输出泵压力为0.05~0.15MPa的燃油经过低压油路到达各柱塞组件的进油阀,并由进油阀进入柱塞腔,实现充油过程;当柱塞上行时,进油阀关闭,燃油建立起高压,当柱塞腔压力高于共轨中的压力时,出油阀被打开,柱塞腔的燃油在压力控制阀的控制下进入共轨。

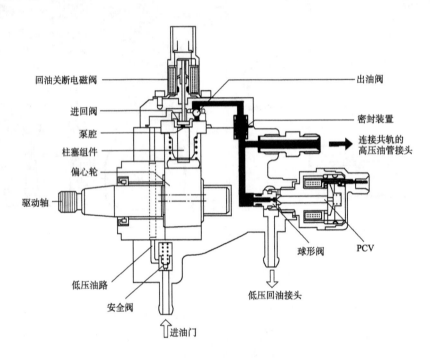

图7-15 高压泵的纵向结构图

3. 压力控制阀

压力控制阀(PCV)用于保持共轨管中的压力正确和恒定。如果共轨压力过高,压力控制阀打开,部分燃油就通过回油管回到燃油箱;如果共轨压力过低,压力控制阀关闭,由低压升为高压。

压力控制阀通过一个凸缘盘装在高压油泵或共轨高压蓄器上。

压力控制阀主要由电磁铁、弹簧、电枢、球阀等组成,如图7-17所示。

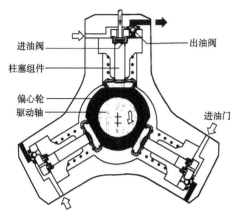
图7-16 高压泵横向结构图

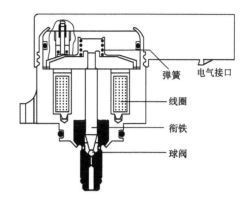
图7-17 压力控制阀(PCV)结构

(1)压力控制阀不通电时,共轨管中的高压油或高压油泵输出的油通过高压入口进入压力控制阀,不通电时没有电磁铁的外力作用,过量的高压油的压力大于弹簧的弹力,顶开弹簧,压力控制阀开启大小由油量决定。弹簧预先设计最大压力约为10MPa。

(2)压力控制阀通电时,压力继续增加,电磁铁通电,弹簧的弹力增加,使压力控制阀保持关闭状态,直到一边的高压压力与另一边弹簧的弹力加电磁铁的力达到平衡,阀门打开,燃油压力保持恒定。油泵油量的变化或过量高压油的排除通过控制阀门来实现。PWM脉宽的励磁电流和电磁力是对称的。1kHz的脉冲频率提供足够的电磁力,防止不必要的电磁铁移动或(和)共轨管压力的波动。

4. 共轨组件

共轨组件包括共轨本身和安装在共轨上的高压燃油接头、共轨压力传感器、起安全作用的压力限制阀、连接共轨和喷油器的流量限制阀等。

如图7-18所示,共轨本身容纳高达150MPa以上的高压燃油,材料和高压容积对于共轨压力的控制都是重要参数。流量限制阀的作用是计量从共轨到各喷油器的燃油量的大小。当流量过大时,可以自动切断去喷油器的高压燃油。而压力限制阀的作用是当共轨中的燃油压力过高时,压力限制阀连通共轨到低压的燃油回路,实现安全泄压,保证整个共轨系统中的最高压力不超过极限安全压力。

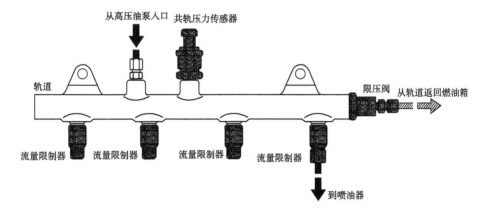
图7-18 共轨组件

5.喷油器

共轨式喷油器的构造如图 7-19 所示。

喷油器的工作过程可分为 4 步(发动机运转而且高压油泵供油):喷油器关闭(产生高压)、喷油器打开(开始喷油)、喷油器全部打开、喷油器关闭(结束喷油)。

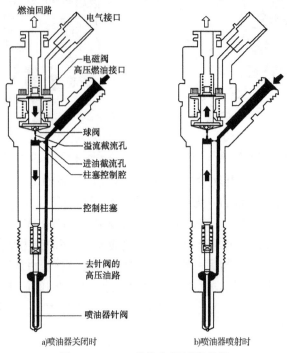

图 7-19　BOSCH 共轨式喷油器机构图

1)喷油器关闭(复位状态)

在复位状态下,电磁阀不吸合,因此喷油器关闭(图 7-19a)。弹簧力将电枢下的球阀压向节流孔座处,节流孔关闭。轨道中的高压作用在阀控制室中,而且相同的压力也作用在喷油器腔内。轨道压力作用在柱塞的末端,与喷油器弹簧的弹力一起使喷油器保持关闭状态。

2)喷油器打开(开始喷油)

喷油器停留在最初静止位置。电磁阀由伺服电流激活,伺服电流能确保电磁阀迅速开启(图 7-19b)。由触发的电磁阀施加的吸合力大于阀弹簧的拉力时,电枢打开节流孔。几乎与此同时,执行电流减到最小并保持不变,满足电磁铁的需要。由于电磁铁电流的作用,间隙减小是有可能的。节流孔打开,燃油从阀控制室流到刚好位于其上部的腔室,并且从那里通过回油管返回燃油箱。节流孔防止完全的压力平衡,阀控制室中的压力因此下降。由此导致阀控制室中的压力低于喷油器腔内的压力,这个压力与共轨中的压力仍旧是一致的。阀控制室的压力降低,引起作用在柱塞上的外力减小,因此针阀打开,燃油喷出。

喷油器针阀打开的速度取决于节流孔和反馈孔的流量。喷油器全开时,喷油器喷入燃烧室的油压几乎等于轨道中的油压,其他的分力很小。

3)喷油器关闭(喷油结束)

电磁阀不吸合,弹簧力将球阀压回球阀座中。节流孔关闭,燃油通过反馈孔,阀控制室中充满燃油,压力与针阀弹簧的弹力一起将针阀关闭,喷油器不喷油。喷油器关闭的速度取决于反馈孔的流量。

三、电子控制共轨系统的工作原理与控制功能

1. 工作过程

电子控制共轨系统的工作原理如图 7-20 所示。

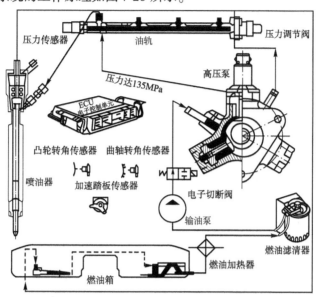

图 7-20　电子控制共轨系统的工作原理

燃油由发动机凸轮轴(或电动机)驱动的输油泵经滤清器从油箱中抽出,通过一个电磁紧急关闭阀流入高压泵,此时的压力约为 0.2MPa。然后,油流分为两路,一路经安全阀上的小孔作为冷却油通过高压泵的凸轮轴流入压力控制阀,然后流回油箱。另一路充入高压泵。在高压泵内,燃油压力上升到 135MPa,送入共轨。共轨上装有一个压力传感器和一个通过切断油路来控制流量的压力控制阀,以此来调节控制单元设定的共轨压力。高压燃油从共轨流入喷油器后又分为两路:一路直接喷入燃烧室;另一路在喷油期间,与针阀导向部分和控制柱塞处泄漏出的燃油一起流回油箱。

在电子控制共轨系统中,通过各种传感器(如发动机转速传感器、加速踏板位置传感器、各种温度传感器等)实时检测出发动机的实际运行状态,由电子控制单元根据预先设计的计算程序进行计算后,定出适合于该运转状态的喷油量、喷油时间、喷油率模型等参数,就能使发动机始终都能处于最佳工作状态。其中:曲轴转速传感器测定发动机转速,凸轮轴转速传感器确定着火顺序(相位)。加速踏板传感器实际上是一个电位计,通过它可以使 ECU 感知驾驶人对转矩的要求。空气质量流量计用于检测空气质量流量。在涡轮增压并带增压压力调节的发动机中,增压压力传感器检测增压压力。在低温和发动机处于冷态时,ECU 可根据冷却液温度传感器和空气温度传感器的数值对喷油始点、预喷油及其他参数进行最佳匹配。根据车型的不同,还可将其他传感器和数据传输线接到 ECU 上,以适应安全性和舒适性要求。

电子控制单元具有自我诊断功能,对系统的主要零部件进行技术诊断,如果某个零件发生故障,诊断系统会向驾驶人发出警报,并根据故障情况自动作出处理;或使发动机停止运行,即所谓故障应急功能,或切换控制方法,使汽车继续行驶到安全的地方。

在高压电子控制共轨系统中,供油压力与发动机的转速、负荷无关,是可以独立控制的。由共轨压力传感器测出燃油压力,并与设定的目标喷油压力进行比较后进行反馈控制。

2. 电子控制共轨系统的控制功能

1) 调节喷油压力(共轨压力)

利用共轨压力传感器可测量共轨内的燃油压力,从而调整供油泵的供油量、控制共轨压力。共轨压力就是喷油压力。此外,还可以根据发动机转速、喷油量的大小与已设定的最佳值(指令值)不断地进行反馈控制。

2) 调节喷油量

以发动机的转速及加速踏板位置信息等为基础,由计算机计算出最佳喷油量,通过控制喷油器电磁阀的通电、断电时刻直接控制喷油参数。

3) 调节喷油率

根据发动机用途的需要,设置并控制喷油率形式:预喷射、后喷射、多段喷射等。

4) 调节喷油时间

根据发动机的转速和负荷量参数,计算出最佳喷油时间,并控制电子控制喷油器在适当的时刻开启,在适当的时刻关闭等,从而准确控制喷油时间。

3. 喷射方式

电子控制共轨系统燃油喷射方式有三种:一段喷油法、二段喷油法和多段喷油法。

1) 一段喷油法

一段喷油法是在一个工作循环中只有一次喷射,即主喷射。应用于早期的电子控制柴油机喷射系统。

2) 二段喷油法

二段喷油法是指在主喷油之前有一个喷油相当小的预喷过程,即预喷射 + 主喷射。

在主喷射之前进行的预喷射(时间间隔约1ms)可以使燃烧噪声明显降低,这是一项已经广泛使用的技术。但是,由于预喷射会导致 PM 排放增加,因此,可以采用使预喷射段靠近主喷射段的方法,以降低 PM 排放。

3) 多段喷油法

多段喷油法是将每一个工作循环中的喷油过程分成若干段来进行,每段喷油均是相互无关、各自独立的,其主要目的是控制燃烧速度。多段喷油法一般包括引导喷射、预喷射、主喷射、后喷射和次后喷射等多段。在多段喷射过程中,电磁阀必须完成多次开启、关闭动作,因此驱动能量和消耗能量都会相应增加。

在主喷射前后的预喷射、后喷射中,由于喷油的间隔相互靠近,因此,前段喷射会对后段喷射的喷油量带来影响。解决的办法是:利用喷油压力和喷油间隔修正后续的喷油量指令。

在多段喷油构成中,各段喷油的作用和目的如图 7-21 所示。

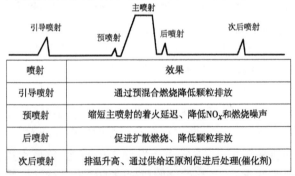

图 7-21 多段喷射的作用

第六节 柴油机喷油控制

柴油喷油控制内容主要包括喷油量控制、喷油定时控制、喷油压力控制和喷油率控制。

一、喷油量控制

根据各种传感器的信息，ECU 计算出目标喷油量；为了得到目标喷油量，计算出喷油装置需要多长的供油时间，并向驱动单元发送驱动信号；根据 ECU 送来的驱动信号，喷油装置中的电磁阀开启或关闭，控制喷油装置供油开始，供油结束的时间，或只控制供油结束时间，从而控制喷油量。

在电子控制燃油喷射系统中，目标喷油量特性已经数值化，绘成三维图形（即 MAP 图）。所以，可以得到喷油量特性。

1. 基本喷油量控制

不同的发动机要求不同的转矩特性。为了得到不同的转矩特性通常是通过控制喷油量来实现的。

基本喷油量特性如图 7-22 所示。等速特性（图 7-22c）与发动机负荷无关，始终保持恒定的转速，该特性广泛地应用于发动机中。在机械式调速系统中调速率约为 3%；负荷变化，转速随之变化。但在电子控制燃油系统中，通过发动机转速的反馈控制，可以得到恒定不变的转速。

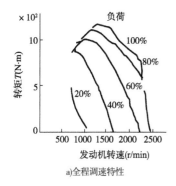
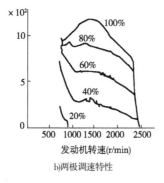
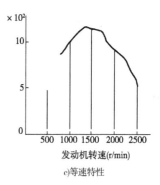

a) 全程调速特性　　　　b) 两极调速特性　　　　c) 等速特性

图 7-22　基本喷油量特性图

2. 怠速喷油量控制

在怠速工况下，发动机产生的转矩和发动机自身的摩擦转矩平衡，维持稳定的转速。

如果在低温下工作，润滑油的黏度大，发动机的摩擦阻力大，怠速工况下，发动机转速不稳，乘车者感到不舒服；而且，发动机起动时容易失速。相反，如果发动机怠速转速高，则发动机噪声大，燃油消耗率高。为了克服上述问题，即使发动机负荷转矩发生了变化，还要保证维持目标转速所需要的喷油量，这就是怠速转速自动控制功能。

怠速转速的控制框图如图 7-23 所示。发动机的实际转速和发动机的目标转速（由发动机的冷却液的温度、空调压缩机的负荷状态决定）进行比较，根据两者的差值求得恢复到目标转速时所必需的喷油量从而进行反馈控制。

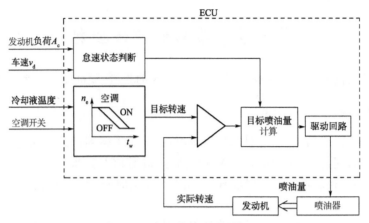

图 7-23 怠速喷油量的控制框图

3. 起动喷油量控制

汽车加速踏板和发动机转速决定基本喷油量,冷却液温度等决定补偿喷油量,比较两者的关系之后,控制起动喷油量。控制框图如图 7-24 所示。

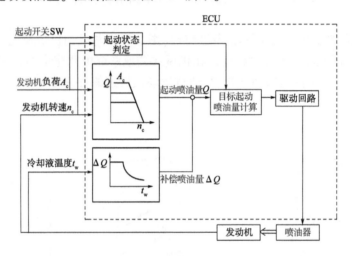

图 7-24 起动喷油量控制框图

4. 不均匀油量补偿控制

在发动机中,由于各缸爆发压力不均匀,曲轴旋转速度变化会引起发动机振动。特别是在低转速的怠速状态下,乘车者会感到不舒服。各缸喷油量不均匀,各缸内燃烧的差异等引起各缸间的转速不均匀。因此,为了减少转速波动,需要检出各个汽缸的转速波动情况。为了使转速均匀平稳,则需要逐缸调节喷油量,使喷到每一个汽缸内的燃油量最佳化。这就是不均匀油量补偿控制。

不均匀油量补偿控制框图如图 7-25 所示。其控制过程是:ECU 先检出各缸每次爆发燃烧时转速的波动,再和所有汽缸的平均转速比较,根据比较结果,分别给各个汽缸补偿相应的喷油量。

5. 自动巡航喷油量控制

汽车在高速公路上长距离行驶时,驾驶人为了维持车速会不时操纵加速踏板,很容易疲劳。对此,不需要驾驶人操纵加速踏板而维持定速行驶的控制过程就是自动巡航控制。自动巡航控制的框图如图 7-26 所示。

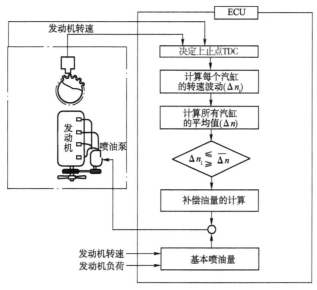

图 7-25 不均匀油量补偿控制框图

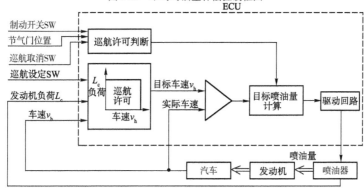

图 7-26 自动巡航喷油量控制

二、喷油时间控制

电子控制燃油系统中喷油时间的控制方法如图 7-27 所示。其控制过程是:首先根据各个传感器的信息,在电子控制单元(ECU)中计算出目标喷油时间;然后喷油器中的电磁阀从 ECU 接收到驱动信号,控制流入或流出提前器的工作油。由于工作油对提前机构的作用,改变了燃油压送凸轮的相位角,或提前,或延迟,从而控制喷油时间。同样地,如果将 ECU 中目标喷油时间值用数据表示成三维图形(MAP 图),则可得到基本喷油时间脉谱图。

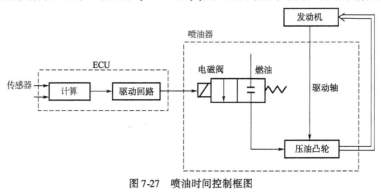

图 7-27 喷油时间控制框图

为了实现发动机中的最佳燃烧,必须根据运行工况和环境条件经常地调节喷油时间。该项功能就是最佳喷油时间控制功能,根据发动机的转速决定基本喷油时间,同时,还要根据发动机负荷、冷却液温度、进气压力等对基本喷油时间进行修正,决定目标喷油时间。

三、喷油压力控制

共轨式燃油系统中喷油压力的控制方法如图 7-28 所示。其控制过程是：首先根据各个传感器的信息,ECU 经过计算后定出目标喷油压力,并根据装在共轨上的压力传感器的信号,ECU 计算出实际喷油压力。并将其值和目标压力值比较,然后发出命令控制供油泵,升高或降低压力。将 ECU 中的目标喷油压力特性用具体数据表示成三维图形,即所谓 MAP 图,可以得到基本喷油压力脉谱图。

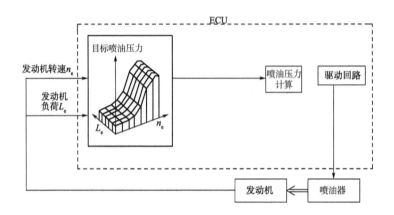

图 7-28 喷油压力控制框图

四、喷油率控制

柴油机电子控制燃油系统中喷油率的控制框图如图 7-29 所示。

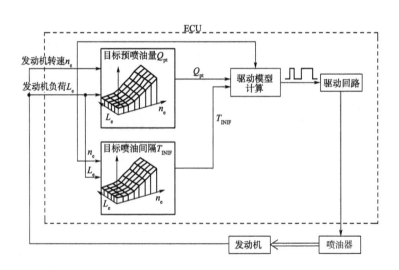

图 7-29 喷油率控制框图

在发动机压缩行程中,需要若干次驱动喷油器的电磁阀才能完成,根据传感器的信息,

ECU计算出喷油参数。喷射参数中最重要的是：预喷射油量和预喷射时间间隔。这些参数值根据发动机的运行情况具有其相应的最佳值。将这些最佳值作为目标最佳预喷油量和目标最佳预喷油时间，具体数据表示在三维图形中，即可实现喷油率最佳控制。

五、柴油发动机管理系统的匹配标准

在实际的发动机控制软件中，存在大量的数据表格，这些数据表有些代表部件的固有特性，如压力传感器电压值与压力值间的关系表、燃油密度和温度的关系表等；有些代表发动机的稳态性能，如进气流量与进气压力间和温度间的关系表、喷油器油量与喷油压力和控制脉宽的关系表等；有些则是控制策略不可缺少的部分，如起动喷油量与冷却液温度间的关系表、基本喷油量与加速踏板和转速间的关系表等。通常把这些数据表称为MAP图。可以说，一个完整的发动机控制系统是控制策略与MAP图的集合。

大量MAP图的存在，既给控制系统的设计带来了方便，也为系统的匹配带来了挑战。当发动机控制系统移植到不同机型的发动机上时，一些关键的MAP图都需要重新确定数据，这就是我们通常所说的匹配标定过程。

柴油机的匹配标定技术也是柴油机电子控制系统的核心关键技术，匹配标定按照子系统划分可以分为以下几种：

(1) 燃油喷射系统（喷射压力、喷油量、喷射定时和喷油速率）和发动机燃烧室、进气道的匹配，可以称为燃烧系统的匹配。主要解决柴油机燃油和缸内空气雾化配合、优化燃烧过程的问题。

(2) 燃油喷射系统和空气系统的匹配。主要解决在保证燃烧室匹配较好的前提下，通过空气系统匹配来提高动力性、经济性和排放性能。

(3) 燃油系统、空气系统和排放后处理装置之间的匹配。主要解决柴油机的机内净化技术和排放后处理综合协调控制问题。

(4) 柴油机电子控制系统与变速器等整个动力传动系统的联合匹配。这项匹配工作是保证整车动力系统有较好的驾驶性能、操纵性能的同时，优化柴油机的运行工况，保证整车的动力性、经济性和排放水平。

柴油机的匹配标定按照工况特征也可以划分为：

(1) 稳态工况匹配。主要在发动机的试验台架上进行。

(2) 瞬态工况匹配。对于轻型车发动机，可以在转毂试验台上运行；对于中重型车，主要在发动机的试验台架上进行。

(3) 整车道路试验。通过不同道路和环境来考核柴油机在不同工况下的柴油机性能。

匹配标定过程一般借助于专门的标定系统来实现。电控柴油机标定系统一般由运行于PC机（上位机）端的用户标定界面和ECU（下位机）端的标定程序组成，其结构关系如图7-30所示。标定过程中，用户操作标定界面，根据测试设备监测的发动机油耗、排放和动力性等指标，确定合适的MAP图，并转化为二进制形式的数据文件，经由通

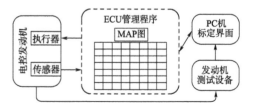

图7-30 标定系统结构关系示意图

信接口下载至ECU的存储芯片中。ECU中的标定程序组织MAP图的存储方式，并通过对MAP图的查找和插值操作，提供当前工况下的喷射控制参数，驱动执行器。

复习思考题

7-1 柴油机电子控制技术有何特点?
7-2 简述柴油机电子控制燃油系统的历程。
7-3 分析电子控制直列泵喷射系统的喷油量控制原理。
7-4 分析电子控制分配泵喷射系统的喷油量控制原理。
7-5 电控泵喷嘴系统有何结构特点?
7-6 试述泵喷嘴的供油控制工作过程。
7-7 为什么说高压共轨技术是柴油机控制的发展方向?
7-8 高压共轨系统中为何要设置输油泵?
7-9 简述高压共轨系统中高压泵的结构特点与工作过程。
7-10 简述高压共轨系统中喷油器的结构特点与工作过程。
7-11 为何在高压共轨系统中,采用多段喷油方式?
7-12 简述电控柴油机喷油量控制的基本原理。
7-13 简述电控柴油机喷油率控制的基本原理。

第八章 自动变速控制系统

本章主要介绍:电子控制自动变速器(ECT)基本组成与工作原理;ECT 自动换挡控制原则、换挡规律与换挡点控制;ECT 控制过程分析;液力变矩器基本结构和工作原理;液力变矩器特性分析;典型行星齿轮机构工作过程分析;自动变速控制系统基本组成;电子控制无级变速系统(CVT)基本原理、结构组成与工作过程分析。

第一节 自动变速器基本组成与工作原理

现代意义上的汽车自动变速系统实际上是指:由液力变矩器,行星齿轮机构,液压、电气控制机构和 ECU 组成的自动控制系统(Electronic Controlled Transmission,ECT)。区别于简单机械—液力控制自动变速器,ECT 具有自动、简化换挡操作,使车辆随时处于最佳工况运行,减少机件冲击与磨损,适应各种复杂条件下的驾驶变速操作等优点,是现代车辆集成控制技术以及智能化车辆系统的重要组成部分。但同时也存在结构复杂、生产成本高、传动效率相对较低等缺陷。

一、ECT 系统基本组成

自动变速系统的发展经历了由机械—液力控制阶段,到运用计算机与电子自动控制,并结合机械—液力传动技术完成传动变速过程的全自动控制系统。其基本组成如图 8-1 所示。

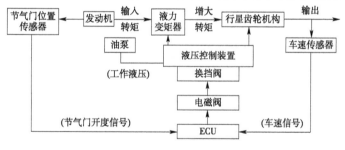

图 8-1 ECT 的组成

1. 液力变矩器

将发动机的输出转矩增大后传递给行星齿轮系统,并在一定范围内进行无级变速。

2. 齿轮变速系统

动轴轮系组成的齿轮有级变速系统,多数由行星齿轮结构组成,实现改变传动比和传动方向的最终目的。

3. 换挡执行器

换挡执行器的作用是驱动行星齿轮机构工作,构成新的动力传递路线,即所谓的"换挡"。

4. 液压操纵系统

在传统的机械式自动变速系统中,液压操纵系统的作用是根据驾驶人的意愿和行驶条件的变化,直接将发动机负荷和车速信号转换为液压信号,通过换挡阀控制换挡执行器的动作,以实现换挡过程。而现代汽车 ECT 的液压操纵系统则是接受 ECU 指令工作,以控制系统中的执行元件。液压操纵系统由各种液压阀组成。

5. 电子控制系统

电子控制系统的作用是:根据 ECU 车速及负荷信号确定挡位及换挡点,输出换挡指令,通过电磁阀产生液压信号来控制换挡阀的动作,实现自动换挡过程。

6. 冷却装置

冷却装置的作用是:使自动变速器油温保持在 80~90℃范围内。

ECU 根据所接收传感信息并按照预先编制的程序进行处理,发出指令,通过电磁阀控制换挡阀的动作,进而控制液压控制装置的工作状态,使行星齿轮系统组成不同传动比的动力传递路线,实现换挡过程。

二、ECT 自动换挡控制原则

ECT 系统采用计算机控制技术来模拟驾驶人的换挡过程,自动完成换挡操作控制。要深入了解 ECT 控制的基本原理,必须首先对手动变速过程进行完整的分析并掌握其基本过程与程序。

1. 普通变速器手动变速过程与程序

普通手动定轴变速器进行变速时,必须完成动力传递线路的分离与接合,以及变速齿轮的选择与移动啮合两套动作,最终形成具有特定传动比的传动路线。变速过程的基本操作程序如下:

(1) 人工判断与确定换挡(变速)时机。
(2) 操纵离合器切断动力传动路线使变速齿轮处于无负荷状态,齿轮移动啮合方便。
(3) 选择并移动变速器中的特定齿轮副组成具有特定传动比的传动路线。
(4) 操纵离合器重新接合动力传动路线。

上述过程具有严格的时序。

手动操作换挡时机主要靠驾驶人人工判断,即凭经验感知发动机负荷(节气门位置)、转速以及车辆行驶速度与加速度等适时信息,判定车辆的行驶状况是否与道路、环境以及驾驶人的操作期望相符合。其中最主要的就是判定车辆行驶速度、发动机转速与发动机负荷。

但是在有关车辆动力特性设计中,某些挡位的动力因素/车速曲线允许交叉(图 10-6),常用挡位更是如此。该现象在实际操作中就是某些挡位的最佳工作区域的重叠。即挡位的变换时机可以允许适当地延迟或提前。经验丰富的驾驶人可以有效地利用该特性,提高车辆行驶过程中的经济性或动力性。

由于上述手动变速过程中环境与系统的随机变化,人工经验判断很难准确判定换挡时机从而使车辆获得最佳动力状况。另外,靠人工操纵离合器与手动变速器完成变速时,由于变速过程中发动机与传动系统都是在运转中,旋转零件的同步啮合相当难以掌握。虽然齿轮同步装置部分解决了动态啮合问题,但换挡时机的掌握仍然较为困难,由此而造成车辆动力性、经济性、安全性和行驶平顺性不佳,以及机件冲击与损耗加剧等不良后果,使车辆难以发挥其最佳性能,成为车辆驾驶的操作难点和交通安全的重大隐患。

2. 车辆变速过程中的影响因素

对上述普通变速器手动操作变速过程进行分析,可以发现并分析出车辆变速涉及的基本

因素影响是:

(1)驾驶人期望追求的是车辆动力性还是经济性,是否需将发动机由驱动状态转为制动状态,以及车辆、环境与路面状况等因素,确定了传动系统预期的工作模式。

(2)发动机转速升高车速是否同步提高,即发动机是否处于制动状态。

(3)现挡位发动机负荷状态,发动机转速是否还能提高,车辆是否还能加速。

(4)车辆各系统的状况,比如是否进行发动机预热、传动机构状况等。

(5)在变速换挡过程中所遵循的程序与规律,例如:是否需要越级换挡等。

(6)如何使预期啮合的齿轮处于同步旋转状态。

(7)如何使摩擦片式离合器平顺接合与分离,避免传动系统冲击与振动。

3. ECT 的控制策略

上述影响因素以下列形式反映出来(图8-2)。

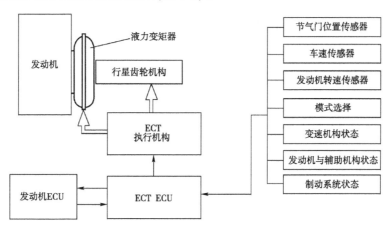

图8-2 变速过程示意

(1)预期的控制模式:要求车辆处于动力模式或者经济模式。

(2)预期的车辆操纵模式:要求车辆处于加速或减速状态。

(3)相关系统状况:发动机负荷、转速、冷却液温度、车辆与ECT工作环境状况。

(4)辅助系统状况:行星齿轮传动机构、液力变矩器、执行机构、传动机构以及辅助机构例如发动机、空调等系统的工作状况。

(5)操作的程序与动作。

上述问题可归结为,控制/操纵模式、换挡时机、挡位选择、操作程序和动作,如图8-2所示。这就是制定ECT控制策略的基本依据。

三、ECT 的换挡规律与换挡点控制

ECT控制主要是研究其换挡规律,即变速器的换挡时刻和传动比随控制参数而变化的关系。

(一)换挡规律

换挡规律按控制参数的个数又可分为:单参数、两参数及三参数规律。

1. 单参数换挡规律

单参数换挡即控制参数仅为车速。其控制过程如图8-3所示。车速加速达到v_2时,换入

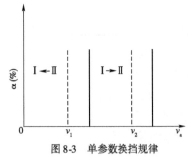

Ⅱ挡;当车速减速至小于 v_1 时,换回Ⅰ挡。v_1 和 v_2 之间的区域称为换挡重叠或换挡延迟区域。换挡延迟(重叠)的作用是:利用前述动力因素/车速曲线的特性,提供车辆动力性和经济性之间的选择,且有利于避免频繁变速的现象。

单参数控制系统结构简单,但它不论发动机的负荷如何,换挡点及换挡延迟均不变,升挡点发动机转速偏高,故噪声大且经济性差。目前多已淘汰。

图 8-3 单参数换挡规律

2. 两参数换挡规律

控制参数为车速 v_a 和发动机负荷 a(节气门开度),如图 8-4 所示。根据其特性又可分为以下四种类型。

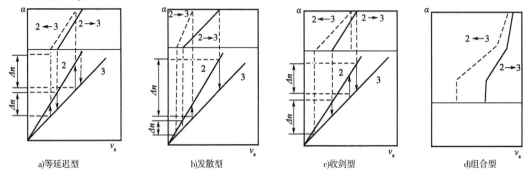

a)等延迟型　　b)发散型　　c)收剑型　　d)组合型

图 8-4 两参数换挡规律

1)等延迟型

其特点是:换挡延迟的大小不随发动机负荷变化。小负荷时可提前换入高挡,故可实现驾驶人干预(减速提前进入高挡,加速提前进入低挡),既可减少发动机的振动与噪声,又因加速提前增矩和减速延迟发动机制动,可兼顾车辆动力性和经济性。

2)发散型

其特点是:换挡延迟的大小随发动机负荷增大而增大。且在大发动机负荷升挡时,发动机转速高,接近最大功率点,动力性好;换挡延迟大,可减少换挡次数,但大发动机负荷升挡时,发动机的转速要降得很低,功率利用率差,车速损失大,故该型适用于功率大的小型乘用车上。

3)收剑型

其特点是:换挡延迟的大小随节气门增大开度而减小,从而在大发动机负荷时换挡延迟时间最小,故升挡时,有较好的功率利用率,动力性好;减小发动机负荷时,换挡延迟时间增加,增加在高速挡工作时间,同时避免过多的换挡,燃料经济性好,且变速平稳、舒适,常用于货车上。

4)组合型

其特点是,由不同变化趋势的规律组成,便于在不同发动机负荷下,获得不同的车辆性能。小负荷时,舒适、稳定、污染少;中等负荷时经济性好;大负荷时,动力性好,实际车辆中一般用组合型。

3. 三参数换挡规律

以上换挡规律是以车辆稳定行驶为前提,但实际上,汽车在起步和换挡过程中,常处于加速或减速的非稳定状态。

故可将控制参数选为汽车的加速度 v_a、车速 v、发动机负荷 a 或进气歧管真空度。最佳动力性换挡,应该是在同一发动机负荷下相邻两挡加速度曲线的交点处换挡。最佳燃油经济性换挡,应该是在某一发动机负荷下,汽车从原地起步连续换挡,加速至某一要求车速时,总的油耗应最小。

(二)汽车的几种典型的换挡控制

所谓换挡控制即控制变速器的换挡时机,也就是在特定的发动机负荷和转速状态下,汽车达到某一车速时,让自动变速器自动升挡或降挡。

自动变速器的换挡时机对汽车的动力性和经济性有很大的影响。对汽车的某一特定行驶工况来说,有一个最佳换挡时机。在 ECT 设计过程中,通过大量的台架与道路试验与研究,运用仿真技术将所得原始数据经处理,按动力型、经济型和普通型等三种模式编制换挡规律,并存储于 ECU/MAP 内。在车辆实际行驶过程中,ECU 能根据驾驶人意图确定特定的换挡规律,并依此换挡规律、根据发动机负荷与车速来确定换挡点,控制换挡过程。

1. 动力型换挡规律

所谓动力型换挡规律是指强调车辆动力性的换挡规律,适合于山区与加速行驶,如图 8-5 所示。动力型换挡规律的设计原则是:

(1)升挡后驱动力应不小于或等于原挡位驱动力,在动力因素图上表示为相邻两条曲线的交叉点,如图 8-6 所示。

(2)或者加速度不小于原挡位相应数值。

(3)降挡车速可以选为维持发动机最小稳定转速。

(4)变矩器锁止离合器锁止车速较高,可充分利用液力变矩器的转矩增大效应。

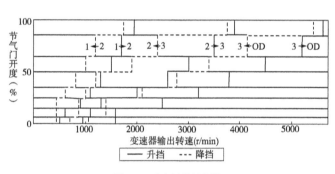

图 8-5 动力性换挡规律

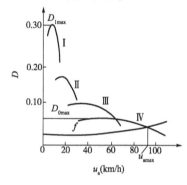

图 8-6 车辆动力因素

从图 8-5 可以看出,动力型换挡规律曲线中,低挡位的包容区域较大,即每一个挡位升挡(降挡)曲线左侧的区域较大,意味着车辆传动系统在低挡位工作的时间与概率增加。

2. 经济型换挡规律

经济型换挡规律(图 8-7)是为提高车辆在特定路面条件下的燃料经济性而设置的。经济型换挡规律遵循的原则是:

(1)一旦发动机转速高于设定转速,立即进入高速挡。

(2)在保证牵引力的前提下,尽可能以高速挡位行驶。

(3)尽可能以较小的加速度行驶。

(4)尽可能以提高转速的方式增加转矩。

(5)降挡仍为维持发动机最小稳定转速。

(6)变矩器锁止离合器锁止车速降低,以提高变矩器的传动效率。

从图 8-7 中可以看出,经济型换挡规律各换挡曲线右侧区域较大,意味着传动系统工作状况滞留在高挡位的概率与时间增大。

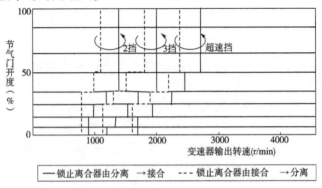

图 8-7　经济型换挡规律(变速器锁止规律)

3. 普通型换挡规律

所谓普通型换挡规律是指在一般的道路条件与正常驾驶要求下,各个方面全面平衡的换挡规律,如图 8-8 所示,图中虚线表示液力变矩器锁止线。普通型换挡规律的基本原则是兼顾动力性与经济性,各项工作参数也介于动力型与经济型换挡规律之间。

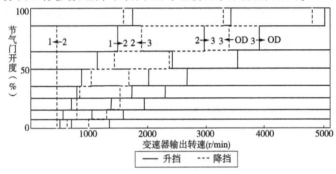

图 8-8　普通型换挡规律

此外,通过分析对比可以看出:在相同的发动机负荷下,提高设定的升挡车速意味着换挡时机延迟,可以充分利用大传动比低速挡位的高转矩加速,使车辆具有良好的动力加速工况,但燃油消耗率增加。如果升挡车速提高到极限则意味着赛车式的驾驶方式,即迅速获得最大加速能力;而降低设定的升挡车速则意味着在允许的范围内尽量提前升挡,使车辆提前进入低传动比、甚至超速挡的经济行驶状态,获得较好的燃料经济性。但低传动比意味着牺牲加速性能。

四、ECT 控制过程

系统控制过程如图 8-2 所示。即由多个传感器组成发动机/变速器综合传感系统检测 ECT 控制所需的车辆状况、驾驶人的意图、环境状况、发动机和相关系统工作状况等信息并向 ECU 传输,ECU 根据信息确定最佳换挡时刻,控制换挡过程。

1. 工作模式的确定

所谓确定工作模式实际上就是根据驾驶人意图选择换挡规律的模式及挡位变换范围,即驾驶期望是追求车辆动力性还是经济性,以及根据路况的要求使系统按照特殊规律变速。该过程确定由手动完成。为此,驾驶室内设立标有刻度的操纵杆,如图 8-9 所示。该手柄一般有 6 个位置,按照国际标准与惯例分别标识为:

P位：停车位置。当 ECT 置于该位置时变速器锁止，车辆以及发动机均不能运动，可以起到驻车制动的效果。

R位：倒车位置。当 ECT 置于该位置时输入与输出轴旋转方向相反，车辆倒退行驶。

N位：空挡。齿轮系空转，输入与输出传动线被切断，发动机可以空转。

D位：一般前进挡位。当 ECT 处于该位置时控制系统与执行系统均处于工作状态，可以随着行驶条件的变化自动调节传动比。该位置可以具备 3~4 个传动比挡位，可以适应绝大部分路面状态良好的普通道路，经济性较好。

图 8-9　工作模式操纵手柄

2(H)位：高速发动机制动挡位。当 ECT 处于该位置时只能使得高传动比的 1、2 两个挡位中变化，起到发动机制动的效果。一般在附着状态较差的路况上行驶时可置于该挡位。

1(L)位：低速发动机制动挡位，该位置仅允许 ECT 在 1 挡工作，传动比更大，其制动强度也比 2 位大，适应于冰雪、泥泞和湿滑等恶劣路面上行驶。

2．信息集成与传输

与 ECT 工作相关的所有影响因素所涉及的信息，将由传感系统进行实时检测和向 ECU 传输。在现代汽车集中控制系统中，许多信息可以通过信息集成平台与其他控制系统进行信息资源共享，如图 8-10 所示。例如：车速信号即为车轮转速传感器输出的车轮转速信号，经过处理后得出的计算车速，可与 EFI(Mortronic Systems)、ABS/ASR/ESP、主动悬架、4WS 等控制系统信息共享。

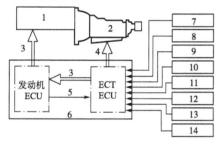

图 8-10　ECT 控制系统示意图
1-发动机；2-自动变速器；3-发动机控制信号；4-变速控制信号；5-发动机状态信号；6-发动机/ECT ECU；7-节气门位置传感器；8-车速传感器；9-变速器输出轴转速传感器；10-冷却液温度传感器；11-变速模式选择信号；12-空挡起动信号；13-停车信号；14-变速控制信号

3．ECU 信息处理并发出控制指令

ECU 根据所获得的信息，按照特定换挡规律预编程序进行处理后，即可判定是否达到相应的最佳换挡点，即完成确定换挡时机的功能，并发出适时控制指令操纵 ECT 电—液压执行系统工作。

另外在某些特定情况（如巡航状态）下，ECU 可以直接发出指令，控制液力变矩器处于经济行驶模式；以及在换挡时轻微延迟发动机点火时刻，略微降低发动机输出转矩，减少变速系统元件承受的负荷，从而减少换挡过程中的冲击与振动，提高乘坐舒适性并提高元件使用寿命。因此 ECT/ECU 和发动机/ECU 之间必须设置数据交换界面，或直接集成（图 8-10）。

现代汽车集中控制系统将各个分系统（包括 ECT）控制纳入集成化控制系统之中，实行一体化控制，使得 ECT 系统的工作与整体高度协调和匹配，因此 ECT 收到的指令来自中央处理 ECU，其所依据的信息类型也涉及人、车、路的大环境。

4．电—液控制系统工作，实现换挡过程

电—液控制过程如图 8-1 所示。ECU 根据上述信息发出指令，控制电磁阀的动作，再由电磁阀将电控信号转变成液压控制信号来控制换挡阀的阀芯位置，以此控制换挡执行器的工作状态,进而控制行星变速系统的动力传动路线,完成换挡控制。

5. 主油压控制

自动变速器的主油路油压是根据节气门开度信号进行调节的,其变化规律由大量试验获得,主油路油压与节气门开度的变化规律如图8-11所示。

在汽车行驶时,除了正常的主油路油压控制之处,主油路压力还需根据工况、油温、海拔等信息进行适当修正,以使主油路压力控制获得最佳效果。

为减小换挡冲击,ECU还在自动变速器换挡过程中按照换挡时节气门开度的大小,通过油压电磁阀适当减小主油路油压(图8-12a),以改善换挡质量。

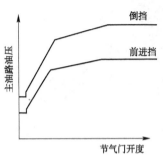

图8-11 正常使用条件下主油路油压的变化规律

ECU还可以根据液压油温度传感器的信号,在变速器油温度未达到正常工作温度时(低于60℃),将主油路油压调至低于正常值(图8-12b),以防止因油温低黏度较大而产生换挡冲击。

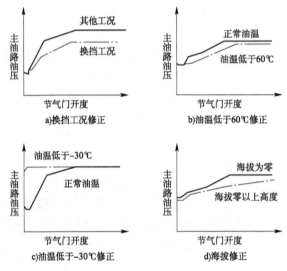

图8-12 主油路油压的修正

当变速器油温度过低时(低于-30℃),ECU使主油路压力升到最大值,以加速离合器、制动器的接合,防止温度过低时因变速器油黏度过大而使换挡过程过于缓慢(图8-12c)。

在海拔较高时,发动机输出功率降低,ECU将主油路压力调至低于正常值,以防止换挡时出现冲击(图8-12d)。

第二节 液力变矩器

液力变矩器是连接发动机与自动变速器的液力传动装置,在ECT系统中主要起到"离合器"和初始变矩/耦合的作用。

一、液力变矩器基本结构

液力变矩器以液压油(ATF)为工作介质,利用其运动过程中的动能变化传递动力。

液力变矩器由三个主要元件组成：泵轮、涡轮和导轮。三个工作轮上径向排列着许多叶片，封装在充满ATF的壳体中，如图8-13所示。

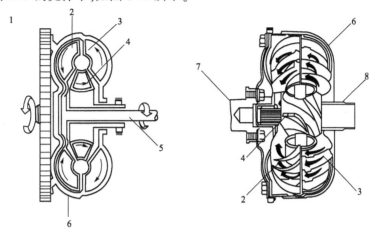

图8-13　液力变矩器的基本组成

1-飞轮；2-涡轮；3-泵轮；4-导轮；5-变矩器输出轴；6-变矩器；7-曲轴；8-导轮固定套

泵轮与发动机飞轮连接，是液力变矩器的输入元件，通常与液力变矩器壳体刚性连接，随发动机一起旋转。

涡轮是液力变矩器的输出元件，与行星齿轮系统输入轴连接。

在泵轮与涡轮中间安装有导轮，起到ATF导向的作用。导轮通过单向离合器固定，可以单向旋转。

泵轮、涡轮和导轮安装就位后相互叶片间约有1mm间隙，由外壳将其包围形成一个断面为环形的、内部充满ATF的密封体。

二、液力变矩器工作原理

1. 变矩器循环圆与动力传递

泵轮与发动机同步旋转，将发动机的机械能转变为ATF的动能以传递能量。在泵轮的带动下液力变矩器中ATF的运动由两个方向合成：绕轴线的旋转运动，和由泵轮中心向外缘的径向运动，如图8-14所示。

ATF的径向运动使其泵轮穿过叶片之间的间隙到达涡轮。由于径向与旋转运动的合成效应以及叶片曲率的作用，ATF到达涡轮时的运动方向与涡轮叶片平面成一定角度，由此而冲击涡轮叶片并推动涡轮同向旋转，将能量传递至涡轮，最后转变为涡轮轴的机械能向行星齿轮传动机构输出，如图8-14所示。显见，泵轮与涡轮的转速差越大，ATF冲击涡轮叶片的角度也越大，从而作用于涡轮的力矩也越大；若二者转速相等则ATF冲击涡轮叶片的角度基本等于零，此时两轮均空转，无法传递能量。

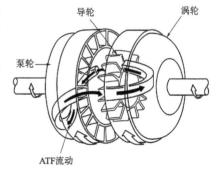

图8-14　液压油在变矩器中的运动

推动涡轮旋转后的液压油继续沿径向向涡轮内缘流动并穿过叶片间的间隙，经由导轮内缘到达泵轮内缘，构成一个路径为泵轮→导轮→涡轮的循环。ATF就是在不断循环的过程中，完成机械能→液体动能→机械能的转换。该循环命名为

"循环圆"。

2. 转矩放大作用

由于在泵轮与涡轮之间安装了一个导轮,如此则液力变矩器可以起到转矩放大作用,如图 8-15 所示。

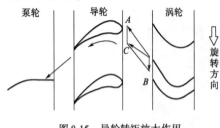

图 8-15 导轮转矩放大作用

冲击涡轮后的 ATF 尚保持部分剩余能量。当转速差较大时,ATF 由涡轮向泵轮回流的过程中沿矢量 C 方向进入导轮,冲击导轮叶片凹部,由于导轮固定不动,其叶片曲率与方向的设置使回流的 ATF 顺势冲击泵轮的背面,对涡轮回流产生"导向"效应。导轮的导向效应使得 ATF 冲击涡轮后的剩余能量能够与泵轮输出的能量合成为一体,再次向涡轮传递,起到转矩放大的作用。

三、液力变矩器特性

1. 液力变矩器基本特性定义

假设:

i 为涡轮输出转速与泵轮输入转速之比:

$$i = \frac{n_T}{n_B} \tag{8-1}$$

式中:n_T——涡轮输出转速;

n_B——泵轮输入转速。

K 为涡轮输出转矩与泵轮输入转矩之比:

$$K = \frac{M_T}{M_B} \tag{8-2}$$

式中:M_T——涡轮输出转矩;

M_B——泵轮输入转矩。

η 为涡轮输出功率与泵轮输入功率之比即传动效率:

$$\eta = \frac{N_T}{N_B} \tag{8-3}$$

式中:N_T——涡轮输出功率;

N_B——泵轮输入功率。

则液力变矩器基本特性定义即为:发动机转矩 M 和转速 n 为定值(即泵轮转速与转矩不变)时,液力变矩器输出输入转矩比 K 与转速比 i 以及传动效率 η 三者之间的关系,如图 8-16 所示。

2. 液力变矩器基本特性分析

由图 8-16 可以看出:

(1)转速比 i 越小,转矩比 K 越大而传动效率 η 越低。原因在于:i 越小则泵轮与涡轮转速差越大,从而 ATF 流速较大且冲击涡轮时的角度越大,则传递的转矩较大。但该角度增大使得 ATF 在循环圆中运行不流畅,工作轮之间产生的冲击与摩擦热量损耗也随之增加,从而降低了传动效率。显见,在起步时,由于泵轮旋转而涡轮静止,涡轮转速等于零则 i 等于零,此时输出转矩达到最大值,有助于克服静态阻力矩使车辆迅速加速起步。但长期工作于小转速比范围将使机件与ATF过热。

(2)车辆起步后涡轮转速 n_T 逐渐增加则 i 相应增大,转矩比 K 下降而传动效率 η 增大,适合于车辆在高速行驶时强调经济性。

(3)当车辆行驶过程中阻力增大时将导致 n_T 下降,则转矩比 K 增大从而使得输出转矩自动增大,有助于车辆克服阻力行驶,起到部分减速增矩作用。

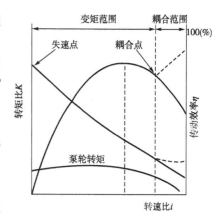

图8-16 液力变矩器基本特性

上述特性使液力变矩器与车辆行驶要求相匹配,即液力变矩器使车辆获得的转矩随行驶阻力的增加而增加,随行驶阻力的减少而减少,可以在一定范围内实现减速增矩作用,具备很好的自适应性。

转矩比最大而转速比等于零的状态称之为"失速状态",相应的发动机转速称为"失速转速";而转矩比降低到1且涡轮与泵轮转速差为零时称之为"耦合状态",此时转矩放大效应等于零。

四、液力变矩器特性的改善

1.导轮装设单向离合器

固定不动的导轮可以在小转速比时起到增矩作用。但当耦合点后转速比进一步增大时,传动效率也急剧下降。这是由于当涡轮转速增长到相当数值时转速比 i 接近于1,此时由涡轮回流的ATF将冲击导轮叶片的凸面,如导轮仍固定不动将使回流紊乱并在壳体内部产生涡流,阻碍ATF流回泵轮以及涡轮的旋转,使涡轮输出转矩下降,如图8-17b)所示。

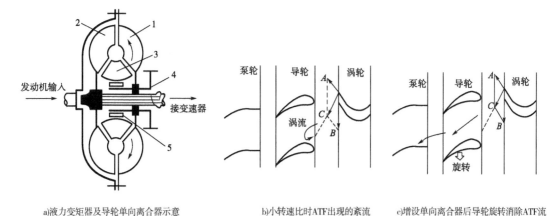

a)液力变矩器及导轮单向离合器示意　　b)小转速比时ATF出现的紊流　　c)增设单向离合器后导轮旋转消除ATF流

图8-17 导轮单向离合器作用
1-泵轮;2-涡轮;3-导轮;4-导轮轴;5-单向离合器

将导轮通过单向离合器安装在变矩器外壳上即可为防止上述现象产生,如图8-17a)所示。单向离合器使导轮仅能朝一个方向旋转。当小转速比时ATF回流冲击导轮凹面时,导轮可固定不动而起到转矩放大作用。当车速增加到一定数值,涡轮转速增加使回流冲击导轮的凸面时,导轮将与泵轮和涡轮一起同步旋转,消除紊流现象使 ATF 顺利回流。此时变矩器增矩作用消失,$K=1$,$i≈1$,$\eta=Ki≈1$,仅起到液力耦合的作用,如图 8-17c) 所示。但涡轮转速加大时意味着车辆高速行驶,此时追求的不是大转矩而是经济性。

改善后的液力变矩器特性曲线如图 8-16 虚线所示。

2. 双导轮机构

将单独的导轮分成独立的两部分并分别加装单向离合器,可以进一步改善液力变矩器特性,如图 8-18 所示。

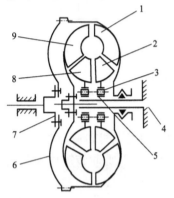

图 8-18 双导轮液力变矩器基本结构
1-泵轮;2-第二导轮;3-单向离合器;4-输出轴;5-导轮固定套管;6-变矩器壳体;7-曲轴;8-第一导轮;9-涡轮

如前所述,液力变矩器的增矩作用取决于涡轮 ATF 回流冲击泵轮的角度与速度。导轮的作用是改变涡轮 ATF 回流冲击泵轮的角度,而该角度取决于其叶片的曲率,如图 8-17 所示。曲率较大的导轮叶片可以使得涡轮 ATF 回流冲击泵轮的角度更为理想,从而获得较大的转矩增大效应。但过大的叶片曲率将导致 ATF 流动不畅,在小转速比 i 高速行驶时将会增加涡轮 ATF 回流的阻力,影响传动效率。

双导轮机构可以很好地解决这个问题。在泵轮与涡轮之间安装两个可独立单向旋转的导轮,可以将导轮叶片形状制造的更加合理且使得耦合点分离。

两个导轮的叶片曲面均为精心设计的。在小转速比范围工作时,由于两个导轮均被单向锁止,其作用相当于一个叶片曲率较大的导轮,可以使涡轮回流以理想的角度冲击泵轮背面,增矩作用优于单导轮结构。

当涡轮转速逐步提高转速比 i 也随之增大时,ATF 产生背向冲击使第一导轮先行与泵轮和涡轮同步转动而第二导轮仍然固定不动,此时其作用就像单导轮液力变矩器,可以使下降的传动效率得以重新上升,其特性如图 8-19 所示。当转速比继续升高到相当数值时,ATF 的背向冲击使第二导轮也进入自由旋转状态,液力变矩器进入耦合状态,提高车辆高速行驶时的传动效率。

双导轮结构实际上相当于一个变曲率叶片导轮。其优点在于扩展了液力变矩器的适应性范围,在低速与高速时均能获得较好的适应性。当然也带来结构复杂化、制造工艺烦琐以及可靠性等问题。

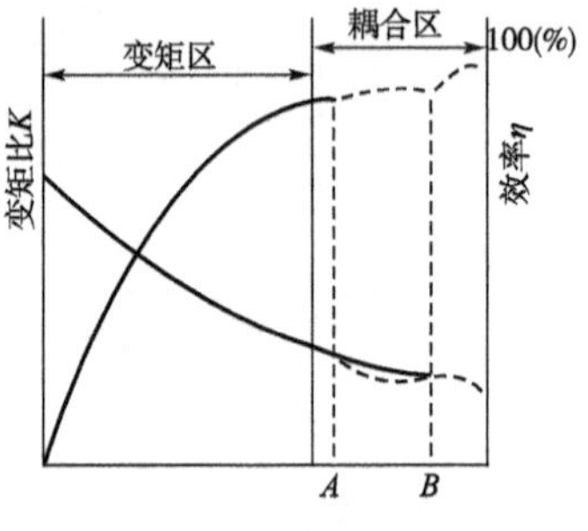

图 8-19 双导轮变矩器特性
A-第一导轮耦合点;B-第二导轮耦合点

3. 液力变矩器锁止机构

双导轮机构可以提高液力变矩器的效率,但毕竟有限。无法完全消除高速行驶所产生的高转速所导致的 ATF 在液力变矩器内的冲击与摩擦消耗能量,致使传动效率下降,这也是液力传动效率低于机械传动的根本原因。

为解决此问题,保证车辆在巡航状态下的经济性,在液力变矩器中加装由 ECT 控制的锁止离合器。采用机械方式将液力变矩器的泵轮与涡轮锁止成为一体,以实现 100% 传动效率。

当 ECT 根据车速与涡轮转速信息监测到耦合点后,发出指令使液压机构运行,推动一个通过花键在泵轮输出轴上滑动的活塞,将涡轮输出轴与变矩器壳体刚性连接,从而实现直接动力传递。锁止作用在监测到变矩器脱离耦合点后会自行解除,使其重新起到液力变矩功能。采用锁止机构改善后的液力变矩器特性曲线如图8-20 所示。

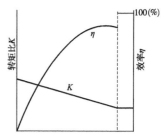

图8-20 加装锁止装置的液力变矩器特性

ECT 解除液力变矩器锁止的条件为:特定的车辆行驶速度(一般为 30~40km/h)和发动机冷却液温度(一般为 60℃)。除经济性之外,采用变矩器锁止机构还有助于减缓 ATF 质量劣化的速率、增加其使用寿命。

第三节 行星齿轮传动机构

液力变矩器的减速增矩作用是有限的。仅仅依靠液力变矩器无法在多种条件下获得预期的驱动力。因此 ECT 系统在液力变矩器后方连接一个行星齿轮变速机构实现自动改变传动比。传统的行星齿轮变速机构的运行是依靠机—电—液控制系统的驱动,而现代汽车 ECT 系统则采用计算机和电子控制技术,使得控制效果更为精确、可靠和灵敏。

一、行星齿轮系基本结构

行星齿轮机构诞生于第二次世界大战期间,广泛用于多种机械传动场合。相对于定轴轮系的普通变速器而言,行星齿轮变速器是一个所谓的"动轴轮系",其中的行星齿轮轴可以围绕主轴旋转。

1. 行星齿轮机构的组成

行星齿轮机构的主要元件为太阳轮、行星轮和齿圈,三者合成形成"行星排"的常啮合机构,如图 8-21 所示,若干行星排组成一个行星齿轮系。

2. 行星齿轮机构传动比的形成

行星排中太阳轮、行星轮和齿圈的齿数各不相同。由于三者是常啮合的,因此如将其中任何一个元件加以某种约束,另外两个元件即可组成一对传动副,视输入与输出元件的不同形成不同传动比的挡位;若三个元件中有两个受到约束则行星排成为一个刚性整体传动件;若三个元件均处于无约束自由旋转则形成空挡状态。一般自动变速器可以形成 4~5 个挡位以及倒挡,如图 8-22 所示。

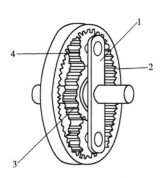

图8-21 行星齿轮排基本结构
1-行星架;2-齿圈;3-太阳轮;4-行星轮

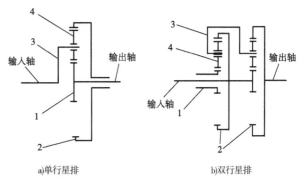

图8-22 行星齿轮机构简图
1-太阳轮;2-齿圈;3-行星架;4-行星轮

单排行星齿轮机构的一般运动规律,通常可用下面的运动特性方程来表示:

$$n_1 + \alpha n_2 - (1 + \alpha) n_3 = 0 \tag{8-4}$$

式中:n_1、n_2、n_3——分别代表太阳轮、齿圈和行星架的转速;
α——齿圈与太阳轮的齿数比,用公式表示:

$$\alpha = \frac{z_2}{z_1} = \frac{R_2}{R_1}$$

式中:z_1、z_2——太阳轮和齿圈的齿数;
R_1、R_2——太阳轮和齿圈的节圆半径。

该运动特性方程是典型的三元一次齐次方程,故单排行星齿轮系是一个二自由度的机构,3 个构件中,任意两者之间均无固定的转速联系,需增加约束,即用制动器约束某一构件或用离合器将两构件连接,才能获得确定的传动比。

按汽车应用的连接和制动情况可有 6 种不同的组合方案,加上直接传动和空挡共有 8 种组合,见表 8-1。

单排行星齿轮的 8 种组合方案 表 8-1

序号	太阳轮 z_1	行星齿轮架	齿圈 z_2	传动比 i	挡位说明
1	输入	输出	固定	$n_2 = 0; i_{13} = \frac{n_1}{n_3} = 1 + \alpha = \frac{z_1 + z_2}{z_1}$	减速传动 前进 低挡
2	固定	输出	输入	$n_1 = 0; i_{23} = \frac{n_2}{n_3} = \frac{1 + \alpha}{\alpha} = \frac{z_2 + z_1}{z_2}$	减速传动 前进 高挡
3	固定	输入	输出	$n_1 = 0; i_{32} = \frac{n_3}{n_2} = \frac{\alpha}{1 + \alpha} = \frac{z_2}{z_1 + z_2}$	前进 超速传动
4	输出	输入	固定	$n_2 = 0; i_{31} = \frac{n_3}{n_1} = \frac{1}{1 + \alpha} = \frac{z_1}{z_1 + z_2}$	前进 超速传动
5	输入	固定	输出	$n_3 = 0; i_{12} = \frac{n_1}{n_2} = -\alpha = \frac{z_2}{z_1}$	减速传动 倒挡
6	输出	固定	输入	$n_3 = 0; i_{21} = \frac{n_2}{n_{31}} = \frac{1}{\alpha} = -\frac{z_1}{z_2}$	超速传动 倒挡
7	三元件任何两个构成一体 第三元件与前两个转速相等			$i = 1$	直接挡传动
8	所有元件都不受约束			自由转动	机构失去传动作用

由表 8-1 可以得出以下结论:

(1)行星架可看成是具有不明确齿数的齿轮,行星轮作为中间轮,对传动比没有任何影响。

(2)行星架为主动件时,行星齿轮系为超速状态;行星架为被动件时,行星齿轮系为减速状态,且输入、输出轴的运动方向一致。当行星架被约束时,行星齿轮系为倒挡,输入、输出轴的运动方向相反。

(3)行星齿轮机构通过换挡执行器对行星排中的某个元件施加制约或限制其转动方向,便可改变其传动方向及传动路线,实现换挡过程。

常见换挡执行器类型有:多片离合器、制动器以及单向离合器。多片离合器与制动器的锁止与释放一般由液压系统控制。传统行星齿轮机构中,执行器液压控制系统的运行是由机械—液压自动控制系统驱动的,而现代汽车 ECT 系统则是由 ECU 发出控制指令,操纵若干电磁阀的打开与关闭,控制液压操纵系统的管路压力,从而控制执行器的状态。这是传统行星齿轮机构与现代 ECU 系统的本质区别。

目前车辆中常见的行星齿轮变速器的有 4 类:即辛普森式、拉威娜式、CR-CR 式及威尔森式。

二、辛普森式行星齿轮机构分析

辛普森式行星齿轮机构广泛应用于现代小型乘用车上。其优点为:齿轮种类少、加工量少、工艺性好、成本低;以齿圈输入、输出,强度高,传递功率;无功率循环,效率高;组成的元件转速低,换挡平稳,虽然是三自由度的变速器,但因安排合理,实际换挡时仅需要更换一个执行机构。

图 8-23 所示为由若干行星排以及换挡执行机构组成的辛普森式齿轮传动机构示意图,图中 C、B 与 F 分别表示离合器、制动器与单向离合器。以下试分析该系统的基本结构与运行原理。

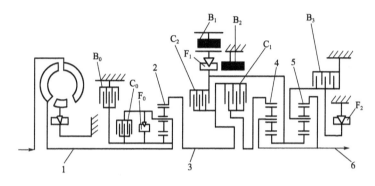

图 8-23 四挡辛普森工行星齿轮变速器结构简图

1-输入轴;2-超速行星排;3-中间轴;4-前行星排;5-后行星排;6-输出轴;C_0-直接离合器;C_1-前进离合器;C_2-倒挡及高挡离合器;B_0-超速制动器;B_1-2 挡制动器;B_2-2 挡强制制动器;B_3-低挡及倒挡制动器;F_0-直接单向离合器;F_1-2 挡单向离合器;F_2-低挡单向离合器

(一)辛普森式行星齿轮系基本组成

(1)该齿轮系共有三个行星排:P_0、P_1 和 P_2。P_0 为超速行星排,后部前、后行星排 P_1、P_2 构成双排行星齿轮系,共用太阳轮。动力由液力变矩器经输入轴至超速行星排的行星架,其齿圈与中间轴结为一体,动力再由双排行星齿轮系的输出轴输出,此输出轴与 P_1 排的行星架和 P_2 排的齿圈结为一体。

(2)换挡执行器主要由液压控制的离合器 C_0、C_1 和 C_2,制动器 B_0、B_1 和 B_2 和单向离合器 F_0、F_1 和 F_2 组成。分析时须注意所有这些执行器对行星齿轮系的约束和连接关系。例如:当 C_1 工作时,中间轴与 P_1 排的齿圈连接;C_2 工作时,中间轴与双排行星齿轮系的太阳轮连接;特别指出:当 C_0 与单向离合器 F_0 共同工作时,P_0 的行星架与太阳轮刚性连接,直接传递动力。此外,当单向离合器与制动器共同作用于某元件时,例如 B_1 与 F_1,制动器 B_1 控制单向离合器 F_1 的外圈。当制动器不工作时,单向离合器不起作用;制动器工作时,则对双排行星齿轮系的太阳轮形成单向约束,即不允许太阳轮逆时针旋转。

(二)辛普森式行星齿轮系变速传动原理

双排行星齿轮系是一个典型的三自由度的行星齿轮机构,双排行星齿轮的运动特性方程

通常可表示为

$$n_{11} + n_{12}\alpha_1 = (1 + \alpha_1)n_{13} \tag{8-5}$$

$$n_{21} + n_{22}\alpha_2 = (1 + \alpha_2)n_{23} \tag{8-6}$$

式中：n_{11}、n_{12}、n_{13}——前排行星排的太阳轮、齿圈和行星架的转速；

n_{21}、n_{22}、n_{23}——后排行星排的太阳轮、齿圈和行星架的转速。

结合辛普森式行星齿轮变速器的典型结构进行分析，因前、后排共太阳轮，故 $n_{11} = n_{21}$；其次，$n_{13} = n_{22} = n$，所以，其运动特性方程可简化为

$$(1 + \alpha_1)n - n_{12}\alpha_1 = (1 + \alpha_2)n_{23} - n\alpha_2 \tag{8-7}$$

其原理参见图 8-23，各换挡执行机构的工作状态见表 8-2，由此可对四挡辛普森式行星齿轮变速器进行挡位分析。

A340E 型自动变速器挡位、换挡电磁阀及执行元件的关系　　　　表 8-2

操纵手柄位置	挡位	换挡电磁阀 No.1	换挡电磁阀 No.2	换挡执行元件									
				C_0	C_1	C_2	B_0	B_1	B_2	B_3	F_0	F_1	F_2
D	1	ON	OFF	○	○						○		○
	2	ON	ON	○	○			○			○	○	
	3	OFF	ON	○	○	○		●			○		
	4	OFF	OFF		○	○	○	●					
2	1	ON	OFF	○	○						○		
	2	ON	ON	○	○			●	○		○	○	
	3	OFF	ON	○	○	○		●			○		
L	1	ON	OFF	○	○					○	○		
	2	ON	ON	○	○			●	○		○		
R	倒车	—	—	○		○				○	○		
P	停车	—	—							○			
N	空挡	—	—	○									

注：○为元件工作；●为离合器接合或制动器制动，但不传递力。

1. D_1 挡或 2_1 挡——低速挡

手动操作杆置于"D"位或"2"位，汽车行驶阻力较大，车速较低。因 C_0 及 F_0 工作，连接超速行星排的太阳轮与行星架，此时，将来自液力变矩器的动力又通过 C_1 传至双排行星轮系前排的齿圈；又因单向离合器 F_2 则对后行星排的行星架加以单向制动，约束其逆时针旋转。该挡的总传动比 i 可由下式导出

$$i_{d-1} = i_0 \times i_1$$

(1) 因 C_0 及 F_0 工作，太阳轮与行星架连锁，故 $i_0 = 1$。

(2) 因 C_1 及 F_2 工作，且 $i_1 = n_{12}/n_{22} = n_{12}/n$，其 $n_{23} = 0$。

由公式

$$(1 + \alpha_1)n - n_{12}\alpha_1 = (1 + \alpha_2)n_{23} - n\alpha_2 \tag{8-8}$$

推出
$$(1+\alpha_1+\alpha_2)n - n_{12}\alpha_1 = 0 \tag{8-9}$$

整理后
$$i_1 = 1 + \frac{\alpha_2}{\alpha_1} + \frac{1}{\alpha_1} = 1 + r_1 + \frac{r2}{r_1} \tag{8-10}$$

结论
$$i_{d\text{-}1} = 1 + r_1 + \frac{r_1}{r_2} \tag{8-11}$$

2. D_2 挡或 2_2 挡

手动操作杆置于"D"位或"2"位。同理,由于 C_0 及 F_0 工作,连接超速行星排的太阳轮与行星架,使其超速排传动比 $i_0 = 1$。同时,因双排行星齿轮变速系中的单向离合器 F_1 及制动器 B_1 工作,故对太阳轮施加单向制动,约束其逆时针旋转。

该挡的传动比可为:$i_{d\text{-}2} = i_0 \times i_1$。

(1)因 C_0 及 F_0 工作,故太阳轮与行星架连锁,故 $i_0 = 1$。

(2)又因 C_1、F_1 及 B_1 工作,且 $i_1 = n_{12}/n_{22} = n_{12}/n$,其中 $n_{11} = 0$。

由公式
$$n_{11} + n_{12}\alpha_1 = (1+\alpha_1)n_{13} \tag{8-12}$$

导出整理后
$$i_1 = 1 + \frac{1}{\alpha_1} = 1 + r_1 \tag{8-13}$$

结论
$$i_{d\text{-}2} = 1 + r_1 \tag{8-14}$$

3. D_3 挡或 2_3 挡——直接挡

手动操作杆置于"D"位或"2"位,同理分析,因 C_0 及 F_0 工作,故传动比 $i_0 = 1$;由于离合器 C_2 与 C_1 同时工作,则使前排的太阳轮与齿圈连接,故 $i_1 = 1$。因而获得1:1的传动比,即直接挡。

4. D_4 挡——超速挡

手动操纵杆置于"D"位,随着发动机在低负荷下即可高速旋转,行驶阻力较小而车速增加较快。ECU 发出升挡指令,使 B_0、离合器 C_1 和 C_2 工作。输入轴将动力传递至超速排行星架,而在 B_0 作用下 P_0 排中的太阳轮被制动,动力由齿圈输出。

该挡的总传动比可由下式得出:
$$i_{d\text{-}4} = i_0 \times i_1 \tag{8-15}$$

(1)因 B_0 工作,且 $n_{01} = 0$,$i_0 = n_{03}/n_{02}$

由公式
$$n_{01} + n_{02}\alpha_0 = (1+\alpha_0)n_{03}$$

整理后
$$i_0 = \frac{\alpha}{1+\alpha_0} = \frac{1}{1+r_0} \tag{8-16}$$

(2)由于 C_1 及 C_2 工作,太阳轮与行星架连锁,$i_1 = 1$

结论
$$i_{d\text{-}4} = \frac{1}{1+r_0} \tag{8-17}$$

5. L_1 及 2_2 挡——发动机制动

手动操作杆置于"L"位或"2"位,若汽车加速后迅速释放加速踏板,会引起发动机转速急速下降,车速因惯性未立即下降。由于车速并未立即下降,行星齿轮变速器的输出轴从而作为主动件会反向输入动力,如图8-24所示,动力被向前传递至液力变矩器进而传递至发动机曲轴,由于此时发动机转速较低,实际上是车轮在拖动发动机旋转,从而可利用发动机进行制动。

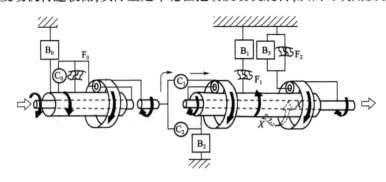

图 8-24　L 位 1 挡传动原理

1) 2_2 挡

发动机制动时,动力由输出轴向前传递。导致前排行星架顺时针转动,使得前排太阳轮顺时针旋转。若 B_2 不工作,将会致使行星轮变速系统无约束空转;若 B_2 工作,其太阳轮被制动,由此形成约束,使自动变速器具有发动机制动的功能。

所以,制动器 B_2 工作,可防止发动机制动时,由于前排太阳轮顺时针旋转,造成前排行星架不受约束,双排行星轮系空转,自动变速器不具备发动机制动功能的现象发生。

2) L_1 挡

同样,制动器 B_3 工作,可防止发动机制动时,由于后排齿圈顺时针旋转,带动后排行星架顺时针旋转,造成后排行星架不受约束。引起行星齿轮系统空转,使自动变速器不具备发动机制动功能。

6. 停车挡与空挡——P 与 N 位

该挡 C_1 及 C_2 均不工作,故变速器内超速行星排与双排行星齿轮之间无动力传递,自动变速器处于空挡。

7. 倒挡 R

手动操作杆置于"R"位,同理分析,因 C_0 及 F_0 工作,故传动比 $i_0 = 1$;因离合器 C_2 与制动器 B_3 工作,故对后排行星架施加单向制动,约束其运动。

该挡的总传动比可同理推出,即

$$i_R = i_0 \times i_1 = 1 \cdot (-\alpha_2) = -\alpha_2 \tag{8-18}$$

三、换挡执行元件

行星齿轮变速系的换挡执行元件又分为离合器、制动器和单向离合器三种类型。其主要作用是:接收 ECT/ECU 的执行指令,在电/液驱动装置的作用下,对行星齿轮变速系的构件实施连接、固定及锁止等约束。

1. 离合器

在液力自动变速器中,无例外地都采用多片湿式摩擦离合器,如图8-25所示。离合器具有多片从动片与主动片,不工作时二者之间有间隙,可以相互自由旋转而不干扰。主动片端部可在花键槽中轴向移动。

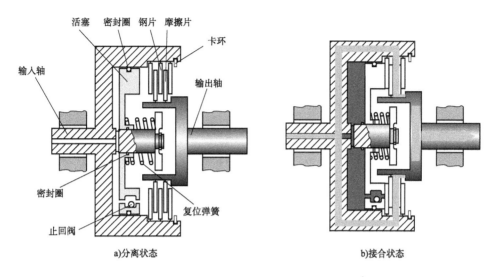

图 8-25 片式制动器

现代 ECT 系统是通过 ECU 指令控制离合器的工作状态。当 ECU 发出指令打开相关油路时,液压油从主轴 I 中的孔道流入活塞 3 前部的空腔中建立油压,推动活塞向图中右方移动。由于从动片径向移动受到限制,故主动片压紧从动片,利用二者之间的摩擦传递动力。其动力传动路线为:离合器毂花键→主动片→从动片→花键毂;当 ECU 控制指令使油道泄压后,因空腔内油压下降,主动片在复位弹簧作用下与从动片分离,传动解除。

此外,若离合器毂或花键毂其中有一个为固定元件,则另一个在离合器受力极限内将受到约束而保持固定。

2. 制动器

制动器对轴类元件施加约束是通过制动带实现的。制动器有带式和片式两大类型,如图 8-26、图 8-27 所示。制动带是一条开口环形金属带,其两端一端固定,另一端与伺服装置连接,其内缘与轴类元件表面之间摩擦系数较大。伺服装置实际上是一个液压缸。该液压缸的运动可以改变环形金属带的开口间隙。不工作时在复位弹簧作用下使制动带开口间隙处于最大状态,不干扰轴的旋转。

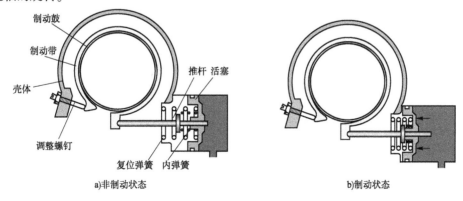

图 8-26 带式制动器

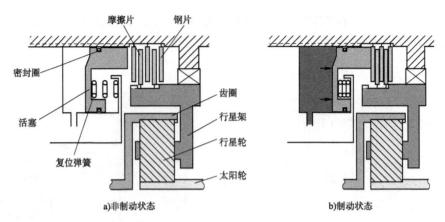

图 8-27 片式制动器

当 ECU 发出控制指令打开油道,液压油进入活塞外端的空腔并建立油压,推动活塞克服复位弹簧压力移动,使开口间隙减小直至闭合。此时环形金属带对轴施加周向力使其停止旋转,起到约束其旋转的作用;当 ECU 发出指令泄压后空腔内油压下降,在复位弹簧的作用下伺服装置回到初始状态,解除对轴的约束。

制动器一般用于约束转矩较大的轴类元件,例如低速挡或倒挡制动器等。

3. 单向离合器

单向离合器与制动器的不同之处是利用单向锁止原理来发挥固定和锁止作用。其特点是:传递传矩容量大,空转时摩擦小,且无须控制机构,工作完全由与之相连的元件的方向控制,瞬间即可接合或分离。自动切断或接通变速的转矩,从而保证平顺无冲击换挡,且简化了液压控制系统。常用的是滚柱斜槽式和楔块式,如图 8-28 所示。

图 8-28 楔块式单向离合器
1-外环;2-内环;3-楔块

第四节 自动换挡控制系统的结构与工作原理

自动变速器的控制系统由各种控制阀板总成、电磁阀、控制开关、控制电路等组成,电子控制的变速器的控制系统还包括各种传感器、执行器、电子控制单元等。

一、自动变速器电子控制系统(ECU)

自动变速器电子控制系统如图 8-29 所示,主要由传感器、电子控制单元及电磁阀组成。

(一)传感器

自动变速器主要有节气门位置传感器、车速传感器、输入轴转速传感器、自动变速器油温传感器、空挡起动开关、降挡开关、挡位开关等,各传感器的功用见表 8-3。

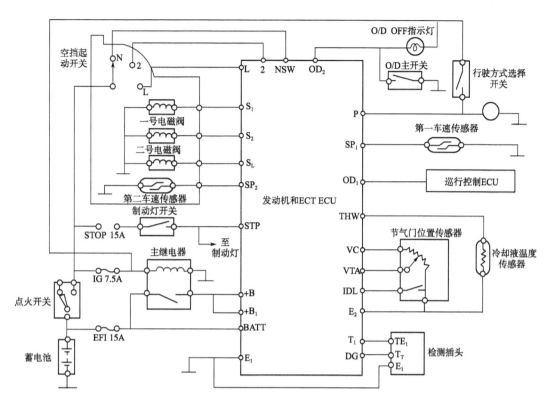

图 8-29　A340 型自动变速器电控系统电路原理图

自动变速器主要传感器及其功用　　　　　　　　　　　　　　　　表 8-3

传 感 器 名 称	功　　　用
节气门位置传感器	用来测得节气门的开度,以作为 ECU 控制自动变速器挡位变换的依据,从而使自动变速器的换挡规律在任何行驶条件下都能满足汽车的实际使用要求
车速传感器	安装在自动变速器输出轴附近,是一种电磁感应式转速传感器,用于检测自动变速器械输出轴的转速。ECU 根据车速传感器的信号计算出车速,作为其换挡控制的依据
输入轴转速传感器	安装在行星齿轮变速器的输入轴或与输入轴连接的离合器鼓附近的壳体上,用于检测输入轴转速,并将信号送入 ECU,使 ECU 更精确地控制换挡过程
自动变速器油温传感器	安装在自动变速器油底壳内的阀板上,用于检测自动变速器液压油的温度,作为 ECU 进行换挡控制、油压控制和锁止离合器械控制的依据
空挡起动开关	用以判断选挡手柄的位置,防止发动机在驱动挡位起动
降挡开关	用来检测加速踏板是否超过节气门全开的位置,以使变速器自动下降一个挡位
制动灯开关	用以判断制动踏板是否踩下。如果踏下,则该开关便将信号输给电控单元,以解除锁止离合器的接合,防止突然制动时发动机熄火
超速挡开关	用来控制自动变速器的超速挡
模式开关	用来选择自动变速器的控制模式,以满足不同的使用要求
挡位开关	用于检测操纵手柄的位置。ECU 根据被接触的触点,测得操纵手柄的位置,从而按照不同的程序控制自动变速器的工作

驾驶人的操纵指令经过手动阀、模式选择开关及节气门等传感器输入 ECU,ECU 可根据

节气门位置传感器和转速传感器的信号,计算换挡点,确定换挡顺序、换挡时刻及换挡执行机构的接合与分离的时机,且发出指令使液压系统中的电磁阀动作,控制换挡阀的移动,控制行星齿轮变速器的动力传递路线,完成换挡过程。

(二)电子控制单元

ECU具体控制功能如下。

1. 换挡点控制

ECU依照节气门开度(负荷)和车速二维参数确定车辆适时状况,达到换挡点时,按照特定的换挡规律控制换挡时机。在特定的节气门位置下,当适时参考车速与设定车速产生差异时,ECU按照表8-2所示执行元件组合发出指令使相关电磁阀通电工作,控制液压回路中的油压以驱动行星齿轮机构中的换挡执行元件工作,以变换行星齿轮的传动路线,实现自动换挡。

2. 液力变矩器锁止控制

同样,在ECU中预存了各种不同模式下的液力变矩器锁止程序,当车速与节气门开度信号数值达到某一预定点时,即可触发控制程序发出指令,使相关电磁阀工作,在液力变矩器锁止装置控制油路中建立油压,使锁止离合器工作,将液力变矩器转换为刚性直接传动以提高机械效率。

3. 超速行驶控制

换挡模式操作手柄位于"D"位时车辆才有可能实现超速行驶。同其他挡位控制原理基本相同。对于辛普森式行星齿轮机构而言,达到换挡点时,ECU接通控制行星排P_0的超速制动器B_0,以及控制P_2的多片离合器C_1和C_2的控制油路,使齿轮系获得小于1的传动比。

4. 发动机转矩控制

为保证车辆的行驶平顺性以及操作稳定性,在换挡的同时ECU将发出指令,通过某种措施(例如:延迟点火或者减少进气量等)适当地、临时地降低发动机转矩,目的在于减少变速过程中元件所承受的负荷,降低换挡时产生的冲击与振动。

5. 自诊断与失效保护控制

当系统某些元件发生故障时,将会触发ECU的自诊断程序,同时通过某种信号(例如超速信号指示灯的闪烁)显示故障码以指示故障发生的部位与种类。

若某些关键执行机构元件失效,例如辛普森式行星齿轮机构控制的C_1和C_2油路的电磁阀失效,ECU将会继续转为控制仍能正常工作的执行机构,使车辆仍然能够以某一挡位行驶。在某些型号的现代汽车上设置手动—自动两种变速操作模式,除了实现安全保护之外,尚能进一步满足某些驾驶人愿意运用手动换挡进行操作的要求。

另外,ECT系统可以与智能化车辆集成控制系统相结合实现车辆的集成动态控制。

(三)电磁阀

ECT电子控制系统的执行元件是电磁阀,电磁阀的主要作用是将ECU传递的电子控制信号转换为液压控制信号,控制换挡阀的阀芯位置,以此控制换挡执行机构的工作状态,完成换挡动作控制。

典型电磁阀的结构如图8-30所示。如当电磁阀不通电时,阀芯下移,关闭泄油孔,打开进油孔,使管路油压上升,将此液压信号控制换挡阀的动作。

主油路调压阀一般采用脉冲线性式电磁阀,采用占空比控制,其控制原理如图8-31所示。

主油路调压阀安装在主油路或减振器背压油路上,ECU通过这种电磁阀在自动变速器升挡或降挡的瞬间使主油路油压下降,进一步减少换挡冲击,使挡位的变换更加柔和。

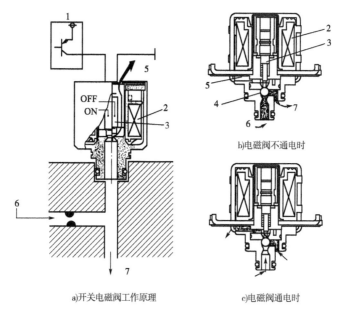

a) 开关电磁阀工作原理　　　c) 电磁阀通电时

图 8-30　开关式电磁阀
1-ECU；2-电磁线圈；3-衔铁与阀芯；4-阀球；5-泄油孔；6-主油道；7-控制油道

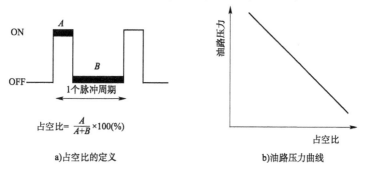

a) 占空比的定义　　　b) 油路压力曲线

图 8-31　脉冲线性式电磁阀的控制信号

二、液压操纵控制系统换挡过程与控制原理

液压自动操纵系统的具体结构和工作情况，根据自动变速器的形式而异，但基本构成和原理大同小异，因此，本节以丰田 340E 液压自动操纵系统为例，分析液压操纵控制系统换挡过程与控制原理。液压自动操纵系统如图 8-32 所示，主要由液压动力系统、液压控制系统及换挡执行元件等组成。

(一) 液压动力系统

液压动力系统主要由油泵、辅助装置、压力调节装置等部分组成，作用是向变速器各部分提供具有一定油压、足够流量、合适温度的液压油。

1. 油泵

油泵的作用是使工作 AFT 产生一定的压力和流量，供给液力变矩器和液压操纵系统所需的液压油。在小型乘用车上使用的自动变速器中采用的油泵有三种形式：内啮合渐开线齿轮泵、摆线齿轮泵和叶片泵。目前内啮合渐开线齿轮泵应用较广泛。

2. 压力调节装置

该调压装置一般由一次调节阀、二次调节阀、节流阀、安全阀等组成。其作用是：根据发动机的负荷自动调节油压,且保证油压在发动机转速变化范围内,不至于急速时,由于油压过低,而引起离合器打滑;或高速时,由于油压过高而产生换挡冲击。保证各部分所需 AFT 的油压和流量均可调节。

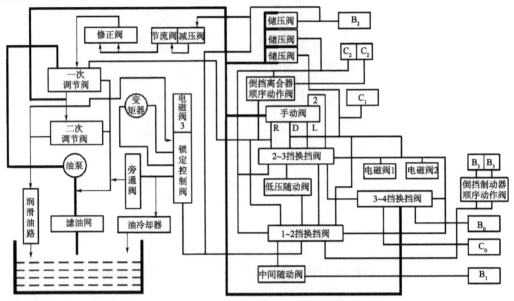

图 8-32　A340E 自动变速器液压控制系统

1)一次调节阀

一次调节阀的结构与原理如图 8-33 所示,主要根据节气门开度和手动阀的位置,将油压调节至规定值。以此形成稳定的工作油压,是自动变速器内最基本最重要的压力(管路压力)。管路压力过低,会引起离合器、制动器打滑而烧蚀;管路压力过高,会产生换挡冲击并引起发动机的功率损失。

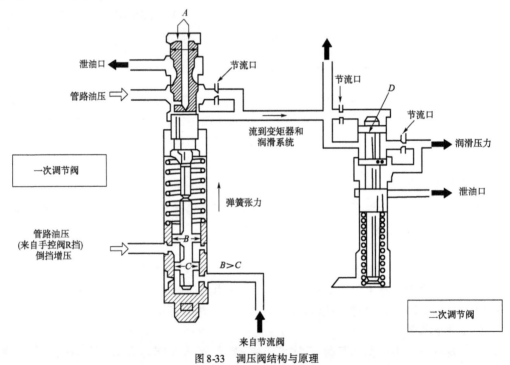

图 8-33　调压阀结构与原理

一次调节阀的油压调节的主要依据是节流阀所提供的节气门位置的液压信号及手动阀的动作(R挡时,其传动比为2.88,故传递的转矩较大,要求管路压力在倒挡时,比其他挡位要高得多)。

当节气门开度较大时,节流阀则产生与节气门开度成正比的液压信号加在一次调节阀的C面,推动阀芯上移,使泄油口开度变小,管路压力增加,变速器可传递的额定转矩增大,正好满足转矩随节气门开度增加而增大的需要。

2)二次调节阀

二次调节阀的结构与原理如图8-33所示,实际上是一个限压阀。其作用是供给液力变矩器和诸摩擦副润滑所需的油压,且当发动机停止转动时,关闭液力变矩器的油路,防止大量的AFT从液力变矩器外流,以保证发动机起动时,能正常传递转矩。

3)节流阀与止回阀

节流阀与止回阀的结构如图8-34所示。节流阀的主要作用是:用以产生与节气门开度成正比的节气门压力信号。当加速踏板踏下时,由于节气门凸轮作用,推动阀芯上移,使泄油口开度变小,油压增加并送至节气门压力修正阀进行压力修正后,再送至一次调节阀的C处,以此控制管路压力,使主油压能随发动机负荷的变化而变化。此外,节气门压力修正阀使得管路压力在节气门开度较大时增长速率变小,如图8-35所示,以减少换挡冲击。

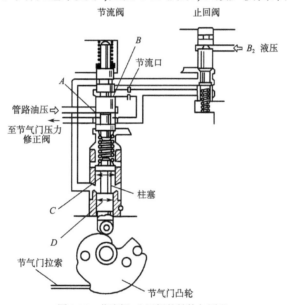

图8-34 节流阀、止回阀的结构与原理

止回阀的主要作用是:当变速器进入二挡以上时,由于B_2动作,使压力油加至止回阀上端面,故阀芯下移,将压力油送至作用于节流阀中部,使阀芯向上,以此减轻驾驶人的脚踏力,使操作轻便。

(二)液压操纵控制系统

液压控制系统如图8-36所示,主要由手动阀、电磁阀、换挡阀、锁定信号阀及锁定继动阀组成。

1.手控阀

手控阀一般是通过连杆机构与驾驶室内的变速器选挡杆相连接。其作用是依据选挡杆位置不同,分别将管路压力导入"P""R""N""D""2"或"L"等油路。其结构及油路通道如图8-36所示。

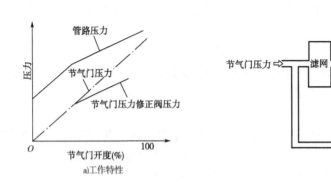

图 8-35 节气门压力修正阀

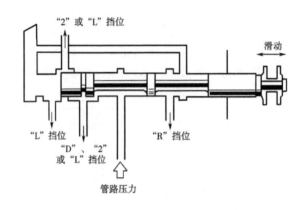

图 8-36 手控阀结构示意图

2. 换挡阀

1-2 挡换挡阀用于提供一挡及二挡之间的换挡;2-3 挡换挡阀用于提供二挡及三挡之间的换挡;3-4 挡换挡阀用于提供直接挡及超速挡之间的换挡。换挡阀的换挡动作主要取决于电磁阀的工作状态,并受限于手动阀的控制。假设手动阀位于"D"位,则:

(1) 1 挡时:各电磁阀的工作状态及各换挡阀的阀芯位置如图 8-37 所示,根据图 8-32、表 8-2,由此分析,换挡执行器中的离合器 C_0、C_1、单向离合器 F_0、F_3 工作,行星变速器位于一挡。

(2) 2 挡时:由于 No.2 电磁阀通电工作,致使 1-2 挡换挡阀的阀芯上移,如图 8-38 所示,使制动器 B_1 及单向离合器 F_1 参与工作,行星变速器位于二挡。

(3) 3 挡时:由于 No.1 电磁阀停止工作,致使 2-3 挡换挡阀的阀芯下移,如图 8-39 所示,使换挡执行器中的离合器 C_2 参与工作,行星变速器位于三挡。

(4) 超速挡时:由于 No.2 电磁阀停止工作,致使 3-4 挡换挡阀的阀芯下移,如图 8-40 所示,换挡执行器中的制动器 B_0 工作,C_0 与 F_0 均停止工作;此外,由于 2-3 挡换挡阀将管路压力送至 1-2 挡换挡阀的下端面,故 1-2 挡换挡阀的阀芯位置仍保持不变,行星变速器位于超速挡。

3. 锁止信号阀与锁止继动阀

锁止信号阀可根据 No.3 电磁阀的控制信号来控制锁定继动阀的动作,接通或切断锁止继动阀的油路,以此控制通往变矩器 AFT 的流向,使液力变矩器内锁止离合器适时的接合与分离。

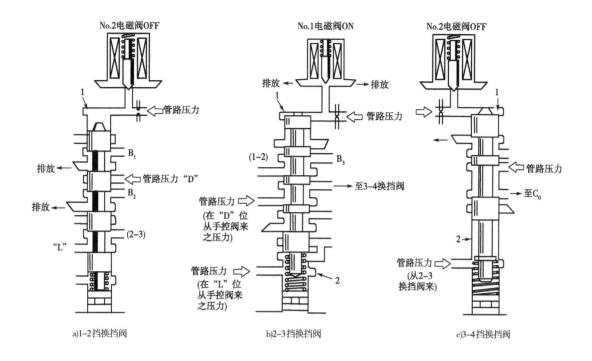

图 8-37 一挡时,各换挡阀的工作情况

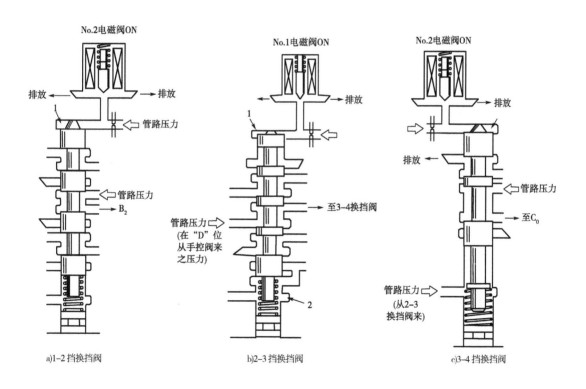

图 8-38 二挡时,各换挡阀的工作情况

167

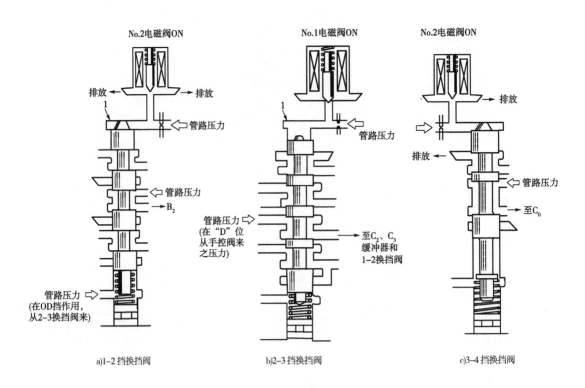

图 8-39　三挡时,各换挡阀的工作情况

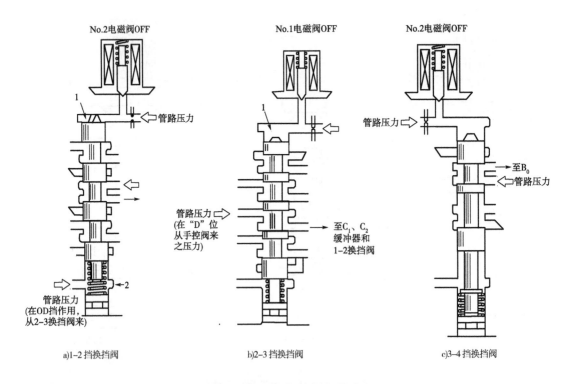

图 8-40　超速挡时,各换挡阀的工作情况

1）锁止信号阀结构与工作原理（图8-41）。

（1）No.3电磁阀"ON"，则阀芯上移，接通锁止继动阀的油路。

（2）No.3电磁阀"OFF"，则阀芯下移，切断锁止继动阀的油路。

2）锁止继动阀结构与工作原理（图8-41）。

根据锁止信号阀的锁定信号，控制通往变矩器AFT的流向，使液力变矩器内的锁止离合器适时的接合与分离。

（1）当有锁定信号时，通往变矩器AFT的流向为顺时针方向。

（2）当无锁定信号时，通往变矩器AFT的流向为逆时针方向。

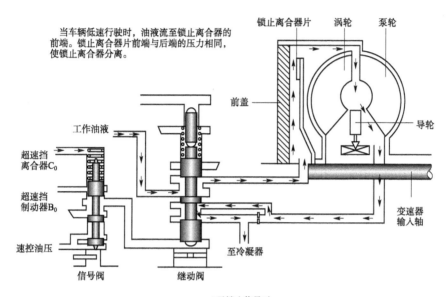

a）无锁止信号时

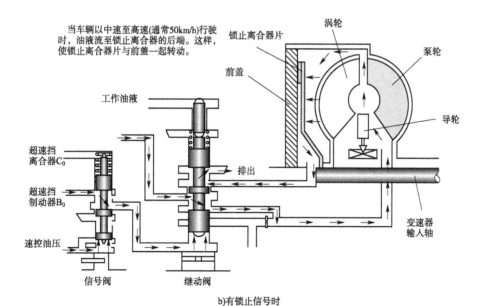

b）有锁止信号时

图8-41 锁止信号阀和锁止继动阀

(三) 换挡品质控制装置

换挡品质是指换挡过程中的平顺性，即换挡过程能平稳而无颠簸或无冲击地进行。换挡品质控制是自动换挡液压控制系统中的基本组成部分之一。换挡品质的控制的实质就是限制发生过于剧烈的转矩扰动，采用的控制方法又可分为两个方面。

1. 自动变速器执行机构的缓冲装置

自动变速器执行机构的缓冲装置如图 8-42 所示，主要由蓄能器、单向节流阀、倒挡顺序动作阀、倒挡离合器顺序动作阀、低压随动阀、中间随动阀等组成。

蓄能器的作用是在换挡时，使压力油能迅速流到换挡机构的油缸，并吸收和平缓油压中的压力波动。

单向节流阀的作用是对流向换挡执行元件的液压油产生节流作用。在换挡元件接合时，延缓油压增大的速率。

倒挡顺序动作阀的作用是降低挂倒挡时通往 B_3 外活塞的油压，使挂倒挡时，平稳无冲击。

倒挡离合器顺序动作阀作用是降低挂倒挡时通往 C_2 外活塞的油压，使挂倒挡时，平稳无冲击。

低压随动阀作用是调节制动器 B_3 的油压，使制动器 B_3 接合平稳。

中间随动阀作用是调节制动器 B_1 的油压，使制动器 B_1 接合平稳。

2. 自动变速器执行机构的定时控制

换挡过程实际上是摩擦元件的摩擦力交替过程，若摩擦力矩替换过程的定时不当，会引起输出转矩的急剧变化。

重叠不足，将会产生两个离合器传递转矩间断现象，转矩会先下降过多，随后又急剧上升，会引起较大的转矩扰动。

重叠过多，将会出现两个离合器同时工作的情况，会在一个短暂的时间内，两个挡位重叠工作，重叠过多的转矩扰动比重叠不足时更严重。

所以要对两个交替换挡的执行元件的泄油和充油过程进行控制，以得到最满意的交替衔接，这就是定时控制。

定时控制的元件有定时阀、缓冲定时阀、干预换挡阀等。

第五节 无级变速

ECT 仅为电子控制的有级自动换挡变速系统，仍然是传统齿轮变速系统功能的延伸与发展。ECT 系统虽然使齿轮变速功能更加强大，但其传动特性仅仅是接近于理想特性，如图 8-42 所示。

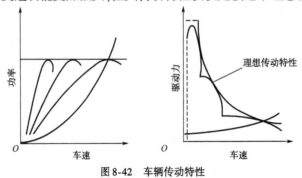

图 8-42 车辆传动特性

由图可见,对有级变速系统而言,只有挡位无限增加时才能逼近理想传动特性,显然这是办不到。只有采用真正意义上的无级变速方可达到理想传动的目的。

在车辆实现无级变速的过程中,发展出两个技术分支。

1. 车辆电传动系统

电传动系统首先将发动机输出的动力转换为电能,然后传递至驱动轮上的电动机带动车轮旋转。车辆电传动系统可以完全实现无级变速,主要优点在于:结构与变速过程简单,可实现全轮驱动;有利于功率分配和控制;转动惯性小,加速性能好和便于总体布局等优点,对于大型车辆而言其性能相当理想。但电传动系统在效率、冷却、成本和质量等方面都存在问题,另外电传动车辆在工艺与实际方面仍然存在着许多不足之处,对于小型乘用车而言,达到成熟运用阶段还要走很长的路。

2. 电子控制机械传动无级变速系统

机械传动无级变速系统类型有多种,从早期的摩擦环(盘)式到皮带式变节圆式,最终发展到钢带变节圆式无级变速(Continuously Variable Transmission,CVT)。

该系统具有可靠性高、使用寿命长、速比范围大以及质量功率比大等优点,特别在采用电子控制技术之后,其性能有了本质性的提高,在现代小型乘用车上应用日益广泛。

此处仅介绍电子控制机械传动无级变速及其控制系统,以 CVT 为典型事例。

一、CVT 基本结构与原理

1. CVT 基本结构

CVT 基本结构主要由主动轮与从动轮组成,如图 8-43 所示。主、从动轮均分成活动与固定两个部分,形成剖面为 V 形的锥形槽。一条金属钢带楔入锥型槽作为传动部件。由 ECU 通过一个液压油泵控制主、从动轮可移动部分(也称移动盘)的轴向移动,改变其节圆半径使传动比变化。

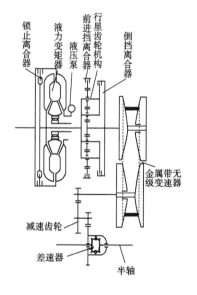
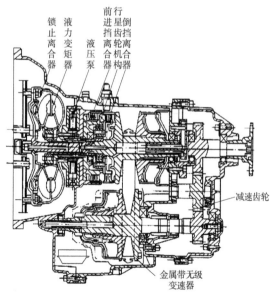

a) CVT工作原理CVT基本结构　　　　b) CVT基本结构

图 8-43　CVT 基本结构与原理

金属钢带是由若干片厚度为1.5～2.2mm,宽度为20～30mm的薄钢片叠在一起,通过数百个金属卡环约束在一起形成的,如图8-44所示。

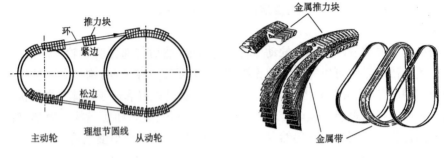

a)金属带转矩传递原理　　　　　　　　b)金属带结构示意

图8-44　金属传动带结构与传动原理

卡环的形状经过精心设计,其外轮廓形状与工作轮锥形槽吻合,叠加的钢片楔入其槽中形成一个整体式柔性金属带传动带,CVT就是靠该金属带与工作轮锥形槽表面产生的摩擦力实现两工作轮之间的动力传递。

2. 金属带传动原理

在传动过程中,ECU发出指令控制油泵,进而通过液压系统控制工作轮移动部分的轴向移动,对柔性金属带的卡环施加一个夹紧力,使其不能与工作轮产生相对滑动。由此当主动工作轮运动时产生的摩擦力推动金属卡环逐个挤推传递动力,该推挤力加上金属片的张力一起将动力传递至被动工作轮,通过被动工作轮与柔性金属带之间的摩擦力带动被动轮旋转,实现动力传递。工作轮移动盘移动时,金属带工作节圆半径改变从而使得两轮之间的传动比改变,其变化范围为0.4～3。

二、CVT控制原理

CVT变传动比控制所需信息与ECT相同,即传感系统不变。独特之处在于CVT的控制因素:金属带夹紧力与传动比控制。

如果仅仅移动某一个工作轮的移动盘,则其上的金属带将沿锥面向工作轮外沿移动,而另一工作轮上的金属带在张力的作用下将沿锥面向工作轮内沿移动,因此造成工作节圆变化。为保证金属带维持稳定工作于节圆上,必须同时移动另一个工作轮的移动盘。

显见,工作轮可动部分的移动将产生传动比的变化,同时也导致对金属带夹紧力的变化。通过大量的试验与数据分析计算得知:主、从动工作轮上的夹紧力存在着特定关系;就主动轮而言,则夹紧力与节圆工作半径以及传动比存在特定关系。由此可以得出以下结论。

先根据车辆控制目标确定主(从)动轮移动盘控制油缸压力,则从(主)动轮工作油缸压力也跟随作相应调整。车辆设计原则的不同导致优先控制对象的区别,但原理与方法则基本相同。即传动速比控制转换为工作轮控制油缸压力控制,如图8-45所示。

工作轮控制油缸压力控制的具体方法与ECT基本相同,即:电磁阀接收ECU指令产生相应的动作,调节控制管路的压力推动工作轮移动盘,从而产生相应的金属带夹紧力,获得不同的工作轮节圆工作半径,进而获得期望的传动比,如图8-46所示。

CVT控制基本原理与控制技术尚处于研究与不断成熟的过程中。CVT无级变速技术代表了今后机械传动控制的发展方向。

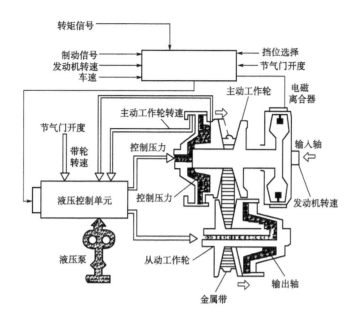

图 8-45 CVT 控制系统示意

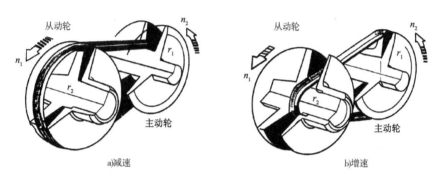

a)减速   b)增速

图 8-46 CVT 变速原理

复习思考题

8-1 自动变速器有何优点和缺点？

8-2 简述自动变速器的基本组成。

8-3 根据单排行星齿轮的运动学特性方程,推导其8种组合方案的传动比。

8-4 辛普森行星齿轮机构有何结构特点？

8-5 释放加速踏板后,自动变速器如何实现滑行功能？

8-6 下坡时,自动变速器如何实现发动机制动功能？

8-7 分析湿式多片离合器的工作原理。

8-8 分析湿式多片制动器的工作原理。

8-9 分析液力变矩器的变矩、耦合、锁止特性。

8-10 自动变速器阀体有哪些主要液压阀？各起何作用？

8-11 自动变速器的传感器一般有哪些？各起何作用？
8-12 试比较等延迟型与发散型两参数换挡规律的特点。
8-13 三参数换挡规律有何优点？
8-14 试述动力型换挡规律。
8-15 试述经济型换挡规律。
8-16 试分析三行星排 4 速辛普森式自动变速器的换挡执行元件的工作规律。
8-17 简述 CVT 控制原理。

第九章 汽车制动控制系统

本章主要介绍：汽车制动控制系统的控制模式、控制原理、基本组成、控制方式与控制过程分析；ABS控制系统结构与布局；ABS各个组成分系统功能、结构与控制过程分析；基本元件结构与工作原理介绍；典型元器件分析。

第一节 汽车制动控制系统基本原理

一、车轮运动滑移率概念

车轮运动过程始终处于平动或滚动，以及平动与滚动相结合的状况。描述该状况的车轮运动参数为滑移率s。其表达式为

$$s = \frac{v_a - v_\omega}{v_a} \times 100\% = \frac{v_a - r \cdot \omega}{v_a} \times 100\% \tag{9-1}$$

式中：v_a——车速，m/s；

v_ω——车轮与地面接触点线速度，m/s；

r——车轮滚动半径；

ω——车轮角速度。

当$v_\omega = v_a$时，$s = 0$，车轮在地面处于纯滚动状况；车辆制动当$v_\omega = 0$时，$s = 100\%$，车轮处于纯滑动(俗称车轮抱死)状况。显见，s值的大小确定了车轮运动时滚动成分的比例。

二、制动过程力学简析

如图9-1所示，按照汽车行驶理论分析：车轮制动时地面制动力、附着力以及附着系数之间的关系为

$$F_{xb} \leq F_\varphi = F_Z \varphi \tag{9-2}$$

式中：F_{xb}——地面制动力；

F_φ——附着力；

F_Z——地面对车轮的法向反力；

φ——地面与车轮之间的附着系数。

显见，轮式车辆制动时车辆所获得的地面制动力的最大值为

$$F_{xbmax} = F_Z \varphi \tag{9-3}$$

F_{xb}正变于φ值，而F_{xbmax}则只能出现于附着系数φ的峰值状态。

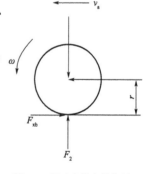

图9-1 制动车轮力学分析

三、滑移率与汽车制动系统效率之间的关系

φ值取决于车轮和地面状况以及二者之间的运动状况，包括路面质量、干湿程度以及车轮

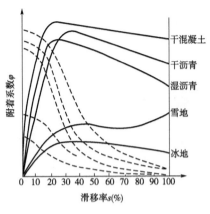

图 9-2 附着系数与滑移率的关系
----- 横向附着系数 —— 纵向附着系数

轮胎类型、气压、载荷、花纹、磨损状况和运动速度等因素。车辆在特定路面与车轮状况下制动时,当 φ 出现峰值时才可能获得由式(8-3)所确定的地面制动力最大值 F_{xbmax}。车辆操纵稳定性则要求具备尽可能大的横向附着系数,以保证正常行驶以及操纵性能。

如图 9-2 所示:假设车轮状况特定,则不论在何种路面上制动,当 $s=100\%$ 时,车轮横向与纵向附着系数并不处于峰值,从而不能获得地面制动力的最大值。而 $s=100\%$ 时横向附着系数等于零。

结论:欲获得较大的制动力,以及在制动过程中保持车辆的操纵性和稳定性,必须使附着系数 φ 值保持在特定的范围内。

四、防抱死制动控制系统

传统制动系统中,制动器制动力正变于制动踏板力并基本呈线性增长。在遇到紧急情况下驾驶人猛踩制动踏板,制动器制动力急剧增长,瞬间使得车轮迅速抱死,$v_\omega=0, s=100\%$。此时必然产生如下弊病:

(1)由于纵向附着系数没有处于峰值状况而无法获得最大地面制动力,从而影响制动效果。

(2)由于横向附着系数等于零(图 9-2),路面微小的干扰就可使得车辆丧失横向稳定性,往往直接导致安全事故发生。

(3)车轮抱死时产生的巨大摩擦力使车轮磨损强度急剧增大,严重时会使车轮爆裂,高速行驶时增加安全隐患。

(4)在不良路况行驶时,由于各个车轮与路面的接触状况不同(φ 值不同),此时如果制动系统产生相同的压力对各个车轮进行制动,将使每个车轮在相同时刻产生不同的地面制动力 F_{xbmax},直接导致方向控制艰难。

所谓 ABS(Auto-Lock Brake System)就是针对上述问题而采用的车辆制动控制系统,其基本功能是:根据车轮运动状况和地面状况,采用动态控制模式适时、自动地调整制动系统工作压力,从而控制地面制动力,使车轮在制动过程中滑移率 s 始终保持在较为理想的特定范围内,维持整个制动过程中纵向附着系数于峰值附近、横向附着系数保持一定数值,以克服车轮抱死产生的上述弊病。目前 ABS 已成为现代汽车的标准制式配备。

第二节 ABS 基本组成

一、对 ABS 的基本要求

(1)制动时车轮滑移率自动保持在特定范围以获得高制动效率和稳定性。
(2)各个车轮位于不同附着系数路面上,制动时也可自动保持纵向稳定性。
(3)当系统出现故障时应自动切换为常规制动以提高可靠性与保险性。
(4)在所有行驶速度范围内均能可靠工作。

与典型控制系统基本组成相似,ABS 仍然是由传感器、电子控制单元和执行器等组成,如图 9-3 所示。

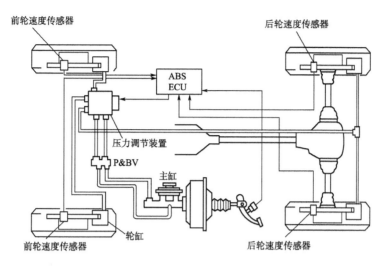

图 9-3 ABS 基本组成

二、ABS 传感器

ABS 传感器主要是轮速传感器,其功能是检测并适时向电子控制单元提供反映车轮运动轮速和角减速度等信号,经处理后使得 ECU 能够识别车轮运动状况,判定车轮的滑移率,实行 ABS 综合控制。在车辆采用总线控制技术实行综合控制时,ABS 传感系统获得的信息可以为其他系统,如发动机系统、变速器系统和驱动防滑系统等共享。

轮速传感器可安装在车轮、减速器或变速器上,其数量取决于系统布局和控制方式。轮速传感器主要有电磁感应式和霍尔效应式两种类型。

1. 电磁感应式轮速传感器

该传感器利用一个由小磁阻铁磁材料制成的,且与车轮同步旋转的细齿圈激发原始电磁信号,如图 9-4 所示。

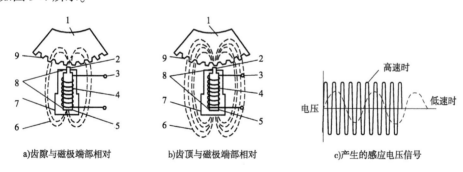

a) 齿隙与磁极端部相对   b) 齿顶与磁极端部相对   c) 产生的感应电压信号

图 9-4 电磁感应式轮速传感器的工作原理

1-齿圈;2-磁极端部;3-感应线圈引线;4-感应线圈;5-永久磁铁;6-磁力线;7-电磁感应式轮速传感器;8-磁极;9-齿圈齿顶

由线圈和磁铁组成的传感探头安装在细齿轮附近固定位置,与细齿圈顶端之间有 0.5～1.0mm 的间隙。

当车轮旋转时细齿圈随之同步旋转,使得传感探头与细齿圈齿顶之间的间隙发生变化,导致传感线圈的磁场磁通发生变化,从而感生出频率和幅值与齿圈转速成正比(即与车轮转速成正比)的交变电压,经整形和 A/D 转换处理后以电子数字脉冲的形式输出至 ECU。

2. 霍尔效应式轮速传感器

霍尔效应式轮速传感器具有转速监测范围大、信号稳定、不受转速变化与电磁干扰影响,以及频率响应灵敏等优点,在目前现代高速车辆控制系统中运用普遍,如图 9-5 所示。

图 9-5 霍尔效应式轮速传感器的工作原理

霍尔效应式轮速传感器是利用霍尔效应感生正弦电压信号,经信号处理电路转换为脉冲信号。

三、ABS 的电子控制单元

ABS 的 ECU,用以储存预编程序,接收轮速传感器信号并进行处理后,按照特定的控制逻辑与模式进行分析、计算,获得控制指令并向执行系统输出。

ABS 的控制需要一系列的计算参数,其中最主要的是轮速、车轮角加速度或角减速度、参考车速和滑移率等。轮速输入信号是这些参数计算的基础。ABS 的 ECU 识别轮速输入信号,通过各自的算法程序依次计算出轮速、车轮角加速度或角减速度、参考车速和滑移率,并将车轮角加速度或角减速度和滑移率参数用于控制。平滑准确的车轮角加速度或角减速度和滑移率参数是进行控制的关键,简单的算法有时根本无法用于控制。

图 9-6 所示是轮速处理过程,轮速参数的取得是硬件电路部分和软件算法部分相配合的结果。

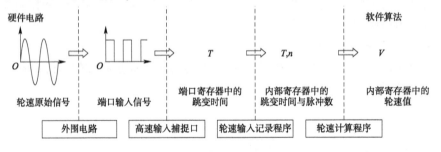

图 9-6 轮速信号的处理过程

对于不同的处理方式有以下两个共性:①轮速信号要转换成方波输入;②需要高速输入捕捉口,记录跳变时间。这分别决定了轮速处理硬件和软件的基本特征。

ABS 的 ECU 设置有安全保护电路,其功能是:将由车辆电源系统提供的 12V 电压转换为 ECU 内部所需的 5V 电压,并对车辆电源系统电压,以及 ABS 工作状况进行检测与监控。在系统出现故障或车辆电源系统电压不稳定时发出指令切断相关电路,使 ABS 停止工作,转入常规制动,实现 ABS 实效保护。在实现上述功能的同时存储故障信息,点亮 ABS 故障警告灯提示及时排除故障。

四、ABS 的执行器

ABS 执行器的功能是在 ECU 控制指令驱动下自动调节制动系统压力,以获得预期的控制效能，使汽车稳定的、安全制动，直到停车。

根据制动系统制动液的不同，执行器的压力调节装置分为液压式和气压式两种基本类型。乘用车主要采用液压式，商用车主要采用气压式，本文主要介绍液压式制动压力调节装置。

1. 液压制动压力调节器的基本原理与组成

ABS 一般采用循环方式调节液压系统压力。该方式是利用改变制动轮缸中参与工作的制动液数量来调节系统压力。循环式压力调节装置的基本组成与工作原理如图 9-7 所示，其关键元件是具有三个通道的电磁阀：进液通道、出液通道和泄压旁通通道（图 9-8）。进液通道与主缸连接，出液通道与轮缸连接，而泄压旁通通道则与储液容器连接。其基本原理是：驾驶人踩制动踏板对制动液施加作用力，该作用力通过电磁阀传递至制动轮缸。ECU 指令可以使电磁阀产生相应动作，控制电磁阀进液与泄压旁通通道的开闭，即可切断压力传递路线或者减少制动液的数量，实现压力自动调节。

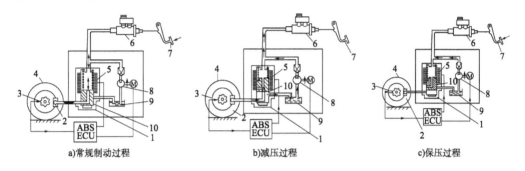

a) 常规制动过程　　　b) 减压过程　　　c) 保压过程

图 9-7　循环式 ABS 压力调节装置基本原理与结构

1-电磁阀；2-制动轮缸；3-车轮转速传感器；4-车轮；5-电磁阀线圈；6-制动主缸；7-制动踏板；8-电动泵；9-储油器；10-柱塞

ABS 控制过程必须具备三个工作状态：增压，保压与减压。电磁阀接收到的 ECU 控制指令一般由高、低电平（"二位"），或高、中、低（"三位"）电平脉冲信号组成，如图 9-9 所示。电磁阀中的电磁线圈依据信号占空比或电平产生磁力，使衔铁按相应规律做径向运动，以控制进液与泄压通道的开与闭。由此而定义所谓的"二位三通"与"三位三通"电磁阀。

2. 液压制动压力调节器的工作过程

(1) 增压阶段：电磁阀动作关闭泄压通道，制动液从制动主缸经电磁阀直接流向制动轮缸，此时系统按照普通液压制动系统的工作规律运行，制动力正比于制动踏板力，如图 9-10a) 所示。

(2) 保压阶段：ECU 输出控制指令使衔铁运动，关闭进压与泄压通道，此时由于参与工作的制动液数量保持不变，且踏板力无法传递至制动轮缸，通道中压力保持恒定，如图 9-10b) 所示。

(3) 减压阶段：ECU 指令使进液通道关闭而泄压通道开启，此时制动液经由泄压通道与回流管路进入储能器，使制动轮缸压力降低，如图 9-10c) 所示。

在保持与泄压阶段轮缸制动压力不随踏板力变化。

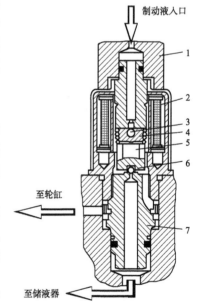

图 9-8　二位三通电磁阀基本构造

1-阀盖；2-电磁线圈；3-第一球阀；4-弹簧；5-衔铁；6-第二球阀；7-阀体

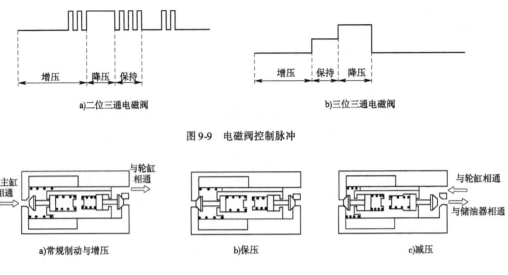

图 9-9 电磁阀控制脉冲

图 9-10 电磁阀工作过程

第三节 ABS 控制模式与控制方式

一、逻辑门限控制模式

ABS 可以分为逻辑门限控制、滑动模块变结构、优化控制、模糊控制和基于制动器功率耗散等不同的控制模式。所谓控制模式是指：将某种逻辑法则转换为计算机程序储存于 ECU 中，作为对传感数据进行处理的依据，形成并发出执行指令。不同控制模式各有优劣，实际运用往往取决于车辆的设计思想、控制原则、结构、技术支撑，基本运用范围以及技术的成熟与否等因素。本书仅介绍绝大多数现代汽车所普遍采用的逻辑门限控制方法。

1. 逻辑门限控制的定义

逻辑门限控制是指：设定一个汽车状况参数的临界逻辑门限值作为控制系统阈值，作为控制系统运行的"门限"。当传感系统所监控的反映系统制动状况的某个参数超过阈值时，ECU 发出指令，根据相应的逻辑对工作参数进行调节，使系统回到"门限"所设定的特定状态。

2. 逻辑门限控制基本原理

ECU 识别与监测的汽车状况控制参数可以是车轮角减速度、车轮角加速度、滑移率。通常在 ECU 中设定车轮角减速度值 $+a$ 为基本控制阈值。当车轮角减速度超过该阈值时系统发生减压、保压与增压三种逻辑控制动作。从理论上分析，车轮角减速度始终在控制阈值设定的 $+a \sim -a$ "门限"之间变化，间接保证滑移率位于特定数值范围内。

汽车在行驶过程中各个车轮与地面的附着系数不尽相同，因此不能保证在任何情况下采用车轮角减速度作为阈值进行控制，就一定能使车轮与地面的 φ 值处于峰值状况。比如：在路面状况湿滑时进行制动，当车轮角减速度达到阈值时，可能附着系数并不处于峰值附近，而系统已经开始实施控制，其结果必然无法获得较为理想的附着状态。显见，仅仅采用车轮角减速度作为控制阈值，在路面状况变化较大时滑移率控制结果的分布范围也相应加大。因此，现代汽车 ABS 系统中往往将车轮角减速度作为主控阈值，滑移率作为辅助控制阈值实施综合控制，直接识别滑移率，从而扩大系统的适应性与可靠性。

在实际运用中,车轮角减速度和车轮转速(轮速)等信号经传感器适时测取输入 ECU,再根据基本数据估算出车速,经处理得出瞬间滑移率值,然后根据预存阈值等数据按照预编程序进行处理得出控制指令,使执行系统按照特定的逻辑过程工作。该控制模式可以基本保证在常用速度与路面状况范围内获得较为理想的制动效果。

3. 轮速的计算方法

轮速计算在 ABS 控制中的作用至关重要,实时、准确的轮速计算是成功控制的必要条件和基础,轮速计算方法一般有频率法、周期法、多倍周期法和精度自适应法等。

1) 频率法

如图 9-11a) 所示,设测量时间为 T_0,此时间段内的方波数为 N,轮速传感器的齿圈齿数为 z,车轮滚动半径为 r,于是

$$T = \frac{T_0}{N}$$

$$K = \frac{2\pi r}{z} \tag{9-4}$$

轮速 v 为

$$v = \frac{2\pi r}{zT} = \frac{2\pi rN}{zT_0} = K\frac{N}{T_0} \tag{9-5}$$

轮速的精度 δ 为

$$\delta = \left|\frac{\Delta v}{v}\right| = \frac{\mathrm{d}N}{N} = \frac{1}{N} \tag{9-6}$$

频率法的计算误差 δ 主要来自计数误差,在选取的单位时间段 T_0 较长,或在此期间轮速脉冲个数 N 足够大的情况下,频率法的误差相对较小。如果在这一时间段内只有很少几个轮速脉冲,±1 的计数误差会使精度大大降低。

频率法对高频信号计算精度较高,而低频信号计算误差较大。

2) 周期法

如图 9-11b) 所示,每一个方波的周期为 T,时钟脉冲为 t_c,周期 T 内的时钟脉冲数为 N_c,则轮速 v 及轮速精度 δ 为

$$v = \frac{2\pi r}{zT} = \frac{K}{N_c t_c} \tag{9-7}$$

$$\delta = \left|\frac{\Delta v}{v}\right| = \frac{1}{N_c} \tag{9-8}$$

周期法的精度与 N 及系统的时钟精度有关,被测信号周期 T 越长,时标信号频率越高,则测量的精度越高。因此,周期法对低频信号计算精度较高,而对高频信号则误差较大。

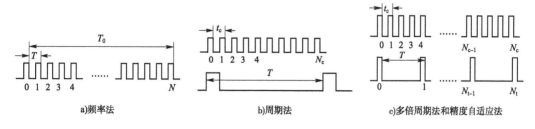

图 9-11 轮速计算方法

3) 多倍周期法和精度自适应法

轮速计算的多倍周期法和精度自适应法,都是将轮速周期进行倍乘,如图9-11c),周期 T、轮速 v 及轮速精度 δ 的计算公式为

$$T = \frac{N_c t_c}{N_t} \tag{9-9}$$

$$v = \omega r = \frac{2\pi r N_t}{z N_c t_c} = K \frac{N_t}{N_c t_c} \tag{9-10}$$

$$\delta = \left| \frac{\Delta v}{v} \right| = \frac{1}{N_c} = \frac{v t_c}{K N_t} \tag{9-11}$$

周期数目 N_t 的选取可以根据计算精度来定,以适应高、低轮速的要求。采用这两种方法,可以有效提高轮速的计算精度,但由于扩展了轮速测量范围,在低速时轮速计算会出现较大的延时。

4. 车轮角减速度或角加速度的计算方法

1) 直接微分法

车轮角减速度或角加速度计算方法最直接和简单的方法是直接微分法,即 $\alpha = \frac{\Delta v}{\Delta t}$。尽管可以进行插值、平滑,但由于轮速的高频噪声不可避免,很小的轮速变化就可能引起剧烈的角减速度或角加速度抖动,形成许多"毛刺",所以容易造成误判断。目前这种方法几乎不被采用了。

2) 斜率法

采用斜率法计算车轮角减速度或角加速度原理很简单(图9-12),即计算某时刻前连续 N 点轮速曲线的斜率,将此斜率作为此时刻的车轮角减速度或角加速度。

假设每段曲线斜率的方程为 $y = ax + b$,每次取 N 个点进行计算,由最小二乘法基本原理,对拟合点 $(x_1, y_1), (x_2, y_2), \cdots, (x_N, y_N)$ 求斜率 a,使 $\sum_{i=1}^{N}(y_i - ax_i - b)^2$ 最小,由此可得

$$a = \frac{\sum_{i=1}^{N} x_i y_i - \frac{1}{N} \sum_{i=1}^{N} x_i \sum_{i=1}^{N} y_i}{\sum_{i=1}^{N} x_i^2 - \frac{1}{N}(\sum_{i=1}^{N} x_i)^2} \tag{9-12}$$

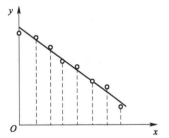

图 9-12 车轮角减速度或角加速度的斜率

采用斜率法计算车轮角减速度或角加速度有如下优点:

(1) 可以有效地减小由于轮速噪声造成的车轮角减速度或角加速度波动。

(2) 由于算法简单,因此执行速度快,计算时间短。运用移位来代替乘法和除法,整个计算过程仅需 90μs。

这种方法也有缺点,由于计算任一点的车轮角减速度或角加速度都要用到 N 个(例如 8 个)以前的轮速值,这样可能会造成计算结果滞后于实际值。

5. 参考车速的计算

根据式(8-1),确定滑移率必须首先确定参考车速 v_a,以作为控制模型的基础参数。现代车辆 ABS 仅装备车轮转速传感器和加(减)速度传感器,无法直接测取车速。对于自动变速器系统而言,适时车速也是一个重要的传感信息。目前采用的方法是在大量实验数据处理的基

础上,由 ECU 确定一个适时参考车速。其基本方法如下。

1)最大轮速法

最大轮速法是指:将车轮转速传感器适时测得的车轮转速的最大值作为的基准,通过计算获得车轮与地面接触点的线速度作为整车的参考车速。该方法简单适用,不必要进行路面识别,缺点是精度不太理想,特别是当车辆处于 ABS 制动力调节时,其动态误差较大。原因在于当系统进行高选或低选原则控制时,由此而确定的参考车速并不代表控制车轮的实际运动状况。再加上受到轮胎气压以及路面附着系数的差异等因素的影响,由该方法确定参考车速误差分布进一步加大,在低速时尤为明显,试验数据表明,在 45km/h 时误差可达 5%,直接影响控制精度。

2)减速度法(固定斜率法)

所谓减速度法是指:通过道路与台架试验确定各种运动状况下可能获得的制动减速度 a 的分布,然后在控制过程中采集初始车轮线速度 v_{a0} 和时间参数 t,根据式 $v_0 = v_{a0} - at$ 确定适时参考车速 v_0。该方法精度取决于试验数据样本 v_{a0} 与 a 的测定精度与连续性。显见,通过对大量试验数据处理可以获得较为理想的 v_{a0} 与 a 数据精度,从而获得较为理想的 v_0 数据精度。其缺点在于:需要进行路面附着状况识别,灵敏度较差;当车辆实际运动状况与模拟试验状况产生差异时直接影响 v_0 的误差分布,且受车轮气压、温度、花纹以及路面状况和车轮附着状况等客观因素影响较大。

3)耦合加速度传感器法

利用附加的加速度传感器测量制动过程中汽车的减速度,计算参考车速时,用实测的减速度作为参考车速下降的斜率。这种方法可以避免由于斜率设定不当所造成的计算误差;不足的是需要增添硬件设备,并且由于车体的振动和俯仰等影响,减速度测量和计算会受到高频噪声的影响。加速度传感器的数据"毛刺"很多,需要进行滤波和平滑。

4)最大轮速斜率法

在防抱死控制过程中,四个车轮同时出现抱死的概率较小,但总存在一个最大轮速 v_{max},采集各时刻的最大轮速并计算其变化斜率,用最大轮速的斜率 $A_{v_{max}}$ 代替瞬时的车体减速度 a 来计算参考车速 v_0。

5)综合法

综合法是指:综合采用最大轮速和减速度法分别计算适时车速 v_0,取其中较大者作为最后确定的参考车速。该方法可以综合二者的优点,数据稳定性和精确度较二者单独运用为宜,可获得较为理想的误差分布。但仍然存在控制灵敏度与适应性等固有缺陷。

虽然上述几种方法,特别是综合法,在当前汽车的 ABS 中运用较为成熟和广泛,但均存在不足,适应性、精度与通用性均较差。目前正在研究各种新方法,并且逐步成熟。

二、ABS 布局与控制方式

ABS 中能够进行压力调节并产生独立控制效应的分系统称为"通道",其组成包括压力调节装置、制动管路和信息传感与传输系统。根据通道的数量和布置,ABS 存在不同系统布局与控制方式,如图 9-13 所示。

各个车轮采用独立通道单独进行传感和压力调节控制的布局方式,称为独立"轮控"通道布局,如图 9-13a)所示;同一独立车轴线上两个车轮共同实施独立通道控制的称为独立"轴控"通道布局,如图 9-13b)所示;非同轴车轮采用同一通道控制则称为一同控制通道布局,如图 9-13c)所示。另外,根据通道数量则可分为单通道、双通道和三通道等多种形式。

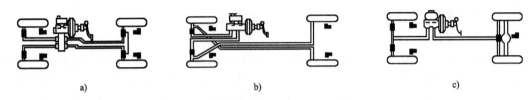

图 9-13 ABS 布局

在实行轴控和一同控制布局时,由于各个车轮所在的路面状况不可能完全相同,由此而产生不同的附着状况。因此轴控与一同控制布局中,存在选用不同车轮的附着参照的控制原则。如以附着系数较小的车轮为参照对两个车轮实施共同控制称为低选原则,反之则称为高选原则。

各类不同的布局各有优缺点。当汽车在良好道路条件下高速行驶时,所有车轮均采用轮控布局可以获得最大的附着效应和稳定的方向控制,该类型一般适应于小型高速乘用车。如果在各个车轮附着状况或者垂直载荷相差较大时仍然采用轮控布局,由于控制系统是根据各个车轮的实际附着状况进行控制,不同车轮制动力和制动时间的差距会导致横向力矩产生,直接影响汽车纵向稳定性与操纵性。且该布局的结构较为复杂,生产成本较高。

小型乘用车一般前轮制动力所占整车制动力比例较大,因此普遍采用前转向轮实行轮控而后轮实行轴控的布局。该方案可以使制动时前轮获得良好的横向附着力而保持方向稳定性与操纵性能。

第四节 ABS 控制过程

在逻辑门限控制模式下,整个制动过程中 ABS 传感系统始终连续监测车轮运动状况并向 ECU 传递适时信息,ECU 根据信息计算得出参考车速与制动减速度和滑移率等监测与控制参数,并发出适时控制指令调节系统制动压力实现防抱死控制。设定的阈值为制动减速度 a。

一、高附着系数路面控制过程

高附着系数路面控制过程如图 9-14 所示。

1. 增压阶段

在特定路面附着状况下制动开始时,车轮制动减速度达到设定阈值以前,ECU 不发出任何控制指令,制动系统的初态为:随着制动踏板力的增大,车辆制动力和车轮制动减速度同时成比例增大,该阶段相当于常规制动。

2. 保压阶段

制动力继续增大,车轮制动减速度越过设定阈值 $-a$ 并继续增大,车轮产生抱死趋势但仍工作于稳定附着范围,ECU 发出控制指令,压力调节装置工作使系统压力不再增加而保持平衡,车轮制动减速度增大趋势减缓。设立压力保持阶段的目的是在消除抱死趋势的同时充分利用车轮附着力以获得尽可能理想的制动效应。

3. 降压阶段

保压阶段末期车轮制动减速度仍继续向着小于 $-a$ 的方向变化,此时车轮抱死趋势渐强且工作于非稳定附着范围,ECU 发出控制指令,压力调节装置使制动压力下降,车轮制动减速度朝着 $+a$ 方向增大,消除抱死现象使车轮恢复稳定附着状况。

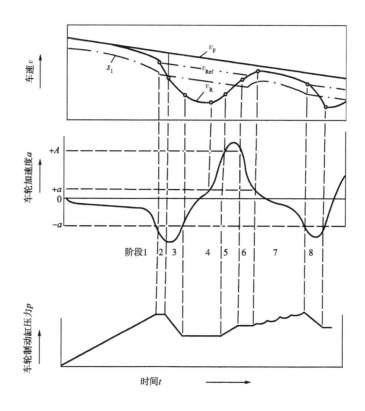

图9-14 高附着系数路面的防抱死制动控制过程
v_F-实际车速；v_{Ref}-参考车速；v_R-车轮车速

4. 保压阶段

降压阶段末期车轮制动减速度继续朝着 $+a$ 方向增大，当越过阈值 $+a$ 以后ECU发出控制指令使制动压力保持在该状态，即进入保压阶段，使车轮制动减速度持续朝着 $+a$ 方向增大直至达到某一设定值（A 点）。实际上该阶段后一部分车辆是作加速运动，目的是使系统恢复至稳定工作范围，保持制动稳定制动效应。

5. 增压阶段

当车轮制动减速度达到 A 点时ECU发出控制指令使系统增压，车轮制动减速度再次朝着 $-a$ 的方向变化。

6. 保压阶段

当车轮制动减速度增大回到 $+a$ 点后ECU发出控制指令使压力保持恒定，该阶段车轮制动减速度仍然持续朝着 $-a$ 方向变化。

7. 步进控制阶段

第六阶段末期车轮制动减速度朝着 $-a$ 的方向增大直至突破 $+a$ 点，车轮运动进入设定的稳定附着范围，此时ECU控制指令使制动压力以特定频率朝着 $-a$ 方向步进增大，直至车轮制动减速度再次越过阈值 $-a$ 开始又一轮循环，使车速逐步减小直至松开制动踏板或停车。该阶段亦称为"步进控制阶段"。

显见，ABS工作循环过程中车辆按照特定周期与规律交替进行加速与减速运动，车轮制动减速度基本分布于 $+a \sim -a$ 之间及其附近范围。

二、低附着系数路面制动控制过程

低附着系数路面控制过程图 9-15 所示。

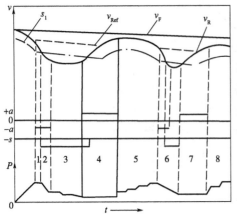

图 9-15 低附着系数路面的防抱死制动控制过程

低附着路面制动特点：由于附着系数 φ 值下降，由式(8-2)所限定的 F_{xbmax} 值亦减小，车轮制动减速度曲线变化较为平缓，意味着不大的踏板力就足以使车轮抱死，而且系统调整周期相对较长、灵敏度下降。现代乘用车 ABS 利用保压阶段某时限内车轮制动减速度变化率，以及系统调整周期的时间变化来识别路况，并采取相应的控制措施。

如图 9-15 所示，制动开始后仍然经历增压、保压和降压三个逻辑控制动作。当第二阶段降压结束后，ECU 将监测第三阶段即制动压力保持阶段车轮制动减速度的变化速率，并与编程序中的确定值进行比较：如果车轮制动减速度恢复缓慢则 ECU 判定车轮运动于低附着系数路面，进而发出指令将该阶段保持压力进一步降低，使车辆加速行驶直至车轮减速度恢复到控制阈值 $+a$；该阶段保持压力降低使得下阶段步进增压起始压力相应较低。整个循环周期中系统处于高滑移率状况的时间较长，系统可以据此进一步判定车轮运行于低附着系数路面，从而在第二个周期开始就采取直接减压的方法进行控制，以达到保持车辆纵向稳定性和操纵性的目的，这一点在低附着系数路面制动时尤为最重要的。

显见，新型 ABS 控制循环的第一个控制周期可以起到识别与判断路面附着系数的功能，即所谓"路面识别周期"。利用该原理与方式还可以对变附着系数路面的制动过程实施动态控制。现代小型乘用车 ABS 大都具备此项功能。

三、直线对接路面制动的控制

图 9-16 是车轮突然由高附着路面进入低附着路面的控制过程。由于制动压力 p 仍然保持在与高附着路面相适应的较高水平，在减压阶段（图中的第 2 阶段），车轮的参考滑移率 S 不仅会超过滑移率门限 S_1，而且会超过门限 S_2。因此，当车轮角减速度从低于控制门限值 $-a$ 到高于门限值 $+a$ 时，应判断车轮的滑移率是否大于 S_2。若已大于 S_2，说明车轮已进入不稳定区域，此时应继续减小制动压力，直到车轮角加速度高于控制门限值 $+a$（图中的第 3 阶段）。然后进入保压阶段（图中的第 4 阶段）。保持制动压力直到轮加速度又低于控制门限 $+a$ 时，进入慢升压，并按低附着路面的逻辑控制工作。

汽车在低附着路面上制动时，ABS 将控制制

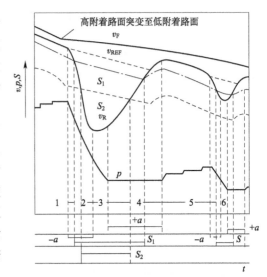

图 9-16 高附着路面突变至低附着路面的控制过程

动压力,使其维持在一个较低的压力水平。增加一个较大的角加速度门限值 +A,若车轮突然进入高附着路面,由于地面力的作用迅速加速,使地面转动力矩比制动力矩大得多,车轮角加速度会超过设定的 +A 门限值。此时,判断路面为高附着路面,并增加管路压力,转入高附着路面控制逻辑中的第 5 阶段。然后继续按高附着路面的控制逻辑工作。

四、分离路面制动的控制

分离路面(对开路面)仅是指汽车左、右侧车轮所在路面的附着系数不同,并不一定要求一侧是高附着路面、一侧是低附着路面。如,汽车的左侧车轮处于干沥青路面(峰值附着系数约为 1),右侧在薄水膜路面(峰值附着系数约为 0.85),也称为处在分离路面。由于两侧路面附着系数的差别,如果采用 4 轮独立控制,每个车轮能取得最大的地面制动力,从而得到最小的制动距离,但这会使汽车向高附着路面一侧偏转。所以在分离附着路面上偏转趋势比较明显。

为了减小这种偏转趋势,一般有两种调节方法:
(1)低选法。两侧车轮都使用路面附着系数低的一侧车轮的控制方法。
(2)修正的单轮调节法。限制两侧车轮之间的制动压力差,从而减小汽车偏转的趋势。这种方法实际是在低选法和各轮独立控制之间的一种折中。

第五节　ABS 技术的发展趋势

现代汽车制动系统控制技术发展相当快,新的控制理论指导下的技术开发与更新成为发展的主题。

目前所普遍采用的逻辑门限控制模式需要针对不同车型进行大量的试验,以获得与具体车型相匹配的参数进行预编程序设计。其基本理论仍然是建立在经验之上,对于某些控制参数(例如适时车速)仅以参考数据进行经验估计为主,缺乏理论指导。因此存在控制精度与特殊条件识别,以及快速、多变路面状况下实施控制的适应性等问题。

现代控制理论的发展为 ABS 控制技术提供极大的发展空间。PDI 控制、模糊逻辑控制、基于制动功率耗散控制以及变结构控制等新的控制理论不断发展,为提高控制精度与自适应功能提供了坚实的基础。然而新型控制理论的实际运用必须获得相应的技术支撑。

就现代 ABS 控制技术而言,全电制动控制技术(Brake-By-Wire,BBW)代表其发展方向。所谓 BBW 控制技术是采用电动装置直接驱动车轮制动系统工作,以替代液压或气动介质传递动力。

BBW 系统除去了整个油压系统,制动力由车轮制动模块中的电动机产生。BBW 系统的电子控制器根据电子踏板模块传感器的位移和速率信号,并且结合车速等其他传感器信号,向车轮制动模块的电动机发出信号控制其电流和转子转角,进而产生需要的制动力,以达到制动的目的(图 9-17)。

该技术具有结构简单,反应灵敏和可靠性高等优势。为实现智能化控制提供了先进的基础技术平台。当前 BBW 控制技术正在不断完善中,已经出现装备电—液综合制动的 ABS 控制系统的概念车,相信不久即可实现商业化生产。新技术的发展使得新型制动控制理论转向实际运用成为可能。

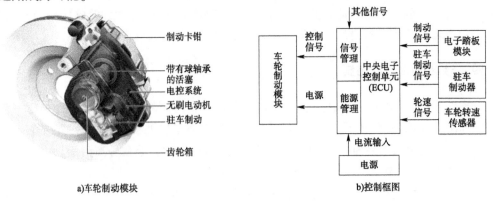

图 9-17 全电制动控制技术(BBW 系统)

复习思考题

9-1 名词解释:滑移率、纵向附着系数、横向附着系数。

9-2 无 ABS 汽车为何紧急制动会出现掉头甩尾现象?

9-3 参考车速的计算方法有哪些?简述斜率法计算参考车速的原理。

9-4 试分析车轮角减速度为控制参数的 ABS 控制过程。

9-5 试分析以车轮角加速度、车轮角减速度和滑移率为控制参数,采用高附着系数路面的控制过程。

9-6 试分析以车轮角加速度、车轮角减速度和滑移率为控制参数,采用低附着系数路面的控制过程。

9-7 ABS 中是如何识别路面的?

第十章　驱动防滑与稳定性控制系统

本章主要介绍：驱动防滑系统的基本原理、控制方法和 ASR 系统基本组成、结构与原理分析；ABS/ASR 典型系统分析；集中控制系统框架下的底盘控制系统的基本模式、方法与基本原理，底盘集中控制基本方式，实行集中控制系统的基本前提。

第一节　驱动防滑控制系统

汽车行驶时不仅要求制动时的安全、高效与稳定，而且要求汽车在加（减）速、转向状态下仍然具备行方向稳定性与可操纵性。当汽车在驱动状况下运行时，一旦车轮滑移率处于非稳定范围时，仍然会使汽车丧失稳定性与操纵性。采用驱动防滑控制（Acceleration Slip Regulation, ASR）技术对驱动轮进行控制，目的就在于防止汽车加（减）速与转向过程中出现车轮滑移率增大，进而丧失纵、横向稳定性与操纵性的现象，保证行驶安全。ASR 控制技术实际上是 ABS 逻辑上的延伸。

汽车稳定/操纵性取决于诸如发动机、传动、悬架、行驶、制动和转向操作等系统的众多因素的共同作用，因此存在协调问题。现代汽车采用集中控制技术，形成 ABS/ASR 防滑综合控制以及底盘综合控制系统。

一、ASR 基本原理

1. 滑转率

ASR 的控制参数是滑转率，滑转率的计算公式如下：

$$S = \frac{\omega r - v}{\omega r} \times 100\% \tag{10-1}$$

式中：S——驱动轮滑转率；

　　　ω——车轮角速度；

　　　r——车轮半径；

　　　v——汽车车身速度，实际应用时常以非驱动轮轮缘线速度代替。

当车身未动（$v=0$）而驱动车轮转动时，$S=100\%$，车轮处于完全滑转状态；当 $v=\omega r$ 时，$S=0$，驱动车轮处于纯滚动状态。

汽车在路面上行驶时，其驱动力取决于发动机输出转矩，但要受到路面附着条件的限制，图 10-1 所示是附着系数与车轮滑转率的关系图。

从图 10-1 中可以看到，轮胎与路面之间附着极限的附着力系数与驱动滑转率的关系，当滑转率从 0 开始增加时，纵向附着系数也随之增大，当滑转率达到某一值时，纵向附着系数达到最大值；滑转率继续增加，纵向附着系数反而随之下降，当滑转率达到 100% 时，车轮发生纯滑转。横向附着系数随滑转率的增大而急剧减小。如果横向附着系数太低，横向附着力很小，此时车轮遇到小的扰动，就会向行驶的侧向滑动。因此，把滑转率控制在图中的灰色区域，使得车轮的纵向附着系数较大,同时也有比较大的横向附着系数,从而保证汽车不仅具有较大的驱动力,而且具有较大的侧向附着力,提高了转向操纵能力和方向稳定性。

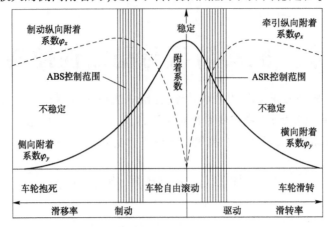

图 10-1　附着系数与滑移率、滑转率的关系曲线

2. 控制依据

汽车驱动力传递如图 10-2 所示。

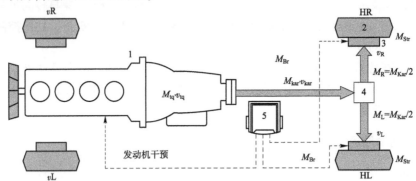

图 10-2　汽车驱动力传递路线

1-发动机;2-驱动轮;3-制动盘;4-主减速器;5-电子控制单元

汽油发动机输出转矩 M_{tq} 表示为

$$M_{tq} = M_{tq}(\phi,\theta,\alpha,n,\dot{m}_f) \tag{10-2}$$

式中:ϕ——过量空气系数;

θ——点火提前角;

α——节气门开度;

n——发动机转速;

$\dot{m}_f$——燃料流量。

ϕ、θ、α 为可控参数。

变速器输出力矩 M_{Kar} 为

$$M_{Kar} = \eta_g i_g M_{tq} \tag{10-3}$$

驱动轮力矩 M 为

$$M = M_R = M_L = \frac{1}{2}\eta_g i_g \eta_0 i_0 M_{tq} \tag{10-4}$$

190

式中：η_g——变速器与离合器传动效率；
　　　i_g——变速器传动比；
　　　η_0——驱动桥传动效率；
　　　i_0——主减速器传动比。

图10-3 所示为驱动轮受力分析，驱动轮平衡力矩为 $\dot{J\omega}$，即

$$\dot{J\omega} = M - M_{Br} - M_{Str} - F_x r \quad (10\text{-}5)$$

$$F_x = \frac{M - M_{Br} - M_{Str} - \dot{J\omega}}{r} \leqslant F_z \times \varphi \quad (10\text{-}6)$$

改变驱动轮上的平衡力矩 $\dot{J\omega}$，可以影响到驱动轮的速度，进而可以控制驱动滑转率。由式(10-4)和式(10-5)可知，在汽车载荷不变的情况下，发动机提供的驱动力矩、变速器传动比、变速器和离合器的传动效率及制动阻力矩，可以影响平衡力矩的大小。

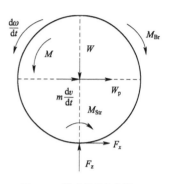

图10-3　驱动轮受力分析

由式(10-6)可知，在汽车挡位不变的情况下，驱动力矩和制动力矩这两个重要的参量就是ASR系统重要的控制参数，可以采取提高汽车附着力极限来增大汽车的驱动力，以防汽车滑转。

驱动力 F_x 取决于路面与车轮间的附着系数 φ，只有车轮滑移率 S 等于特定数值时附着系数才处于峰值，即驱动轮只有处于特定附着状况才具备足够的纵向与横向附着力，获得相应的操纵性能。

汽车行驶时驱动轮可能产生若干运动状况：

(1)在附着状况良好的路面上，汽车可获得预期的附着状况和驱动力以及正常的稳定性与操纵性能。

(2)驱动轮输出转矩 M 突然加大而附着条件未变，若驱动轮驱动力 F_x 超过式(10-6)所决定的附着力极限值时，此时汽车驱动力并不随发动机功率加大而成正比加大，车轮产生滑转现象，同时导致横向附着力减小，轻微的干扰力即可使汽车丧失横向稳定/操纵性。

(3)汽车输出转矩 M 突然变小(仍处于驱动工况且传动系统仍然连接)，由于发动机制动效应驱动轮转速受到限制，在附着状况较差的路面上产生驱动轮滑转现象，稳定/操纵性能下降。

(4)发动机维持正常动力，路面附着系数 φ 值突然变小，使驱动轮附着力随之突然变小而驱动轮驱动力 F_x 瞬间超过式(10-6)所决定的附着力极限值，驱动轮亦产生滑移且汽车丧失正常稳定/操纵性。

(5)当驱动轮附着系数 φ 为零时，驱动轮转矩无法转换为汽车驱动力，驱动轮空转而汽车无法前进。

上述(2)、(3)、(4)、(5)四种现象往往发生在不良路面状况下发动机突然大功率加速起步，或者发动机功率不变，汽车从良好路面状况突然驶入不良路面(例如从干燥路面突然驶入湿滑路面，从沥青混凝土路面突然驶入土路面时)，以及在不良路面上发动机功率突然减少时(驱动轮仍没有脱离传动)等情况，汽车驱动条件被打破。

结论：由于任何原因打破由式(10-6)所决定的汽车行驶平衡条件时，必然产生驱动轮滑转现象，汽车的稳定与操纵性将受到破坏，产生交通安全隐患。

ABS 的功能仅仅局限于制动工况。为解决上述问题，现代汽车配置了 ABS/ASR 系统，其中 ASR 系统仅仅在车轮驱动状态时工作。则不管车轮处于制动、驱动还是自由旋转工况，当

发生车轮工作于非稳定滑移率范围内时,该系统运用各种方法从整体上自动调整汽车的工作参数,使车轮迅速恢复在较为理想的滑移率范围内运转,保证汽车在不同状况下的牵引性、稳定性和正常操纵性。

3. ASR 与 ABS 的区别

ASR 与 ABS 的区别见表 10-1。

ASR 与 ABS 的区别　　　　　　　　　　　　　表 10-1

区别项	ASR	ABS
控制原理	ASR 是防止驱动轮驱动力大于附着力时出现车轮滑转,以提高汽车起步、加速及在滑溜路面上行驶的牵引力,确保汽车的行驶稳定性	ABS 是防止车轮制动力大于附着力时车轮抱死而滑动,以提高制动效果,确保行车安全
控制车轮	ASR 只对驱动轮实行控制,并有选择开关,当该开关关闭时,系统不进行驱动防滑控制	ABS 在制动时对所有车轮都施行控制
作用时间	ASR 在汽车行驶过程中一直工作,在驱动轮出现滑转时起作用。当车速很高(80~120km/h)时,一般不起作用	ABS 在制动时工作,在车轮将要抱死时起作用。当车速很低(8km/h)时不起作用,此时 ABS 会自动终止调节而回到传统的制动控制系统状态
离合器状态	ASR 控制期间,离合器处于接合状态,发动机的惯性会对 ASR 控制产生较大的影响	ABS 工作期间,离合器通常处于分离状态,发动机也处于怠速运转,传动系统无工作载荷
反应时间	ASR 是由反应时间不同的制动控制和发动机控制等组成的多循环控制系统	ABS 是一个反应时间近似一定的制动控制单循环系统

二、ASR 系统基本控制方法

ASR 与 ABS 都是通过控制作用于车轮上的转矩而实现滑移率控制。现代汽车 ASR 系统采用的基本控制方法如下。

1. 发动机输出转矩控制

发动机转矩控制仅用于驱动轮控制。汽车行驶过程中,在节气门位置不变的状况下,当驱动轮发生滑移(M 增大或 φ 值减小)时,ASR 系统可自动调整发动机输出转矩,从而减少驱动轮转矩 M 重新满足式(10-6)确定的运行条件。

采用调整发动机输出转矩方法控制驱动轮滑移的要求是:反应灵敏、过度圆滑、平稳以及尽量减少由此而产生的排放污染。常用的具体措施有:点火参数调节、燃油供给量调节、节气门开度调节等,汽油发动机输出转矩的控制原理见表 10-2。

汽油机输出转矩的控制原理　　　　　　　　　　表 10-2

控制方法	控制原理
点火参数调节	点火提前角减小可适度减小转矩,若此时驱动轮打滑仍持续加剧,则可暂时中断点火和供油。点火参数调节是比较迅速的驱动防滑控制方式,反应时间为 30~100ms
燃油供给量调节	减小供油和暂停供油来减小转矩是现代驱动防滑控制中比较容易的方式,可以和燃油电子控制结合在一起
节气门开度调节	节气门开度调节是指在原节气门管路上再串联一个副节气门,由传动机构控制其开度,调节输出转矩,其工作平稳,响应较慢,需要与其他控制方式配合使用

上述措施单独运用时,往往受到控制范围、连续性、响应速度以及灵敏性等方面的限制,结

果不甚理想。另外会产生使发动机排气污染加剧等副作用。现代 ASR 系统则运用综合手段控制发动机转矩。

2. 驱动轮制动控制

对出现滑转趋势的驱动轮直接实施制动,降低车轮驱动力 F_x 使其重新满足式(10-6)所确定条件,汽车即可重新恢复正常附着与驱动状态。该方法反应速度、控制强度和灵敏度最为理想,但因控制强度大而影响汽车行驶的平稳与舒适。采用驱动轮独立轮控方式实现防滑效应,即使行驶时每个车轮均处于不同的附着状况时也可以获得较为理想的效果。目前驱动轮制动控制应用相当广泛。

发动机转矩控制与驱动轮制动相比较:

(1)发动机转矩控制过度圆滑、稳定且可以有效地控制作用于车轮上的转矩,对于发动机功率与路面状况的突然变化具有较好的适应能力,但灵敏度与强度不佳,一般用于 ASR 初始控制及良好路面上低强度的、过渡性质的滑移率控制,有助于保证控制过程的圆滑过渡以及汽车行驶稳定性与平顺性。

(2)驱动轮制动则用于高强度的滑移率控制,能够对不同附着状态的车轮实施独立控制,是 ABS/ASR 控制的主系统。

在实施 ASR 控制时,一般先从发动机控制开始,圆滑过渡到驱动轮制动控制。

3. 差速锁锁止控制

1)控制原理

对差速器进行锁止控制,使左、右驱动轮的输入转矩不一定相同。电子控制的差速器根据路面情况和控制指令(锁止比)把滑转控制在某一范围内。

2)控制方法

当路面两侧附着系数不同时,低附着系数一侧的驱动轮滑转,这时由电子控制器驱动锁止阀,一定程度地锁止差速器,使高附着系数一侧驱动轮的驱动力获得充分发挥,以提高车速和行驶稳定性。同时差速器锁止程度的控制,还有利于弯道上的行驶稳定性和操纵性。

与常规差速锁装置不同之处在于:ASR 差速锁由机械系统和电磁阀控制系统组成,如图 10-4 所示。在差速器壳与半轴之间的传动线路上并联设置一个液压多片离合器,其电磁阀根据 ECU 指令运行调节离合器工作压力。当离合器接合时差速器壳与半轴形成刚性连接。ECU 发出的指令可以使电磁阀控制离合器摩擦片诸片逐渐参与工作,使离合器锁止程度在完全脱离与完全锁止之间产生无级变化,从而产生线性的差速锁工作效应,使接合平稳。

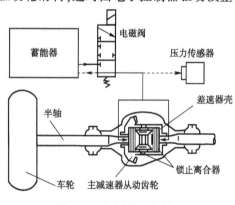

图 10-4 差速器锁止控制

差速器锁止控制可以提高在变附着系数路面上的驱动行驶稳定性,亦可人工介入使其不工作。

4. 离合器控制

离合器控制是在驱动轮发生过度打滑时,减弱电子离合器的接合程度,使离合器的主、从动盘产生部分相对滑转,从而减小传递到轮轴的驱动转矩。

5. 变速器控制

改变传动比,以来控制驱动轮的驱动转矩。

6. 驱动车轮载荷控制

对于电控悬架的汽车,对于附着条件好的驱动轮增加载荷,附着条件差的驱动轮减少载荷,以充分发挥附着条件好的驱动轮的附着性能。

7. 不同控制方的 ASR 性能对比

不同控制方的 ASR 性能对比见表 10-3。

表 10-3 不同控制方的 ASR 性能对比分析

控 制 方 式	牵引性	操纵性	稳定性	舒适性	经济性
节气门开度调节	- -	-	-	+ +	+
点火参数及燃油供油调节	0	+	+	-	+ +
驱动轮制动力矩调节(快)	+ +	-	-	- -	-
驱动轮制动力矩调节(慢)	+	0	0	0	0
差速器锁止控制	+ +	+	+	-	- -
离合器或变速器控制	+	0	+	- -	-
节气门开度+制动力矩调节(快)	+ +	+ +	+ +	+	+
节气门开度+制动力矩调节(慢)	+	0	0	+	+
点火参数+制动力矩调节	+	+ +	+ +	+	+
节气门开度+差速器锁止控制	+ +	+	+	+	- -
点火参数+差速器锁止控制	+ +	+	+	+	-

注:"- -"表示很差;"-"表示较差;"0"表示基本无影响;"+"表示较好;"+ +"表示很好。

三、ASR 系统基本组成与原理

ASR 系统主要由传感器系统、控制单元、执行系统等部分组成,如图 10-5 所示。

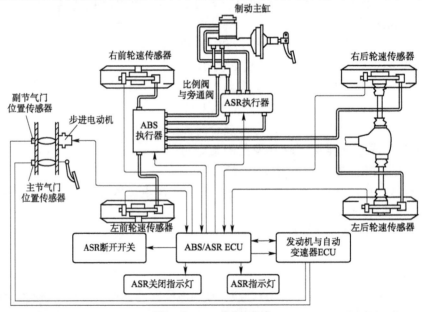

图 10-5 ASR 的基本组成

1. 传感系统

ABS 传感系统提供的减速度、轮速等运动状况信息,亦可为 ASR/ECU 用于检测车轮滑移率信号,并确定适时滑移率。与 ABS 传感系统不同之处为:ASR 传感系统还必须向 ECU 提供判定车轮处于制动或驱动状况的信号,以及发动机节气门位置,变速器工作状况等相关信息,以供 ECU 为发动机转矩控制提供决策依据。

ASR 系统的传感器主要是轮速传感器和节气门位置传感器。轮速传感器与 ABS 共用,而节气门位置传感器与发动机电控系统共用。ASR 专用的信号输入装置是 ASR 选择开关,操作 ASR 选择开关,可停止 ASR 系统的作用。

2. 控制单元

ASR 系统可以采用单独的 ECU 实现信息处理与指令控制,而采用集成控制系统的汽车 ABS 与 ASR 共用一个 ECU。但也有某些汽车集成控制系统采用两个 ECU 对相同信号施行并行独立处理,目的在于互相验证,消除误差。

前述 ABS 所设定的阈值判定预编程序可为 ASR 防滑控制系统共用。但在 ASR 模式下实行车轮制动时,驱动轮与非驱动轮将采用不同的控制方法,且发动机转矩控制仅用于驱动轮控制(非全轮驱动汽车)。如果在 ASR 控制过程中 ECU 监测到制动系统工作信号(制动踏板工作,或制动系统压力增大等),则 ASR 自动退出控制而转入 ABS 控制模式。系统出现故障时将自动关闭控制通道转为常规人工控制模式,以提高系统的可靠性。

3. 执行系统

1)发动机转矩控制执行系统

目前,广为采用的控制方法是进气量控制。该方法连续性强,过度圆滑,较少排气污染并且可以利用发动机制动效应以增强控制效果。具体手段是在发动机主节气门前方设置一个副节气门,如图 10-6 所示。正常工作或制动状况时副节气门处于初始全开位置。副节气门由步进电动机根据 ABS/ASR ECU 控制指令驱动偏转,改变进气系统流通面积,达到控制进气量从而通过改变 A/F 以减少发动机输出转矩的目的。

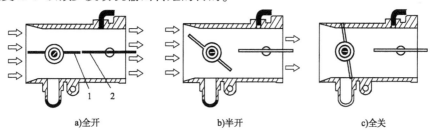

a)全开　　　　　b)半开　　　　　c)全关

图 10-6　副节气门工作原理
1-主节气门;2-副节气门

2)驱动轮制动控制执行系统

在 ABS 压力调节装置基础上,增设 ASR 控制分系统以及相应的控制通道,实现驱动轮制动控制。当 ABS 工作时 ASR 自动退出工作。汽车采用 ABS/ASR 综合控制方式时,驱动轮必须采用轮控布局。在 ABS 工作模式下对所有车轮实行制动压力控制,而处于 ASR 工作模式时仅控制驱动轮。压力调节装置仍由三位三通或二位三通电磁阀和相应的压力管路以及制动轮缸组成。当 ECU 判定驱动轮滑移率超过阈值时,必须首先判定适时汽车是处于驱动或制动工况,并发出控制指令,压力调节装置根据指令运行完成驱动轮制动系统减压、保压或增压过程。

四、ASR 的控制原则

汽车在不同行驶条件下对行驶性能各方面的要求有所侧重,因此,在不同的车速范围内,应以不同的原则对驱动车轮进行防滑转控制,以满足一定条件下重点性能作为主要控制目标,而对其他性能则进行适度兼顾。

汽车在不同车速范围内的控制目标不同,实施驱动车轮滑转控制的途径也就不同。

1. 汽车起步及加速初期的防滑转控制原则

特点:汽车在起步及初期加速阶段,驱动防滑转控制应以提高汽车的起步加速性能为主要控制目标,即以充分利用各个驱动车轮的附着力获得最大牵引力为控制原则。这一阶段对各驱动车轮的滑转率控制应按独立原则进行。

如果各驱动车轮间的附着条件相差较大,可以通过电控悬架的主动调节,使附着条件较差的驱动车轮的载荷向附着条件较好的驱动车轮进行适度调配,使各驱动车轮总的附着力有所增大。

如果汽车装备可控防滑差速器,在这一阶段应使其进入防滑差速状态。即使差速器不具备防滑差速功能,也可对附着条件较差的驱动车轮通过制动介入施加适度的制动力矩,使其滑转率处于最大纵向附着系数的范围内。

如果附着条件较好的驱动车轮也发生了滑转,则应通过适度减小发动机的输出转矩和变速器传动比使其驱动力矩减小,必要时也可以对其施加一定的制动力矩,以加速滑转率的控制。

2. 汽车中速行驶时的防滑转控制原则

特点:汽车以中速行驶时,驱动防滑转控制应以保证汽车的行驶方向稳定性为主要控制目标,但也要兼顾汽车的加速性能。

可以对各驱动车轮一同施加相同的制动力矩,使附着条件较差的驱动车轮滑转率处于横向和纵向附着系数都较大的范围内。从而保证各驱动车轮产生相同的牵引力,并且使各驱动车轮都具有较强的抗侧滑能力,使汽车获得较好的方向稳定性。但是,制动介入的时间必须予以控制,以免制动器因长时间产生较大的制动力矩而发生过热和过度磨损。

必要时可辅之以减小发动机的输出转矩和变速器的传动比进行控制,使作用于驱动车轮的驱动力矩有所减小。

电控悬架在这一阶段一般不应进行载荷调配,防滑差速器在这一阶段也不应进入防滑状态。

3. 汽车高速行驶时的防滑转控制原则

特点:汽车以高速行驶时,驱动防滑转控制应以保证汽车的行驶方向稳定性为唯一控制目标,应使各驱动车轮产生的牵引力始终保持一致。

不应再通过制动介入途径控制驱动车轮的滑转,以防止制动器过热和过度磨损。

应通过减小发动机的输出转矩和变速器的传动比调节作用于驱动车轮的驱动力矩,将驱动车轮的滑转率控制在横向附着系数较大的范围内,保证汽车具有较强的抗侧滑能力。

在这一阶段电控悬架也可以对驱动车轮进行载荷调配,使载荷从附着条件好的驱动车轮向附着条件差的驱动车轮进行调配,使驱动车轮之间的附着力差异减小,这将有助于各驱动车轮牵引力的平衡。

防滑差速器在这一阶段不进入防滑差速状态,以保证各驱动车轮的牵引力接近平衡,使汽车获得良好的行驶方向稳定性。

五、ASR 控制参数的确定

在驱动防滑转控制中,需要对汽车的行驶状态和驱动车轮所处的道路条件进行确定。

1. 车速的确定

在驱动过程中,可以认为非驱动车轮在进行纯滚动,所以,汽车速度可以通过计算非驱动车轮的平均转速确定。

2. 汽车加速度的确定

通过计算非驱动车轮的平均转速变化率确定。

3. 汽车转向半径的确定

通过计算同轴两侧非驱动车轮的转速差来确定汽车转向半径。

4. 驱动车轮滑转率的确定

根据车速和由驱动车轮转速传感器输入的信号通过计算确定。

5. 路面附着条件的确定

根据发动机输出功率和汽车加速度进行判定。

6. 控制原理

在驱动防滑转控制过程中,将驱动车轮的速度 v_d 作为控制目标参数。驱动车轮的速度限值则根据车速 v 和设定的滑转率门限值 S_d 按照下列公式设定。

$$v_d = v(1 + S_d) \tag{10-7}$$

滑转率逻辑门限值将随车速变化进行动态设定。

在高速、中速范围内,滑转率逻辑门限值将随着车速的提高而减小,以获得较大的横向附着力、方向稳定性和转向响应。

在较低的车速范围内,滑转率逻辑门限值较大,以获得较大的牵引力,提高汽车的加速性能。

按照上述原则设定滑转率逻辑门限值时,驱动车轮速度与汽车速度的偏差范围如图 10-7 所示。

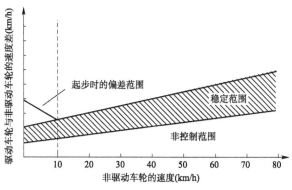

图 10-7 驱动轮速度与车速的偏差范围

根据同轴非驱动车轮之间的转速差对汽车是否进行转向行驶进行判定是否处于转向工况。

当汽车进行转向行驶时,防滑转控制的主要控制目标是保证汽车方向稳定性和转向操纵能力,因此,使驱动车轮保持较大的横向附着力成为汽车转向行驶时进行防滑转控制的优先考虑。

当非驱动车轮的转速差较大时,表明转向半径较小,汽车的横向加速度较大,也说明路面的附着系数较大,这种情况下将增大滑转率逻辑门限值。

ASR 综合控制原理如图 10-8 所示。

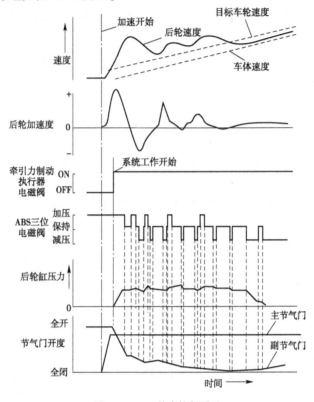

图 10-8　ASR 综合控制原理

六、ABS/ASR 综合控制系统

ABS 与 ASR 的目的都是控制车轮在制动或驱动工况的滑移率。现代车辆 ABS/ASR 综合控制系统可以共用或分设 ECU,采用整体性、动态性和开放性的设计与控制原则,实现资源共享,互为冗余,互为补充,综合运用各方式的优点,使滑移率控制结果区域分布理想化,加强可靠性与灵敏性。

1. 确定车轮运行工况

ABS/ASR 防滑控制系统首先对制动压力(或制动踏板力)、变速器工况等信息进行处理,以判断车辆处于驱动或制动工况,从而确定是否关闭 ABS 通道。

2. 驱动轮防滑控制

发动机转矩控制一般运用于 ASR 初始性过渡控制,其目的在于使整个控制过程圆滑、平稳。当 ABS/ASR ECU 监测到驱动轮滑移率超过阈值时,首先发出指令使步进电动机运行,控制副节气门开度,在主节气门位置不变的状况下减少发动机进气量,减少发动机输出转矩和驱动轮转矩。如车辆装备 ECT,在此过程中则通过 ECT/ECU 锁定传动比。

如发动机转矩控制仍不足以将驱动轮滑移率恢复到预定范围,ECU 将进一步发出指令使驱动轮 ABS 工作,在不踩制动踏板的状况下发出独立控制指令,使驱动轮产生 ABS 效应。

ABS/ASR 采用独立通道并行实施 ASR 控制,在 ABS 工作时该通道互锁关闭。

优先采用发动机转矩控制,可以使控制过程圆滑过渡,有助于实行稳定性与平顺性,以防止由于突然性的高强度车轮制动所产生的安全隐患。

七、ABS/ASR 典型系统分析

下面以 BOSCH-ABS/ASR 2U 为典型进一步分析防滑控制系统。该系统及其变型发展型号广泛运用于德国和美国的大量车型。

1. 基本功能分析

(1)传感系统输入信号。ABS/ASR ECU 通过各种传感器获得相应信号:

①各个车轮上的独立传感器输入车轮转速信号。
②节气门位置传感器输入节气门位置信号。
③制动踏板上安装的制动信号开关输入制动信号。
④点火线圈输入发动机转速信号。
⑤传动系统输入挡位信号。
⑥驻车制动开关输入驻车信号。
⑦ASR 工作开关输入工作状态选择信号(用于人工干预 ASR 工作)。
⑧巡航系统输入车速信号。

另外,还有诸多辅助信号,如制动液数量、环境温度、发动机冷却液温度、传动系统工作液温度等。

(2)执行系统。

①采用 4 通道 ABS 制动压力调节装置,为四个 2 位 3 通电磁阀,对每个车轮实行独立轮控。

②步进电动机驱动副节气门控制发动机进气量,并通过调整点火时刻实施发动机转矩控制。

③节气门松弛装置,该装置与巡航系统共用,可以在驾驶人不松动加速踏板的情况下减少发动机负荷,如图 10-9 所示。其工作原理为:各个系统控制节气门的拉索均通过节气门松弛装置与发动机节气门连接。在节气门松弛装置中安装有一个由 ECU 控制的步进电动机,当该电动机按照 ECU 指令运转时可以放松节气门拉索从而减小节气门开度;当 ECU 确定需恢复原节气门开度时则指令该电动机反向旋转,使节气门开度恢复到加速踏板确定的位置。

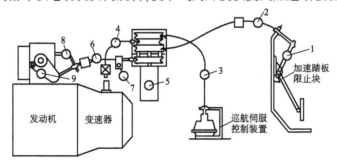

图 10-9 节气门松弛装置

1-加速踏板;2-加速踏板拉索;3-巡航控制拉索;4-变速器控制拉索;5-节气门松弛装置;6-节气门拉索;7-拉索固定架;8-拉索支架;9-节气门体

2. 控制过程分析

ABS/ASR ECU 共用两个微处理器。设置双处理器的目的是：对相同的信号由两个 ECU 分别进行相同的处理，结果可以互相印证和控制误差。其控制流程如图 10-10 所示。

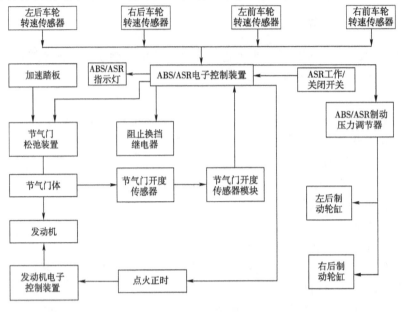

图 10-10　ARS 控制流程

1) ASR 控制

传感系统测取的信号经 ABS/ASR ECU 综合处理后，可以确定车辆速度、加速度和车轮转速，并判定车辆是否处于转向或起步状态后，即转入动态阈值判断程序。当判定需要进行 ASR 控制时，首先参考适时车速。车速小于 30km/h 时，首先进行发动机转矩控制，并根据控制结果确定是否需要实施对驱动轮制动控制。如需要时，则按照高选原则实施驱动轮制动压力控制，通过驱动车轮制动系统的 ASR 通道进行独立调节，控制其驱动力进而控制其滑移率位于设定的范围。该程序的目的是充分利用驱动轮的附着力提高车辆加速度以便于尽量缩短起步、加速时间。

当车速为 30~80km/h，且驱动轮工作于非稳定滑移状态时，如果左右驱动轮处于不同的附着状况，则 ECU 发出指令控制发动机转矩使其与处于低附着状况下的车轮相匹配，必要时，对所有驱动车轮施行一同控制。

如果车速大于 80km/h，ASR 不再采用驱动轮制动的方法进行控制，仅通过发动机转矩进行调节，以避免影响车辆行驶的方向稳定性与操纵性，以及防止制动器过热。显见，当车速大于 30km/h 时，ASR 系统是按照低选原则进行控制，以确保车辆的方向稳定性与操纵性。

2) ABS 控制

波许 ABS/ASR 2U 系统在实施 ABS 控制时，车速小于 50km/h 时 ABS/ASR ECU 指令系统处于独立轮控工作模式，即对所有车轮进行独立压力调节，以加强制动强度与效率。

当车速为 50~120km/h 时则在制动控制的同时实施偏航控制，判定并即尽量减少同轴两侧车轮制动力差值，消除纵向扭转力矩，保持平衡。具体措施为：ABS/ASR ECU 在通过"路面识别周期"（参见第八章第四节的内容）对车轮的附着状况进行判定后，制动系统按照各个车轮不同的附着状况，对各自制动压力进行独立控制。比如：当附着状况良好的车轮处于 ABS

制动增压阶段时,附着状况较差的车轮则不实行制动力降低控制,如此可以尽量减少偏航状况发生的概率和强度。

当车速大于120km/h时,如果判定需要进行制动控制,则ABS/ASR ECU指令对前轮实施低选原则下的制动压力控制,即所谓对两前轮压力实施同步调解。

当车辆在恶劣的附着条件下行驶时,车轮具有极大的滑移趋势。此时ABS/ASR ECU运用"路面识别周期"判定车轮发生滑转,则停止对前轮实施ABS控制,使其处于常规制动状态,即制动压力正变于制动踏板力,并且适时降低后轮制动力以改善车辆的方向稳定性和操纵性。

第二节 ESP系统控制系统

一、ESP系统控制理论

ABS/ASR解决了车辆纵向操纵的稳定性问题。如果行驶过程中转向/制动操作不当,或由于车轮侧偏以及附着条件的影响,车辆将产生横摆力矩,仍然将形成巨大的安全隐患。其表现状态如图10-11所示。

该图所描述的是:转向盘转角固定,车辆由初始位置1出发可能产生的行驶状态轨迹。

(1)预期的理想转向行驶轨迹(参见图中曲线2),当纵横向附着条件满足时,可以实现安全转向操纵。

(2)横向干扰导致车辆后轮产生横摆的运动轨迹(参见图10-11中曲线3)。

(3)横向干扰导致车辆前轮产生侧滑的运动轨迹(参见图10-11中曲线4)。

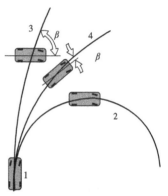

图10-11 车辆转向操纵性能示意
1-车辆初始位置,转向盘设定转向角度;2-理想状态下预定的转向轨迹;3-低附着状态后轮侧滑产生横摆;4-低附着状态前轮侧滑产生侧偏

导致曲线3、4发生的原因是车辆无法抗衡路面产生的横向干扰力矩,比如:路面附着状态突然发生变化,或转向过程中转向力矩增大(比如因规避障碍而突然激烈且大角度转向),或由于车轮侧偏角发生变化等。图10-11曲线3、4所示的转向轨迹变化将使得车辆丧失转向稳定/操纵性,是必须予以控制的运行状态。

总体而言,上述状态的产生是由于车辆的/驱动附着条件被打破,而ABS/ASR提供的纵向滑移率控制,无法保证在上述状态下车辆抵抗横向干扰所必须抗干扰力矩,从而产生侧偏或横摆。

转向过程中,欲满足横向稳定/操纵性的状态,理论上横摆角速度与车辆纵向速度v_x和基准特征车速v_{CN}之间必须满足如下限定关系:

$$v_{\omega H} = \frac{v_x \cdot \delta_w}{(a+c)\left(1 + \dfrac{v_x^2}{\dfrac{v_x^2}{v_\omega^2}}\right)} \quad (10\text{-}8)$$

式中:$v_{\omega H}$——横摆角速度理论值;
δ_w——前轮转角;
v_x——纵向速度分量;

v_ω——车轮线速度(特征车速);

a、c——车辆运动质心距离前轮和后轮接地点的距离,为车辆几何结构参数。

横摆和侧偏附着条件为

$$F_{\varphi H} \leqslant F_Z \cdot \varphi_H \tag{10-9}$$

式中:$F_{\varphi H}$——横向附着力;

F_Z——地面对车轮的法向反力;

φ_H——地面与车轮之间的横向附着系数。

车辆的曲线行驶时,车轮转向角、车速和附着状态(滑移率)必须同时满足式(10-8)和式(10-9),才能确保该状态下的操纵/稳定性要求。

式(10-8)和式(10-9)描述了车辆电子稳定系统(Electronic Stability Program,ESP)限定条件,形成ESP/ECU/MAP处理数据的理论依据。

ESP是一种闭环反馈、具有主动干预性的控制系统,实现车辆行驶中的侧偏和横摆控制。该系统是在ABS/ASR综合控制基础上实现的功能扩展与升级(主要是控制软件方面的发展与升级)。

ESP的具体功能为:

(1)探测和识别车辆运动横向附着状态,对车辆预期的瞬时侧向安全性及其变化趋势进行评估,以确定是否执行控制与干预驾驶操作。

(2)当车辆运动状态发生激烈变化时实施控制,确保或恢复车辆的稳定/操纵性能。

(3)当驾驶人操纵不当以至有可能发生危及安全的运动状态时,主动干预或制止该操纵动作。

(4)增强ABS/ASR的功能,充分利用车辆的附着力,改善车辆的动力、经济、操纵和制动等性能。

(5)与发动机、ECT、ABS/ASR、EPS和主动悬架(A-SUS)系统共同形成车辆底盘综合控制系统。

二、ESP系统的组成与控制方式

ESP系统的基本组成如图10-12所示。

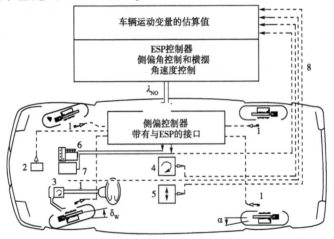

图10-12 ESP的控制示意

1-轮速传感器;2-制动系统压力传感器;3-转向盘转角传感器;4-横摆角速度传感器;5-侧向加速度传感器;6-制动压力调节器;7-发动机控制系统ECU

1. 传感系统

ABS/ASR 基本控制信息,如加/减速度、车轮线速度、发动机输出转矩、节气门位置、ECT 挡位等,可为 ESP 控制共享。另外,为了获得与式(10-8)和式(10-9)为基准的有关数据,ESP 增设了某些独立传感器,主要包括：

(1)横摆角速度传感器：用于检测车辆的横摆角速度。

(2)侧向加速度传感器：用于检测车辆的侧向加速度。

(3)转向盘转角传感器：用于检测转向盘操纵转角,识别驾驶人的方向控制期望。

上述信息用以 ECU 识别车辆的瞬时横向操纵及运动状态,并反映其预期的变化趋势。

2. 控制单元

在当代车辆集中控制的框架下,稳定/操纵控制系统可实现 ABS/ASR/ESP 综合数据信息处理。其中 ESP 模块结构如图 10-13 所示。

输入相关信息数据,包括车辆发动机及其辅助系统、传动系统、主动悬架(A-SUS)和 ABS/ASR 等系统的瞬时综合运行状态,以及 ESP 转向操纵信息等,经 ESP/ECU 处理后,即可获得车辆动力学表达式(10-8)和式(10-9)描述的瞬时稳定/操纵实际状态。

该状态及其变化趋势,经与 ECU/MAP 内存的理论实际安全性状态及其变化趋势模型进行综合计算、评价和分析后,即可获得瞬时安全状态与理论安全状态的偏差。该偏差作为 ABS/ASR/ESP 综合控制的对象,并形成执行机构控制指令,尽可能地减小并消除该偏差。

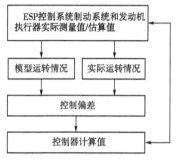

图 10-13　ESP/ECU 结构示意

需要指出的是：先进的基础模型算法,可以基于横向安全理论评估操作结果及其安全危害性,以形成"超越控制"指令。

3. 执行系统

从图 10-12 中可以看出,ESP 系统并没有自身独立的执行机构,而是运用发动机 ECU、ECT、ABS/ASR 以及 A-SUS(主动悬架)等系统的执行机构获得控制力矩,实现稳定/操纵控制。但是这些执行机构均必须通过 ESP 接口获得经综合处理的执行指令,以实现 ABS、ASR 或 ESP 控制功能。

除了驾驶人在驱动/制动操作状态下,ABS/ASR 控制系统可以实现车辆纵向稳定附着状态以外,ABS/ASR/ESP 综合控制可以实现所谓"超越控制",其产生和结果不同于驾驶人的预期操纵期望,而由控制系统直接驱动某一执行机构。也就是所谓的干预性控制。

需要进行控制与干预的基本状态包括：

(1)车辆仍处于驱动工况,但由于驾驶人的某种操作(如激烈而迅速地转动转向盘,猛踩加速踏板),或突然全部或部分车轮附着状态发生变化(如突然全部或部分车轮驶入低附着系数路面)等。

(2)车辆行驶中驾驶人突然大力猛踩制动踏板,由于各个车轮附着系数的差异而导致附着状态的横向差异。

(3)车辆在转向过程中实施制动由于附着状态的差异而产生的横向滑移及其趋势。

显然,上述 3 种操作会使车辆处于纵向或横向非稳定行驶状态,或者逼近其横摆/侧滑的临界状态,实质是：车辆承受的地面侧向力超过或逼近车轮与地面之间侧向附着力的控制阈值

(临界值)。

经 ESP/ECU 综合判定,纵向或横向滑移已经或将要发生,而该稳定/操纵性劣化是仅由 ABS/ASR 提供的纵向稳定性恢复控制所不能遏制的,此时将立即发出 ESP 系统控制执行指令,通过 ESP 接口传输至执行机构,超越驾驶人对车辆实施控制,例如:在驱动的状态下实施制动;或使驾驶人的某些动作不能执行。

ESP 系统实施的控制手段,是在对某种操控动作引起(或将要引起)的瞬时状态进行评估后,通过 ESP 指令接口,利用发动机、ABS/ASR、转向控制(EPS)和主动悬架(A-SUS)的控制硬件实施。

具体控制方式可选择下述执行方式单独或交叉实施,使车辆迅速恢复到安全状态(图 10-11):

(1)将指令输送至制动压力调节器对选定的车轮实施制动。
(2)将指令输送至发动机(或 ECT)ECU 对输出转矩实施控制。
(3)将指令输送至 EPS 对转向操纵实施控制。
(4)将指令输送至 A-SUS 对悬架实施控制。

上述控制有时并不是驾驶人的操纵期望,而是 ABS/ASR/ESP"超越"驾驶人实施的预见性安全控制。超越控制的意义在于:一般当发生危险的横摆/侧滑运动时,特别是瞬间紧急状态下,驾驶人试图挽救危局的动作往往是下意识而盲目的,且力度与幅度相当大,运动形式已经接近车辆运动的物理极限状态。该极限状态一旦形成,将使任何控制不起作用,且加大事故发生概率以及后果的严重程度。而 ABS/ASR/ESP 超越控制将尽量避免突破物理极限的运动状态发生,大大降低事故发生的概率和后果的严重性。

第三节 集中控制系统框架下的底盘控制

车辆控制技术的发展趋势是施行功能集成控制,如图 10-14 所示,将第六章发动机集中控制延伸至底盘控制。但其功能协调和整体控制的外延和内涵均有扩展。

图 10-14 现代车辆集成化控制系统示意

在集中控制的整体框架下,底盘的每一个子系统控制功能必须具有:
(1)相对于车辆整体系统而言的协调性。
(2)满足上层控制的协调性以及实现对下层控制的监控。
(3)相对于其他子系统和总系统的动态开放界面。
即车辆底盘各单项功能是靠若干子系统控制综合保障的。

例如:车辆的稳定/操纵性涉及动力、悬架、制动/驱动、传动和转向等诸多子系统的综合效应;车辆的动力性是发动机、传动以及驱动防滑系统综合作用的对外反应。即:独立控制各个子系统,并不能获得相对于适时环境而言最佳的车辆运动状态。现代汽车控制系统功能集成的目的,就是使得每一单项性能均可获得整体系统的保障,并提高整体综合性能,从而提高控制的整体性、可靠性与精确性。

一、底盘集中控制系统基本结构与原理

按照集成控制理论分析(参看第六章的发动机集中控制系统基本组成),在底盘集成化控制系统中,完成子系统功能的集成,常采用具有鲜明结构层次的分层控制方式。该方式将整体控制分为若干管理层实行分层控制,如图 10-15 所示。就底盘集成化控制而言,分层控制方式自下而上可以分为以下层次。

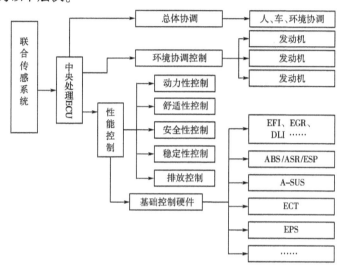

图 10-15 现代车辆集中控制系统层次结构

1. 基础控制硬件层

即传统控制的执行子系统,亦称为基础功能层,主要包括(扩展到整车):

(1)发动机控制系统:EFI、DLI、ISC、EGR 等基础控制硬件。
(2)ECT 控制系统。
(3)ABS/ASR/ESP 控制系统。
(4)主动悬架控制系统(A-SUS)。
(5)动力转向控制系统(ESP)。
(6)以及其他的一些控制系统或装置。

显然,该层次是实现某些最基本的控制功能,如制动防抱死、自动变速等。传统控制系统中,这些控制硬件都是独立工作,拥有独立的传感器、ECU、执行机构和线路系统,因而造成系统复杂化与功能重复化。传统车辆底盘装备多个 ECU,仍然不能有效避免运动与功能的重复与干涉。

2. 性能控制层

车辆基本性能得益于整体系统控制。在基础控制硬件层的上一级设立性能控制层,将各个子系统的控制结果实行第一次协调,可获得相对于某项车辆性能的针对性结果。

例如:车辆的行驶稳定性主要靠转向系统控制,也可通过对驱动轮实施制动控制、对主动悬架实施刚度控制而保障车辆的稳定操控特性,或者通过 ABS/ASR/ESP 系统对过度/不足转向实施横摆/侧偏控制。因此,分层协调可以将上述系统的控制过程在整体框架下实施协调,针对不同的外界环境及其变化特性,采用不同的控制方式,扬长避短,互为补充,从多方面保证车辆的行驶稳定/操纵性。性能控制的集成使得系统控制的协调性、整体性和动态性得以提高,从而提高了整个底盘系统受控运行的品质。

3. 环境协调层

环境协调层的所谓环境是指车辆行驶的自然与社会环境,其功能具体是协调车辆控制系统的处理结果与环境的关系,包括:

(1)气候条件:随动于自然气候条件的变化。

(2)道路条件:随动于道路与交通条件的变化。

(3)环保条件:当代环境保护已成为车辆使用的第一制约,任何控制措施的结果都必须以尽量减少对环境的危害为前提。即:仅仅从车辆本身小系统角度出发实施系统控制是不行的!必要时必须不惜牺牲某些车辆性能而达到减少危害环境的目的。因此,发动机转矩,尽可能采用 A/F 为主控;对于车辆底盘系统来说,最主要的就是对传动比和巡航速度的选择。

4. 总体协调层

最高层次的协调,使人、车、环境达到完美的结合与匹配。

越是较高层次的管理与监控,所具备的功能集成水平越高。更进一步,还可能再向上扩展层次,形成包括多车辆系统和车辆/道路系统的一体化模型,即所谓"智能化交通系统"(ITS)。由此可以看出,集成化车辆管理系统(请注意此处"管理"的定义)是实现 ITS 的基本前提和必要条件。

二、底盘集中控制基本方式

1. 基础硬件的控制效应

在图 10-15 中,基础硬件输出的为局部控制效应。原则上,每一个效应是一种局部操作活动,它没有明显的总体性能响应。在汽车控制系统软、硬件设计过程中,基础层面的控制硬件仍然是分别设计,以实现局部控制效应操作。

基础控制硬件处于集中系统控制最底层,负责解决由车辆总系统导出的局部功能控制。例如:ABS/ASR/ESP 系统实现车辆制动/驱动/操控状态下的稳定/操作控制,或实现按照车辆发动机,底盘以及其他各系统状态确定最佳传动比等功能。

显见,ABS/ASR/ESP 系统基础控制硬件组成了控制效应的最终"执行机构"之一。

2. 性能控制层

性能控制层的输出效应是被上一层(经 ECU 首先定义的环境协调层,见图 10-15)预先定义好的任务,即按照车辆与大环境匹配要求确定的车辆的各种基本性能。具体是指:预期的车辆动力、舒适、安全、稳定、排放以及其他基本性能效应。在经过相关处理后,发出控制指令将这些效应的要求向下一层传递,直接影响下一层(基础控制硬件层)的控制决策,如图 10-16所示。

以此分析,就 ABS/ASR/ESP 系统而言,在完成对驱动/制动/稳定/操纵性能的控制的过程中,必须接受上一层控制指令,使控制结果效应与上一层的要求协调,例如:在控制车辆驱动/制动/转向功能的同时,必须兼顾排放性能和车辆的舒适性等要求,在此同时实现滑移率控制。

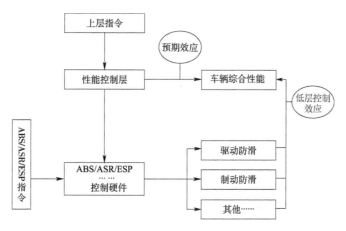

图 10-16　分层控制实例

另外,上一层决策有权选择相应的基础硬件层完成特定的功能,即所谓"超越控制",例如:行驶稳定/操纵性控制效应,或对转向系统进行控制而获得,或对动力/传动系统控制获得,亦可由对制动系统进行控制而获得;车轮滑移率控制效应,可以由控制发动机输出转矩而获得,亦可由控制制动力而获得,如图 10-17 所示。

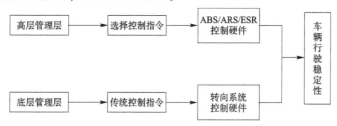

图 10-17　集中控制系统的硬件选择功能

显然,该层次实际上起到了在底层的基础硬件层与上层的环境协调层之间的"承上启下,互为冗余"的作用。

3. 环境协调层和总体协调层

分层控制中采用所谓"效应流动(Action Top-Down,ATD)"原理,即:高一层次的控制效应,直接作为低一层控制重要的设定指令参考信息(亦称为上层修正指令),亦称为主控或导向信息(指令),向低一层控制系统输入。该指令可以加入低层传感信息流;而低层仍连续履行其基本控制功能,实现所谓"并行控制";在中央控制 ECU 认为必要时,可以完全抵消低层的控制命令,直接干预低层子系统的控制过程,即超越控制。

由此不难推断出环境协调层和总体协调层的具体功能:就现代汽车系统而言,经过集中控制与分层管理(监督),最终达到的人、车、环境完美结合的境界,且具有高度的扩展冗余性能。

三、实行集中控制系统的基本前提

1. 硬件前提

硬件的前提是:必须具备中央处理 ECU 系统、联合传感系统和现代汽车网络信息系统、采用计算机总线技术,具体内容参见本书第十三章。

2. 软件前提

软件的前提是:必须采用新的数学建模方法形成 ECU 与编程序。例如:就 ABS/ASR 系统而言,前述逻辑门限阈值判定方式,在很大程度上已经不适应集中控制系统的要求。原因在于:该模式仅仅从车轮滑移率的角度出发实施制动/驱动控制,独立运用于车轮运动状态控制中。

现代车辆集中控制系统是基于模糊控制的模式,因此适宜采用相应的模糊控制学数学模型,通过模糊集合参考系统,以确定实际滑移率和预定参考值之间的误差及其变化率,定义决策并发出指令控制系统输出。在分层管理与监控架构下,也应采用模糊控制模型以确定各个控制层间的指令参考信息流,实现并行控制或超越控制。

复习思考题

10-1 名词解释:滑转率、横摆角速度(横摆率)、ESP。
10-2 ASR 有何功用?
10-3 简述通过调节发动机输出转矩来控制驱动轮滑转的原理。
10-4 简述通过调节驱动轮制动力矩来控制驱动轮滑转的原理。
10-5 简述通过调节差速器锁上程度来控制驱动轮滑转的原理。
10-6 简述通过调节变速器挡位来控制驱动轮滑转的原理。
10-7 简述通过调节驱动轮载荷来控制驱动轮滑转的原理。
10-8 为何在不同车速条件下,需要采用不同的控制方式来控制驱动轮滑转?
10-9 在 ASR 中,各控制参数是如何确定的?
10-10 简述 ESP 的结构组成。
10-11 ESP 是怎样控制汽车转向不足的?
10-12 ESP 是怎样控制汽车过度转向的?
10-13 简述转向角传感器的工作原理。
10-14 简述偏转率传感器的工作原理。
10-15 简述横向加速度传感器的工作原理。

第十一章 行驶与安全控制系统

本章主要介绍：电控悬架系统，巡航控制系统，导航系统，安全气囊，行车防撞控制系统，电控中央门锁系统，防盗系统，电控转向系统，电子控制四轮转向(4WS)系统，电子稳定程序系统等的基本组成、控制原理、控制方法以及相关特性分析。

第一节 电控悬架系统

一、功能与类型

1. 电控悬架的功能

汽车电子控制悬架系统的作用是通过控制调节悬架的刚度和减振器阻尼，突破传统被动悬架的局限区域，使汽车的悬架特性与行驶的道路状况相适应，保证平顺性和操纵性两个相互排斥的性能要求都能得到满足（图11-1）。

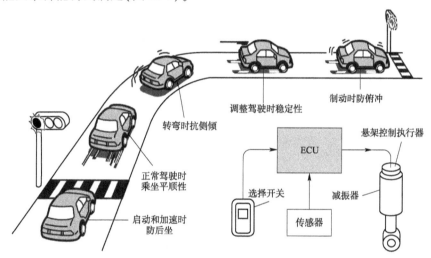

图 11-1 电控悬架的功能

汽车电子控制悬架系统的基本功能有车高调整、衰减力控制、弹簧刚度控制、侧倾角刚度控制等。

1）车高调整功能

无论汽车的负载或车速如何变化，车高调整功能都可以保持适宜的车身车高。当汽车在路况很差的道路上行驶时，可以使车高增加；当汽车高速行驶时，又可以使车高降低，以减少空气阻力，提高操纵稳定性。半主动悬架调节减振器的阻尼方式有无级式和有级式两种。

2）衰减力控制功能

本功能的作用是提高汽车的操纵稳定性，在急转弯、急加速和紧急制动的情况下，可以抑制汽车姿势的变化，防止汽车后坐、侧倾、前倾等。

3) 弹簧刚度的控制功能

本功能是利用控制弹簧刚度(弹性系数)的办法,来控制汽车起步等不同路况时的姿势。

4) 侧倾角刚度控制功能

侧倾角刚度控制功能是在传统横向稳定杆(侧倾扭杆)上装上抗侧倾驱动装置。电子控制单元根据转弯的强度提供适当的作用在车身上抗侧倾所需的力矩,防止汽车转弯时车身侧倾,以提高汽车行驶稳定性。

2. 电控悬架的类型

根据有无力发生器,可将电子控制悬架分为半主动悬架和全主动悬架两大类。

1) 半主动悬架

半主动悬架是根据路面冲击、车轮与车体的加速度、速度及位移信号仅实时调节悬架的阻尼系数,消耗来自不平路面的冲击能量,而不需要提供能量,以这种方式来改善悬架缓冲性能。

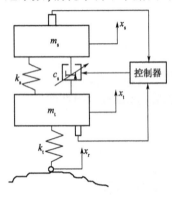

图 11-2 半主动悬架

m_s-1/4 车体质量;m_t-非簧载质量;c_a-从动悬架阻尼系数;k_s-从动悬架刚度系数;k_t-轮胎刚度系数;x_r-地面的扰动输入;x_s-车体位移;x_t-非簧载质量位移

半主动悬架无力发生器,即无源控制,结构简单、造价低、能量消耗小,是目前轿车上较为普遍采用的调节方式。图 11-2 所示是一种典型的半主动悬架,它是通过改变液压缸上下两腔节流口的过流面积,以调节悬架的阻尼系数,在结构上更接近传统的机械悬架。半主动悬架调节减振器的阻尼方式有:无级式和有级式两种。

2) 全主动悬架

全主动悬架简称主动悬架,它是一种有源控制。主动悬架可以根据汽车行驶条件的变化,主动改变悬架的刚度和阻尼系数。在汽车行驶路面、速度变化以及在汽车起步、转向、制动等工况时主动悬架都可进行有效的控制。此外,主动悬架还可以根据车速的变化控制车身的高度(车高控制系统),可改善汽车在坏路况的行驶性能和高速操纵稳定性。

主动悬架是根据路面冲击、车轮与车体的加速度、速度及位移信号同时实时调节悬架的阻尼、刚度及车体高度。这种调节方式必须由外部提供能量。主动悬架实际是主动力发生器,可根据汽车的质量和地面的冲击载荷,自动产生相应的力与其平衡,保证汽车在各种路面条件下都具有较好的平顺性,相当于在不同工况下都能将悬架的刚度与阻尼系数自动调节到最佳值的调节装置。主动悬架在结构上有两种基本布置方式,一种是与从动悬架并置式,另一种是采用伺服驱动全独立式,如图 11-3 所示。

根据悬架传递运动和能量介质的不同,主动悬架又可分为油气式主动悬架(液压式)和空气式主动悬架两种。

二、电控悬架系统的基本组成

悬架的电子控制系统基本组成与其他电子控制系统相似,都是由各种传感器、电子控制单元、执行器组成(图 11-4)。

电子控制悬架系统的各种传感器是将汽车行驶的路面情况(汽车的振动)和车速及起步、加速、转向、制动等工况变为电信号,输送给 ECU。电子控制悬架系统所用的传感器,如表 11-1 所列。

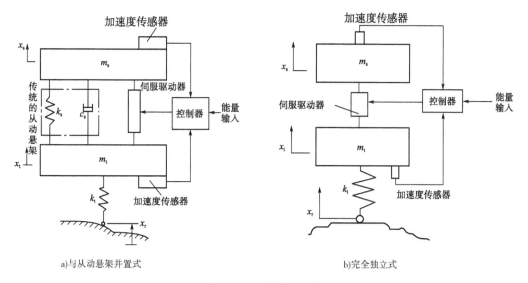

a) 与从动悬架并置式　　　b) 完全独立式

图 11-3　主动悬架的类型

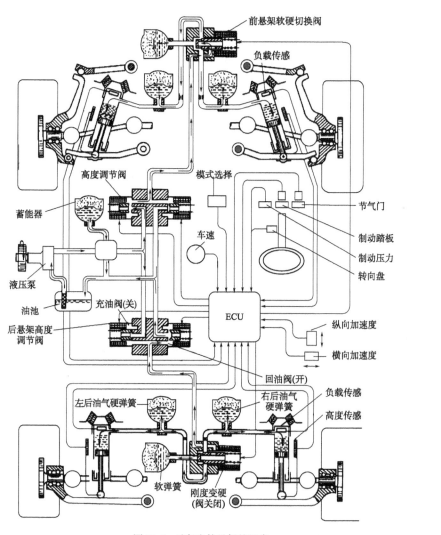

图 11-4　油气电控悬架的组成

用于电子控制悬架系统的传感器　　　　　　　　　　　　表 11-1

传 感 器 名 称	传 感 器 用 途
车身加速度传感器	检测车身的振动,可间接反映汽车行驶的路面情况
车身位移传感器	检测车身相对车桥的位移,可反映车身的平顺性和车身的高度
车速传感器	检测车轮的转速,反映车速和用于计算车身侧倾程度
转向盘转角传感器	检测转向盘的转角,用于计算车身侧倾程度
制动压力开关	检测制动管路的制动液压力,提供汽车制动信号
制动灯开关	检测制动灯电路的通断,提供汽车制动信号
节气门位置传感器	检测节气门的开度,提供汽车加速度信号
加速踏板传感器	检测加速踏板的动作,提供汽车加速信号

悬架 ECU 将传感器送入的电信号进行综合处理,输出对悬架刚度、阻尼、车身高度进行调节的控制信号。悬架 ECU 一般由微处理器和信号输出放大电路组成。

电控悬架系统的执行器,按照悬架 ECU 的控制信号准确动作,及时地调节悬架刚度和阻尼系数及车身的高度。通常所用的执行器是电磁阀、步进电动机及气泵电动机等。

三、半主悬架系统的控制原理

半主动悬架系统的一般工作过程,如图 11-5 所示。半主动悬架系统可以根据激励和车身的响应,对悬架参数进行控制,使车身的振动响应始终被控制在某个范围内。

图 11-5　半自动悬架系统的工作过程

半主动悬架系统通常以车身振动加速度的均方根值作为控制目标参数,以悬架减振器的阻尼为控制对象。半主动悬架的控制模型如图 11-6 所示。

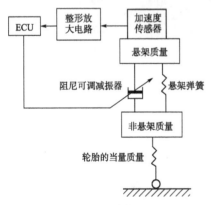

图 11-6　半主动悬架控制模型图

在悬架 ECU 中,事先设定了一个目标控制参数 σ,它是以汽车行驶平顺性最优控制为目的设计的。汽车行驶时,安装在车身上的加速度传感器产生的车身振动加速度信号经整形放大后输入 ECU,ECU 立刻计算出当前车身振动加速度的方根值 σ_i(前一次为 σ_{i-1}),并与设定的目标参数 σ 比较,根据比较结果输出控制信号。

如果 $\sigma = \sigma_i$,ECU 不输出调整悬架阻尼控制信号。

如果 $\sigma < \sigma_i$,ECU 输出增大悬架阻尼控制信号。

如果 $\sigma > \sigma_i$,ECU 输出减小悬架阻尼控制信号。

悬架阻尼的改变一般是通过控制步进电动机驱动可调阻尼减振器中的有关部件,改变阻尼孔的大小实现的。当步进电动机带动驱动杆转动时,就改变了驱动杆与空心活塞的相对角度,从而改变减振器阻尼孔截面积,使减振器的阻尼发生变化。

四、主动悬架的控制原理

主动悬架按其控制功能,可分为车速与路面感应控制、车身姿态控制和车身高度控制。

1. 车速与路面感应控制

车速与路面感应控制具备车速感应控制、前后车轮相关控制和坏路面控制三种控制功能。

1) 车速感应控制

在车速很高时,悬架 ECU 输出的控制信号,使悬架的刚度和阻尼相应增大,以提高汽车高速行驶时的操纵稳定性。

当汽车速度超过 110km/h 时,悬架 ECU 就会根据车速传感器信号,经过计算分析后,输出控制信号。如果驾驶员选择的是"软"模式,则悬架的刚度和阻尼就自动从"低"状态转入"中"状态;如果驾驶员选择的是"硬"模式,则悬架在"中"状态保持不变。当车速降低后,悬架的刚度和阻尼又自动回到选定模式的经常保持状态。

2) 前后轮感应控制

当汽车前轮遇到路面接缝等单个的突起障碍时,悬架 ECU 输出控制信号,相应减小后轮悬架的刚度和阻尼,以减小车身的振动和冲击。

前后轮感应控制还与车速有关,当汽车以 30~80km/h 的速度行驶遇到障碍时,安装在汽车前面的车身位移传感器的脉冲信号输入悬架 ECU,ECU 经过计算分析后输出控制信号。如果驾驶员选定的是"软"模式,后轮悬架保持"低"的状态;如果是"硬"模式,则从"中"状态自动转入"低"的状态,当后轮越过障碍后悬架又自动回到选定模式的经常保持状态。

如果汽车的行驶速度超过 80km/h,在前轮遇到障碍时,后轮悬架若转入"低"的状态会影响汽车的操纵稳定性,因此,无论在哪种模式下,悬架的刚度和阻尼都将在"中"的状态。前、后轮感应控制原理见图 11-7。

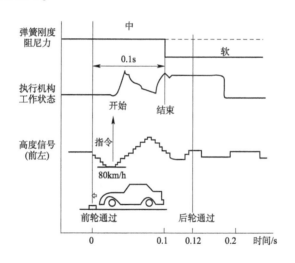

图 11-7 前、后轮感应控制原理

3) 不良路面感应控制

当汽车进入不良路面行驶时,为抑制车身产生大的振动,悬架 ECU 输出控制信号,相应增大悬架的刚度和阻尼。

当汽车以 40~100km/h 的速度驶入不良路面时,车身位移传感器输出周期小于 0.5s 的车身高度变化信号。ECU 经过计算分析后输出控制信号,如果是在"软"模式下,悬架就自动从"低"状态转入"中"状态;如果是在"硬"模式下,则保持"中"的状态不变。

当汽车在高于 100km/h 的速度驶入坏路面时,如果是在"软"模式下,悬架会在"低"或"中"状态下转入"高"的状态;如果是在"硬"模式下,则从"中"转入"高"的状态。

2. 车身姿态控制

车身姿态控制是指在汽车车速突然转向等情况下,悬架 ECU 对悬架的刚度和阻尼实施控制,以抑制车身的过渡摆动,从而确保汽车乘坐舒适性和操纵稳定性。车身姿态控制包括:转向车身侧倾控制、制动车身点头控制和起步车身俯仰控制。

1)转向车身侧倾控制

在汽车急转弯时,应增大悬架的刚度和阻尼,以抑制车身的侧倾。当驾驶员急打转向盘时,转向传感器将转向盘的转角和转速电信号输入悬架 ECU,ECU 经过计算分析后向悬架输出控制信号。如果驾驶员选择的是"软"模式,悬架就自动从"中"或"低"状态转入"高"状态;如果是在"硬"模式下,则从"中"转入"高"的状态。

2)制动车身点头控制

在汽车紧急制动时,应增大悬架的刚度和阻尼,以抑制车身的点头。

当汽车在大于 60km/h 速度下紧急制动时,车速传感器的车速信号的制动开关的阶跃信号输入悬架 ECU,ECU 经过计算分析后输出控制信号,调整悬架的刚度和阻尼。如果这时处在"软"模式下,悬架就自动从"中"或"低"状态自动转入"高"状态;如果是在"硬"模式下,则从"中"转入"高"的状态。

3)起步车身俯仰控制

在突然起步或突然加速时,也应增加悬架的刚度和阻尼,以抑制车身的俯仰。

在车速低于 20km/h 的情况下,驾驶员猛踩加速踏板时,车速传感器的车速信号和节气门开度传感器的阶跃信号输入悬架 ECU,ECU 经过计算分析后输出控制信号,调整悬架的刚度和阻尼。如果这时处于"软"模式下,悬架就自动从"中"或"低"状态自动转入"高"状态;如果是在"硬"模式下,则从"中"转入"高"的状态。

3. 车身高度控制

车身高度控制是控制器在汽车行驶车速和路面变化时,悬架 ECU 对悬架输出控制信号,调整车身的高度,以确保汽车行驶的稳定性和通过性。车身高度控制也分"标准"模式和"高"模式两种情况,在每种模式中又分"低"、"中"、"高"三种状态。控制方式包括高速感应控制、连续坏路面行驶控制、水平控制和驻车控制。

1)高速感应控制

当车速超过 90km/h 时,为了提高汽车的行行驶稳定性和减少空气阻力,悬架 ECU 输出控制信号,使排气阀和高度控制阀通电工作,悬架气室向外排气,以降低车身的高度。如果悬架是在"标准"模式下,则车身将从"中"状态降低到"低"状态;如果是在"高"模式,则从"高"状态转入"中"状态。当车速低于 60km/h 时,又恢复原有的高度。提高车身高度是通过 ECU 输出的控制信号,使空气压缩机和高度控制阀通电工作,将压缩空气送入悬架空气室实现的。

2)连续不良路面行驶控制

汽车在不良路面行驶时,应该提高车身,以减弱来自路面的突然抬起感,并提高汽车的通过性能。

当车身位移传感器连续 2.5s 以上输出大幅度的振动信号,且车速在 40~90km/h 时,如果悬架是在"标准"模式下,则车高从"中"状态转为"高"状态;如果是在"高"模式,则维持在"高"状态不变。当汽车在连续不平路面行驶的速度在 90km/h 以上时,汽车的行驶稳定性优先考虑,在标准模式下将维持"中"状态不变,在"高"模式下则从"高"转入"中"的状态。

3)自动水平控制

自动水平调节就是无论汽车乘员人数或装载质量如何增减,车身高度自动维持在一恒定值,并使车身尽可能地保持水平。保持一定的车身高度不仅可以使汽车行驶保持稳定,而且还可以使汽车前照灯光束方向保持不变。

4)驻车控制

当汽车处于驻车控制模式时,为了使车身外观平衡,保持良好的驻车姿势,当点火开关关闭后,ECU即发出指令,使车身高度处于常规值模式的低控制模式。

第二节　巡航控制系统

一、作用与类型

1. 作用

汽车巡航控制系统(Cruise Control System,简称CCS),又称为恒速行驶系统或定速控制系统,能自动调节节气门开度,使汽车按设定的速度行驶。在高速公路上以巡航车速行驶时,CCS将根据行车阻力的变化自动增减节气门开度,而驾驶员无需频繁踩加速踏板,即可保证汽车以设定车速行驶。

装有巡航控制系统的汽车有如下优点:

(1)保持车速稳定。无论是上坡、下坡还是在平直的路面上行驶,只要在发动机功率允许范围内,汽车均可保证匀速行驶。

(2)可提高驾驶时的舒适性和安全性。这一优点在高速公路或是城市间高等级公路上表现尤为明显。此外,这一系统减轻了驾驶员负担,对保证行车安全十分有利。

(3)可最大限度地节省燃油,降低排气污染。汽车以恒定车速行驶时,可使燃油消耗与发动机输出功率处于最佳配合状态,既能降低燃油消耗,又可减少排气污染。

2. 类型

按执行器不同,有真空式CCS和电动式CCS两种。

真空式CCS是由ECU控制真空驱动型执行器中的控制阀占空比,以控制真空力来驱动节气门开度,从而保持车速恒定(图11-8a)。真空源有两种取得方式,一种是仅从发动机进气歧管取得;另一种是从发动机进气歧管和真空泵取得。

电动式CCS是由ECU控制电动机驱动型执行器中的电动机,使其顺时针或逆时针旋转,再通过减速机构以控制节气门开度,保持车速恒定(图11-8b)。

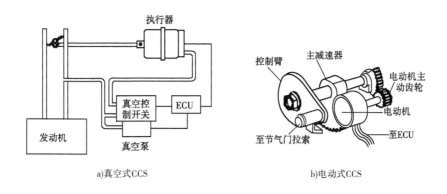

图11-8　CCS的类型

二、CCS 的构成

图 11-9 所示为汽车 CCS 的构造与零部件布置示意图。主要由巡航控制开关、车速传感器、巡航 ECU 和节气门执行器四部分组成。

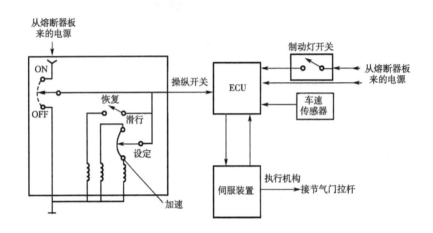

图 11-9　电子巡航控制系统的构成

巡航控制开关通常位于转向盘上,主要有主开关、恢复/加速(RES/ACC)开关、设定/加速(SET/DEC)开关、取消开关等构成,以实现车速设定、加速、加速、恢复、解除等功能。

车速传感器的作用是将汽车的车速信号转变成电信号送入 ECU,作为实际车速反馈信号,以便实现定速行驶功能。车速传感器通常和车速表驱动装置相连,如果车速表是电子式的,车速表传感器给出的信号可直接用作巡航 ECU 的反馈信号,而不必为巡航控制系统另设车速传感器。专门用于巡航控制系统的车速传感器一般安装在变速器输出轴上,这是因为汽车正常行驶时,实际车速与变速器输出轴转速成正比。车速传感器有磁感应式、霍尔式、光电式等多种形式,但一般常用磁感应式传感器。

巡航控制系统的 ECU 是接受车速传感器、巡航控制开关、保护开关等的作用信号。经计算、记忆、放大信号转换等处理后,输出控制信号,驱动执行器动作。

执行器的作用是接受 ECU 发出的指令信号,以电动或气动方式操纵节气门,通过改变节气门开度,使汽车加速、减速及定速行驶。执行器可分为电动机式和真空式两种。电动机式执行器的控制方式更为先进,在现代轿车的巡航控制系统中得到广泛应用。

三、CCS 的工作原理

如图 11-10 所示,巡航 ECU 有两个信号输入,一个是驾驶员按要求设定的指令车速信号,一个是实际行车中车速的反馈信号。ECU 检测到这两个输入信号间的误差后,产生一个送至节气门执行器加速踏板控制信号,从而使节气门执行器根据加速踏板控制信号来调节发动机节气门的开度,以修正 ECU 所检测到的误差,从而使车速保持恒定。实际车速由车速传感器测得,并将它转换成与车速成正比的电信号反馈至 ECU。实际车速与设定车速信号的误差始终都存在,并且保持在一定的范围之内。因为它们的误差值一旦为零时,行驶阻力的微小变化,都会使得节气门的开度得到变化,从而产生"游车"的现象。

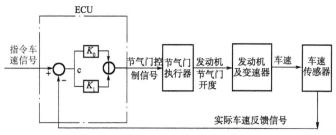

图 11-10　电子巡航控制系统的工作框图

四、CCS 的控制功能

CCS 的控制功能归纳起来,主要有以下 11 种。

1. 等速控制功能

ECU 将实际车速与设定车速进行比较,若车速大于设定车速,控制执行器将节气门适当关小;若车速低于设定车速,控制执行器将节气门适当开大。

2. 设定功能

当主开关接通,汽车在巡航控制车速范围(40~200km/h)内行驶时,若设定/巡航(SET/COAST)开关接通后松开,ECU 便将此车速存储于存储器内,并使汽车保持这个速度行驶。

3. 加速功能

当汽车以巡航控制模式行驶时,若设定/加速(SET/ACC)开关接通,执行器就会节气门适当开大,使汽车加速。ECU 将开关松开时的车速存储,并保持此车速行驶。

4. 恢复功能

只要车速没有降至 40km/h 以下,若用任一个取消开关以手动的方法将巡航控制模式取消后,接通恢复/加速(RES/ACC)开关,即可恢复设定车速。车速一旦处于 40km/h 以下,设定车速就不能恢复,因为存储器中的车速已被清除。

5. 车速下限控制功能

车速下限是巡航控制所能设定的最低车速,约为 40km/h,巡航控制不能低于这个速度。当汽车以巡航控制模式行驶时,若车速降至 40km/h 以下,巡航控制就会自动取消,设置在存储器内的车速也被清除。

6. 车速上限控制功能

车速上限是巡航控制所能设定的最高车速,一般为 200km/h。车速超过该数值,巡航控制车速不能被设定。汽车在巡航控制模式行驶时,如果操作加速开关,车速也不能加速至 200km/h 以上。

7. 自动取消功能

当汽车以巡航控制模式行驶时,若出现执行器驱动电流过大,伺服电动机始终朝节气门打开的方向旋转时,则巡航 ECU 存储器内存储的设定车速将被清除,巡航控制模式将被取消,主开关同时关闭。此外,当巡航 ECU 诊断出系统有故障时,将会使巡航系统自动停止工作。

8. 自动变速器控制功能

在汽车以超速挡上坡行驶时,车速降至超速挡切断速度(设定车速减去 2km/h)时,ECU 自动取消超速挡并增加驱动力,防止车速进一步降低。当车速升至超速挡恢复速度(设定车速减去 2km/h)时,约 6s 后巡航 ECU 恢复超速挡。

9. 迅速降速和迅速升速控制功能

当实际车速与设定车速相差不足约 5km/h 时，每次迅速(在 0.6s 以内)操纵 SET/COAST 开关，可将设定车速降低约 1.65km/h；当实际车速与设定车速相差不足约 5km/h 时，每次迅速(在 0.6s 以内)操纵 RES/ACC 开关，可将设定车速升高约 1.65km/h。

10. 诊断功能

CCS 发生故障，ECU 确定故障并使组合仪表上的指示灯闪烁，以提醒驾驶员，同时，ECU 存储相应的故障代码，故障代码可通过指示灯读取。

五、CCS 的控制技术

用于汽车巡航控制的技术主要有 PID 控制、模糊控制、迭代学控制、自适应控制等。

1. PID 控制

根据实际车速与设定车速的偏差，考虑过去、现在、将来的情况，实现汽车不变参数的巡航控制。

在汽车行驶过程中，驾驶员设定一个车速给 ECU，同时，车速传感器测得的实际车速也输入 ECU，产生实际车速和设定车速的偏差，设为 Δv，ECU 的比例部分根据偏差的大小输出相应的控制量以控制节气门的开度，使车速迅速趋近设定车速。考虑到偏差一直存在，ECU 的积分部分就把偏差积累起来加大控制量以消灭偏差，使车速保持恒定，而微分部分则起预估作用。当 $\Delta v > 0$，表示偏差在加大，就及时增加控制量，使 Δv 减小；当 $\Delta v < 0$，表示偏差在减小，则减小控制量，以避免当 Δv 趋近于零时又反方向发展而引起振荡。

2. 模糊控制

驾驶员对汽车的控制，从本质上来说是一个模糊控制的过程。驾驶员驾驶汽车时，根据目标车速与实际车速之间的偏差及路面情况，利用自己的经验，决定加速踏板的变动量，从而使汽车趋近于目标车速。汽车巡航控制的模糊控制原理就是模仿这一过程设计的，输入量一般可选择设定车速与实际车速的偏差以及偏差的变化率。

3. 迭代学习控制

因为汽车巡航行驶中存在着严重的非线性和不确定性，特别是巡航控制参数在不同车速下其值是不确定的，并且运动载体对控制的实时性要求较高，所以可将迭代学习算法应用到了汽车巡航控制系统中。基于迭代学习技术的汽车巡航控制原理是利用实际车速与设定车速的偏差，通过多次的迭代计算得出一个修正量，进一步修正 ECU 给出的控制量，从而使实际车速更趋近于设定车速。

4. 自适应控制

由于汽车巡航控制系统是一个本质非线性系统，并且汽车在行驶过程中受到路面坡度、空气阻力等外界因素干扰，因而基于时不变系统得到的控制方法就难以在各种工况下取得良好的效果，解决的办法是加入自适应环节，控制方法能随各种因素的变化而实时地加以调整，以适应复杂多变的行驶工况。

目前用于汽车巡航控制的自适应控制主要为模型参考自适应控制。设定车速同时加到控制器和参考模型上，由于参考模型的理想车速和实际车速不一致，产生偏差，自适应机构检测到这一偏差后，经过一定的运算，产生适当的调整信号改变控制器参数，从而使实际车速迅速趋近于理想车速，当偏差趋于零时，自适应调整过程就停止，控制参数也就调整完毕。当汽车在行驶过程中遇到上下坡或是由于风力而使车速发生变化时，系统也如上述过程一样，对控制器参数进行调整。

汽车巡航控制技术除上述4种以外,也有将几种控制技术综合起来的,例如,自适应控制和PID控制结合起来成为自适应PID控制;神经网络和自动模式识别有机结合成模糊神经网络控制等。

六、自适应巡航控制系统

自适应巡航控制系统(Adaptive Cruise Control,简称ACC)又称为主动巡航系统,是在传统巡航控制技术基础上发展起来的,不仅具有传统巡航控制的定速巡航能力,而且可以应用雷达、车载传感器等信息,自适应调整汽车行驶速度,从而保持被控车与前导车之间的安全距离和速度。

ACC系统的特点是:在一般道路交通情况下,自动控制汽车的运行,降低驾驶员的劳动强度;当驾驶员出现疲劳、疏忽等情况时,辅助驾驶员保障行车安全;在雾、雨、雪等恶劣天气情况下,扩展驾驶员的感知能力,辅助驾驶员保障行车安全;在紧急情况下避免碰撞事故发生,降低碰撞带来的损害。

ACC系统的关键技术有:行车信息感知及处理、行车安全状态判断、汽车动力学控制技术等。

ACC系统主要用于在高速公路上高速行驶的汽车,而不适用于城市中低速、高车流密度情况下行驶的汽车。具有走—停功能的汽车自适应巡航控制系统(图11-11)正是ACC系统针对车速低、车距近的行驶情况所做的功能扩展,这种扩展的功能要求汽车自适应巡航控制系统具有更好的近距离探测能力,更准确的信号处理能力,以及具有响应速度快、稳健抗干扰强的系统控制性能。

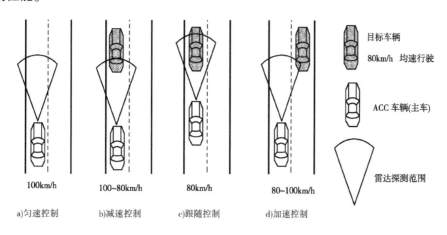

图11-11 具有走—停功能的自适应巡航控制系统

与常规ACC系统相比,汽车走—停巡航控制系统的运行工况具有以下特点:频繁走、停的城市拥挤交通工况,车速通常在0~40km/h之间变化,期望车间距离小,对车间相对距离、相对速度的控制精度要求高,因此该系统表现出较为复杂的非线性、时滞、干扰的动力学特性。针对其中的行车安全状态判断及控制模块,最新研究进展包括非线性控制方法及其应用于汽车走—停巡航控制系统等,包括汽车走—停巡航控制系统的建模和控制算法的研究。

具有最优燃油经济性的ACC是更为先进的巡航控制系统,它在不降低原有控制系统对车间相对距离、相对速度的跟踪性能的同时,实现对发动机燃油消耗量的最优控制。该控制方式的基本原理为,通过综合控制节气门开度、变速器传动比等动力总成参数,协调发动机的节气门开度和转速变化,使其工作点尽可能运行在燃油消耗量最低的区域内,最终保证发动机在获得期望的输出转矩同时,实现燃油消耗量的最优化。

第三节 导 航 系 统

一、汽车导航系统的主要功能

汽车导航系统的主要功能如下:

(1)实现实时位置测定。由于导航系统采用了检测精度高、工作稳定性较好的角速度传感器(陀螺传感器),能实现实时位置测定。

(2)具有自动检索、图像放大等功能。装备只读光盘存储器(CD—ROM),采用声控进行导航,使系统具有自动检索、图像放大等功能。

(3)自动修正汽车位置。采用全球定位系统(GPS)及先进的检测手段和传播技术,在导航系统中引入了具有自动修正汽车位置的地图匹配技术,并开发出与之相匹配的高精度位置检测软件。

(4)交通行业控制管理的重要组成部分。目前导航系统正在实现与地面交通管理网络的联机,推广发展为汽车—道路—人—环境—交通管理大系统中的重要分支,促进未来交通的智能化。

二、汽车导航系统的类型

汽车导航系统可分为开环式和闭环式两类。

1.汽车开环导航系统

汽车开环导航系统是指从控制中心或电台、卫星等得到定位、方向等信息,再根据这些信息和电子地图确定起点到终点的最短行驶距离或最佳行驶路线,但汽车的信息不能返回给控制中心的导航系统。

根据引导方式不同,汽车开环导航系统分为内部信息导航系统和无线电导航系统两类。

1)内部信息导航系统

内部信息导航系统是利用电子陀螺或地磁方位传感器(测出汽车行驶的方向)、距离传感器等制成的汽车导航行驶系统。它又可分为地磁导航行驶系统和惯性导航行驶系统:

(1)地磁导航行驶系统利用地磁方位传感器随时测出汽车的行驶方向,车速传感器测出距离,导航 ECU 计算出汽车的行驶轨迹、到达目的地的方向、剩余距离等,并可以在显示器上显示出来,以达到导航的目的。

(2)惯性导航行驶系统与地磁导航行驶系统一样,该系统利用方向和车速传感器获得汽车的行驶方向、行驶轨迹等信息;所不同的是,其方向传感器为电子陀螺仪。

2)无线电导航系统

无线电导航系统是指通过测定无线电波从发射台到接收机的传播时间,或相位、相角来进行导航定位的方法。

汽车无线电导航系统分为 GPS 导航和固定电台导航系统。

(1)GPS 导航行驶系统设有一个较灵敏的 GPS 信息接收装置,可接收卫星发射的导航信息,经过计算处理后,可以得到汽车行驶的方位、速度、到达目的地的直线距离和已行驶的里程;如果与电子地图结合起来,导航行驶功能将更加完善。

(2)固定电台导航行驶系统又分中心电台导航行驶系统和路边电台导航行驶系统。

中心电台导航行驶系统一般是一个集导向、汽车监控、防盗、差分 GPS 应用等为一体的综合系统,并且具有闭环导航行驶系统的所有功能。一般几十到几百公里为半径设一个中心站,除接收 GPS 信息外,还收发各个汽车的导向、防盗等综合信息,可把任一个汽车的实时轨迹显示在显示器上。

路边电台导航行驶系统一般是一个集交通控制和导航于一体的综合系统。在高速公路的路边,每隔几百米到几公里设一个小功率电台,汽车上的小功率收发机可通过无线电波和交通控制中心,每到一个电台交换一次信息,达到交通控制与导航的目的。

2. 汽车闭环导航系统

该系统不但有开环的所有导航功能,而且车主可以把行车的实时信息不断发送回控制中心,控制中心会根据掌握的交通及气候等综合信息及时通知汽车改道行驶,以在最短时间内到达目的地。在汽车出现大故障无法返回或遇到抢劫等情况时,也可以及时报告控制中心,一方面可以报告出现的问题,另一方面可随时报告自己的方位,以便营救。

三、汽车导航系统的组成与原理

基于 GPS 的导航系统在汽车上得到广泛应用。汽车闭环 GPS 导航系统如图 11-12 所示,主要由主控中心、GPS、车载部分等组成。

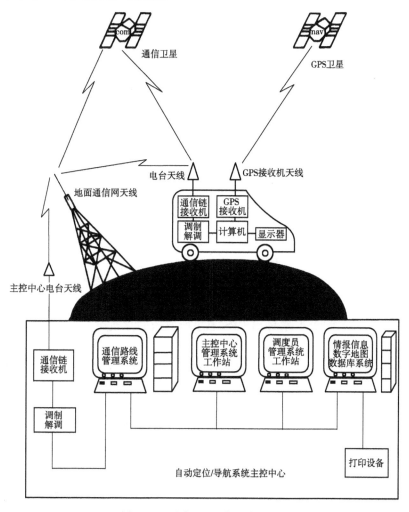

图 11-12　汽车 GPS 导航系统的结构

1. 主控中心

主控中心由电台、调制解调器、计算机系统和电子地图四部分组成。主控中心的电台用来接收汽车上电台发出的位置信息，同时也可反控汽车。调制解调器负责反控命令和 GPS 信息的数/模转换工作。计算机系统在接收到汽车的位置信息后，进行简单的预处理，然后按事先约定的通信协议，包装该信息并通过 RS232 送往工作站。工作站可在矢量电子地图数据上显示汽车的位置，并提供空间查询功能。

2. GPS

GPS 是 Global Positioning System 的缩写，意思是全球定位系统。

GPS 由 24 颗工作卫星和 4 颗备用卫星组成（图 11-13）。它们分布在 6 个等间距的椭圆形的轨道平面上，轨道面相对赤道的夹角为 55°，每个轨道面上有 4 颗工作卫星，卫星的轨道接近圆形，轨道高度为 2.01836 万 km，周期约 12h。它可不间断地向地面发送自身星历参数和时间参数，在地球任何地方只要接收到 3 颗以上卫星的信号，通过 GPS 接收机就可计算出该点的赤道经度和赤道纬度坐标。

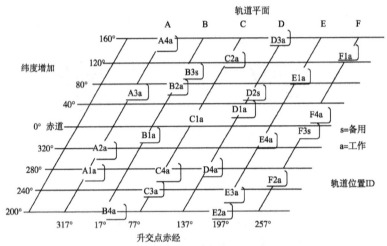

图 11-13 GPS 空间卫星的分布示意图

3. 车载部分

车载部分主要由 GPS 接收器、自律导航系统、显示器等组成。

1) GPS 接收器

GPS 信号接收机的任务是：接收 GPS 卫星发射的信号，以获得必要的导航和定位信息，并跟踪这些卫星的运行，对所接收到的 GPS 信号进行变换、放大和处理，以便测量出 GPS 信号从卫星到接收机天线的传播时间，解译出 GPS 卫星所发送的导航电文，实时地计算出测站的三维位置，三维速度和时间，完成导航和定位工作。

GPS 接收器主要由射频前端模块、信号处理模块、应用处理模块和电源模块组成（图 11-14）。

2) 自律导航系统

当汽车进入地下隧道、高层楼群、高架公路桥下、高山群间时，会出现与 GPS 卫星中断联系的瞬间，此时可自动导入自律导航系统。汽车计算机直接对车速传感器检测到的车速脉冲数进行数据处理，通过速度和时间算出汽车前进的距离。陀螺仪可以测出汽车前进中方向的微小误差并进行自动修正（因为陀螺仪能自动存储各种数据，即使在更换轮胎暂时停车时，也可以重新设定）。

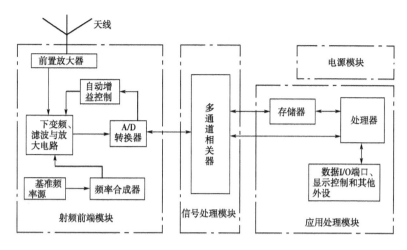

图 11-14　GPS 接收器的基本构成

自律导航系统主要是根据车速传感器和方位传感器分别确定汽车的前进距离和方位。

导航 ECU 直接对车速传感器检测到的车速脉冲数进行数据处理，通过速度和时间可计算出汽车的前进距离。

对于汽车行驶方位的确定有两种方法，一种采用地磁传感器检测汽车的地磁方向，以确定汽车的前进方向，这种方法称为地磁导航；另一种采用陀螺仪检测汽车的横摆角速度（转角速度），并对其进行积分后求得汽车的方位，这种方法称为惯性导航。

3）地图匹配器

由 GPS 和自律导航系统测得汽车的坐标数据与实际行驶道路的数据存在一定误差，为了修正误差，需加一个地图匹配器对汽车位置与地图上道路的误差进行自动修正，使得汽车行驶路线与地图上的道路相匹配，从而指示出正确的前进路线。

4）LCD 显示器

它是一种模拟三基色输入的彩色液晶显示器，具有高解像度、高辉度、长寿命、画面鲜明等特点，尺寸有 5in 和 6in，具有照明亮度随外界光线自动调整的功能，附设 TV/CD 开关。显示器有一种由平面到鸟瞰图的转换功能，可把平面图转换成鸟瞰图，以解除驾驶员长时间观看屏幕时眼的疲劳。

四、GPS 系统定位的基本原理

GPS 系统采用以位置为基准的三角测量原理，来进行汽车位置计算的（图 11-15）。

GPS 卫星上装有高精度的时钟，并发射电波及时刻信号。因为接收一方通过接收机上的时钟，可知接收电波的时刻，所以能知道电波到达所需要的时间。按上述方法测定来自 3 个卫星的电波到达所需要时间，分别乘上电波的传播速度（光速约为 303km/s）而得的值就是卫星到汽车之间的距离。因为同时发送各 GPS 卫星在轨道上的位置，所以接收点（本车位置）是 3 个卫星分别作为中心的 3 个球面的交点。汽车的坐标为 (X_0, Y_0, Z_0) 三个卫星位置分别为 (X_i, Y_i, Z_i)，$i=1,2,3$，根据方程

$$R_i = \sqrt{(X_i - X_0)^2 + (Y_i - Y_0)^2 + (Z_i - Z_0)^2} \tag{11-1}$$

$$R_i = Ct_i \tag{11-2}$$

式中：R_i——各卫星到汽车的距离（m）；

C——无线电波传播速度,与光速相等;
t_i——各卫星电波传到汽车所用的时间。

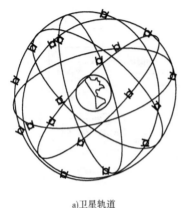

a)卫星轨道　　　　　　　　　　　b)测定原理

图 11-15　GPS 的定位原理

解方程组可以求出汽车的位置坐标。但是,当卫星一方与接收机一方之间若有时钟的误差,则 3 个球面不会交叉。为此,可接收第 4 卫星的电波,通过计算求 3 个球面在一点的交叉点,并以第 4 卫星的时刻为基准,修正接收机的时钟。根据 GPS 测位,能知道纬度、经度和高度。但是,在大城市的高层大楼的街道或隧道里不可能接收电波,所以作为汽车导航用传感器不能单靠 GPS。GPS 可以与依靠陀螺或地磁传感器的推测导航法相组合,用于判断现在位置的推测值是否有错。

第四节　安全气囊

一、安全气囊的工作与类型

1. 安全气囊的作用

安全气囊系统(Supplemental Restraint System,简称 SRS),也称为辅助约束系统。

安全气囊的作用是:当汽车遭受碰撞导致减速度急剧变化时,气囊在 40ms 内迅速膨胀,在驾驶员、乘员与车内构件之间迅速铺垫一个气垫,利用气囊排气节流的阻尼作用来吸收人体惯性力产生的动能,从而减轻人体遭受伤害的程度。

近年来随着世界汽车市场的竞争越演越烈,以及制造成本的降低,以往只在高档轿车上作为选装件的 SRS,已逐步发展到作为标准件安装到普通型轿车上。轿车发生正面严重碰撞事故时,SRS 系统协同三点式安全带对前排乘员的头部及胸部提供有效保护。发生侧面碰撞时,侧面 SRS 可减轻乘员头部和脑部的伤害程度。

2. 安全气囊的分类

1)按触发机构分类

按安全气囊的触发机构不同,可分为机械式、机电式和电子式三种。

机械式安全气囊的检测碰撞动作和引爆点火剂都是利用机械装置动作来完成的。其优点是:结构简单、可靠性高;直接由传感器触发气体发生器,省去了电子控制单元,因此可降低安全气囊总成的成本。其缺点是:必须与气体发生器安装在一起,因此安装位置受到限制,得到的车身减速度信号不是很理想,且抗干扰能力差;触发安全气囊的信号计算方式简单,对于复杂情况很难考虑周全,不容易使安全气囊在最佳点火时刻点火。

机电式安全气囊是采用机电结合式传感器的触点在车身减速度的作用下,克服机械势能触发安全气囊点火开关,从而得到安全气囊点火信号。其优点是:机电式传感器采用机电结合的方式,将机械信号转化为电子信号,再利用电子信号点爆安全气囊,既具有机械式的优点,又能克服机械传感器本身存在的缺陷;可安装在车身上的任何位置,以便得到较好的减速信号,而且能够在同一位置安装多个传感器。

电子式安全气囊是通过安全气囊的电控单元对由传感器产生的能反映车身减速度情况的信号进行分析判断,确定是否点火。其优点是对路况及碰撞情况判断较为准确,并能根据不同的碰撞速度、乘员在碰撞时的具体状态等控制安全气囊的爆发时间,以达到对乘员的最佳保护。电子式安全气囊被广泛采用。

2)按安装位置分类

按安装位置不同,安全气囊可分为驾驶席侧SRS、前排成员侧SRS、胸部侧撞SRS、头部侧撞SRS、顶部SRS、后座椅SRS、膝部SRS、充气地毯等多种类型。

(1)驾驶席侧SRS(转向盘SRS):驾驶席侧安全气囊安装于转向盘内,其目的主要是在汽车发生碰撞时,防止驾驶员与转向盘、仪表板及前风窗玻璃发生碰撞而造成伤害。全气囊直径为600~800mm,安全气囊总成的质量约1kg,安全气囊的展开时间一般为30ms。

(2)前排成员侧SRS(仪表盘SRS):乘员用安全气囊安装于仪表板内,其主要作用是在汽车正面碰撞时,防止前排乘员与仪表板和前风窗玻璃发生碰撞而造成伤害。

(3)胸部侧撞SRS:主要作用是在汽车发生侧面碰撞或者汽车发生侧翻时,保护乘员的胸部和颈部,一般安装于车顶门框内、座椅靠背的车门侧或车门上。目前有两种形式:

①充气管状头部侧撞安全气囊安装在车顶门框内侧的内饰板后。安全气囊展开时间小于25ms,管状直径130mm左右,质量0.6kg左右。

②充气帘式头部侧撞安全气囊安装于内饰板后车顶围栏。安全气囊展开时间小于30ms,容积9~12L,质量1.5kg左右。

(4)顶部SRS:顶部SRS安装在乘员舱顶部,当汽车翻滚时以保护人头部损伤。

(5)后座椅SRS:后座椅安全气囊一般在前排座椅的靠背上部后侧或头枕后部内。由于正面碰撞事故中后排乘员受到的伤害程度较轻,故后座安全气囊目前主要应用于一些高级轿车上。针对不同的保护部位,后座椅安全气囊的容积从10~100L不等,小容积安全气囊主要保护头部,大容积安全气囊则保护头部和胸部。

(6)膝部SRS:充气膝部软垫主要作用是在事故中防止膝盖、大腿与仪表板下部碰撞而引起的伤害。

(7)充气地毯:汽车发生正面碰撞时,前围板和前底板会产生向乘员舱的侵入和变形。新的欧洲正面碰撞法规(96/97/EC)规定,在整车以56km/h撞向刚性墙(40%偏置)时,必须解决侵入乘员空间,特别是脚部空间的问题。充气地毯可在脚部空间被侵入之前提高地板,降低脚部、踝关节及小腿的载荷,减小脚部的加速度和小腿受的力与力矩,从而使之保持在人体能够承受的范围内,减少对踝关节的伤害程度。

充气地毯由多氨基化合织物构成,内部多腔,顶部为一层塑料和普通地毯,面积约为450mm×350mm。气体发生器与侧撞安全气囊的气体发生器在类型和大小上基本一致,充气时间约为20ms,脚跟处充气厚度为70mm,压力最大可达150kPa,质量约1kg。

3)按碰撞传感器的传感方式分类

按碰撞传感器的传感方式的不同,安全气囊可分为分布式 SRS 和单点式 SRS 两种。

分布式 SRS 是指采用多个碰撞传感器且分布在汽车的多个位置以分布传感汽车的碰撞减速度和碰撞冲击力。通常采用 3 个碰撞传感器,其中 2 个安装在汽车的左前方和右前方(如两侧的前翼子板、两侧前照灯支架下方、散热器支架的左右两侧等),另一个安装在 SRS ECU 内部。

单点式 SRS 只采用一个碰撞传感器,且与 SRS ECU 集成一体。由于单点式 SRS 的传感器无引线、体积小、已集成、易建模、且性能稳定,因此,单点式 SRS 正逐步取代分布式 SRS。

二、电子式 SRS 的组成

1. 碰撞传感器

碰撞传感器的作用是感知汽车的碰撞信号,并将其传给 SRS ECU。碰撞传感器主要有机械式、电子式、集成式等几种(图 11-16)。

1)机械式碰撞传感器

机械式碰撞传感器是利用惯性原理触发机械开关来测汽车碰撞程度,机械式碰撞传感器只能输出开关量,通常有钢球式、滚子式、偏心锤式、水银开关式等。

(1)钢球式碰撞传感器(图 11-16a):这种传感器是一个小球在一圆柱形缸套内运动,小球磁场力约束,在正常情况下,钢球被磁力吸附在钢套的一端。碰撞时,如冲击力足够,钢球将克服磁场力向前运动,当接触到前面的电触头时便将局部电路接通。碰撞后磁场力自动把钢球吸离电触头,回到原位。

(2)滚子式碰撞传感器(图 11-16b):滚子式传感器是由滚柱、卡簧及挡销等构成的,其中滚柱和旋转触头制为一个合件,片簧和固定触点制为一个合件。在传感器不起作用时,在片簧预加载荷的作用下,滚柱靠在挡销上,固定触头与旋转触头处于断开状态。

当加有冲击时,在惯性力的作用下,滚柱转动,与滚柱成为合件的旋转触头移动,当其与固定触头接触时,对外输出 ON 信号。

(3)偏心锤式传感器(图 11-16c):汽车正常行驶时,弹簧将偏心锤压在挡块上,固定触点与转动角触点未接触。当汽车碰撞时,减速度作用力克服弹簧的弹力,偏心锤离开挡块而产生运动,带动转动触点,使其与固定触点结合,向 SRS ECU 输出"接通"信号。

(4)水银开关式(图 11-16d):当传感器处于静止状态时,水银在其重力的作用下,传感器的两个电极处于断开状态,使点火器断开。当汽车发生碰撞且减速度达到设定值时,水银的惯性力在其运动方向上产生的分力将水银抛向传感器电极,使两个电极接通。

2)电子碰撞传感器

常用的电子式碰撞传感器有压阻效应式(图 11-16e)和压电效应式(图 11-16f)两种,分别利用半导体的压阻效应和压电效应制成。在压阻式碰撞传感器中,电阻应变片随弹性元件受到碰撞压力作用产生变形,其阻值随之发生变化,经信号调理电路后转变成电压,送入 SRS ECU。当汽车遭受碰撞且减速度达到设定阈值时,传感器信号电压也达到设定阈值,SRS ECU 发出控制指令将气囊点火器电路接通,引爆气囊充气。在压电式碰撞传感器中,压电晶体受到碰撞压力作用,其输出电荷发生变化,经放大电路转变成相应电压送入 SRS ECU。作用力越大,晶体变形量越大,电压就越高。当汽车遭受碰撞且减速度达到设定阈值时,传感器输入 SRS ECU 的信号电压达到设定阈值,SRS ECU 立即发出控制指令,使气囊点火电路接通,引爆气囊充气,达到保护驾驶员和乘员的目的。

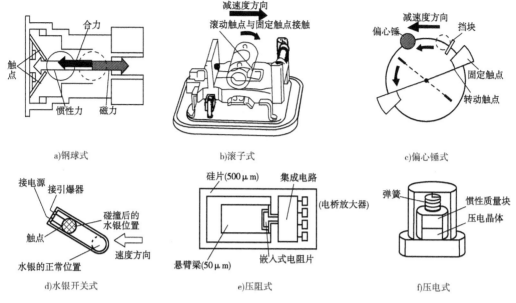

图 11-16 碰撞传感器的类型

2. 电子控制单元

SRS ECU 的作用是检测汽车碰撞情况及系统故障情况,对系统关键部件进行反复诊断试测。ECU 在汽车行驶中不断地接受碰撞传感器等传来的车速信息,经过计算、分析、判断,随时准备把确认的信号传送给引爆器。ECU 还可以调节自身内部电路,确定系统的准备状态,装有备用电源以及故障警告灯。

3. 气体发生器

SRS 常用气体发生器结构如图 11-17 所示。通常气体发生器用轻金属铝制作外壳,内装能产生无毒氮气的化学药品——发气剂。电子点火器(也称电雷管)接收到经 SRS ECU 分析并确认的汽车发生碰撞的信号,电雷管获得足够电能被引爆,使器内氮化钠和氧化铜剧烈反应产生高温的氮气,氮气经增压过滤器降温过滤后迅速流入气囊,冲破气囊盖模件,膨胀展开。

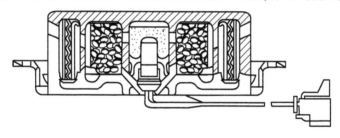

图 11-17 气体发生器总成

另外,一种称复合式气体发生器,由一般气体发生器和压缩氩气容器共同向气囊充气,后一压缩气体膨胀需要吸收的热量由前一化学反应产生热量来补偿平衡。

三、电子控制 SRS 的工作过程

电子控制安全气囊系统的工作过程如图 11-18 所示。

当汽车受到前方一定角度范围内的高速碰撞时,碰接传感器和检测到汽车突然减速的信号,并传送到 SRS ECU。

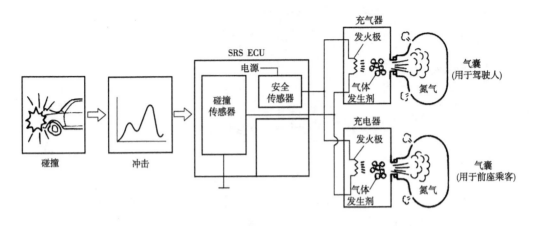

图 11-18 电子控制安全气囊的工作过程

ECU 按预先设置的程序经过数学计算和逻辑判断,当碰撞减速度达到设定值时,ECU 立即向 SRS 气囊组件内的电热点火器(电雷管)发出点火指令,引爆电雷管,点火剂受热爆炸(即电热丝通电发热引爆火药)。

点火剂引爆时,迅速产生大量热量充气剂(叠氮化钠固体药片)受热分解释放大量氮气充入气囊;气囊便冲开气囊组件的装饰盖板鼓向驾驶员,使驾驶员头部和脑部压在充满气体的气囊上。

在人体与车内构件之间铺垫一个气垫将人体与车内构件之间的碰撞变为弹性碰撞,通过气囊产生变形来吸收人体碰撞产生的动能,达到保护人体的目的。

对于不同位置的 SRS,其气体发生器的充气时间不同,则点火时刻是不一样的。

对于驾驶员侧 SRS,气囊点爆后,气体发生器的充气时间均为 30ms。由于人头部离转向盘的距离为 305mm(12in),气囊充满气体时的厚度为 178mm(7in),因此,人的头部移动 127mm(5in)后即与气囊接触,此时气囊应充满其他,而气囊充满其他的时间约为 30ms。所以汽车碰撞过程中,成员头部向前移动 127mm(5in)时的前 30ms 为最佳点火时刻。

四、气囊点爆控制算法

气囊点爆算法有很多,并不断发展。主要有加速度峰值法、速度变量法、加速度坡度法、比功率法、基于速度判断法等。

加速度峰值法是通过测量汽车碰撞时的加速度信号,当加速度达到预定的值时就点爆气囊。

速度变量法是通过对加速度信号进行积分运算得到碰撞过程中的速度变化量,当速度变化量大于预先设定的值时就发出点火信号。由于速度变化量曲线比加速度曲线平滑得多,所以这种算法有较强的抗干扰能力,但对于碰撞不够敏感。

加速度坡度法是对加速度信号求导,得到加速度变化量,并将其作为点火判断指标。这种算法需对加速度进行很好的滤波。

比功率法是对碰撞过程动能信号进行两次求导,得到比功率作为指标进行点火条件判断。该指标中综合了加速度、速度变化量、加速度坡度三个量,对不同碰撞波形具有更好的适应能力,但算法复杂。

基于速度判别法是根据加速度传感器测得汽车的加速度信号,由硬件和软件进行低通滤波,积分计算汽车的速度。以速度为横坐标,计算加速度、加速度的平方、加速度的平方的积分值等。计算结果中任何一项超过某种标准,则点爆气囊。这种算法消除了由于积分起始点判断不准而引起的算法误差。

五、两次动作 SRS

两次动作 SRS 在汽车发生冲撞时,能根据汽车的速度和减速度的大小,自动地选择只使用安全带预紧器动作,还是安全带预紧器和气囊同时工作。这样,在低速发生碰撞时,系统只使用安全带即能足够保护驾乘人员安全,而不用浪费气囊;如果在速度大于 30km/h 发生碰撞时,安全带和气囊同时引动,以便保护驾乘人员的安全。

预紧式安全带是在普通安全带上增加预紧构成的。预紧器可以与锁扣结合在一起(锁扣预紧器),也可以与卷收器结合在一起(卷收器预紧器)。

预拉紧装置则有多种形式,常见的预拉紧装置是一种爆燃式的,由气体引发剂、气体发生剂、导管、活塞、绳索和驱动轮组成(图 11-19)。当汽车受到碰撞、预拉紧装置受到激发后,密封导管内底部的气体引发剂立即自燃,引爆同一密封导管内的气体发生剂,气体发生剂立即产生大量气体膨胀,迫使活塞向上移动拉动绳索,绳索带动驱动轮旋转,驱动轮使卷收器卷筒转动,织带被卷在卷筒上,使织带被回拉。最后,卷收器会紧急锁止织带,固定乘员身体,防止身体前倾时与转向盘、仪表板和风窗玻璃相碰撞。

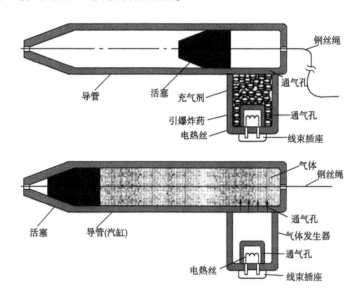

图 11-19 预紧式安全带的预拉紧装置

六、成员感知 SRS

成员感知 SRS 具有除了能检测汽车碰撞的类型和强度外,还可以探测成员的位置和存在。

成员位置感应可采用红外线、激光、雷达、超声波等原理检测成员的坐姿,精确计算 SRS 的点头时刻或屏蔽气囊。成员位置感应可实现 SRS 反馈控制,并具有以下功能:

(1)当乘员离转向盘太近时,屏蔽气囊并发出警报。
(2)当乘员离转向盘较近但仍在气囊膨胀区以外时,提前触发气囊。
(3)乘员离转向盘较远,应延缓触发。
(4)如果使用多级触发气囊,选择气囊的点火级数。

(5)将乘员信号与碰撞强度信号综合构成智能安全约束系统(ISRS),使安全带、正面气囊、侧面气囊等其余被动安全设施协调作用,达到最佳保护效果。

(6)乘员的信号也可用于调节车内温度、音响等,提高乘员的舒适性。

乘员存在探测可运用座椅承重传感器、电感变化原理、超声波测距、电容变化原理等方式,具有以下功能:

(1)当有反向儿童座椅时,气囊不再起爆。

(2)当乘客座无人乘坐时,气囊不再起爆。

第五节 防撞控制系统

一、行车防撞控制系统

1. 系统组成

行车防撞控制系统包括发射和接收反射信号的传感器或摄像元件;行车环境监察信息的采集和分析的电子控制单元;及输出显示信号,必要时发出警告信号,并采取应急措施电路等三部分组成(图11-20)。

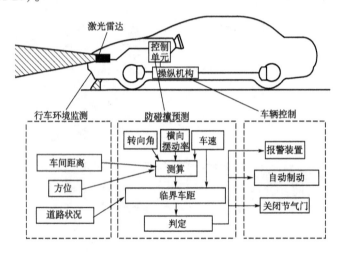

图 11-20 行车防撞控制系统组成及工作原理

位于汽车前部的激光扫描雷达(或毫米波雷达,或视频成像系统,或超声波)用于分辨汽车前方物体的距离和方位,与有路面情况传感器共同承担环境监测功能。

电子控制单元用于对前后障碍物的距离和方位以及路面信号进行分析,提取有用数据,进行危险性判断,输出必要的警示信号或应急汽车控制信号,使自车与前车之间保持一定的安全距离。

操纵机构根据防碰撞系统输出信号的控制,实现对电子制动系统或电子转向系统进行自动操作。自动操作系统处于工作状态时,如驾驶员的操作制动力大于自动控制系统提供的制动力,则驾驶员操作有效,这样可保证自动操作系统失灵时,驾驶员控制的制动系统仍能起作用。

2. 安全车距

图 11-21 为同向运行的自车和前车安全车距模型,驾驶员主观安全车距 d_s 由三部分组成:

驾驶员反应时间内自车行驶过的距离 d_1、消除自车与前车之间相对速度行驶过的距离 d_2、两车之间的最小距离 d_0，因此车间距离控制的安全车距模型为

$$d_s = d_1 + d_2 + d_0 \tag{11-3}$$

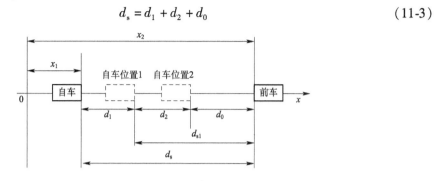

图 11-21　安全车距模型

3. 避撞系统的工作过程

（1）当汽车正常行驶时，即 $d_s \geq d_1 + d_2 + d_0$。汽车主动避撞系统不停地对汽车行驶的安全程度进行评估。如判断为安全状态。避撞系统无任何动作，不干扰正常驾驶，同时驾驶员可以随时选取适合当前环境的模式进行汽车的自动控制。

（2）当系统判断为危险状态时，即 $d_2 + d_0 \leq d_s < d_1 + d_2 + d_0$。避撞系统会首先自动关闭油门，此时若驾驶员尚未采取相应的动作，则系统将自动控制汽车制动和转向，并调用其他相关控制系统（如 ABS、ESP 等），使汽车远离危险的同时保证自车的安全，一旦汽车回到安全的行驶状态或驾驶员采取了控制动作，系统对汽车的控制将自动解除，回到正常行驶状态。

（3）当系统判断为危险无法避让时，即 $d_s < d_2 + d_0$。除了采取远离和减少危险的控制外，还将根据危险程度的大小和障碍物的类型（汽车、行人或者其他障碍物），选择合适的被动安全（如乘客护甚至行人保护措施）控制策略。

二、倒车防撞报警系统

1. 组成

倒车防撞报警系统又称为倒车雷达系统或声呐测距系统，该系统主要由超声波传感器、电子控制单元、报警装置（发光器或蜂鸣器）等组成（图 11-22）。

超声波传感器安装在后保险杠上，它向汽车内部发射超声波并接收反射回来的超声波。

超声波测距传感器采用锆钛铅作为压电敏感元件，考虑倒车对水平更大宽度范围障碍了解要求，接收传感器使用长轴在水平方向的椭圆形纸盆喇叭。

电子控制单元用于接收从超声波传感器传送回来的信号，经过计算，判断障碍物离车尾的距离。如果达到报警位置，就传送信号给蜂鸣器。

蜂鸣器用于发出警告声，并根据不同的距离发出不同的警告声。

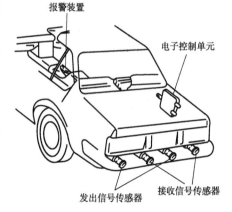

图 11-22　倒车防撞报警系统

2. 工作原理

倒车防撞报警系统利用声呐原理，它发射一种超声波，这种声波的频率达到 40Hz，传播速度

约为340m/s。超声波遇到障碍物要反射,由于其受环境因素的影响较小,因此其入射角和反射角近似相等,如图11-23所示。

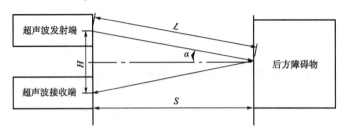

图11-23 超声波测距原理

由图11-23可知,超声波从发射到接收经过的路程(L的两倍)与传播速度v和传播时间T的关系为

$$2L = v \times T \tag{11-4}$$

即

$$L = v \times T/2 \tag{11-5}$$

图11-20中,H是两个传感器之间的距离,L是超声波的单向路程,S为传感器与后方障碍物的间距,α为反射角,则:

$$S = L\cos\alpha = \frac{v \cdot T \sqrt{L^2 - (H/2)^2}}{2L} \tag{11-6}$$

一般车宽为2~4m,$H/2$约等于1m,L按报警距离可以确定为80m≤L≤200m。由此可以导出S近似值,即

$$S = 170T \tag{11-7}$$

因此,只要测出超声波的传播时间,就可以计算出前后两车的间距。

由于超声波在空气中逐渐衰减,离车较远的障碍物反射强度弱,不易被检出。为使障碍物位置分辨得更清楚,超声波传感器将车后方划分成左、中、右三个检测区,系统并带有故障自诊断功能。

为弥补超声波存在检测盲区的不足,有的汽车在后保险杠角处装角声呐(或角雷达)传感器。

三、自动泊车

自动泊车系统是通过车载传感器(泊车雷达)和计算机,来实现自动识别可用车位,并自动完成停车入位动作。

1. 组成

自动泊车系统主要由感知单元、中央控制器、转向执行机构、人机交互系统等组成(图11-24)。

(1)感知单元。包括泊车环境信息感知和汽车自身运动状态感知。泊车环境信息感知由车位检测传感器、避障保护传感器等组成。汽车自身运动状态感知主要通过轮速传感器、陀螺仪、挡位传感器等获取汽车行驶状态信息。泊车系统中央控制器在环境信息和汽车自身运动状态已知的前提下进行汽车运动控制,因此感知单元是泊车系统的基本单元。

(2)中央控制器。其主要功能:一是分析处理感知单元获取的环境信息,得出准确的车位信息;二是汽车泊车运动控制。中央控制器根据汽车运动状态,判断所需汽车挡位,并将挡位操作提示通过人机交互界面传达给驾驶人。当驾驶人完成正确的挡位操作时,中央控制器根据汽车实际泊车位姿与目标泊车位姿偏差,计算出合理的转向盘转角,并实时向转向执行机构发送转向指令。整个泊车过程中,泊车系统中央控制器实时接收并处理汽车避障传感器输出的信息,当汽车与周围物体相对距离小于设定安全值时,泊车系统中央控制器将采取合理的汽车运动控制,以保证泊车过程的安全性。

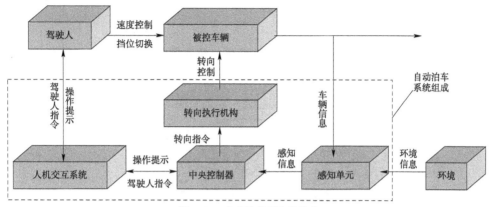

图 11-24　自动泊车系统的组成

(3)转向执行机构。包括转向系统、转向驱动电机、转向电机控制器、转向柱转角传感器等。转向执行机构接收泊车系统中央控制器发出的转向指令后执行转向操作。

(4)人机交互系统。其功能是实现驾驶人与泊车系统之间的信息交互。中央处理单元通过人机交互界面将车位信息及操作提示信息显示给驾驶人,同时,驾驶人通过人机交互系统向泊车系统发出泊车要求指令,如是否选择泊车系统已检测到的车位、汽车停放基准等。

2. 工作原理

自动泊车系统的工作原理(图 11-25):首先是车位探测阶段,通过传感器探测路边车位信息,若发现车位则判断是否可用;其次为路径规划阶段,如果车位可用则根据此刻车身和目标停车位的相对位置,规划出一条最优泊车路径;最后为泊车运动控制阶段,控制器根据传感器检测的状态信息,实时修正泊车速度和转向盘角度,以期准确安全地到达泊车位。

自动泊车系统的关键技术主要有车位检测、路径规划和运动控制等。

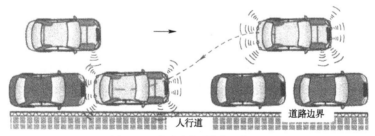

图 11-25　自动泊车系统的工作原理

第六节　电控中央门锁与防盗系统

一、电控中央门锁

1. 电控中央门锁的功能

汽车装备中央门锁后可实现下列功能:

(1)将驾驶员车门锁扣按下时,其他几个车门及行李舱门都能自动锁定;如用钥匙锁门,也可同时锁好其他车门和行李舱门。

(2)将驾驶员车门锁扣拉起时,其他几个车门及行李舱门锁扣都能同时打开;用钥匙开门,也可实现该动作。

(3)在车室内个别车门需打开时,可分别拉开各自的锁扣。

(4)配合防盗系统,实现防盗。

2. 电控中央门锁的组成

电控中央门锁由信号输入装置、ECU 和执行器三部分组成。电控中央门锁各元件在车上分布位置如图 11-26 所示。

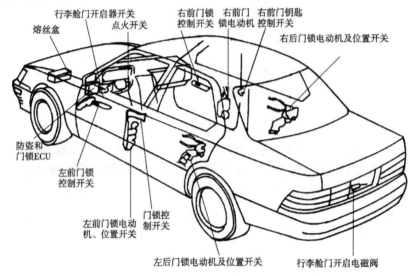

图 11-26 中央门锁各元件在车上的分布位置

1)信号输入装置

信号输入装置由门锁控制开关、钥匙开锁报警开光、钥匙控制开关、行李舱门开关、行李箱门开启器、门控开关、门锁开关等组成。

(1)门锁控制开关:采用中央门锁系统的汽车,当驾驶员锁住驾驶员车门时,其他几个车门(包括后车门及行李舱门等)能同时自动锁住;当打开驾驶员车门时,其他几个车门能同时打开;乘客仍可用各车门的机械或弹簧锁开关车门。

(2)钥匙开锁报警开关:钥匙开锁报警开关探测点火钥匙是否插进钥匙门内,当钥匙在钥匙门内,钥匙开锁报警开关电路接通报警;当钥匙离开钥匙门时取消报警。

(3)钥匙控制开关:钥匙控制开关装在每个车门的钥匙门上,当从外面用钥匙开门和关门时,钥匙控制开关便发出开门或锁间的信号给门锁 ECU。

(4)行李舱门开启器开关:行李舱门开启器开关位于仪表板下面,拉动此开关便能打开行李舱门,钥匙门靠近行李舱门开启器,推压钥匙门,断开行李舱内主开关,此时再拉开启器开关也不能打开行李舱门。将钥匙插进钥匙门内顺时针旋转打开钥匙门,当主开关再次接通,便可用行李舱门开启器打开行李舱。

(5)行李舱门开启器:行李舱门开启器装在行李舱门上,由轭铁、插捧式铁芯、电磁线圈和支架组成,轴连接行李舱门锁,当电磁线圈通电时,插捧式铁芯将轴拉入并打开行李舱门。线路断路器用以防止电磁线圈因电流过大而过热。

(6)门控开关:门控开关用来探测车门的开闭情况。车门打开时,门控开关接通;车门关闭时,门控开关断开。

(7)门锁开关:用来检测车门的开闭情况。当车门关闭,门锁开关断开;车门开启,门锁开关接通。

2)ECU

中央门锁 ECU 包括编码器、输入器、存储器、鉴别器、驱动级抗干扰电路、显示器、报警器、保险装置等组成。

(1)编码器:人为设定一组几位二进制或十进制密码,对密码电路要求是容量大、换码率高、保密性、可靠性好;换码操作简单,便于日常管理。

(2)输入器和存储器:经输入器输入一组密码,由存储器记忆后送至鉴别器。

(3)鉴别器:对来自输入器和鉴别器的两组密码进行比较,仅当两组密码完全相同时,鉴别器才输出信号,经抗干扰处理后送至驱动极和显示装置。若用户有特殊要求,鉴别器还可输出报警和封锁行车所需的电信号。

(4)驱动级:对于鉴别器输出的微弱电信号,由驱动级进行放大,以便能驱动执行器的电磁铁或电动机工作。

(5)抗干扰电路:用于抑制车内外电磁干扰,避免电子门锁产生误动作。通常采用延时、限幅及定相等措施。

(6)显示器和报警器:用于显示鉴别结果和报警,从而扩大电子门锁的功能。

(7)保险装置:当汽车运行超过限定车速时,车门锁止器根据来自车速传感器的信号将门锁锁止。或当控制电路失灵时,可通过紧急开启接口直接控制门锁的开启。

3)执行器

中央门锁执行器一般采用电磁式或电动机式两种。

(1)电磁铁式自动门锁:电磁铁内部有两个电磁线圈,分别用于开启和关闭门锁。门锁集中操作按钮平时处于中间位置,用手按压即可开启和关闭门锁。其特点是结构简单、内摩擦力小、动作敏捷、操作方便;缺点是耗电量大,电磁铁质量大且动作时有撞击声。

(2)电动机式自动门锁:当电动机转动时,蜗杆带动齿轮转动,齿轮推动锁杆,车门被锁上或打开,然后齿轮在复位弹簧的作用下返回原位,防止操纵门锁按钮时电动机工作。位置开关当锁杆推向锁门位置时断开,推向开门位置时接通。其优点是体积小、耗电少及动作较迅速;缺点是开、闭之后,由于疏忽通电,易烧坏电动机。

二、电子防盗系统

1. 电子防盗系统的类型

电子防盗系统主要有钥匙控制式、遥控式、报警式、具有防盗报警和防止汽车移动式、电子跟踪式等多种形式。

(1)钥匙控制式:通过用钥匙将门锁打开或锁止,同时将防盗系统设置或解除。

(2)遥控式:防盗系统能够远距离控制门锁打开或锁止,也就是远距离控制汽车防盗系统的防盗或解除。

(3)报警式:防盗系统遇有汽车被盗窃时,只是报警但无防止汽车移动功能。

(4)具有防盗报警和防止汽车移动式:当遇有窃车时,除音响信号报警外,还要切断汽车的起动电路、点火电路或油路等,起到防止汽车移动的作用。

(5)电子跟踪式:电子跟踪式防盗系统分为卫星定位跟踪系统(简称 GPS)和利用对讲机通过中央控制中心定位监控系统。这些系统要构成网络,消除盲区,而且要由政府配合,公安部门设立监控中心。电子跟踪定位监控防盗系统是利用电波在波朗管地图上显示被盗车位置并向警方报警的追踪装置。设跟踪定位监控防盗系统,需有关单位专门设立这样一套机构和一套专用的设备,并需 24h 不间断地监视,否则,即使安装了电子跟踪定位监控防盗系统还是起不到防盗作用。

(6)指纹识别式:通过人体指纹识别控制汽车的电路、油路、启动马达等,从而达到防盗的目的。

人的指纹、掌纹、面孔、发音、虹膜、视网膜、骨架等都具有唯一性和稳定性的特征,活体指纹的不可复制性以及复杂性,从而可以做到防解码。

目前采用较多的是非跟踪防盗系统。近年来随着盗窃汽车案件不断增加,加之国家对治安的重视,电子跟踪监控防盗系统在大城市使用渐多,这也是防盗的发展方向。

2.电子防盗系统的组成与工作原理

电子防盗系统主要由电子钥匙、防盗控制单元、发动机控制单元、警报器等组成(图 11-27)。当将点火钥匙插入钥匙孔时,防盗 ECU 就对钥匙内部装置的特定电阻进行检测,并与内部设定的特定电阻阻值相对比,二阻值若为同一挡,则为正常。此时,可接通起动机控制电路和发动机控制单元,发动机开始工作。否则,防盗系统就发出警报,切断起动机、发动机控制电路,使车依靠自己的动力无法被开走。

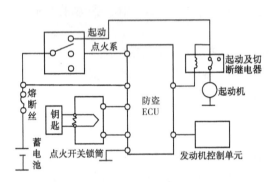

图 11-27 电子控制防盗系统

防盗电子钥匙有电阻式和集成电路编码式两类。其原理相同,都是利用钥匙接通后的回路振荡频率,检验是否与汽车预设的振荡频率一致,如果一致,能实现编码、解码集成电路正常工作,汽车才能正常起动;如果不一致,则认为汽车没有得到使用的允许。不过,在结构上两者略有不同。电阻式钥匙有 2 个引脚触点,而编码式钥匙有 3 个引脚触点。后者除 2 根引线接通回路外,第 3 根线是编码脉冲发送线。如将钥匙条上的机械牙花与点火钥匙电路脉冲数组成组合,总数达数亿个,使得"套锁"盗车几乎不可能。可见电子钥匙有很好的防盗安全性。钥匙遗失,可到特约维修店重配新的编码、解码系统。

第七节 电控转向系统

电子控制动力转向系统(Electronic Power Steering,简称 EPS)可根据车速或发动机转速,改变动力放大倍数,使汽车在停车或低速行驶时转动转向盘所需的力减小。当汽车高速行驶时,系统能保证最优控制传动比和稳定的手感,从而提高高速行驶时的稳定性。

电子控制动力转向系统根据动力源不同可分为:电动式 EPS 和液力式 EPS 两种。

一、液力式 EPS

根据控制方式不同,液力式 EPS 可分为流量控制式、反力控制式、车速感应式、阀灵敏度控制式等多种类型。

1. 流量控制式 EPS

流量控制式 EPS（图 11-28）是在高压管路和低压管路之间加上一个电磁阀，EPS ECU 根据车速和转向角度信号来控制电磁阀的开启程度，即控制节流孔的开度，从而控制转向动力缸活塞两侧油室的旁路液压油流量，以改变转向盘上的转向力。

车速越高，流过电磁阀电磁线圈的平均电流值越大，电磁阀针阀的开启程度越大，旁路油压流量越大，而液压阻力作用越小，使转动转向盘的力也随之增加。这就是流量控制式动力转向系统的工作原理。

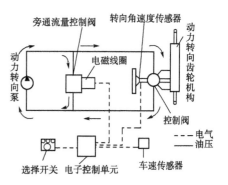

图 11-28 流量控制式 EPS 的工作原理

2. 反力控制式 EPS

反力控制式 EPS（图 11-29）是在传统的整体转阀式助力转向控制阀的基础上增设了油压反力室而构成的。扭力杆的上端与转阀阀杆用销子刚性地连接在一起，下端与控制阀阀体用销子相连。小齿轮轴的上端通过销子与控制阀阀体相连。转向时，转向盘上的转向力通过扭力杆传递给小齿轮轴。当转向力增大，扭力杆发生扭转变形时，控制阀阀体和转阀阀杆之间将发生相对转动，以改变阀体与阀杆之间油道的通、断和工作油液的流动方向，从而实现转向助力作用。转向力越大，扭力杆的变形转角就越大，转阀中工作油液通道的截口面积就越大，助力作用就越大。当汽车停驶或速度较低时，ECU 使电磁线圈的通电电流增大，电磁阀开口面积增大。经分流阀分流的液压油，通过电磁阀主要都回流到储油箱中，使作用在柱塞上的背压（油压反力室压力）降低，从而柱塞推动控制阀转阀阀杆的力（反力）较小，因此只需要较小的转向力就可使扭力杆扭转变形，使阀体与阀杆产生相对转动而实现转向助力作用。当汽车在中、高速转向时，ECU 使电磁阀圈通过的电流减小，电磁阀开口面积就减小，所以油压反力室油压升高，作用于柱塞的背压提高，于是柱塞推动转阀阀杆的力增大，此时要使阀体与阀杆之间作同样的相对转角需要的转向力就要增加，所以在中、高速时，转向力会随速度的增加而增加，从而使驾驶员获得良好的转向手感和转向特性。

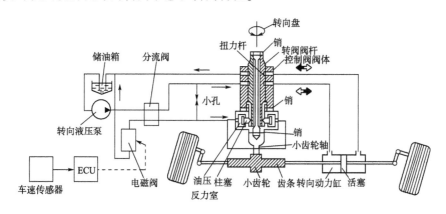

图 11-29 反力控制式 EPS 的工作原理

3. 电磁式 EPS

电磁式 EPS（图 11-30）是在传统的整体转向阀上增加了一套电磁系统，构成了电磁转向阀。

电磁系统有一个环形永久磁铁与阀轴相固结,一个双环形电磁铁与阀体相固结,励磁线圈固定安装在阀壳里。当给励磁线圈供给电流时,在环形永久磁铁与双环形电磁铁之间便产生电磁转矩,也作用在阀轴与阀体之间。也就是说转动转向盘时,不仅要克服扭力杆的弹性恢复力矩,而且要克服电磁转矩。电流方向改变时,这个电磁转矩的作用方向也发生改变。ECU供给线圈的电流范围为 $-3\sim+3A$。当电流为"$-$"时(对应于低速行驶),电磁转矩的作用方向与驾驶员扭转扭力杆的转矩方向相同,帮助驾驶员获得液压助力转向,转向力小;相反,当电流为"$+$"时(对应于高速行驶),电磁转矩的作用方向与驾驶员扭转扭力杆的转矩方向相反,阻止驾驶员获得液压助力转向,转向力大。

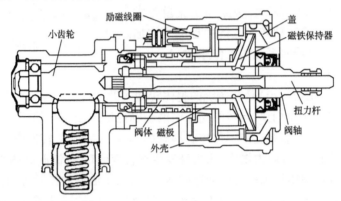

图 11-30 电磁式转向阀

4. 电动泵式 EPS

电动泵式 EPS(图 11-31)是利用电动机直接驱动液压油泵,直接控制电动机的转速,来对转向油泵的供油量调节,从而实现不同的转向助力。控制器的输入信号是转向盘角速度、汽车行驶速度和发动机转速,其输出是由驱动电路驱动转向油泵的直流电动机,控制的基本策略是:当车速提高时降低驱动电压;当转向盘角速度增加时提高驱动电压。

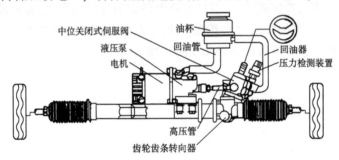

图 11-31 电动泵式 EPS 的控制系统流程图

二、电动式 EPS

电动式 EPS 是以电动机作为动力源,根据转向参数、车速信号、由 ECU 完成助力转向控制。

1. 电动式 EPS 的特点

电动式 EPS 与液力式相比,具有如下特点:

(1)助力性能优:能在各种行驶工况下提供最佳助力,减小由路面不平所引起的对转向系统的扰动,改善汽车的转向特性,减轻汽车低速行驶时的转向操纵力,提高汽车高速行驶时的转向稳定性,进而提高汽车的主动安全性;并且可通过设置不同的转向手力特性来满足不同使用对象的需要。

(2)效率高:电动式EPS为机械与电动机直接连接,效率高,有的可高达90%以上。

(3)耗能少:汽车在实际行驶过程中,处于转向的时间约占行驶时间的5%。对于液力式EPS,发动机运转时,油泵始终处于工作状态,油液一直在管路中循环,从而使汽车燃油消耗率增加4%~6%;而电力式EPS仅在需要时供能,使汽车的燃油消耗率仅增加0.5%左右。

(4)"路感"好:由于电力式EPS内部采用刚性连接,系统的滞后特性可以通过软件加以控,且可以根据驾驶员的操作习惯进行调整。

(5)回正性好:电力式EPS结构简单,内部阻力小,回正性好,从而可得到最佳的转向回正特性,改善汽车操纵稳定性。

(6)可以独立于发动机工作:电力式EPS以电池为能源,以电动机为动力元件,只要电池电量充足,不论发动机处于何种工作状态,都可以产生助力作用。

(7)应用范围广:电力式EPS可用于各种汽车,目前主要用于轿车和轻型载货汽车上;而对于环保型纯电动汽车,由于没有发动机,电力式EPS为最佳选择。

(8)装配性好且易于布置:因为电力式EPS系统零部件数目少,主要部件均可以组合一起,所以整体外形尺寸小,这为整车布置带来方便,且易于在装配线上安装。

2. 电动式EPS的类型

根据电动机不同的安装位置,电动式EPS可分为转向轴助力式、小齿轮助力式和齿条助力式三种。

转向轴助力式EPS(图11-32a)是将电动机安装在方向管柱上,通过减速机械与转向轴相连。其特点是结构紧凑,所测取的转矩信号与转向盘转矩在同一直线,因此控制直流电机助力的响应性较好,但对电动机的噪声和振动要求较高。这种类型一般在微型轿车上使用。

小齿轮助力式EPS(图11-32b)的转矩传感器、电动机、离合器和转向助力机构仍为一体,只是整体安装在转向小齿轮处,直接给小齿轮助力,可获得较大的转向力。该形式可使各部件布置更方便,但当转向盘与转向器之间装有万向传动装置时,转矩信号的取得与助力车轮部分不在同一直线上,其助力控制特性难以保证准确。

齿条助力式EPS(图11-32c)的转矩传感器单独安装在小齿轮处,电动机与转向助力机构一起安装在小齿轮另一端的齿条处,用以给齿条助力。齿条助力式EPS又根据减速传动机构的不同可分两种:一种是电动机做成中空的,齿条从中穿过,电动机的动力经一对斜齿轮和螺杆螺母两级传动副以及与螺母制成一体的铰接块传给齿条。这种结构是第一代电动助力转向系统,由于电动机位于齿条壳体内,结构复杂,价格高,维修也很困难。也有的将电动机轴与齿条平行放置,称为轴旁式。由于易于制造和维修,成本低,在一般汽车上已取代了第一代产品。同时齿条由电动机带动一对齿轮副和球螺母驱动,所以轴旁式可以给系统较大的助力,主要用于转向轴荷较大的汽车。另一种是电动机与齿条的壳体相互独立,电动机动力经另一小齿轮传给齿条,又称为双小齿轮式。

3. 电动式EPS的组成

电动式EPS由转矩传感器、转向角传感器、车速传感器、ECU、执行部分等组成(图11-33)。

以转矩传感器、转向角传感器和车速传感器作为助力转矩的信号源,转矩传感器和转向角传感器安装在转向器中,车速传感器安装在仪表盘内。执行部分由电动机、离合器与减速器构成一体,通过橡胶底座安装在车架上。电动机输出的转矩经减速器增矩,由万向节传递给辅助转向器小齿轮,向转向齿条提供助推力矩。

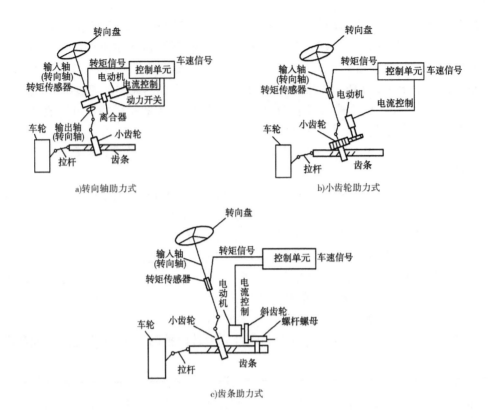

图 11-32 电动式 EPS 的类型

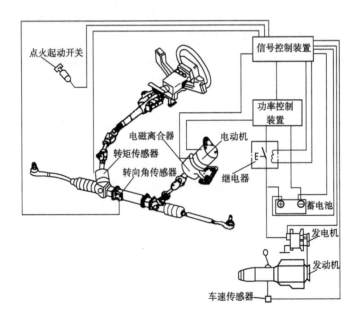

图 11-33 电动式 EPS 的组成

转矩传感器的功用是测量转向轮一侧小齿轮轴上的负载转矩。测量原理是当操作转向盘时转向轴将产生扭转变形,其变形的扭转角与转矩成正比,所以只要测定扭转角大小,即可知道转向力的大小,即转矩是利用测量扭转角而间接测量的。

转向角传感器有光电式传感器和霍尔式传感器等。转向角传感器可根据齿条的位移量和位移方向测出转向角。

电磁离合器用来传递助力转矩,按 ECU 的指令及时接通和断开辅助动力。

减速传动机构是电动式 EPS 不可缺少的部件。目前实用的减速传动机构有多种组合方式,一般采用蜗轮蜗杆与转向轴驱动组合式,也有的采用两级行星齿轮与传动齿轮组合式。为了抑制噪声和提高耐久性,减速传动机构中的齿轮有的采用特殊齿形,有的采用树脂材料制成。

4.电动式 EPS 的控制系统

电磁式 EPS 的控制系统由传感器、输入接口、微处理器、输出接口、驱动电路、执行器(助力电动机与电磁离合器)、反馈电路等组成(图11-34),系统的输入信号,除了转矩、转向角和车速这三个控制助力转矩所必需的参数外,还有电动机电流、动力装置温度、蓄电池端电压、起动机开关电压和交流发电机电枢端电压等输入信号。

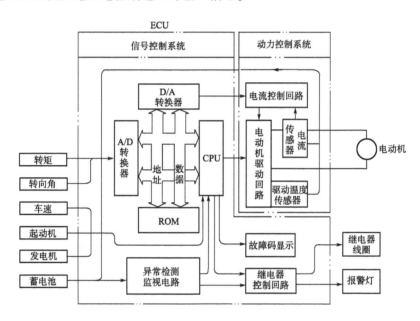

图 11-34 电动式 EPS 的控制系统

控制电路的核心是一个具有 256 个字节 RAM 的 8 位单片机。外围电路包括一个 10 位 A/D 转换器,一个 8 位 D/A 转换器和一个 8KB 的 ROM。

电动式 EPS 的控制过程:转矩和转向角信号经过 A/D 转换器后输入 ECU,ECU 根据这些信号和车速计算出最优化的助力转矩。ECU 把输出的数字量经 D/A 转换器转换为模拟量,再将其输入电流控制电路。电流控制电路把来自微处理器的电流命令值同电动机电流的实际值进行比较,并生成一个差值信号。该差值信号被送到电动机驱动电路,该电路可驱动动力装置并向电动机提供控制电流。

5.电动式 EPS 的控制功能

1)助力控制

助力控制是在转向过程(转向角增大)中为减轻转向盘的操纵力,通过减速机构把电动机转矩作用到机械转向系统(转向轴、齿轮、齿条)上的一种基本控制模式。助力控制利用电动机转矩和电动机电流成比例的特性,由转向转矩传感器检测的转矩信号和由车速传感器检测的车速信号输入控制器单片机中,根据预制的不同车速下"转矩—电动机助力目标电流表",确定电动机助力的目标电流,通过对反馈电流与电动机目标电流相比较,利用PID调节器进行调节,输出PWM信号到驱动回路,以驱动电动机产生合适的助力。助力控制逻辑如图11-35所示。

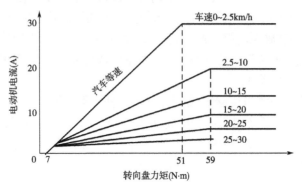

图11-35 电动式EPS的助力控制逻辑

2)回正控制

回正控制是为改善转向回正特性的一种控制模式。汽车在行驶过程中转向时,由于转向轮主销后倾角和主销内倾角的存在,使得转向轮具有自动回正的作用。随着车速的提高,回正转矩增大,而轮胎与地面的侧向附着系数却减小,两者综合作用使得回正性能提高。根据转向盘转矩和转动的方向可以判断转向盘是否处于回正状态。回正控制主要用于低速行驶,此时电动机控制电路实行断路,保持机械系统原有的回正特性。对于高速行驶,为防止转向回正超调,采用阻尼控制方式。

3)阻力控制

阻尼控制是汽车运行时为提高高速直线行驶稳定性的一种控制模式。汽车高速行驶时,如果转向过于灵敏,会影响汽车的行驶稳定性。为提高直线行驶的稳定性,在死区范围内进行阻尼控制。

阻尼控制是利用生成的阻尼转矩提供阻尼控制,阻尼转矩的方向与转向方向相反。阻尼控制允许转向系统调整回正速度。此外,阻尼转矩随车速的变化而变化,使得从低速到高速的整个变化范围内,都可得到最优的转向回正和汽车回正速度。

4)转矩补偿控制

补偿控制系统可根据转向作用力变化率,沿转矩变化的方向产生补偿转矩。预防由于ECU取样、电动机感应等引起的控制系统的延迟所成的自激振荡,确保系统稳定运行。电动机的惯性补偿可限制在正常转向操作过程中转向力变化时和急速转向时,转向作用力上升所产生的任何不规则的传感信号。

5)停止助力转矩控制

当系统的基本部件(如转矩传感器、电流传感器、ECU及其连线等)出现故障,导致系统不能正常工作时,离合器分离,电源继电器释放,从而停止助力转矩控制,以确保系统安全。

6)限制助力转矩控制

当发动机急速、蓄电池充电不足而又过载使用时,若动力转向系统仍继续运转,则蓄电池将大量放电,会导致蓄电池失效。为了预防这种情况和保护蓄电池,系统将限制电流的大小。ECU 安装在发动机内,若汽车长时间爬坡或热天在拥挤的道路上行驶,转向系统在发动机怠速下运行时,ECU 温度会升高。因此,系统在 ECU 达到警戒温度之前就要服制电流,由于 ECU 温度和电动机温度有关,又可防止电动机温度过高。为了防止过热,系统对连续几秒钟内的电流消耗进行监测,且保持电流消耗不超过预设值。

三、电子控制四轮转向系统

1. 系统的组成

电子控制四轮转向系统(4WS)主要有 ECU、车速传感器、转向角比例传感器和执行器等组成,如图 11-36 所示。前、后转向机构由机械连接。转向盘的转动通过前转向齿轮箱(齿轮齿条式)中的齿条带动前横拉杆左右移动,使前轮产生偏转。同时,使前转向齿轮转动的输出齿轮转动,并通过一个连接杆将转动传动到后转向器中。

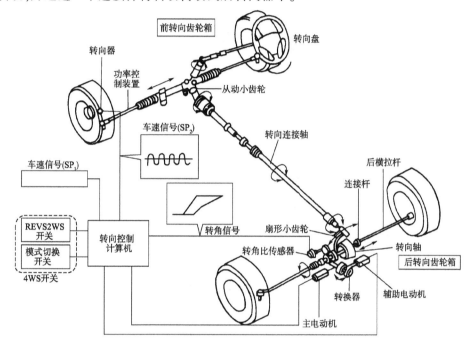

图 11-36 电子控制 4WS 系统图

2. 控制功能

ECU 根据转向角传感器、车速传感器等输入信号,可进行如下控制:

(1)转角控制:依据转向角控制脉谱图,再根据行驶车速控制主电动机,从而实现对转角的控制。驾驶员可使用 4WS 模式切换开关,选择"NORMAL"或"SPORT"模式。

(2)2WS 选择功能:当 2WS 选择开关设定在 ON,且变速器被挂入倒挡时,后轮转向量就被设置为零,对那些习惯于使用 2WS 转向系统倒车的人来说,可利用这一功能。

(3)防误操作控制:当系统发生异常情况时,防误操作控制会进行如下的处理:使驾驶室内的"4WS 警示灯"点亮,告之驾驶员已出现异常情况,同时将发生异常部位的信息存储到 ECU 中。

3. 控制方式

目前,在电控 4WS 系统中,采用了两种控制方式来控制后轮转向,即转向角比例控制方式和横摆角速度比例控制方式。

1) 转向角的比例控制

所谓转向角的比例控制,就是后轮的转角与转向盘的转角成比例变化,并让其在低速转向时,使后轮与前轮反向转动。在中高速行驶时,与前轮同向转向。

这种控制方式可以使汽车在中、高速转向行驶时,前后轮保持相对稳定的平衡。让汽车的前进方向与其车身的方向保持一致,获得稳定的转向特性。在转向初期的过渡阶段,由于从一开始,前、后轮都同时产生侧偏力,使得车身的公转运动早于其自转的横摆运动,与2WS汽车的转向相比,其转向方向的偏差要小得多。

2) 横摆角速度比例控制方式

横摆角速度比例控制,是一种根据检测出的车身横摆角速度来控制后轮转向量的控制方法。因为通过横摆角速度可直接检测出车身的自转运动。因此,根据测验出的数值,对后轮的转角也作相应的增减,就可能从转向初期开始,使车身方向与前进方向之间的误差非常小。又由于它能直接感知到汽车的自转运动,因此,即使有转向以外的力(如横向风等)引起车身自转,也能马上感知到,并可迅速通过对后轮的转向控制来抑制自转运动。

四、线控转向系统

汽车线控转向(Steering By Wire,简称 SBW)系统取消了转向盘与转向轮之间的机械连接,完全摆脱了传统转向系统的各种限制,不但可以给自由设计汽车转向的力传递特性,而且可以设计汽车转向的角传递特性,给汽车转向特性的设计带来无限的空间,是汽车转向系统的重大革新。汽车线控转向系统是汽车转向方面最为先进和最前沿的技术之一。

由于转向盘和转向车轮之间无机械连接,驾驶员"路感"通过模拟生成。在回正力矩控制方面可以从信号中提出最能够反映汽车实际行驶状态和路面状况的信息,作为转向盘回正力矩的控制变量,使转向盘仅仅向驾驶员提供有用信息,从而为驾驶员提供更为真实的"路感"。

一般来说,线控转向系统由转向盘总成、转向执行总成和主控制器(ECU)三个主要部分以及自动防故障系统、电源等辅助系统组成,系统结构如图11-37所示。

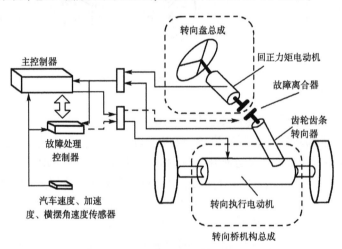

图11-37 线控转向系统结构示意图

转向盘总成包括:转向盘、转向盘转角传感器、力矩传感器、转向盘回正力矩电动机。转向盘总成的主要功能是将驾驶员的转向意图(通过测量转向盘转角)转换成数字信号,并传递给主控制器;同时接受主控制器送来的力矩信号,产生转向盘回正力矩,以提供给驾驶员相应的路感信息。

转向执行总成包括前轮转角传感器、转向执行电动机、转向电动机控制器和前轮转向组件等。总成的功能是接受主控制器的命令,通过转向电动机控制器控制转向车轮转动,实现驾驶员的转向意图。

汽车线控转向系统的工作原理如图 11-38 所示。当转向盘转动时,转矩传感器和转向角传感器将测量到的驾驶员转矩和转向盘的转角转变成电信号输入到电子控制单元,电子控制单元依据车速传感器和安装在转向传动机构上的位移传感器的信号来控制转矩反馈电动机的旋转方向,并根据转向力模拟、生成反馈转矩,控制转向电动机的旋转方向、转矩大小和旋转的角度,通过机械转向装置控制转向轮的转向位置,使汽车沿着驾驶员所期望的轨迹行驶。

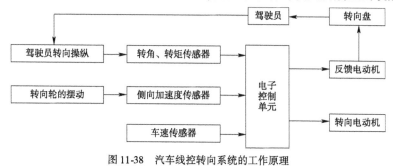

图 11-38 汽车线控转向系统的工作原理

复习思考题

11-1 名词解释:被动悬架、主动悬架、半主动悬架、独立悬架、非独立悬架、CCS、ACC、GPS、SRS

11-2 普通悬架有什么问题?理想的汽车悬架应具有什么样的特性?

11-3 简述有级式半主动悬架的控制过程。

11-4 简述主动悬架的车速与路面感应控制原理。

11-5 简述主动悬架的车身姿态控制原理。

11-6 简述主动悬架的车身高度控制原理。

11-7 定速巡航控制系统主要有哪些控制功能?

11-8 简述基于 PID 控制的定速巡航控制系统的控制原理。

11-9 简述具有走-停功能的自适应巡航控制系统的基本思想。

11-10 论述陀螺仪的原理与类型。

11-11 简述 GPS 的定位原理。

11-12 当无 GPS 信号时,如何确定汽车行驶位置(或导航)?

11-13 引爆安全气囊需要哪些条件?

11-14 电子式 SRS 由哪些部件组成?

11-15 简述电子控制 SRS 的工作过程。

11-16 碰撞传感器有哪些?如何工作的?

11-17 指纹为何具有唯一性和稳定性?

11-18 简述芯片式数码防盗系统的原理。

11-19　简述 GPRS 汽车防盗原理。
11-20　中央门锁有何功用？
11-21　简述电动式 EPS 的结构及工作原理。
11-22　电动式 EPS 主要有哪几种类型？
11-23　电动式 EPS 性能主要评价指标有哪些？
11-24　汽车四轮转向系统的类型有哪些？有什么特点？
11-25　简述汽车线控转向系统的结构及工作原理。

第十二章　舒适与方便控制系统

本章主要介绍：电控自动空调、电控座椅、车门控制系统、电子仪表、智能前照灯、电控刮水器等系统的基本组成结构、控制原理、控制方法以及相关的特性分析。

第一节　电控自动空调

一、电控自动空调的组成

电控自动空调系统如图 12-1 所示，主要由冷风、热风、送风、操作、控制等系统组成。其中冷风系统中有压缩机、冷凝机、蒸发器；热风系统有加热器、水阀等；送风系统有鼓风机、风道、吸入与吹出风门；操作系统有温度设定与选择开关；控制系统有传感器、ECU、各种转换阀门、执行元件等。电控自动空调中电子控制系统主部部件的功用见表 12-1。

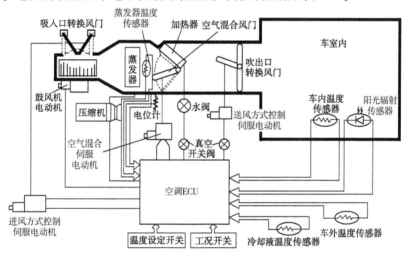

图 12-1　电控空调系统的组成

电子控制系统主要部件的功能表　　　　　　　　　　　　　　　　表 12-1

	元件名称	功　用
传感器	车内温度传感器	通常安装在仪表板的下端，是一个具有负温度系数的热敏电阻。当车内温度发生变化时，热敏电阻的阻值改变，从而向空调 ECU 输送车内温度信号
	车外温度传感器	通常安装在前保险杠下端，是一个热敏电阻，向空调 ECU 输送车外温度信号
	蒸发器温度传感器	安装在蒸发器壳体上，用以检测蒸发器温度的变化。当蒸发器周围温度发生变化时，传感器电阻的阻值也随之改变，并向 ECU 输出电信号
	阳光辐射传感器（光照传感器）	它是一个光敏二极管，安装在汽车前风窗玻璃下面。利用光电效应，该传感器将阳光辐射程度转变成电信号，并输送给空调 ECU

续上表

元件名称		功用
传感器	空调温度设定开关	主要用于可变容量压缩机系统。根据汽车冷气的状况控制压缩机是否工作,从而提高压缩机的工作效率
	冷却液温度传感器	它直接安装在暖风散热器底部的水道上,检测冷却液温度。产生的冷却液温度信号输送给空调ECU,用于低温时的风机转速控制
	制冷剂流量传感器	用于检测制冷剂流量,安装在储液干燥器和膨胀阀之间。通过传感器的电极检测出制冷剂流量的变化,并以频率信号输入到空调ECU。ECU根据此信号判断制冷剂量是否正常。当出现异常时,利用监控显示系统进行报警
	压缩机转速传感器	是一种磁感应式传感器,安装在空调压缩机内,检测压缩机转速。压缩机每转一圈,该传感器线圈产生多个脉冲信号送给空调ECU
	烟雾浓度传感器	香烟的烟雾及车外传来的灰尘会污染车内空气,为排除烟雾或被臭味污染的空气,使空气清新,在一些电控自动空调上安装了空气交换器。采用光电型散热光式烟雾浓度传感器检测烟雾,通过空调ECU可使空气交换器在有烟雾时自动运转,没有烟雾物时自动停止,以保持车内空气清新
	湿度传感器	用于汽车风窗玻璃的防霜和电控自动空调车内相对湿度检测
空调ECU		空调ECU与操纵面板制成一体,它对输入的各种信号进行计算、分析、比较后,发出指令,接通所需的电路并指令伺服电动机转动,按照功能选择键的输入指令,打开所需的出风口风门、调节出风温度;按照输入的预设温度,控制温度风门的位置;通过进气风门控制进气是来自车内或车外。另外空调ECU还有故障自诊断功能
执行器	进风方式控制伺服电动机	用于进风方式控制
	空气混合伺服电动机	用于车内温度方式控制
	送风方式控制伺服电动机	用于送风方式控制
	压缩机电磁离合器	用于压缩机控制

二、电控自动空调的控制原理

电控自动空调的控制功能包括温度控制、鼓风机转速控制、进气控制、气流方式控制和压缩机控制。电控自动空调的控制逻辑框图如图12-2所示。

1. 计算所需送风温度

空调ECU根据驾驶人设定温度及车内温度传感器、车外温度传感器、阳光辐射传感器等传感器输送的数据,按下式计算所需送风温度 T_{AO}:

$$T_{AO} = aT_S - bT_R - cT_A - dT_B + e \tag{12-1}$$

式中： T_{AO}——所需送风温度;

T_S——驾驶人设定温度;

T_R——车内温度;

T_A——车外温度;

T_B——阳光辐射传感器输送数据;

a、b、c、d、e——系数。

空调 ECU 根据 T_{AO} 值,向伺服电动机等执行元件发出控制信号,实现各种控制功能。但是当驾驶人将温度设置在最冷或最热时,空调 ECU 将用固定值取代上述计算值进行控制,以加快响应速度。

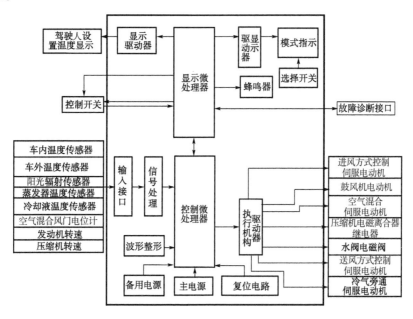

图 12-2　电控自动空调的控制逻辑框图

2. 车内温度控制

空调 ECU 根据计算出的送风温度及蒸发器温度信号,确定是否向空气混合伺服电动机通电,控制空气混合风门的位置,实现车内温度控制。空调 ECU 根据下式计算空气混合挡风板开度值 SW:

$$SW = \frac{T_{AO} + f - (T_E + g)}{h - (T_E + g)} \times 100\% \tag{12-2}$$

式中:T_E——蒸发器温度;

f、g、h——系数。

当 SW 值近似为零时,表示 T_{AO} 与 T_E 接近,空调 ECU 即截止输入空气混合伺服电动机的控制电流,空气混合挡风板居于原位置。若 SW 值小于零,表示 T_{AO} 小于 T_E,空调 ECU 控制空气混合挡风板向冷的方向转动,降低出风温度。与此同时,电动机内的电位计将挡风板的转动位置信息反馈给 ECU,当温度降低使 SW 近似为零时,ECU 切断电流,伺服电动机停止转动。若 SW 大于零,表示 T_{AO} 大于 T_E,于是空调 ECU 控制空气混合挡风板向热的方向转动,提高出风温度,直至 SW 重新接近于零。

3. 鼓风机转速控制

AUTO 开关位于暖风装置控制板上,按下 AUTO 开关,空调 ECU 根据送风温度 T_{AO} 值与鼓风机转速之间的关系如图 12-3 所示。

4. 进风方式控制

当按下进风方式键时,空调 ECU 控制进风控制伺服电动机转动,将进风风门固定在"车外新鲜空气导入"或

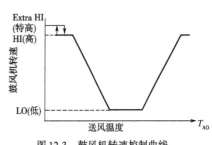

图 12-3　鼓风机转速控制曲线

"车内空气循环"位置上。当按下"AUTO"键时,空调 ECU 根据计算值,在上述两种方式之间交替自动改变进风方式。

5. 送风方式控制

当按下送风方式控制键时,空调 ECU 控制送风方式伺服电动机动作,将送风方式固定在相应状态上。当进行自动控制时,空调 ECU 根据求得的 T_{AO} 值,自动调节送风方式。当 T_{AO} 值非常小时,最冷控制挡风板完全开启,增加送风风力(图 12-4)。

6. 压缩机控制

同时按下空调"A/C"键和"鼓风机"键,或按下"自动控制"键,空调 ECU 使电磁离合器接合,压缩机开始工作。压缩机控制电路如图 12-5 所示,空调 ECU 的 MGC 端首先向发动机 ECU 发出压缩机工作信号,发动机 ECU 的 A/C MG 端随即搭铁,使磁吸继电器吸合,电流流入磁吸,使压缩机运转。与此同时,电流也加到空调 ECU 的 A/C 一端,向空调 ECU 反馈磁吸工作信号。

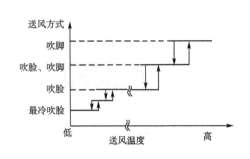

图 12-4 送风方式与送风温度关系曲线　　图 12-5 压缩机控制电路

进行自动控制时,若环境温度或蒸发器温度降到一定值以下,空调 ECU 将控制压缩机间歇工作,即磁吸交替导通与断开,以节省能源。

空调装置工作时,空调 ECU 同时从发动机点火器及压缩机转速传感器采集发动机转速与压缩机转速信号,并进行比较。若两种转速信号的偏差率连续 3s 超过 80%,ECU 则判定压缩机锁死,同时与电磁离合器脱开,防止空调装置进一步损坏;并使操纵面板上的 A/C 指示灯闪烁,以提示驾驶人。

7. 故障自诊断功能

当空调 ECU 检测到某些传感器或执行元件控制电路故障时,其故障自诊断系统将故障以代码的形式存储起来,检修时只要按下操纵面板上的指定键,即可读取故障码。

第二节　电控座椅

通常将由电动机控制的汽车座椅称为电动座椅,电动座椅分为两类:一类为普通电动座椅,用开关直接控制座椅电动机工作,调整座椅位置,这种电动座椅无储存、记忆、复位功能。另一类是电控座椅,用 ECU 来驱动座椅电动机工作,可调整座椅的精确位置,并具有存储、记忆、复位功能。

电控座椅的基本控制包括座椅的位置、复位和温度控制。典型的电控座椅系统框图如图 12-6 所示。

一、座椅的位置控制

电动座椅的位置控制包括以下功能(图12-7):

(1)座椅前、后滑动调节。

(2)座椅前端垂直调节。

(3)座椅后端垂直调节。

(4)座椅靠背前后倾斜调节。

(5)座椅高度调节。

(6)座椅腰部支撑调节。

(7)座椅头枕高度调节。

(8)座椅头枕前、后倾斜调节。

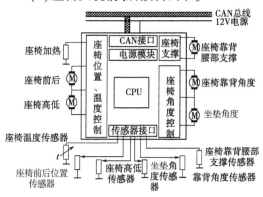

图 12-6　电控座椅的电路图

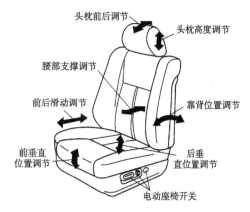

图 12-7　电动座椅的位置控制

座椅姿态调整的每一个运动方向都由一个永磁电动机驱动一套齿轮机构实现,如图 12-8 所示。每个执行机构都有一个限位开关,当座椅的调整达到极限位置时,限位开关断开,电动机停止转动。座椅的反向调整只需要用继电器把电动机的输入电压反向即可实现。

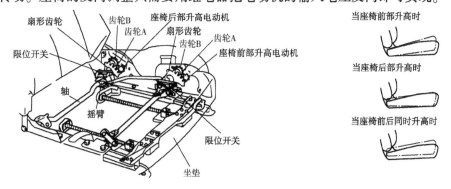

图 12-8　电动座椅的结构

二、座椅复位控制

如果每个座椅位置调节电动机都设有一个反馈电位器,座椅 ECU 就可以读取驾驶人经常使用的座椅位置的反馈电压,并将数据存储起来,那么座椅的位置记忆功能就可以实现。

当驾驶人按下"记忆"键的时候,ECU 就从存储器中提取出相关电位器的数据资料,根据这些数据控制电动机转动,使座椅以及车门外视镜达到上次存储的位置和姿态。

一些乘用车对座椅的位置和姿态记忆模式可以有多个,不同的人可以选择自己事先设定的座椅位置和座椅姿态方式。

若通过存储及返回开关进行复位操作,则复位方式的输出就成为"YES"。比较计数器脉冲数,若当前的计数器脉冲器大于0,则当前位置在定位位置之前,所以通过电动机的反转,使座椅向后方移动。这个操作进行到计数器脉冲数到达"0"为止,这样就达到定位位置。若是当前的计数器脉冲数小于0,则将座椅向前移动,直到脉冲数至"0"为止。

位置传感器一般为电位计式,产生的模拟电压通过 A/D 转换器,转换成数字信号后进行处理。

三、座椅温度控制

座椅温度控制是座椅 ECU 通过座椅温度传感器的反馈信号,对安装在座椅上的点加热元件进行加热,以控制座椅的加热温度与热量,使座椅温度达到乘员感觉舒适为目的。

加热器必须满足下列条件:

(1)加热器必须能且只能提供人体所感觉到的加热量。

(2)仅能在人与座椅的主要接触点上提供加热。

(3)皮革和纤维座椅需要不同的加热方式,原因是它们的导热属性不同。

(4)加热元件必须符合座椅的设计。

(5)加热元件必须通过与座椅相同的严格测试,例如蠕动、弹跳和颠簸试验。

图 12-9 座椅上的加热元件

电加热元件在汽车座椅上的布置方式如图 12-9 所示。

第三节 车门控制系统

车门控制系统功能是对各车门上的车窗升降、门锁、照明、外后视镜等进行控制。

一、传统的车门控制

传统的车门控制系统构成如图 12-10 所示,车门电子控制单元(ECU)与各车门之间通过驱动线路连接,并通过驱动线路实现对各车门执行机构的驱动。因此在这种结构中的线路相对复杂,导线的电流负荷较大。

二、基于 CAN 总线的车门控制系统

基于 CAN 总线车门控制系统的结构与传统的车门控制系统有比较大的差别。车门的中央控制单元通过 CAN 网络实现对车门驱动模块的控制,中央控制单元与驱动模块之间通过 CAN 网络传递控制信息。也就是说,连接中央控制单元与车门驱动单元的线路只用于传递控制信息,不用于对车门执行部件的驱动。基于 CAN 网络的车门控制系统如图 12-11 所示。

基于 CAN 总线的车门控制系统中各个车门控制系统基本相同,均由输入设备、ECU、执行机构组成。单个车门控制系统的组成如图 12-12 所示。

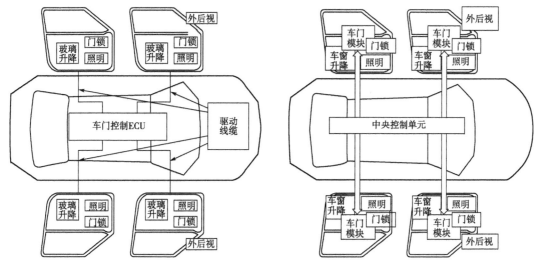

图 12-10 传统的车门控制系统构成　　　图 12-11 基于 CAN 网络的车门控制系统

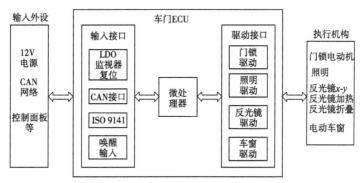

图 12-12 单个车门控制系统的组成

由图 12-12 可以看出，电源、CAN、网络信息、驾驶人操作指令通过输入接口进入车门ECU，有关信息经 ECU 中的微处理器处理后，向驱动接口发出指令操作被控对象。

第四节　电子仪表

一、仪表显示器

仪表显示装置应满足汽车在各种苛刻运行环境下均能可靠工作的要求。通常要求其寿命与一个汽车大修期（约 10 年）相适应。显示装置可分为发光型和非发光型两类。发光型显示装置本身将显示发了的图形、数字，如 LED（发光二极管）、VFD（真空荧光显示器）、CRT（阴极射线管）、CCDT（冷阴极放电管）、PDP（等离子显示板）、EL（场效发光管）等。非发光型显装置指需要另外光源照射，才能显示图像的显示装置，如 LCD（液晶显示器）。

1. 发光二极管

发光二极管（LED）是一种固态发光元件，体积小，结构简单，耐用，使用寿命可超过5 万 h，因此应用广泛。

发光二极管的结构如图 12-13 所示，为特殊半导体材料做成的 PN 结，当 PN 结空穴从 P区流向 N 区和电子从 N 区流向 P 区时，电子从导带跃迁到价带与空穴产生复合结，并放出能

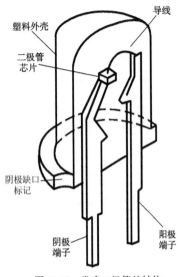

图12-13 发光二极管的结构

量,从而发出一定波长的光。发光二极管的外加电压较低,但发出的光相当亮。由于发光二极管的正向电阻很小,因此必须使用串联电阻器,以限制其电流。当以 1.5~2.0V 的正向电压加到二极管上时,二极管导通。二极管的光线辐射形状取决于管壳的材料,若管壳是透明的,二极管的光辐射角度很小;当管壳半透明时,光线散射,其辐射角较大。由于管壳起到透镜的作用,因此可利用它来改变发光形式和发光颜色,以适应不同的用途。单个 PN 结用环氧树脂封装成半导体发光二极管,多个 PN 结可按特点、段式或矩阵式封装做成半导体数码管和点阵显示器。

二极管的发光强度取决于通过二极管的结电流的大小。二极管发出红色光 7000~9000Å,其相应色泽从粉红到栗色。如在砷化镓中掺入杂质,还可使二极管发出黄光、绿光。常用的有红色、橙色、黄色和绿色。

当以反向电压加到二极管上时,二极管截止,不再发光。它能在极短的时间(0.5ms)内通断。发光二极管还常用作汽车仪表上的警告指示灯。

发光二极管的缺点:其通过调制二极管电流调制光的输出,亮度较强时,需要相当大的电流,功率消耗较大;亮度较低时,在阳光的直射下很难辨认,且难以实现大显示器显示。

2. 真空荧光显示器

真空荧光显示器(VFD)是一种主动显示系统,使用寿命长,色谱宽,易于和控制电路连接,环境温度适应性强,可改变显示亮度,适用于显示数字、单词和柱状图表等,但因封装在玻璃壳内而容易振碎。

真空荧光显示器由真空玻璃盒、热阴极、栅极和荧光屏组成,如图 12-14 所示。恒定电压作用于阴极(或灯丝)上,当它被加热到 600℃ 左右,其表面释放出热电子,因为栅网(加速栅极)和阳极都有较高的正电位,因而使自由电子加速,通过栅网射向阳极。阳极上的荧光物质因

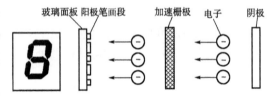

图12-14 真空荧光显示器的结构原理

电子冲击而受激发光。阳极由不同的笔画段组成,在数字电路的开关控制下能显示不同字母和数字。

真空荧光显示器显示图形有两种方式,即 7 笔画段和 14 笔画段,14 笔画段能显示全部字母和数字。

3. 液晶显示器

液晶是一种有机化合物,在一定温度范围内,既具有液体的流动性,又具有晶体的某些光学特性。液晶显示器(LCD)是一种被动显示装置,具有显示面积大、耗能少、显示清晰、通过滤光镜可显示不同颜色、在阳光直射下不受影响等特点,应用十分广泛。

液晶显示与发光二极管、真空荧光显示的主要区别是发光二极管和真空荧光显示在电源的作用下自己能发光,液晶显示本身不能发光,只能起到吸收、反射或透光的作用,因此液晶显示装置需要日光或某种人造光线作为外光源。

液晶显示本身没有色彩,只是靠液晶元件后面的有色透光片形成色彩,透光片通常采用荧

光液着色,当光线通过时能形成所需要的色彩。

液晶显示利用偏振光的特性成像。正常的光线包括多平面振动的波,如果让光通过一个有特殊性能的偏振滤波物体,则只有与滤波器轴同一平面的振动电波能够通过,其余大部分波受阻不能通过。

液晶显示板的结构如图 12-15 所示,前玻璃板的内表面涂有几层金属,用于显示符号笔画的形状,后玻璃板上也涂有金属。金属层均为导电透明的材料,兼做电极。玻璃板中间夹着长杆状向列型分子组成的液晶,厚度为 10μm,四周密封。两块玻璃板的外侧为两块偏振滤波片,它们的轴成 90°,上面装有电源接头和通往每个笔画的接头。当低频电压作用于笔画段上时,它受激而成为受光体或透光体。

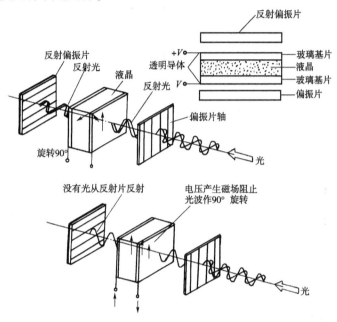

图 12-15 液晶显示器显示板结构

液晶显示装置可分为动态散射、扭曲向列和二向色三种类型,目前汽车上广泛采用的是扭曲向列液晶显示装置。

二、远视点成像

为了缩短驾驶人对仪表的视认时间,应尽可能减少视线转移幅度。受汽车结构尺寸的制约,一般仪表显示板到驾驶人眼睛距离很难超过 800~1200mm,如能将仪表显示部分在较远处成像,就可以节省驾驶人视线移动和调焦时间,有利驾驶安全。

1. 虚像显示

图 12-16a)中Ⓐ和Ⓑ分别为 VFD 式转速表和车速表,其前方设置有透射反射板(半透明反射镜),该板是表面蒸镀着 Ni、Cr 和 Mo 合金的丙烯板,透射率为 35%,反射率为 20%。当 VFD 点亮时,由于该板的透射作用就显示Ⓐ和Ⓑ的实像。

图 12-16b)所示的是切换成虚像显示的情况。虚像显示器中的车速表Ⓒ,在 VFD 点亮时,其光线经玻璃反射镜Ⓓ反射到半透明反射板Ⓔ上,此 VFD 显示的光束,自半透明反射镜面Ⓔ反射到驾驶人眼睛,由于该板为半透明,光束反向延长线在驾驶人眼前Ⓕ处形成虚像,因该虚像位置比透射反射板到眼睛的距离增长了 $l = a + b$,虚像显示可以缩短仪表的视认时间。

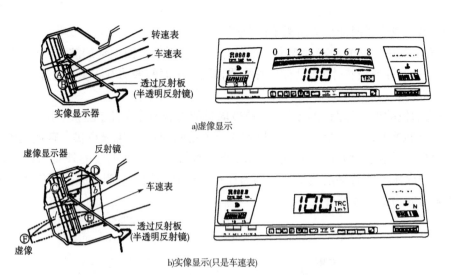

图 12-16 实像/虚像切换显示方式的 VFD 显示仪表

2. 风窗玻璃映象显示

风窗玻璃映象显示技术也称为"抬头显示"(Head Up Display,HUD)技术。该技术最先是为歼击机驾驶人开发的。为最大限度缩短驾驶人对仪表的视认时间,通过合成器将前方景况和仪表的半透明反射板的图像,通过透镜系统在无限远处成像,大大地缩短视线转移和调节焦点的时间,提高驾驶人在复杂的战斗中获取相关信息的速度。利用该技术,汽车的风窗玻璃下方仪表板里的显示器发光,光线经有反射性能的风窗玻璃内侧薄膜反射板处理,在汽车前方形成显示虚像。

3. 全息图像

为适应对汽车前方景况变化复杂的辨识需要,风窗玻璃的透光率不得少于 70%,利用全息图形技术能充分利用风窗玻璃有限的反射率,满足仪表图像辨识的要求。

在图像干涉板上同时照射不同相位的光线,形成明暗不同的干涉条纹,称为全息图像。对全息图像照射,干涉条纹反映衍射波长的选择性,并且具有透镜和凹面镜的效果。

图 12-17 所示为全息图像式 HUD 的组成和映象显示。LCD 与卤素灯组成的显示器Ⓐ,其显示的图像经镜片Ⓑ和Ⓒ作用从水平方入射到全息图像Ⓓ上,只有特定的绿光才能在全息图像板上反射至风窗玻璃合成器Ⓔ上,在汽车前方形成虚像。由于全息图像的凹面镜效应,显示的虚像被放大,易辨识。成像位置处于驾驶人正面左侧 8°左右,高度在发动机罩前端附近,不会产生障眼感觉。为满足不同驾驶人的视力和习惯,全息图像还能通过电动机对虚像位置进行调节。

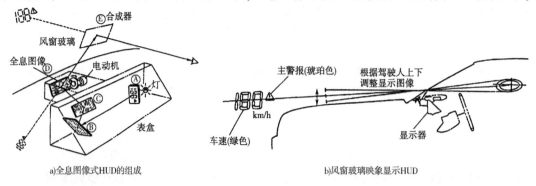

图 12-17 全息图像或 HUD 的组成和映象显示

三、电子仪表系统的工作原理

典型的汽车电子仪表与显示系统有若干模拟传感器经 A/D 转换成数字量后送到微处理器中进行处理,再将处理的信息以数字或开关信号形式传送到相应的显示装置,或传送到另一需要此信息的 ECU,或直接送到显示装置。

1. 燃油量测量原理

图 12-18 所示为燃油测量系统,传感器的浮子随燃油液面升降,改变传感器的电阻值,得到不同输出电压,经 A/D 转换和多路传输器 MUX 到 CPU(中央处理器),得到一地址,查出 ROM 中相应地址的油量,经多路调解和译码器,即显示出检测燃油量。

2. 冷却液温度测量原理

图 12-19 所示为冷却液温度测量系统,冷却液温度传感器用热敏电阻,当温度不同时,输出不同的电压值,经 A/D 变换和多路传输器 MUX 到 CPU,与 ROM 中存储的高温极限值相比较后,若超过极限值时,CPU 输出信息经多路调节后到字母生成程序,显示出 TEMP,表示冷却液温度过高。

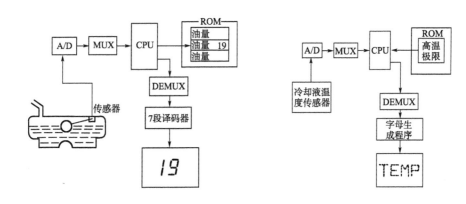

图 12-18 燃油量测量系统   图 12-19 冷却液温度测量系统

四、综合信息系统

汽车仪表系统正向"综合信息系统"的方向发展。这种仪表系统以液晶显示器为基础,车内通信与互联网相连,乘员室内各操纵件通过语音进行控制。汽车收音机、DVD 光盘播放机和音响设备等构成乘员室配置部分。构成信息通信系统的主要部件有:漫游器、移动电话、电子邮件和互联网终端、视频或电子游戏中控台等。系统的主要功能有:导航、音响、通信、远程通信和信息处理等(图 12-20)。

除常规汽车电子仪表系统显示的信息外,汽车仪表"综合信息系统"还可显示地图信息、行程信息、维修信息、日历信息、空调信息、多媒体信息、电话信息、后视信息等信息。

数据传输网络技术在"综合信息系统"中占有重要位置,正是由于各部件之间的联网才使得这种模块式可标定的系统体系结构成为可能,各种功能可以灵活地被分配到各个部件上,通过补充或者交换各部件,整个系统的功能将进一步增强。

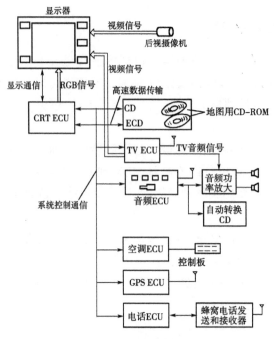

图 12-20 综合信息配置

第五节 智能前照灯系统

智能前照灯系统(Advanced Front-Lighting System)简称 AFS。

通过优化前照灯的光线照射来适应不同的驾驶情况,从而加强夜间行车的可见度及安全性。AFS 由微机控制,通过车内的传感器来辨别各种照明状况。车速传感器为智能车灯提供车速数据,辅助传感器则用于周围环境灯光及能见度、道路状况,包括干、湿、雾、直道、弯道等,不仅可以向照明系统提供重要数据,还能为其他电控系统(如 ABS、ASR 等),提供数据,从而对驾驶人提供有效的帮助。智能车灯与导航系统相连,可以实现多种照明分布,如自动动态光束高度调节,可以旋转到另一侧的车灯前,以及用于不同照明分布的可调节反射器。

一、AFS 的组成

AFS 是由传感器组、传输通路、电控单元和执行机构组成。由于需要对多种汽车行驶状态做出综合判断,因此 AFS 是一个多输入多输出的复杂的系统。其主要部分包括:

(1)前照灯:卤素车灯、HID 灯或 LED 灯等。

(2)传感器:包括角度传感器和车速传感器等。随着车速和转向盘角度的改变,车身高度和倾斜度也会随之改变,传感器将这些参数的变化通过 CAN 总线传输给电控单元,电子控制单元收集所有传感器传来的数据控制执行电动机,在理论上给出最合理的光分布,用来改善灯光照明。

(3)雾探测器:该探测器能应用在恶劣天气尤其是浓雾条件下,给出真实的实际可视距离。自动雾探测器可根据雾浓度大小给出正确的判断,并调整照明方式,以适应恶劣天气,提高雾天驾驶的安全性。

(4)夜间可视系统:作为一个独立的可视增强系统,该系统主要分为远红外线和近红外线两种特性,这两种都能应用在支持夜间可视的前照灯系统中。作为一个综合系统,可视光源和红外线的综合应用能够识别障碍物、步行者和其他物品。图 12-21 所示为 AFS 在车上的示意图和模块化系统简图。

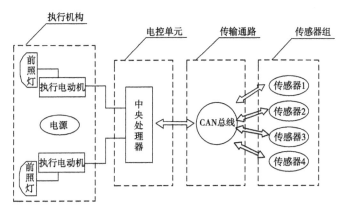

图 12-21　AFS 的模块化系统简图

二、AFS 的控制方式

AFS 要实现不同的功能,必须要从不同的传感器取得不同的汽车行驶信息。比如,为了实现弯道旋转照明的功能,除了要从车速传感器获取车速、转向盘角度传感器获取转向盘转角、车身高度位移传感器获得车身倾斜角度以外,还必须通过一些特殊的传感器,获取汽车实际转向角度的信息。因为在通常的情况下,AFS 所需获得部分信息也被其他的控制系统采用,即 AFS 实际上要和其他的系统共用一些传感器,所以,必须通过 CAN 总线这一传输通路以后,才能实现这些传感器信息的共享。CAN 总线属于多路传输系统中的一种,是一种极适用于汽车环境的汽车局域网。

AFS 的执行机构是由一系列的电动机和光学机构组成的。一般有投射式前照灯,对前照灯垂直角度进行调整的调高电动机,对前照灯水平角度进行调整的旋转电动机,对基本光型进行调整的可移动光栅,此外还有一些附加灯,如角灯等。

电控单元通过 CAN 总线从转向盘角度、车速、车身高度位移传感器分别取得转向轮旋转角度、车体速度和车身倾斜度的精确信息。角度和速度信息通过中央控制电路精确计算后产生输出信号,控制旋转电动机对前照灯进行水平旋转,倾斜度信息控制调高电动机对前照灯进行垂直旋转,如图 12-22 所示。

AFS 的具体控制内容有以下几种情况:

(1) 远光随车速而变:车速高则光照得远且较窄,

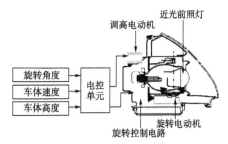

图 12-22　AFS 系统简图

当车速减慢则光照得近而宽,根据加速踏板的位置或车速数据进行处理。

(2) 自动高度调节:保持近光在一定高度,避免使迎面驶来汽车的驾驶人炫目。这可以直接根据灯光在地面的分布来调节,也可以根据车身相对车桥之间的间隙来调节。

(3) 照程自动调节:前照灯控制单元根据汽车的负载情况自动调节前照灯照程。控制单元采集安装于前、后轴水平位置传感器的信号来确定汽车的负载情况,然后命令电动机动作,使前照灯照程始终处于最佳状态(图 12-23)。

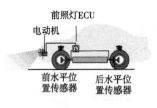 

a)正常状态　　　　　　　　　b)负载时

图 12-23　前照灯照程自动调节

(4)转弯时灯光随动控制:根据转向盘转角、车速、转向指示信号以及导航系统中的道路信息等计算出前照灯的转角,根据行驶条件实时变更前照灯的各项参数,以达到最佳照明状态。

动态转弯灯光系统通过集成在前照灯上的电动机水平调节近光灯的角度旋转角度范围:外侧最大约为 7.5°,内侧最大约为 15°。转弯时内侧灯光的水平旋转角度是外侧灯光的两倍。这样,转弯时不同的旋转角度可以提供更好的照明(图 12-24)。

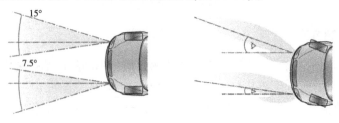

图 12-24　转弯时灯光随动控制

三、预瞄型 AFS

近年来,一种增强的导航系统已经出现,这个导航系统拥有一种算法,它能够识别出当前汽车在地图中的位置,同时从已经计算出的位置预测一系列可能的驾驶路线。该导航系统能够通过汽车信号输入来确定最可能的路线,并且为此路线提供可信度。在一个可变的"预测距离"内,算法能够计算出最可能路线的曲率值。智能驾驶人辅助系统(Advanced Driver Assistance Systems,ADAS)提供的路况信息能够足够可信地预测汽车前方的道路弯曲程度。

ADAS 系统是一种具有预知功能的 AFS,它特有的优良性能使得出射的光束偏离道路走向的角度更小。它包括 5 个方面的应用:导航、速度协助、冲突避免、十字路口支持和道路预测。ADAS 系统的路况信息包括:高精度几何学、高精度道路位置和道路轮廓信息,经过选择的信息(速度限制信息、弯道的数量和道路倾斜度信息)。其中道路轮廓信息是用来预测最理想的前照灯照射位置,并且提醒驾驶人注意不要进弯太快。

图 12-25 描述了预瞄型 AFS 系统的架构。导航单元包括 GPS 传感器、地图信息数据库、偏航率传感器和速度传感器。为了达到执行地图匹配的目的,必须要用到以上所有的传感器。增进软件模块计算出汽车前方的最可能路线和该路线的曲率值,从而得到弯道速度警告信号提醒驾驶人限制速度,弯道速度警告信号是基于汽车信息(汽车型号、车速、天气状况)和很多因素的计算值。预瞄型 AFS 模块接收到这些计算值,例如最可能路线的可信度、曲率和道路等级等,驱动左、右前照灯工作,以达到改善照明的效果。此外,预瞄型 AFS 模块还会接收传统 AFS 系统传感器的信号(汽车行驶速度、转向盘转角和偏航角),如果导航单元的道路信息不值得信赖时,汽车能够在预瞄型和传统 AFS 系统中转换。

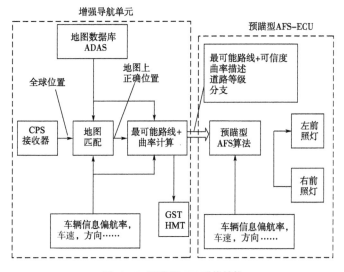

图 12-25 预瞄型 AFS 系统结构

第六节 电控刮水器

一、电控刮水器的组成

汽车风窗玻璃刮水器通过电子控制系统不仅可以实现刮水器的延时控制,还可以实现其他一些复杂控制。如清洗、刮水、高速刮水、低速刮水、间歇刮水和延时控制。

电控刮水器的构成如图 12-26 所示。

车窗刮水器 ECU 与整车中央控制单元通过 CAN 网络进行数据信息交换,同时还要接受各种传感器和测量装置传送进来的不同信号,并做出相应的控制操作。

电控刮水器的电动机驱动电路需要满足电动机正反两个方向运转的要求,因此电动机驱动模块多采用 H 桥形式,其电路原理如图 12-27 所示。

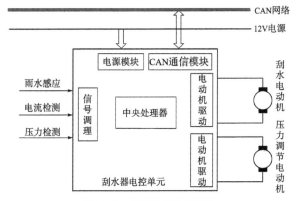

图 12-26 车窗刮水器的 ECU

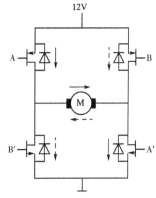

图 12-27 刮水电动机 H 桥驱动电路

由图 12-27 可以看出,当 A 和 A'晶体管同时导通时,电流按实线箭头方向流动;当 B 和 B'晶体管同时导通时,电流按虚线箭头方向流动。不同的电流方向对应不同的电动机转动方向。

刮水器 ECU 的所有控制功能可以按事先设定的程序运行。电动机过载信号的获取是通过检测电动机工作电流的方式实现的。雨量检测、刮水器压力检测则要通过专门的检测装置。

二、电控刮水器的控制

1. 基本控制

电控刮水器具有以下基本控制功能。

1) 前刮水器/清洗器基本逻辑控制

当清洗器开关打开时,ECU 控制刮水器电动机转动,并且在清洗器开关关闭后继续工作 6s。

2) 间歇刮水

当刮水器开关置于间歇工作状态时,ECU 控制电动机转动,使刮水器实现一次往复运动,并且等待预先设定的延时,然后进行下一个往复控制,直到刮水器开关置于关闭状态。延时的时间长短由驾驶人设定,通过改变串联电阻的大小来实现。

3) 后窗刮水器

当后窗刮水器开关打开时,ECU 控制后窗刮水器电动机转动,使其工作 3 个循环(对摆动条撞击停止位置限位开关计数),然后延时 6s,再进行下一个工作循环,直到后窗刮水器开关关闭。

4) 后窗刮水器、清洗器

当后窗清洗器开关打开时,ECU 控制后窗刮水器转动,并在清洗器开关关闭后继续工作 3 个工作循环,等待 18s 后再进行一次循环,这被称为漏滴擦洗,用于擦干后水膜重新汇聚而产生的水珠。

5) 过载保护

当后窗刮水器开关打开后,ECU 就会触发计时器,如果 15s 后仍然没有检测到刮水器运动的信号,电动机的电流会被切断。

2. 摆动条正压力控制

刮水器压力控制系统可以根据车速、雨水量等因素对其压力进行无级调整。汽车高速行驶时,气流往往导致摆动条升起并抖动,大大降低擦除效能。如果在一开始就给摆动条预加很大的压力,则会导致摆动条变形、摩擦阻力过大,使得汽车在低速行驶时摆动条运动困难。刮水器压力控制系统执行机构如图 12-28a) 所示。

刮水器压力控制系统如图 12-28b) 所示,它包括一组测量气流速度和降雨量的传感器,ECU 根据这些传感器的数据向伺服电动机发送合适的控制命令,调整刮水器压力。刮水器位于停止位置时,压力很低,防止摆动条损坏;当车速增加或者降雨量增大时刮水器的压力也相应增加。

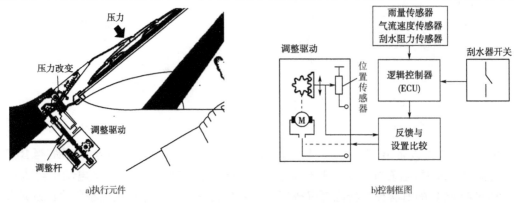

a) 执行元件　　　　　　b) 控制框图

图 12-28 摆动条正压力控制

该系统反应速度很快。当汽车遭受大雨时刮水器压力迅速上升,保持风窗玻璃的清晰度;而当风窗玻璃上的水减少后压力又迅速降低,以免刮伤玻璃。

3. 降雨量感应控制

刮水器设有可变间歇方式,可以让驾驶人根据降雨量的大小来调整刮雨器的工作间歇。但根据天气和行驶情况对刮水器的工作状态进行实时的自动调整也是十分必要的。降雨量传感器在降雨量比较小的情况下可以连续监测风窗玻璃上的降雨量,基于微处理器的 ECU 根据传感器的输出信号改变刮水器的间歇,以适应不同的降雨强度。

降雨量感应系统安装在车内,位于驾驶室内风窗玻璃的左右两端,它监测经风窗玻璃外表面全反射回来的红外线,如图 12-29 所示。红外线发射二极管产生红外线,经过透镜聚焦,然后通过一个导光棱镜导入风窗玻璃内,导光棱镜用透明的导光黏合剂与风窗玻璃相连。

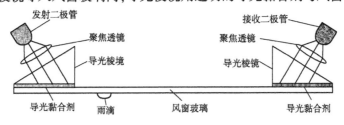

图 12-29　降雨量感应系统的工作原理

如果风窗玻璃非常干燥,大部分红外线都会在风窗玻璃的外表面形成全反射,使红外线在风窗玻璃内部经过多次全反射到达另一端的导光棱镜,被另外一组透镜聚焦,并传递到接收二极管上。

如果风窗玻璃上有水滴,发射出的红外线就有一部分会被雨滴折射出风窗玻璃而损失掉,这样到接收二极管的红外线信号就有所减弱。ECU 将红外信号的损失量与一定的降雨量对应起来,并依此调整刮水器的工作状态。

复习思考题

12-1　名词解释:手动空调、自动空调、主动头枕、LCD、HUD、虚拟仪表、TFT、AFS。

12-2　手动空调是如何控制车内温度的?有何不足?

12-3　手动空调是如何控制鼓风机风速的?有何不足?

12-4　送风方式有哪几种?手动空调是如何控制风向的?有何不足?

12-5　手动空调是如何控制制冷剂流量的?有何不足?

12-6　自动空调是如何控制车内温度的?

12-7　自动空调中对鼓风机控制有哪些策略?

12-8　自动空调中对压缩机控制有哪些策略?

12-9　自动空调中为何采用伺服电动机?

12-10　简述阳光辐射传感器的工作原理。

12-11　为何自动空调常采用神经网络控制?

12-12　手动或电动座椅有何不足?

12-13　记忆座椅有何优点?

12-14　为何要设计主动头枕?

12-15 座椅减振有哪些方法?
12-16 传统式机电式模拟仪表有何不足之处?
12-17 为何汽车上广泛采用组合式仪表,而不采用独立式仪表?
12-18 为何数字式仪表在汽车越来越多地得到应用?
12-19 简述汽车抬头显示系统的工作原理。
12-20 为何要发展车载综合信息显示系统?
12-21 我国汽车前照灯亮度的标准是多少?
12-22 简述前照灯灯光随动控制原理。
12-23 简述前照灯自动照明控制原理。
12-24 简述刮水器摆动条正压力控制原理。
12-25 简述刮水器降雨量感应控制原理。
12-26 简述红外线式降雨量感应传感器的工作原理。

第十三章　汽车网络系统

本章主要介绍：汽车网络的类型、传输原理和组成；并详细讲述控制器局域网(CAN)、局域互联网(LIN)和车辆局域网(VAN)三种网络的基本特点、基本组成、网络结构、信息帧、防干扰、优先权等内容。

第一节　汽车网络的类型与传输原理

一、汽车网络的特点

随着现代科技的高速发展，汽车装备日趋完善，车用电气设备越来越多，从发动机控制到传动系统控制，从行驶、制动、转向系统控制到安全保证系统及仪表报警系统，从电源管理到为提高舒适性而作的各种努力，使汽车电气系统形成一个复杂的大系统，并且都集中在驾驶室控制。如果按照常规点到点间的布线法，则整个汽车的布线将十分复杂，显得很凌乱。尤其是在乘用车中，传统布线不仅增加了布线的复杂程度，而且布线所需的铜线也将成倍增加。

一辆采用传统布线的乘用车中，其导线长度可达2km，电气节点高达1500个。而且，该数字大约每10年增长1倍，从而加剧了粗大的线束与汽车有限可用空间之间的矛盾。一般情况下，线束装在看不到的地方(如纵梁下等)，一旦线束中出现问题，查找相当麻烦，维修也很困难。另外，每种车型的线束均单独设计，增加了设计和试制的难度。有时替换一个老旧的电器配件，往往要增加几根线，因无法加到原线束中，只能从外面加线，从而使线路更凌乱。所以，无论从材料成本还是从工作效率看，传统布线法都将不适应汽车的发展。基于串行信息传输的网络结构成为一种必然的选择，这是汽车上使用网络通信技术的一个主要原因。

另一方面，随着汽车电子化的普及，以网络通信为基础的线控技术(X-by-Wire)已在汽车上普遍应用，这是汽车对网络技术需求的另一个原因。

线控系统在人机接口、执行机构和传感机构之间，以及与其他的系统之间要进行大量的信息传送，基于串行通信的网络技术是实现这种通信功能的最佳结构。线控技术要求网络的实时性好、可靠性高，而且，一些线控部分要求具有冗余的"功能实现"，以保证在故障时仍可实现这个装置(总成)的基本功能。就像ABS和动力转向一样，在线路出现故障时仍具有制动和转向的基本功能。这就要求用于线控的网络数据传输速度高、时间特性好(通信事件发生时间是确定的)、可靠性高和具有必要的冗余技术，这也是汽车网络的特点。

汽车上使用网络的另一个原因是计算机网络在生活中的广泛应用和智能交通系统的应用。这两种应用势必使汽车成为互联网上的一个(或多个)终端。未来汽车上可以提供任何在办公室或家庭中一样的网络信息服务。在智能交通体系中，一个汽车应当具有接收和提供相关信息的功能，如接收定位信号、提供地理信息服务、接收管理信息、发送本车状态信息、进行安全服务请求等。要实现这些功能，需要很强的通信能力和数据的共享功能，这也是计算机网络最基本的功能。汽车上，信息服务部分往往与车上媒体系统共用一个网络，即媒体与信息网。

归纳起来,汽车网络具有如下特点:

(1)减少了线束的数量和占用空间,因而也就减少了线束的造价和质量,提高了电子系统的可靠性,使之维修容易,安装简便。

(2)由于采用了通用传感器(如动力系统和传动系统共用车速传感器),通过网络进行数据通信,可以达到消除冗余传感器并实现数据共享的目的。

(3)改善了汽车系统设计和配置的灵活性,即通过网络的软、硬件变化可以实现整车功能的变化和扩展,真正实现汽车各个装置的模块化。

(4)使用网络将汽车各个电子控制单元连接起来,让汽车真正成为系统控制的整体对象,利于汽车动力性、排放性、操纵性、经济性和安全性的改进和完善。

随着过程控制技术、现场总线控制技术、信息技术、计算机网络技术、微处理器技术、集成电路技术等的高速发展,汽车网络技术得到了迅速发展,并不断适应线控、光纤、蓝牙等技术在汽车上的应用。

目前汽车网络系统广泛应用于车身系统、动力传动系统、安全系统和信息系统,如图 13-1 所示。典型的汽车网络系统如图 13-2 所示。

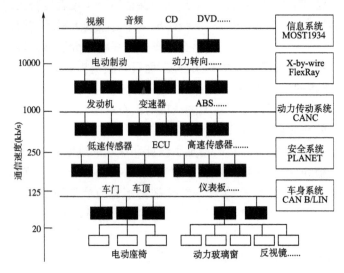

图 13-1 汽车网络系统的拓扑图

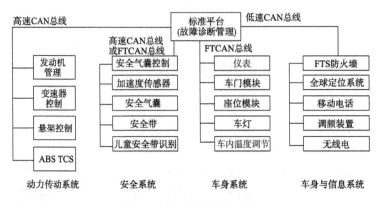

图 13-2 典型的汽车网络系统

二、汽车网络的类型

1. 按拓扑结构分类

拓扑是研究与大小、形状无关的线和面特性的方法。通常把控制器抽象为点,把网络中的通信介质(如数据线)抽象为线,从而抽象出网络的拓扑结构。

按网络的拓扑结构不同,汽车网络主要有星形式、总线式、环形式和树形式,如图 13-3 所示。

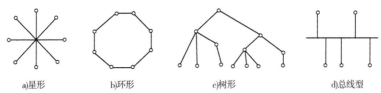

a)星形　　　b)环形　　　c)树形　　　d)总线型

图 13-3　常见局域网拓扑结构

1)星形拓扑结构

这种类型的网络每个节点均以一条单独信道与中心节点相连,中心节点是通信控制中心。其优点是建网容易、控制简单;缺点是网络共享能力差、可靠性低,一旦中心节点出现故障,则会导致全网瘫痪。

2)环形拓扑结构

这种类型的网络网络中各节点通过一条首尾相连的通信链路连接而成一个闭合环形结构网,数据在环上流动。由于各节点共享环路,因此需要采取措施(如令牌控制)来协调控制各节点的发送。其优点是无信道选择问题,缺点是不便于扩充,系统响应延时大,如多媒体网络。

3)树形拓扑结构

这种类型的网络为天然的分层网络结构,网络成本低,结构简单,适合于分主次、分等级的层次型管理系统。

4)总线型拓扑结构

这种类型的网络将各个节点和一根总线相连,网络结构简单、灵活、可扩充性好、可靠性高、资源共享能力强。但由于同环形结构一样采用共享信道,因此需处理多站争用总线的问题。汽车上的网络多采用此种结构,如 CAN 网。

2. 按传输速率分类

按数据传输速率不同,美国汽车工程师协会(SAE)将汽车网络划分为 A 类、B 类、C 类网络,见表 13-1。

表 13-1　SAE 汽车网络级别

特　性	A 类 网 络	B 类 网 络	C 类 网 络
传输速率(kb/s)	1~10	10~125	125~1000
信息传输延时(ms)	小于50	小于20	小于5
时钟离散度要求(%)	20	2	0.01
传输介质(总线)	单线	单线	双绞线
信息优先权	有	有	有
容错能力	无	无	有

D 类以上没有定义,有一种说法,把传输速度在 1Mb/s 以上的网络定义为 D 类网络。

A类网络主要应用于要求价格低、数据传输速度、实时性、可靠性要求较低的系统,如车身系统的车门、天窗、座椅、灯光等系统。A类网络也作为一些传感器和执行器级别的底层局部连接总线使用。

B类网络用于数据传输速度要求较高的系统,包括一些车身控制系统(如SRS、空调、安全带、防盗、刮水器等)、仪表板、低挡的实时控制系统以及故障诊断系统(OBD)等。

C类网络主要用于可靠性和实时性要求较高的系统,如高挡的实时控制系统(如发动机、变速器、制动、悬架、ESP等)、线控系统(如线控制动、线控转向等)。

常用的网络中,LIN是典型的CAN A类网络;典型的B类网络是低速CAN、J1850、VAN,高速CAN、Flex Ray是典型的C类网络。随着成本的降低和应用系统功能的提高,网络应用范围会下移。一些新出现的汽车网络系统,可以达到几兆的速率和具有更高的可靠性。

三类网络功能均向下涵盖,即B类网支持A类网的功能,C类网能同时实现B类和A类网功能。

3. 按通信协议分类

按通信协议不同,汽车网络系统可分为CAN网、VAN网、MOST网等。

CAN网是根据CAN协议设计的汽车网络系统。由于CAN协议已被ISO颁布为国际标准,因此得到广泛应用。CAN协议发展很快,既有高速CAN协议(如ISO 11898、SAE J1939、SAE J2284),也有低速CAN协议(ISO 11519、SAE J2411、SLIO CAN),以及CAN网络。

VAN网是采用VAN协议建立的汽车网络系统,主要有车身VAN网、舒适系统VAN网两种。

LIN网是采用LIN协议建立的汽车网络系统,适应于智能传感器和执行器的低速通信网络。

MOST网是根据MOST协议建立的汽车网络系统,主要应用于汽车多媒体和通信的分布式网络。

4. 按应用系统分类

按应用系统不同,汽车网络系统大致分为动力传动网络系统、车身网络系统、安全网络系统、信息与车载媒体网络系统和故障诊断系统等5种。

动力传动系统主要是将发动机、ABS、自动变速器三个控制单元连接成一个网络,也可连接SRS、ESP、悬架组合仪表等控制单元。动力传动系统的受控对象直接关系汽车的行驶状态,对通信实时性有较高的要求,因此使用高速的总线连接动力传动系统。传感器组的各种状态信息可以通过广播的形式在高速总线上发布,各节点可以在统一时刻根据自己的需要获取自己需要获取的信息。这种方式最大限度地提高了通信的实时性。动力传动网络系统属于高速网络,数据传递应尽可能快,以便及时利用数据,数据传输速率一般为1Mb/s。

车身网络系统主要将防盗、刮水器、天窗、车门、车灯、座椅等电子控制单元连接成一个网络。

车身系统的控制单元多为低速电动机和开关量器件,对实时性要求低而数量众多,使用低速的总线连接这些电控单元。将这部分电控单元与汽车的驱动系统分开,有利于保证驱动系统通信的实时性。此外,采用低速总线还可增加传输距离、提高抗干扰能力以及降低硬件成本。数据传输速率一般为100~125kb/s。

安全网络系统主要是将SRS、安全带、加速度传感器、儿童安全带识别等电子控制单元连接为一个网络。这是根据多个传感器的信息使安全气囊启动等的系统控制系统。由此使用节点数将急剧地增加。对此系统的要求是：成本低、通信速度快、通信可靠性高。

信息与车载媒体网络系统将GPS、组合仪表、CD、车载电话、电视、收音机等电子控制单元连接为一个网络。信息与车载媒体网络系统的容量大、通信速度非常快，通信速率一般在2Mb/s以上。

故障诊断网络是专为车用故障诊断设备建立的通信网络系统，以用于汽车再现诊断或远程诊断。

三、多路传输基本原理

1. 数据传输方式

1）串行传输与并行传输

串行传输的数据是逐位在设备间进行传输，在发送站需将并行数据流变成串行数据流，然后发送到传输信道上；而在接收站又要将从传输信道接收到的数据流变换成并行数据流。并行传输时，多个位在设备间同时传输。串行传输的速率比并行传输要慢得多，但费用低，通常传输距离较远的数字通信系统多采用串行传输，并行传输的速度高，但设备费用也高，适用于近距离传输。

2）同步传输与异步传输

同步传输方式中，各字符没有起始位和停止位，采用按位同步的原则。位同步即接收端接收的每一位数据信息都要和发送端准确地保持同步。异步传输方式是在位同步基础上的同步，要求发送端与接收端必须保持一个群内的同步。异步传输方式实现简单，但传输效率低。同步传输方式对发送端和接收端的要求较高，由于取消了每个字符的起始位和停止位，传输效率高于异步传输方式，适用于高速数据通信。

3）多路复用技术

在同一条通信线路上，实现同时传送多路信号。该技术分为时分多路复用、频分多路复用和波分多路复用。时分多路复用（TDM）是在传输时将时间分成小的时间段，每一时间段由复用的一路信号占用，各路信号在微观上串行传输，宏观上并行传输。广泛应用于数字通信和计算机网络系统。频分多路复用（FDM）是将多路信号分别调制到互不交叠的频段进行传输，各路信号在微观上并行传输，缺点是各路信号之间易互相干扰，多用于模拟通信。波分多路复用（WDM）是在光波频率范围内，将不同波长的光波，按一定间隔排列在一根光纤中传输。

汽车网络一般采用时分多路复用传输方式，如图13-4所示。

2. 信息多路传输与分离过程

通过寻址系统A，数据D0或D1由多路传输模块进入到交流线S。信息D一旦传输到信息分离模块就被导引到由新的寻址系统A所储存的输出口S0和S1处（图13-5）。

通过一个地址，可以导引两个数据；通过两个地址，可以导引4个数据，依此类推。

数据D0和D1进入到多路转换器中呈并行方式排列，而数据D则以串行方式传输到输出S。数据D以串行方式进入到信息分离器，然后以并行方式传输到输出S0和S1。这些数据的传输通过一个时钟同步完成。每一个发送器和接收器都是同步发送和接收的。

1）多路传输阶段

当地址A处于"0"状态时，不管D1处于什么状态，在输出S处都可以得到数据D0。当地址A处于"1"状态时，不管D0处于什么状态，在输出S处都可以得到数据D1。数据D0和D1总是位于输入处，由地址A决定它们之间谁将被传输。数据0或1是一些电平符号，如图13-6所示。

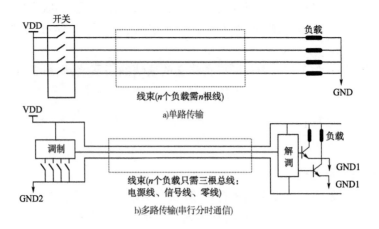

图 13-4　多路传输与单路传输

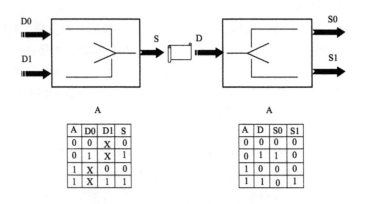

图 13-5　多路传输及信息分离原理

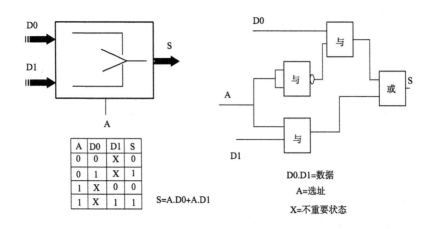

图 13-6　多路传输阶段

2)信息分离阶段

当地址 A 处于状态"0"时,数据 D 被传输到输出 S0,S1 保持"0"状态。当地址 A 处于状态"1"时,数据 D 被传输到输出 S1,S0 保持"0"状态。数据 D 总是位于输入处,由地址 A 的状态决定它们的去向,如图 13-7 所示。

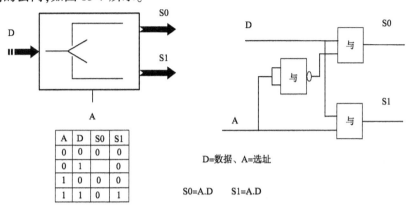

图 13-7 信息分离阶段

四、汽车网络的设计要求

汽车使用应安全、方便、操作简便、性能可靠和低成本,且运行环境恶劣,为此汽车网络系统的设计应考虑下列因素:

(1)温度范围一般要求在 -40~125℃。

(2)油、水、盐雾、尘土以及可能遇到的化学腐蚀物质的影响。

(3)机械振动、颠簸、冲击的影响。

(4)电磁兼容问题:系统必须具有承受外来电磁干扰的能力和不能对环境造成电磁干扰和辐射(家庭环境的电磁场为 3V/m,工厂环境的电磁场为 10V/m,汽车环境电磁场可能大于 200V/m)。

(5)环境保护问题。工作中的释放物(包括声、光、电磁、油和气等)必须满足环保要求,部件和整车报废时的回收处理问题。

(6)可能的故障和可能的误操作,如电源反接、线头脱落、短路/断路、摩擦等,造成的损失应尽量小。

(7)事故时的保护措施或对安全的影响应充分考虑。

(8)任何部件必须保证高的可靠性,在要求的使用周期内发生故障的概率要足够小。

(9)批量生产成本价格。

汽车网络系统除了考虑以上基本因素之外,还应当考虑以下因素:

(1)节点与总线的连接头的电气与力学特性以及连接头数量。

(2)网络系统和应用系统的评估与性能检测方法。

(3)容错和故障恢复问题。

(4)实时控制网络的时间特性。

(5)安装与维护中的布线。

(6)网上节点的增加与软硬件更新(可扩展性)。

汽车网络系统要求可靠、廉价、与应用系统一体化、线路简单和实时性好。

第二节　汽车网络系统组成

汽车网络系统由硬件或软件两大部分组成,其中,硬件主要由模块、传输介质、负载电阻、网关等组成(图13-8)。软件主要指通信协议。

一、模块

模块是探测信号和(或)进行信号处理的一种电子装置,通常是指电子控制单元、传感器和执行器。模块的功能是将信号发送至数据总线上,并接收来自数据总线上的信号。在汽车网络系统通常将模块称为节点。

模块(节点)一般由微处理器、控制器、收发器(或线路接口)等组成,如图13-9所示。本文主要介绍模块中的控制器和收发器。

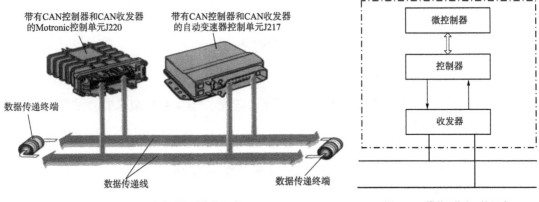

图13-8　汽车网络系统的组成　　　图13-9　模块(节点)的组成

1. 控制器
1) 控制器功能

控制器位于模块的内部,安装在微处理器与收发器之间。控制器的功能有两大功能:
(1) 接收模块中微处理器传来的数据,并对这些数据进行处理后,传送到收发器。
(2) 接收收发器从网络传来的数据,并对这些信号处理后,传送到模块中的微处理器。
2) 控制器的类型

不同通信协议采用的控制器型号不同,但通常分为两大类,即独立控制器和单片控制器。
(1) 独立控制器。

独立CAN控制器是指单一模块,不与ECU的微处理器集成。使用起来比较灵活,可与多种类型的单片机进行接口组合。主要型号有:Intel 82526、Philips 82C200、Philips SJA1000、Simens 81C90/91、NEC72005、MCP2510等。这里主要介绍SJA1000与MCP2510两种CAN控制器。

下面以SJA1000控制器为例介绍其工作原理。

SJA1000控制器是专为CAN2.0B协议设计的一种独立控制器,由Philips公司生产。该控制器采用28个引脚,位速率达1Mb/s,时钟频率为24Hz,可与不同微处理器直接连接,具有Basic和Peli两种CAN工作模式。

SJA1000型CAN控制器主要由接口管理逻辑、发送缓冲器、接收缓冲器、验收滤波器、位流处理器、位时序逻辑、错误管理逻辑等模块组成(图13-10)。

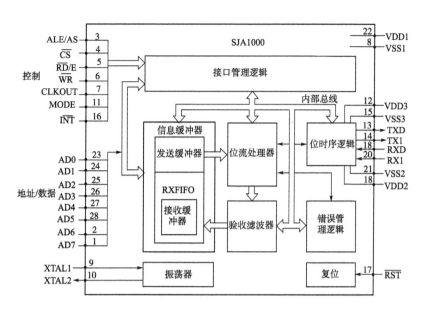

图 13-10 SJA 1000 控制器的结构

①接口管理逻辑(IML):接收来自微控制器的命令,分配控制信息缓存器(发送缓存器、接收缓存器 0 和接收缓存器 1),并为微控制器提供中断和状态信息。

②发送缓冲器(TB):是 CPU 和 BSP(位流处理器)之间的接口,能够存储发送到 CAN 网络上的完整信息。缓冲器长 13 个字节,由 CPU 写入,BSP 读出。

③接收缓冲器(RXB,RXFIFO):是验收滤波器和 CPU 之间的接口,用来储存从 CAN 总线上接收的信息。接收缓冲器(RXB,13 个字节)作为接收 FIFO(RXFIFO,长 64 字节)的一个窗口,可被 CPU 访问。CPU 在此 FIFO 的支持下,可以在处理信息的时候接收其他信息。

④验收滤波器(ACF):用以比较总线上的报文标识符和接收滤波器内容,判别是否接收报文。

⑤位流处理器(BSP):是一个系列发生器,用以控制发送缓冲器、接收缓冲器和 CAN 总线之间的位流。它还负责仲裁、位填充、错误界定以及错误处理等功能。

⑥位时序逻辑(BTL):监视串口的 CAN 总线和处理与总线有关的位时序。它在信息开头的总线传输时同步 CAN 总线位流(硬同步),接收信息时再次同步下一次传送(软同步)。BTL 还提供了可编程的时间段来补偿传播延迟时间、相位转换(例如,由于振荡漂移)、定义采样点和一位时间内的采样次数。

⑦错误管理逻辑(EML):EML 负责传送层模块的错误管制。它接收 BSP 的出错报告,通知 BSP 和 IML 进行错误统计。

(2)单片控制器。

单片控制器与 ECU 微处理器集成为一体,它们在许多特定情况下,使电路设计简化和紧凑,效率提高,如 Philips 8XC592、Motorola 68HC05X4、Siemens C167C 等。

2. 收发器

1)收发器功能

收发器又称为驱动器或线路接口,收发器也位于模块的内部,安装在控制器与数据传输介质之间。收发器的功能主要有:

(1)接收控制器传来模块的信号,并将其转化为电信号输送至数据传输介质。

(2)接收数据传输介质传来其他模块信号,并将其发送至控制器。

2)收发器的类型

收发器是提供控制器与物理介质(总线)之间的接口,是影响网络系统安全性、可靠性、电磁兼容性的主要因素。

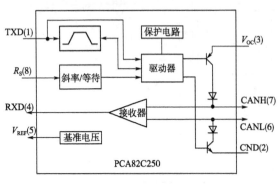

图 13-11　82C250 收发器的功能框图

不同通信协议采用不同型号的收发器,常见的收发器主要有 82C250、82C251、TJA1050、TJA1040、MC33897、SI9200 等。

下面以 82C250 收发器为例,介绍收发器的结构原理。

82C250 收发器是 Philips 公司专为 CAN 协议生产的一种收发器,与 SJA1000 控制器配合使用。82C250 收发器采用 8 个引脚,其功能框图如图 13-11 所示。

控制器 SJA 1000 的串行数据输出线 TX 和串行数据输入线 RX 分别通过光电隔离电路连接到收发器 PCA82C250,PCA82C250 通过有差动发送和接收功能的两个总线终端 CANH 和 CANL 连接到总线电缆,输入 R_S 用于模式控制,参考电压输出 V_{REF} 的输出电压是 0.5 倍的额定 V_{CC},其中 PCA 82C250 的额定电源电压是 5V。

二、传输介质

汽车网络系统的传输介质主要有双绞线、同轴电缆、光纤、无线介质等。

1. 双绞线

双绞线(TPL)是综合布线工程中最常用的一种传输介质。双绞线由两根具有绝缘保护层的铜导线按一定密度互相绞在一起,这样可降低信号干扰的程度,每一根导线在传输中辐射的电波都会被另一根线上发出的电波抵消。双绞线既可以用于传输模拟信号,也可以用于传输数字信号。区域网中的双绞线在 100kb/s 速率下的传输距离可达 1km。双绞线比同轴电缆或光纤的价格便宜得多。双绞线根据是否具有屏蔽性分为非屏蔽双绞线(UTP)和屏蔽双绞线(STP)两类(图 13-12a、b)。

STP 在 UTP 外面再加上一个由金属丝纺织而成的屏蔽层,以提高其抗电磁干扰能力,因此,STP 抗外界干扰的性能优于 UTP,但价格要比 UTP 昂贵。相互缠绕的一对双绞线可作为一条信息通路。

双绞线中的两条线的电位总相反,如果一条是 5V,另一条就是 0V,始终保持电压总和为一常数(图 13-12c)。通过这种方法,CAN 总线得到了保护而免受外界的电磁场干扰,同时 CAN 总线向外辐射也保持中性,即无辐射。

2. 同轴电缆

同轴电缆是由一根空心的圆柱形的外导体围绕单根内导体构成的。内导体为实心或多芯硬质铜线,外导体为硬金属或金属网。内导体和外导体之间由绝缘材料隔离,外导体外还有皮套或屏蔽物。有两种同轴电缆被广泛使用,一种是 50Ω 电缆,用于数字传输,由于多用于基带传输,又称基带同轴电缆;另一种是 75Ω 电缆,用于模拟传输,一般用于电视信号的传输,称为宽带同轴电缆。

3. 光纤

光纤和同轴电缆相似,中心是光传播的玻璃纤芯。纤芯是采用超纯的熔凝石英玻璃拉成的比人头发丝还细的芯线,它质地脆、易断裂。在多模光纤中,需要外加一保护层。纤芯外面包围着一层折射率比纤芯低的玻璃封套,以使光纤保持在纤芯内。再外面的是一层薄的塑料外套,用来保护封套(图13-13)。光纤不受电磁干扰或噪声影响。光纤有单模和多模之分。纤芯的直径是 15~100μm,而单模光纤纤芯的直径为 8~10μm。光纤通常被扎成束,外面有外壳保护。

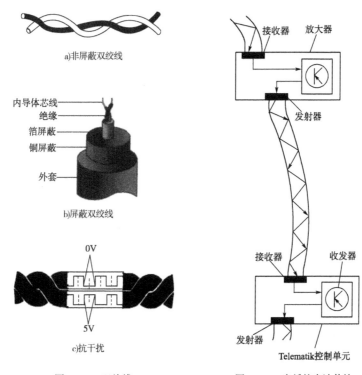

图13-12 双绞线　　图13-13 光纤的光波传输

光导纤维的任务是将在某一控制单元发射器内产生的光波传送到另一控制单元的接收器。

在发送端,可用发光二极管(LED)或激光二极管(LD)等光电转换器件把电信号转换成光信号,再耦合到光纤中进行传输;在接收端,通过光电二极管(PIN)等器件进行逆变换,把光纤传来的光脉冲转换成电信号输出(图13-14)。

图13-14 光纤传输系统

光纤的特点:频带宽度较大和多路、尺寸小、质量轻;通过效率大、信号功率损失小、与频率的关系减弱;超高绝缘、不存在短路和搭铁问题;耐腐蚀、灵敏度高;抗干扰性能强;允许有较高的数据传输速率和较高的信噪比,适用于发动机实时控制、汽车状态监测和通/断负载的开关控制等要求。光纤多路传输系统是汽车多路传输系统的发展方向,是汽车线束的发展方向。

4. 无线介质

无线介质是指通过大气传输电磁波的三种技术,即微波、红外线和激光。这三种技术都需要在发送方和接收方之间有一条视线通路。

无线介质信号传输技术称为蓝牙(Blue tooth)技术。车载蓝牙系统的数据传输速度可达1Mb/s,传输频率为 2.40~2.48GHz,有效距离为 10m。

车载蓝牙系统主要应用于车载电话、CAN 网关、车载多媒体、驻车遥控等方面。

三、数据传递终端

在数据总线的两个末端设有两个终端电阻,其目的是防止数据在终端被反射,并以回声的形式返回,数据在终端的反射会影响数据的传输。

新型 CAN 总线,将终端电阻分布在各控制单元内,形成分布式电阻,称为负载电阻,即发动机控制单元内的"中央末端电阻"和其他控制单元内的高阻值电阻。

四、网关

网关是连接异型汽车网络的接口装置。其功能是将异型网络的通信协议进行翻译和解释,并进行无差错数据传输。即从第一个网络接收信息、翻译信息,向第二个网络发送信息。

汽车网关主要是能在 OSI 参考模型的物理层、数据链路层和应用层上对双方不同的协议进行翻译和解释。

网关实际上就是一种模块,它工作的好坏决定了不同的总线、模块和网络相互间通信质量的好坏(图 13-15)。

a)外形

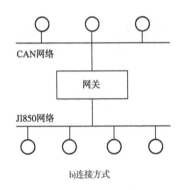
b)连接方式

图 13-15 网关

这是因为两个异型汽车网络,各自的电压电平和电阻配置不同,使网络之间无法耦合连接;各自的数据传输速率不同,无法使用另一个网络发送信号,所以,异型网络之间必须需要一个转换装置来建立之间的相关连接。

五、通信协议

1. 定义

通信协议是指通信双方控制信息交换规则的标准和约定的集合,即指数据在总线上传输的规则。在汽车上,要实现车内各控制单元的通信,必须制定规则,即通信方法、通信时间、通信内容,保证通信双方能互相配合,是通信双方能共同遵守、可接受的一组规定和规则。

2. 类型

在汽车网络系统发展初期,汽车制造根据自己的需要开发各自的汽车网络系统,因此出现了许多网络通信协议,见表 13-2。

几种典型 CAN 协议及其特性　　　　　表 13-2

类　　别	A 类网络	B 类网络	C 类网络	多媒体
主流协议	LIN、TTP/A	中速 CAN、J1850、VAN	高速 CAN(ISO 11898)、TTP/C、FlexRay、Byte-Flight	D^2B、MOST
信息传输延时(ms)	<50	<20	<5	<5
时钟离散度要求(%)	20	2	0.01	
优先级	有	有	有	
容错能力	无	无	有	有
介质	单线	单线	双绞线	光纤
应用场合	面向传感器、执行器的低速网络	独立模块间的信息传输	主要面向高速实时闭环控制系统	汽车音频视频系统

除了常用的 LIN、TTP、CAN、J1850、VAN、FlexRay、Byte-Flight、DDB、MOST 等汽车网络通信协议之外,还有许多其他汽车网络通信协议,但应用较少。

1) LIN 协议

LIN 协议是 A 类汽车网络系统的首选,是用于汽车分布式电控系统的一种新型低成本串行通信系统,它是一种基于 UART 的数据格式、主从结构的单线 12V 的总线通信系统,主要用于智能传感器和执行器的串行通信,而这正是 CAN 总线的带宽和功能所不要求的部分。由于目前尚未建立低端多路通信的汽车标准,因此,LAN 正试图发展成为低成本的串行通信的行业标准。

2) TTP 协议

TTP 协议又称时间触发协议,由 TTTech 公司开发。TTP 协议有两种:TTP/A 和 TTP/C。

TTP/A 适应于 A 类汽车网络,它的应用目标与 LIN 基本一致。它是基于时间触发访问方式的协议,使用不同的物理层,数据传输速度在很大范围内选择。

TTP/C 应用于 C 类汽车网络,是一个应用于分布式实时控制系统的完整的通信协议,它能够支持多种的容错策略,提供了容错的时间同步以及广泛的错误检测机制,同时还提供了节点的恢复和再整合功能。采用光纤作为传输介质、传输速度可达 25Mb/s。

3) CAN 协议

CAN 总线是德国博世公司从 20 世纪 80 年代初为解决现代汽车中众多的控制与测试仪器之间的数据交换而开发的一种串行数据通信协议,它是一种多主总线,通信介质可以是双绞线、同轴电缆或光导纤维。通信速率可达 1Mb/s。CAN 总线通信接口中集成了 CAN 协议的物理层和数据链路层功能,可完成对通信数据的成帧处理,包括位填充、数据块编码、循环冗余检验、优先级判别等项工作。CAN 协议的一个最大特点是废除了传统的站地址编码,而代之以对通信数据块进行编码,最多可标识 2048(2.0A)个或 5 亿(2.0B)多个数据块。采用这种方法的优点可使网络内的节点个数在理论上受限制。数据段长度最多为 8 个字节,不会占用总线时间过长,从而保证了通信的实时性。CAN 协议采用 CRC 检验并可提供相应的错误处理功能,保证了数据通信的可靠性。

CAN 协议可用于 B 类和 C 类汽车网络系统,并被 ISO 作为国际标准。

4) J1850 协议

J1850 协议由美国汽车工程师学会(SAE)开发,应用于 B 类网络,采用双绞线为传输介质,传输速度为10.4kb/s,主要在美国和日本汽车公司中应用。

5) VAN 协议

VAN 协议主要应用于 B 类汽车网络。是由法国标致、雪铁龙、雷诺公司联合开发研制的,主要应用于汽车车身系统,传输速率为 250kb/s,数据域长度为 0～64b,采用双绞线作为传输介质。

6) FlexRay 协议

Flex-Ray 是一种新的汽车网络通信协议,它采用 FTDM(Flexile Time Division Multiple Access)的确定性访问方式,具有容错功能和确定的消息传输时间,能够满足汽车控制系统的高速率通信要求。BMW、Daimler-Chrysler、Motorola 和 Philips 联合开发和建立了这个 Flex-Ray 标准,GM 公司也加入了 Flex-Ray 联盟,共同致力于开发汽车分布式控制系统中高速总线系统的标准。该标准不仅提高了一致性、可靠性、竞争力和效率,而且还简化了开发和使用,并降低了成本。

7) Byte-Flight 协议

Byte-Flight 主要以 BMW 公司为中心制定的。数据传输速率为 10Mb/s,光纤可长达 43m。Byte-Flight 不仅可以用于安全气囊系统的网络通信,还可用于 X-by-Wire 系统的通信和控制,属于 C 类汽车网络协议。

Byte-Flight 的特点是既能满足某些高优先级消息需要时间触发,以保证确定延迟的要求,又能满足某些消息需要事件触发,需要中断处理的要求。

8) DDB 协议

DDB 协议是用于汽车多媒体和通信的分布式网络,通常使用光纤作为传输介质,可连接 CD 播放器、语音控制单元、电话和因特网。

9) MOST 协议

MOST 协议是一种专为媒体信息传送的协议,得到了广泛采用。MOST 网络可以不需要额外的主控计算机系统,结构灵活、性能可靠和易于扩展。MOST 网络光纤作为物理层的传输介质,可以连接视听设备、通信设备以及信息服务设备。MOST 网络支持"即插即用"方式,在网络上可以随时添加和去除设备。MOST 具有以下基本特征:

(1) 支持多种网络连接方式。

(2) 使用 POF(Plastic Optical Fiber)优化信息传送质量。

(3) 无论是否有主控计算机都可以工作。

(4) 发送/接收器嵌有虚拟网络管理系统。

(5) 支持数据的同步和异步传输。

(6) 支持声音和压缩图像的实时处理。

(7) 保证低成本的条件下,达到 24.8Mb/s 的数据传输速度。

(8) 提供 MOST 设备标准。

(9) 方便简洁的应用系统界面。

第三节 控制器局域网

一、CAN 的基本特点

控制器局域网(Controller Area Network,CAN)是一种有效支持分布式控制或实时控制的串行通信网络。这种网络属于现场总线的范畴,可称为 CAN Bus(CAN 总线)。由于 CAN 能适用的通信速率可高达 1Mb/s 的高速网络,又能适用于低成本的多线路网络,因此可以廉价地在汽车的电气系统中应用。

SAE 按通信速率不同将 CAN 分为三个级别:高速 CAN,主要用于汽车动力传动系控制系统和底盘控制系统;中速 CAN,主要用于车身系统;低速 CAN,主要用于汽车媒体系统控制及仪表显示系统。现在很多汽车产品供货商提供支持 CAN 的相关产品,包括 ECU、微控制器、接口元器件都有支持 CAN 协议的产品,为 CAN 的广泛应用提供了坚实的基础。

CAN 具有如下特点:

(1)国际标准:CAN 是到目前为止唯一有国际标准且成本较低的现场总线。

(2)多主方式:CAN 为多主方式工作,网络上任一节点均可在任意时刻主动地向网络上其他节点发送信息,而不分主从,有极高的总线利用率。

(3)标识符报文:报文中不包含源地址或目标地址,仅用标识符来表示功能信息及优先级信息。在报文标识符上,CAN 上的节点分成不同的优先级,可满足不同的实时要求,优先级高的数据最多可在 134μs 内得到传输。

(4)总线仲裁技术:采用非破坏总线仲裁技术。当多个节点同时向总线发送信息出现冲突时,优先级低的节点会主动退出发送,而最高优先级的节点可不受影响地继续传输数据,从而大大节省了总线冲突仲裁时间。尤其是在网络负载很重的情况下,也不会现网络瘫痪情况。

(5)数据传输方式灵活:CAN 节点只需通过报文的标识符滤波即可实现点对点、点对多点及全局广播等几种方式传送接收数据。

(6)通信距离与速率高:CAN 的直接通信距离最远可达 10km(速率 5kb/s 以下);通信速率最高可达 1Mb/s(此时通信距离最长为 40m)。

(7)节点数多:CAN 上的节点数主要取决于总线驱动电路,目前可达 110 个。在 CAN 2.0A 标准帧报文中标识符有 11 位,而在 CAN 2.0B 扩展帧报文中标识符有 29 位,使节点的个数几乎不受限制。

(8)短帧结构:报文采用短帧结构,其传输时间短,受干扰概率低,保证了数据的出错率极低。

(9)错误检测和校正能力强:CAN 的每帧信息都有 CRC 校验及其他检错措施,保证了极好的检错效果,从而保证了数据的可靠传输。

(10)通信介质选择灵活:CAN 的通信介质可为双绞线、同轴电缆或光纤,选择灵活。

(11)自动关闭和自动重发:CAN 节点在错误严重的情况下,具有自动关闭输出功能,以使总线上其他节点的操作不受影响,而且发送的信息遭到破坏后,可自动重发。

二、CAN 的基本组成

CAN 由控制器、收发器、数据传输终端以及两条数据传输线组成(图 13-16)。除了数据传输线,其他元件都置于控制单元内部。

1. CAN 控制器

CAN 控制器的作用是接收控制单元中微处理器传来的数据,对这些数据进行处理并将其传往 CAN 收发器。同样,CAN 控制器也接收由 CAN 收发器传来的数据,对这些数据进行处理并将其传往控制单元中的微处理器。

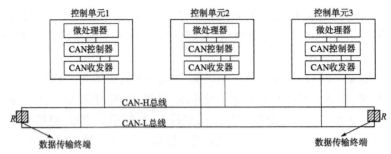

图 13-16 CAN 总线组成

2. CAN 收发器

它将 CAN 控制器传来的数据转化为电信号并将其送入数据传输线。它也为 CAN 控制器接收和转发数据。

3. 数据传输终端

它是一个电阻器，其作用是防止数据在终端被反射，并以回声的形式返回。数据在终端的反射会影响数据的传输。

4. 数据传输线

数据传输线为双线，两条线分别称为 CAN 高线和 CAN 低线。为了防止外界电磁波的干扰和向外辐射，CAN 总线将两条线缠绕在一起（双绞线）。

三、CAN 的网络结构

1. OSI 的七层体系结构

国际参考标准化组织推荐的开放系统互联网（OSI）的七层参考模型（图 13-17），是目前国际上数据网的公认标准。其目的就是要在各种终端设备、微处理器、操作系统进程之间以及人们互相交换信息的过程中，能够逐步实现标准化。OSI 参考模型从第一层到第七层依次为物理层、数据链路层、网络层、传送层、会话层、表示层和应用层。其中 1~2 层，即物理层和数据链路层由硬件控制，3~7 层，即网络层、传输层、会话层、表示层和应用层由软件控制。

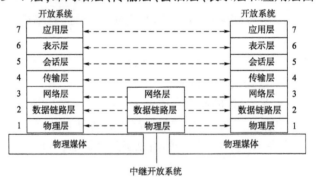

图 13-17 OSI 的七层体系网络结构

每个层次都在完成信息交换的任务中担当一个相对独立的角色，具有特定的功能。其中第七层为最高层，第一层为最低层。中断开放系统中只有下三层，而一般开放系统具有完整的七层。

2. CAN 分层结构

CAN 网络结构主要包括两大部分：一是通信部分，二是网络管理部分（图 13-18）。通信部分相当于 OSI 模型的物理层、数据链路层、传送层和应用层。

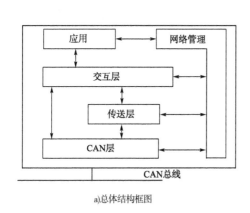 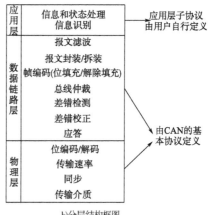

a)总体结构框图　　　　　　　　　　　b)分层结构框图

图 13-18　CAN 的总体与分层结构

CAN 层按 3 个特定的子层分层：物理层和数据链路层作为通信硬件；另外还有附加的软件子层，软件子层的主要用途是针对不同的硬件在执行 CAN 协议时，提供通用的接口集。该子层还具有对 CAN 硬件配置和控制的驱动功能；还可以选择能提供两种附加数据传送服务——确认数据传送服务和数据报传送服务的软件子层。

传送层能对随机的长数据单元从一个站点到另一个站点提供透明而可靠的传送。交互层是各种服务和协议的集合，它支持不同站点应用过程或管理过程之间的交互作用。

网络管理部分的功能是为获得操作的安全性和可靠性，该部分成了各种功能和实体的和集，它能对网络配置进行检测，对失效进行校正及支持网络诊断等。

CAN 协议的结构模型与 OSI 参考模型的主要区别有如下两点：

（1）CAN 网络结构各层功能只限于车内通信的需要和为特定目的服务，相比 OSI 的七层协议稍简单些，但效率要高些，尤其是实时控制效果最为显著。

（2）CAN 的信息不必通过所有的网络层，即在某一层中处理数据时，可直接调用较低层参与服务。

3. CAN 的物理层

物理层是将 ECU 连接至总线的电路实现。其作用是在不同节点之间根据所有的电气属性行为的实际传输。

1）物理层的功能模型

CAN 物理层划分为物理信令（PLS）子层、媒体附属装置（PMA）子层和介质相关接口（MDI）子层三部分（图 13-19）。其中，媒体附属装置子层和媒体相关接口子层构成了媒体访问单元（MAU），MAU 表示用于耦合节点至发送媒体部分。

（1）PLS 子层实现与位表示、定时和同步相关的功能。

（2）PMA 子层实现总线发送/接收的功能电路并可提供总线故障检测方法。

（3）MDU 子层是物理媒体和 MAU 之间的机械和电气接口。

2）物理层的意义

（1）物理介质：电子单元之间的连接线应为屏蔽双绞线，其中信号的名称分别是 CAN-H 和 CAN-L，两信号线之间应有 120Ω 的电阻，电子单元对应引脚也分别表示为 CAN-H 和 CAN-L。

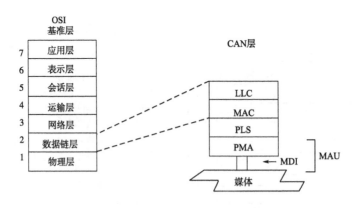

图 13-19　CAN 的物理层结构

(2)差动电压:与每个独立单元的引脚相连的 CAN-H 和 CAN-L 相对于屏蔽地电压记作 VCAN-H 和 VCAN-L。某一时刻的差动电压 V_{diff} 按下式计算

$$V_{diff} = V_{CAN-H} - V_{CAN-L}$$

(3)总线级别:总线有两种逻辑状态(两种位电平):显性和隐性。"显性"(Dominant)数值表示逻辑0,而"隐性"(Recessive)表示逻辑1。"隐性"状态下,CAN-H 和 CAN-L 被固定于平均电压电平,V_{diff} 近似为0。"显性"状态下,V_{diff} 以大于最小阈值的差分电压表示,如图 13-20 所示。

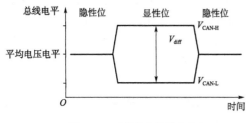

图 13-20　总线位的数值表示

通过总线传输的报文采用不归零(Non-Return-to-zero)编码方法,这意味着一个完整位的位电平要么是"显性"(逻辑0),要么是"隐性"(逻辑1)。当总线上的 CAN 控制器发送的位都是隐性位时,此时总线状态是隐性;如果总线上有显性位出现,隐性位总是让位于显性位,即总线此时处于显性位状态。

(4)拓扑:网络的线路拓扑应尽可能地近似于线性结构。

(5)终结电阻:总线在每一个终点都以记为 R_L 的终结电阻而结束。终结电阻应该连接在 CAN-H 和 CAN-L 之间,以保证 CAN-H 和 CAN-L 导线的正确终止。

(6)位时间:位时间即比特时间 t_B,是一位的持续时间。在位时间内作用的总线管理功能,如 ECU 同步作用,网络传输延迟补偿,以及采样点位置确定,是由 CAN 模块的可编程位时间逻辑门综合控制电路确定的。

一位的位时间可以分为四部分,即同步段、传播段、相位缓冲段1和相位缓冲段2,如图 13-21 所示。

图 13-21　位时间的组成

①同步段:用来使总线上的不同 ECU 实现同步。

②传播段:用来在网络中补偿物理延迟时间。它是由总线的传输时间和 ECU 的内部延迟时间引起的。

③相位缓冲段1和相位缓冲段2:用来补偿相位误差,它可以通过再次同步来延长或缩短。

④采样点:采样点是一个时点,在此点上仲裁位电平被解读,并被理解为各位的数值,位于相位缓冲段 1 的终点(相位缓冲段 2 的起点)。

(7)同步规则:同步包括重同步和硬同步两种,均应遵循下列规则:

①在一个位时间内仅允许一种同步。

②如果在先前的采样点测得的总线值不同于紧随跳变沿之后的总线值,则执行一次硬同步。

③在总线空闲期间,当存在一个隐性位至显性位的跳变沿时,则执行一次硬同步。

④所有履行以上规则①和②的其他隐性位到显性位的跳变沿都将被用于重同步。例外情况是,如果是跳变沿位于采样点之前,且隐性位到显性位的跳变沿被应用于重同步,发送显性位的节点将不执行重同步。

(8)总线故障:总线故障影响通信的正常进行,常见故障有:

①失去和网络的联系。如果一个节点失去和网络的联系,其他的节点将继续保持通信。

②节点电源或搭铁损坏。如果一个节点失去供电或在低电压条件下,网络不会过载,其他节点将继续保持通信。如果一个节点失去搭铁,网络将不会发生中断,其他的节点仍会;保持通信。

③断开屏蔽。如果在一个节点断开屏蔽,通信是可能的,但电磁干扰将增加。通常将在屏蔽和线路之间存在模式电压。

④开路、短路故障。原则上,如果有一重大的报文破坏速率出现,则此故障应该是可发现的。

4. CAN 的数据链路层

1)功能

在物理线路上,由于噪声干扰、信号衰减等多种原因,数据传输过程中常常出现差错,而物理层只负责透明地传输结构的原始比特流,不可能进行任何差错控制。因此,当需要在一条线路上传送数据时,除了必须有一条物理线路(链路)外,还必须有一些必要的规程来控制这些数据的传输。把实现这些规程的硬件和软件加到链路上,就构成了数据链路层(Data Link Layer)。

数据链路层是 CAN 的核心部分,其功能是保证物理层处于各种通信环境条件下,都能向高层提供一条无差错、高可靠性的传输通道。

为此,通常将原始数据分割成一定长度的数据单元——帧,一帧内应包含同步信号、差错控制、流量控制、控制信息、数据信息、地址信息等。

2)组成

CAN 数据链路层包括逻辑链路控制子层(LLC 子层)和媒体访问控制子层(MAC 子层)。

LLC 子层完成接收过滤、超载通知和管理恢复等功能。MAC 子层完成数据打包/解包、帧编码/解码、媒体访问管理、错误检测、错误信令、接收应答、串并转换等功能。这些功能都是围绕信息帧传送过程展开的。

四、CAN 的信息帧

信息帧用于实现 CAN 数据链路层各子层的功能。帧是一种将原始数据分割成一定长度的数据片,即数据传输的单元,以便更可靠地传输数据。CAN 总线所传输的信息帧有数据帧、远程帧、错误帧和过载帧四种类型。

(一) 数据帧

数据帧的功能是将数据从发送器传到接收器。数据帧有标准帧和扩展帧两种,均由 7 个不同的域组成:起始域、仲裁域、控制域、数据域、安全域、应答域、结束域,如图 13-22 所示。

图 13-22　CAN 数据帧的组成

1. 起始域

标志数据帧或远程帧的起始,仅由一个"显性"位组成(即 0),带有约 5V 的电压(系统决定)的 1 位被送入 CAN 高位传输线,带有约 0 V 电压的 1 位被送入 CAN 低速传输线。

2. 仲裁域

根据识别符判定数据中的优先权。标准格式下识别符长度为 11 位,这些位按 ID-7 到 ID-0 的顺序发送,最低位是 ID-0。7 个最高位(ID-10 ~ ID-4)必须不能全是"隐性"。在标准帧里,识别符后是远程发送请求位,该位若为"显性"(即"0"),代表发送的信息是数据;若为"隐性"(即"1")代表发送的信息是数据请求。只要总线空闲,各控制单元均可向总线发送数据,如果各个控制单元要同时发送各自的数据,那么系统必须决定哪一个控制单元先进行发送。具有最高优先权的数据先发送,标识符的二进制值越小,其优先权就越高。例如,发动机控制单元、ABS 控制单元、自动变速器控制单元同时向总线发送数据时,三者仲裁域的标识符分别为 010 1000 0000、001 1010 0000、100 0100 0000(程序中设置好的),则由于 ABS 控制单元的标识符最小,系统就先发送 ABS 控制单元发送的数据。此时,发动机控制单元和自动变速器控制单元转化为接收器接收数据。总线一旦空闲,系统会接下来发送其他的数据,但要注意在数据被成功接收之前仍要争取仲裁,即总线发送数据是根据各控制单元的优先权决定的,而不是按请求发送的时间先后来决定。

3. 控制域

显示在数字域中所包含的数据和长度代码,供接收器检查是否已经接收到所传来的所有信息。控制域由 6 个位组成,包括数据长度代码和两个将来作为扩展用的保留位。所发送的保留位必须为"显性"。接收器接收所有由"显性"和"隐性"组合在一起的位。数据长度代码为 4 个位,指示了数据域中字节的数量。

由于数据帧允许的数据字节数为 0~8,所以数据长度最多为 8。

4. 数据域

由数据帧发送的数据组成,可以为 0~8 个字节,每字节包含了 8 个位(最大为 64 个位)。该数据可以代表实际的数据,也可以是一个数据请求,如果是数据请求,就没有数据字节随从,控制域中的数据长度代码就不会与数据字节有直接关系。那么,数据域是如何表示数据的呢?例如要表达节气门开度信号,系统可以用 2 个位表示 4 个节气门开度位置;也用 3 个位表示 8 个节气门开度位置。

同理,可用 8 位数表示 256 个节气门开度位置。如果 1 个字节不够表示,可以用 2 个字节或多个字节表示,但不超过 8 个字节,即不超过 64 位。

5. 安全域

检测传递数据中的错误。CAN 系统用于电噪声很大的环境,这个环境中的数据最容易丢失或破坏。CAN 协议提供了 5 种错误检测和修正的方法,因此如果数据被破坏,它能够检测出来,而且网络中的所有的电控单元都会忽略这个数据。这 5 种错误检测类型分别为位错误、填充错误、CRC 错误、形式错误、应答错误。

(1) 位错误:各控制单元在发送位的同进时也对总线进行监视。如果所发送的位值与所监视的位值不相符合,则在此位时间里检测到一个位错误。但是在仲裁域的填充位流期间或应答间隙发送一"隐性"位的情况是例外的——此时,当监视到一"显性"位时,不会发出位错误。当发送器发送一个被动错误标志但检测到"显性"位时,也不视为位错误。

(2) 填充错误:如果在使用位填充法进行编码的信息中,出现了第 6 个连续相同的位电平时,将检测到一个填充错误。

(3) CRC 错误:ERE 序列包括发送器的 CRC 计算结果,接收器计算 CRC 的方法与发送器相同。如果接收器的计算结果与接收到 CRC 序列的结果不相符,则检测到一个 CRC 错误。

(4) 形式错误:当一个固定形式的域含有 1 个或多个非法位,则检测到一个形式错误。

(5) 应答错误:只要在应答间隙期间所监视的位不为"显性",则发送器会检测到一个应答错误。

6. 应答域

在应答域中接收器通知发送器已经正确接收到数据。如果检查到错误,接收器立即通知发送器,发送器然后再发送一次数据,直到该数据被准确接收为止,但从检测到错误到下一数据的传送开始为止,发送时间最多为 29 个位的时间。应答域长度为 2 个位,包含应答间隙和应答界定符,常态下发送两个"隐性"位。当接收器正确地接收到有效的数据,接收器就会在应答间隙期间内向发送器发送一"显性"的位以后应答,而应答界定符始终是"隐性"位。

7. 结束域

标志着数据报告结束,由 7 个"隐性"位组成。这里是显示错误并重复发送数据的最后一次机会。

(二)远程帧

远程帧的功能是将数据请求从发送器传到接收器。通过发送远程帧,作为某数据接收器的控制单元会对不同的数据传送进行初始化设置。

远程帧由 6 个不同的域组成:起始域、仲裁域、控制域、安全域、应答域、结束域(图 13-23)。与数据帧相反,远程帧的远程发送请求位(RTR 位)是"隐性"的(即"1")。它没有数据域,数据长度代码的数值是部首制约的(可以标注为容许范围里 0~8 的任何数值)。其余域功能同数据帧。

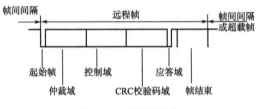

图 13-23 远程帧格式

(三)错误帧

错误帧的功能是可以对所发送的数据进行错误监测、错误标定和错误自控。错误帧由两个不同的域组成,第一个域来自控制器的错误标志,第二个域为错误分界符(图 13-24)。

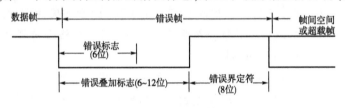

图 13-24 错误帧结构

1.错误标志

有两种形式的错误标志:

(1)激活错误标志:它由 6 个连续显性位组成。

(2)认可错误标志:它由 6 个连续隐性位组成,且可由其他 CAN 控制器的显性位改写。

处于激活错误状态的 CAN 节点检测到错误后,将发出激活错误标志,该错误标志不满足位填充(插入)规则,或者破坏了应答域或帧结束域的固定格式。所有其他节点都将检测到错误状态,并发出该错误标志。因此,这些从总线上检测到的显性位串是各个节点发出的不同错误标志的结果,这一位串的长度最短是 6 个,最长是 12 个。认可错误状态的 CAN 控制器检测到错误后发出认可错误标志,并等待从认可错误标志开始的相同极性的 6 个连续位。

2.错误界定

错误界定符由 8 个隐性位组成,它与过载界定有相同的格式。错误标志发送后,每一个 CAN 节点监视总线,直至检测到一个显性位到隐性位的跳变。此时表示 CAN 节点已经完成了错误标志的发送,并开始发送 8 个隐性位的界定符。之后网络上的错误激活节点便可同时开始其他的发送。

如果数据帧或远程帧的发送过程出错,则重发,当连续出现错误帧错误时,则相应的节点将变为认可错误节点。

当正确结束错误标志,认可节点需要总线空闲至少三个位周期(如果在一个认可错误接收器出现本地错误)。

(四)CAN 总线报文的过载帧

过载帧的功能是当 CAN 按接收器尚未准备好,或接收器在间歇域期间检测到一个"显性"位时,发送过载信息,以延迟数据的传送。

超载帧由两个区域组成:超载标志及超载界定符(图 13-25)。有两种状态将导致超载帧发送:一是接收方在接收一帧之前需要过多的时间处理当前的数据(接收尚未准备好);二是在帧空隙域检测到显性位信号。

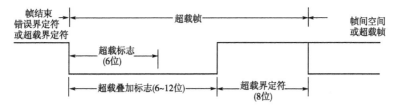

图 13-25 超载帧结构

超载帧发送条件:①由第一个超载条件引起的超载帧的发送是在帧空隙域的第一位周期;②由第二个条件引起的超载帧的发送是在检测到显性位信号后的一位。

超载标识由 6 个隐性位组成。其格式与错误标识相同。超载分界符由 8 个隐性位组成,其格式与错误分界符相同。

五、CAN 的差动传递防干扰技术

控制单元是通过收发器连接到 CAN 驱动总线上的,在这个收发器内有一个接收器,该接收器是安装在接收一侧的差动信号放大器。收发器内的 CAN-H 线和 CAN-L 线上的信号转换是通过差动信号放大器来实现的,这个转换后的信号称为差动信号放大器的输出电压。差动信号放大器用 CAN-H 线上的电压($U_{\text{CAN-High}}$)减去 CAN-L 线上的电压($U_{\text{CAN-High}}$),就得出输出电压。CAN-H 信号和 CAN-L 信号经过差动信号放大器处理后,差动信号放大器再将转换后的信号传至控制单元的 CAN 接收区,就是所谓的差动传递技术,如图 13-26 所示。

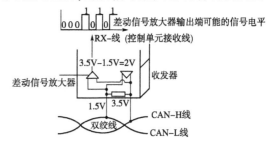

图 13-26 CAN 驱动数据总线的差动信号放大器

由于数据总线也要布置在发动机舱内,所以数据总线就要遭受各种干扰(在维护时要考虑对搭铁短路和蓄电池电压、点火装置的火花放电和静态放电)。差动传递技术可最大限度地消除干扰的影响。由于 CAN-H 线和 CAN-L 线是扭绞在一起的(双绞线),所以干扰脉冲 X 就总是有规律地作用在两条线上,由于差动信号放大器总是用 CAN-H 线上的电压(3.5V – X)减去 CAN-Low 线上的电压(1.5V – X),因此在经过处理后,差动信号中就不再有干扰脉冲了,即输出电压为(3.5V – X) – (1.5V – X) = 3.5V – 1.5V = 2V(图 13-27)。这种差动传递技术的另一个优点是即使车上的供电电压有波动(例如在起动发动机时),也不会影响各个控制单元的数据传递(数据传递可靠性)。

收发器将 CAN 信号输送到 CAN 总线的两条导线上,相应地在 CAN-H 线上的电压就升高,而在 CAN-L 线上的电压就降低一个同样大小的值。对于驱动 CAN 总线来说,一条导线上的电压改变值不低于 1V。控制单元循环往复地在发送信息,就是说信息的重复率一般为 10 ~ 25ms。CAN 驱动数据总线由点火开关接通,短时工作后,又完全关闭。

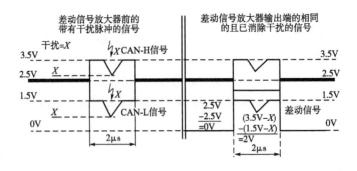

图 13-27　CAN 驱动数据总线差动信号放大器内的干扰过滤

收发器发送一侧的作用是将控制单元内的 CAN 控制器的较弱信号放大，使其达到 CAN 导线上的信号电平和控制单元输入端的信号电平。

六、CAN 的数据报告优先权

如果多个控制单元要同时发送各自的数据，系统就必须决定哪一个单元首先发送，显然，具有最高优先权的数据应首先发送。基于安全考虑，由 ABS/DEL 控制单元提供的数据比动变速控制单元提供的数据（驾驶舒适）更重要。

在数据帧的仲裁域中，有 11 位的标识符，前三位表示优先权（P）。数据报告优先权可以在最高位 0 和最低位 7 之间设置，000、001、010、011、100、101、110、111。例如，在由发动机、自动变速器和 ABS 构成的动力传动网络系统中，三者报文的优先权分别设置为 010、100、000，由此可见 ABS 的优先权最高，发动机次之，自动变速器最低。

三个控制单元同时发送数据，此时，在数据传输线上进行 1 位的数据比较。如果一个控制单元发送了一个低电压，而检测到一个高电位，那么这个控制单元就停止发送，而转为接收，即发出高电位的数据具有优先权，而发出低电位的数据丧失优先权（图 13-28）。

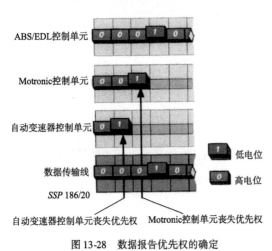

图 13-28　数据报告优先权的确定

第四节　局域互联网

一、LIN 的特性

局域互联网简称 LIN，是英文 Local Interconnect Network 的缩写。

LIN 是一个汽车底层网络协议，在汽车网络层次结构中作为低端网络的通用协议，并逐渐取代目前各种各样的低端总线系统。LIN 局部连接网络典型的应用是车上感器和执行器的联网。按 SAE 的车上网络等级标准，LIN 属汽车上的 A 类网络。LIN 采用单线数据总线。从某种意义上来讲，LIN 就是 CAN 的经济版通信网络，其可定位于低于 CAN 的通信层。

LIN 协议是以广泛应用的 SCI（UART）为基础定义的，它支持与这类产品的连接。LIN 采用单主/多从带信息标识的广播式信息传输方式。网络节点根据在通信中的地位分为主节点和从节点。为了降低成本,LIN 网络中,从节点的同步不需要固定的时间基准。

LIN 的技术特点为:

(1)单主机多从机结构(没有总线仲裁)。

(2)基于普通 UART/SCI 接口的低成本硬件、低成本软件。

(3)带时间同步的多点广播接收,从节点无须石英或陶瓷振荡器。

(4)确定性的信号传输。

(5)低成本的单线实现。

(6)速率可达 20kb/s,总线长度≤40 m,可选的数据域长度为 0～8 字节。

(7)保证信号传输的延迟时间。

(8)数据校验和的安全性和错误检测。

(9)使用最小成本的半导体元件(小尺寸单芯片系统),且可使用汽车蓄电池供电。

(10)需改变 LIN 从节点的硬件和软件即可在网络上增加节点,通常一个 LIN 网络节点数小于 16 个。

LIN 的主要优点可以概括为以下几个方面:

(1)LIN 是一种低端网络系统,可提供简单的网络解决方案,支持网络节点的互操作性,大大减少了系统安装、调试和接线的成本和时间。

(2)LIN 的通信量小、配置灵活、单线连接和单主机/多从机的通信结构(无须总线仲裁),可保证低端设备和电子控制单元简便、快捷的实时通信。

(3)通过主机节点(网关),可将 LIN 与上层网络(如 CAN)相连接,实现 LIN 的子总线辅助通信功能,可优化网络结构,提高网络效率和可靠性。

(4)LIN 的协议是开放的,任何组织和个人无须支付费用即可获取。

二、LIN 的结构与协议

1. 总线结构

LIN 由一个主节点(也称局部连接网络指令器电控单元)和多个从节点(也称局部连接网络执行器电控单元)构成,主节点可以执行主任务也可以执行从任务,从节点只能执行从任务。总线上的信息传送由主节点控制(图 13-29)。

那些与 CAN 相连接的电控单元担任主节点(局部连接网络指令器电控单元)的功能。它用来控制数据传输和数据传输速度,执行 LIN 电控单元和 CAN 之间的转发功能。因此,它是唯一一个在 LIN 与 CAN 相连接的电控单元。与主节点相连接的 LIN 中的从节点(局部连接网络执行器电控单元)的故障诊断是通过主节点(局部连接网络指令器电控单元)来进行的。

图 13-29 LIN 总体结构

从节点(局部连接网络执行器电控单元)作为 LIN 中每个单独的电控单元,只能在 LIN 内发挥作用,它通过 LIN 从主节点获得任务。

2. 传输介质

在 LIN 标准中的,并没有强制规定信号传输介质采用物质载体还是非物质载体,但一般使用一根单独的铜线作为传输介质。

3．节点的结构

一个 LIN 电控单元拥有一个统一的接口(LIN 标准)，以便同其他 LIN 电控单元之间处理信息数据。这种标准的接口需要满足严格的成本要求，所以它必须在现有微控制器中使用标准单位：基本单位为 UART(传送者/接收者异步概念)。LIN 节接口主要由两部分组成：协议控制器和线路接口。

1) 协议控制器(CP LIN)

LIN 协议控制器集成在微控制器中的一个标准单位(UART)上实现，微控制器靠软件负责管理 LIN 协议，实现以下的主要功能：

(1) 发送/接收 8 位字节。

(2) 构成请求帧，接收回应帧。

(3) 发送帧。

2) 线路接口

线路接口负责将 LIN 总线的信号翻译成无干扰的 Rx 信号传入 LIN 协议控制器(CP LIN)，以及相对地将协议控制器(CP LIN)的 Rx 信号进行翻译传入 LIN 总线。因此，这个部件有两个重要作用，就是翻译和保护。

4．信息帧结构

LIN 从主节点发出的信息帧有两种：数据帧和睡眠帧。

1) 数据帧

LIN 数据帧由异步中断域、异步域、标识域、数据域和检查域组成(图 13-30)。

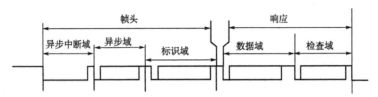

图 13-30　LIN 帧的结构

一个 LIN 帧由字节间分隔开的一系列字节组成：

(1) 异步中断域标志着 LIN 帧的开始。它通过 LIN 网的主节点发出，并且支持所有 LIN 点自动适应总线的速度。

(2) 异步域使得所有总线上的 LIN 节点异步。

(3) 标识域 IDEN 可以标识 64 个节点。它指明数据的目的地或者所询问的节点的地址。

(4) 数据域由 1~8 个八位字位构成，包含了有用的命令或回应信息。

(5) 检查域由一个八位字位构成，以保证 LIN 帧内容的完整性。

LIN 系统支持休眠工作模式。当主节点向网络上发送一个休眠命令时，所有节点进入休眠状态，直到被唤醒之前总线上不会有任何活动。这时总线处于隐性状态，节点没有内部活动，驱动器处于接收状态。当总线上出现任何活动或节点出现任何内部活动时，节点结束休眠状态。当由于从节点内部活动被唤醒时，输出一个唤醒信号唤醒主节点。主节点被唤醒后开始初始化内部活动，从节点要等到同步信号后才参与总线通信活动。

2）睡眠帧

LIN 总线主节点发出的另一个帧是睡眠帧,它的作用是让总线和节点进入低功耗状态。睡眠帧的识别位包含数值 0x80,除此之外,睡眠帧与标准数据帧是相似的。系统设计人员可以选择在识别位之后是否传输数据。当收到唤醒信号时,总线睡眠状态便自动中止。主节点或者从节点都可以发送唤醒信号。当主节点或者从节点发送唤醒信号时,它送出数值 0x80,紧接着是 4~64 位的唤醒信号定界符。如果经过 128 位的时间后,主节点还没有送出同步间隔信号,便送出新的唤醒信号。重复过程最多不能超过三次。

三、LIN 与 CAN 关系

CAN 作为汽车网络的总线标准已经成为主流。但是,低速 CAN 应用于车身控制所面临的最大困难是成本高。由于车身控制网络底层设备多为低速电动机和开关型器件,对实时性要求不高,但是节点数目多,且布置分散,对成本比较敏感,因而致使低速 CAN 仍没有在车身控制中得到广泛应用。近年来,各大汽车制造商都希望有一个统一的、低成本的低端通信总线,弥补 CAN 低端通信成本高的不足。

LIN 是一种新型的低成本汽车车身总线。LIN 总线的目标定位是作为 CAN 的辅助总线,用于车身控制网络的低端场合,实现汽车车身网络的层次化,以降低汽车网络的复杂程度,保持最低成本。LIN 总线主要应用于汽车车身中的联合装配单元,如车门模块、车顶模块、座椅模块、空调模块、综合仪表板模块、车灯模块等。每个模块内部各节点间通过 LIN 总线构成一个低端通信网络,完成对外围设备的控制,各个模块又作为一个节点,通过作为网关的主机连接到低速 CAN 总线上,构成上层主干网,使整个车身电子系统构成一个基于 LIN 总线的层次化网络,实现了真正的分布式多路传输,使网络连接的优点得到充分发挥(图 13-31)。由于目前尚未建立汽车车身低端多路通信的汽车标准,因此 LIN 正试图发展成为低成本低端串行通信网络的行业标准。

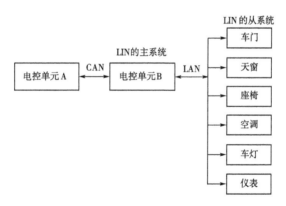

图 13-31 LIN 与 CAN 的关系

第五节 车辆局域网

一、VAN 的特点

车辆局域网简称 VAN,是英文 Vehicle Area Network 的缩写。VAN 是由标致、雪铁龙、雷诺公司联合开发研制的,它主要应用于车身电气设备的控制。VAN协议是一种只需要中等通信速率的通信协议,尤其适用于车身功能和汽车舒适性功能的管理。实际上,许多功能从发出指令到有所行动都需要反应时间,VAN的反应时间大约是100ms,由此可见,这项协议是十分有效的。

二、VAN的结构

1. VAN分层结构

VAN采用ISO标准中的OSI模型,具有7层结构,如图13-32所示。

VAN的拓扑结构为总线—树型或总线—树型—星型。VAN的传输介质采用双绞线,两根导线分别称为DATA和DATAB。VAN的编码方式采用NRZ编码和曼彻斯特编码两种。

2. 节点结构

VAN的节点位于电子控制单元内,节点由协议控制器和线控接口两部分组成,如图13-33所示。

1) VAN控制器

VAN控制器通常内置于电子控制单元中的微处理器内,通过VAN协议传递、接收信息,其主要功能是:

(1) VAN网信息输入和输出的编码/译码。
(2) 检测到空闲总线之后即进入该总线。
(3) 冲突管理。
(4) 错误管理。
(5) 与微处理器(或者微型控制器)的接口实现运行任务。

2) 线路接口

线路接口负责将VAN数据总线的信号DATA和DATAB翻译成无干扰的R0、R1和R2信号传入。或者相反,将控制器的Tx信号翻译成DATA和DATAB传入VAN数据总线。因此,这个部件有两个重要作用,就是翻译和保护。

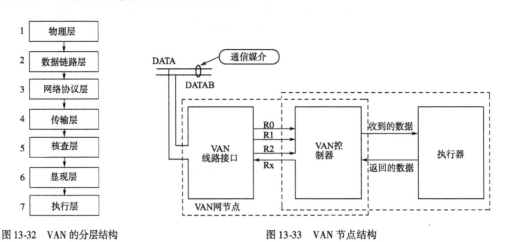

图13-32 VAN的分层结构　　　　图13-33 VAN节点结构

3. 数据帧

VAN的数据帧由9个域组成,即帧始域、标识域、控制域、数据域、CRC校验码域、数据结束域、应答域、帧结束域、帧分区域,如图13-34所示。

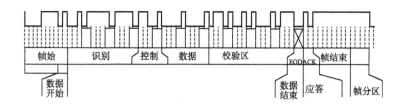

图 13-34　VAN 的帧结构

(1)帧始(SOF,Start Of Frame)域表示 VAN 数据总线系统帧结构的起始。

(2)标识(IDEN)域标明数据的性质和数据的接收者。

(3)控制(COM)域标明帧的类型(读或写)以及分类传输模式(点对点或者数据发散,也就是说是否需要签收回复命令)。

(4)数据(DAT)域包含有用的信息。

(5)校验码(CRC)域检验 VAN 帧内容的完整性。

(6)数据结束(EOD)域标示出数据域的结束和 CRC 的结束。

(7)应答(ACK)域用于储存数据接收者的数据的签收回复。

(8)帧结束(EOF)域标示出 VAN 帧的结束和组成空余总线的第一部分。

(9)帧分区(IFS)域保障帧之间的最小空间以及组成空余总线的第二部分。

4.传输方式

VAN 有三种传输模式。

(1)定时传输模式:定期向网络传送信息,在此期间必须保证时间不是太短,以便于这项信息接收者有足够时间取舍每条发送的信息。

(2)事件传送模式:适用于传输信息数据交换。

(3)混合模式:定时模式和事件模式组合使用,便于保证对使用者所有操作的一个最大限度的回应,确保可以随时刷新信息。

5.进入传输介质

VAN 电控单元进入传输介质依靠随机方式和异步方式,即可以根据需要和执行的本地命令随时进行。在进入 VAN 总线系统时必须先检测它是否空闲。如果总线能够连续读取 12 位的隐性数据即被视为空闲。在这种情况下,不论是 VAN 总线系统的任何电控单元都能够传送和接收信息,每个 VAN 电控单元都不间断地重新读取和比较它所发出的数据。VAN 总线系统按照"与逻辑"的方式运行,以满足以下的功能:如果所有的 VAN 总线系统电控单元在总线上同时发送一个 bit1(隐性),那个 bit1(隐性)就会在总线上被重新读取;相反的,如果至少一个 VAN 总线系统电控单元在总线上发送 一个 bit0(显性),即使所有其他电控单元这时在总线上发送一个 bit1(隐性),那么也只能在总线上读取到一个 bit0(显性)。

在两个或者更多的 VAN 总线系统电控单元同时进入网络的情况下,就会有冲突,必须要判断优先性。数字灵敏性最弱的电控单元(强弱权由显性 bit/bit0 组成)将获得最大优先权。

在判断中失利的 VAN 数据总线系统的电控单元将会立刻停止传输,并且等待 VAN 网总线重新空闲以进行新一轮的传送。

6.签收回复

VAN 的签收回复是由数据发送方激活和实现的。事实上,如果最后一个请求与一个确切的电控单元相连接("点对点"模式),它将激活签收回复命令。在这种情况下,单一电控单元会检测帧的格式是否正确,以及回应一个发给它的标识(IDEN 域将进行核实),以产生一个对这个帧的回复。没有涉及此交换的其他电控单元则不应该产生回复。相对地,如果这最后一个请求与几个电控单元或网络中的电控单元整体相连接,它将取消回复命令。在这种情况下,所有的电控单元将不会产生回复,只有相关电控单元处理这些信息。因此,VAN 数据总线系统协议同样适用于数据发散模式和点对点交换模式。

复习思考题

13-1　名词解释:多路传输、网关、CAN 协议、LIN 协议、VAN 协议。

13-2　现代汽车为何采用 CAN 总线技术?

13-3　简述 CAN 总线的组成。

13-4　简述信息多路传输与分离过程。

13-5　双绞线为何对外可保持无辐射?

13-6　网关起什么作用?

13-7　车用网络系统有哪些通信协议?各有何特点?

13-8　CAN 总线有何特点?

13-9　CAN 的分层结构有哪些?

13-10　CAN 的信息帧有哪 4 种?

13-11　标准的 CAN 数据帧由哪几部分组成?

13-12　CAN 数据帧中的仲裁域(状态域)是怎样判定数据中的优先权的?

13-13　简述 CAN 的差动传递防干扰技术的原理。

13-14　LIN 协议有何特点?主要应用在汽车哪些设备的数据传输?

13-15　VAN 协议有何特点?主要应用在汽车哪些设备的数据传输?

参考文献

[1] 陈刚,王良模,王冬良,等. 汽车电子控制技术[M]. 北京:机械工业出版社,2017.
[2] 高继东. 汽车电子稳定控制系统结构原理与性能测试[M]. 北京:机械工业出版社,2016.
[3] 何勇灵. 汽车电子控制技术[M]. 北京:北京航空航天大学出版社,2013.
[4] 节能与新能源汽车技术路线图战略咨询委员会,中国汽车工程学会. 节能与新能源汽车技术路线图[M]. 北京:机械工业出版社,2016.
[5] 康拉德·赖夫. 汽车电子学[M]. 3版. 李裕华,李航,马慧敏,译. 西安:西安交通大学出版社,2011.
[6] 李克强,戴一凡,李升波,等. 智能网联汽车(ICV)技术的发展现状及趋势[J]. 汽车安全与节能学报,2017,8(1):1-14.
[7] 凌永成. 汽车电子控制技术[M]. 3版. 北京:北京大学出版社,2017.
[8] 鲁植雄. 汽车电子控制基础[M]. 2版. 北京:清华大学出版社,2017.
[9] 吕彩琴. 汽车发动机电控技术[M]. 北京:国防工业出版社,2016.
[10] 舒华. 汽车电子控制技术[M]. 4版. 北京:人民交通出版社股份有限公司,2017.
[11] 魏民祥. 车辆电子学[M]. 北京:科学出版社,2016.
[12] 杨保成. 汽车电器与电子控制技术[M]. 北京:清华大学出版社,2016.
[13] 于京诺. 汽车电子控制技术[M]. 北京:机械工业出版社,2017.
[14] 余志生. 汽车理论[M]. 5版. 北京:机械工业出版社,2009.
[15] 钟志勇,李汉. 汽车发动机电控技术[M]. 武汉:华中科技大学出版社,2017.

人民交通出版社汽车类本科教材部分书目

书 号	书 名	作 者	定价	出版时间	课件
一、"十三五"普通高等教育规划教材					
1. 车辆工程专业					
978-7-114-10437-4	●汽车构造（第六版）上册	史文库、姚为民	48.00	2017.07	
978-7-114-10435-0	●汽车构造（第六版）下册	史文库、姚为民	58.00	2017.07	
978-7-114-13444-9	★汽车发动机原理（第四版）	张志沛	38.00	2017.04	有
978-7-114-09527-6	★汽车排放及控制技术（第二版）	龚金科	28.00	2016.07	有
978-7-114-09749-2	★汽车检测技术与设备（第三版）	方锡邦	25.00	2017.08	有
978-7-114-09545-0	★汽车电子控制技术（第二版）	冯崇毅、鲁植雄、何丹娅	35.00	2016.07	有
978-7-114-09681-5	汽车有限元法（第二版）	谭继锦	25.00	2015.12	有
978-7-114-09493-4	电动汽车（第三版）	胡骅、宋慧	40.00	2012.01	有
978-7-114-09554-2	汽车液压控制系统	王增才	22.00	2012.02	
978-7-114-09636-5	汽车构造实验教程	阎岩、孙纲	29.00	2012.04	有
978-7-114-11612-4	★汽车理论（第二版）	吴光强	46.00	2014.08	
978-7-114-10652-1	★汽车设计（第二版）	过学迅、黄妙华、邓亚东	38.00	2013.09	
978-7-114-09994-6	★汽车制造工艺学（第三版）	韩英淳	38.00	2017.06	
978-7-114-11157-0	★汽车振动与噪声控制（第二版）	陈南	28.00	2015.07	
978-7-114-10085-7	汽车车身制造工艺学	钟诗清	27.00	2016.02	
978-7-114-10056-7	汽车试验技术	何耀华	28.00	2012.11	
978-7-114-10295-0	汽车专业英语（第二版）	黄韶炯	25.00	2017.06	
978-7-114-12515-7	汽车安全与法规（第二版）	刘晶郁	35.00	2015.12	
978-7-114-10547-0	汽车造型	兰巍	36.00	2013.07	
978-7-114-11136-5	汽车空气动力学	胡兴军	22.00	2014.04	
978-7-114-09884-6	★专用汽车设计（第二版）	冯晋祥	42.00	2013.07	
978-7-114-09975-5	汽车车身结构与设计	曹立波	24.00	2017.02	
978-7-114-11070-2	汽车电器与电子控制技术	周云山	40.00	2016.12	
978-7-114-12863-9	新能源汽车原理技术与未来	陈丁跃	36.00	2016.05	
978-7-114-12649-9	汽车油泥模型设计与制作	黄国林	69.00	2016.03	
978-7-114-12261-3	汽车试验学（第二版）	郭应时	32.00	2018.02	有
978-7-114-13454-8	汽车新技术（第二版）	史文库	39.00	2016.12	
2. 汽车服务工程专业					
978-7-114-13643-6	★汽车电子控制技术（第四版）	舒华	48.00	2017.03	有
978-7-114-11616-2	●汽车运用工程（第五版）	许洪国	39.00	2017.06	有
978-7-114-13855-3	★汽车营销学（第二版）	张国方	45.00	2017.06	有
978-7-114-11522-6	★汽车发动机原理（第二版）	颜伏伍	42.00	2016.12	有
978-7-114-11672-8	★汽车事故工程（第三版）	许洪国	36.00	2018.03	有
978-7-114-10630-9	★汽车再生工程（第二版）	储江伟	35.00	2017.06	有
978-7-114-10605-7	汽车维修工程（第二版）	储江伟	48.00	2016.12	
978-7-114-12636-9	汽车新能源与节能技术（第二版）	邵毅明	36.00	2016.03	
978-7-114-12173-9	汽车检测与诊断技术（第二版）	陈焕江	45.00	2016.11	
978-7-114-12543-0	汽车服务工程（第二版）	刘仲国、何效平	45.00	2016.03	
978-7-114-13739-6	汽车服务工程专业英语（第二版）	于明进	28.00	2017.06	
978-7-114-10849-5	工程热力学与传热学（第二版）	李岳林	32.00	2017.04	
978-7-114-10789-4	汽车检测诊断与维修	王志洪	45.00	2013.12	
978-7-114-10887-7	旧机动车鉴定评估（第二版）	鲁植雄	33.00	2018.04	
978-7-114-10367-4	现代汽车概论（第三版）	方遒、周水庭	28.00	2017.06	有
978-7-114-11319-2	交通运输专业英语	杨志发、刘艳莉	25.00	2014.06	有

书　号	书　名	作　者	定　价	出版时间	课件
978-7-114-10848-8	道路交通安全工程	刘浩学	35.00	2016.12	有
978-7-114-14022-8	汽车维修企业设计与管理（第二版）	胡立伟、冉广仁	31.00	2017.09	
978-7-114-13389-3	汽车保险与理赔（第二版）	隗海林	32.00	2016.12	有
978-7-114-13402-9	汽车试验学（第二版）	杜丹丰	35.00	2016.12	有
978-7-114-14214-7	汽车电器与电子技术（第二版）	蹇小平、麻友良	48.00	2017.10	
	二、应用技术型高校汽车类专业规划教材				
978-7-114-13075-5	汽车构造·上册（第二版）	陈德阳、王林超	33.00	2016.08	有
978-7-114-13314-5	汽车构造·下册（第二版）	王林超、陈德阳	45.00	2016.12	有
978-7-114-11412-0	汽车液压与气压传动	柳波	38.00	2014.07	有
978-7-114-11281-2	汽车电气设备	王慧君、于明进	32.00	2015.07	有
978-7-114-11279-9	汽车维修工程	徐立友	43.00	2017.08	有
978-7-114-11508-0	汽车电子控制技术	吴刚	45.00	2014.08	有
978-7-114-13147-9	汽车试验技术	门玉琢	33.00	2016.08	有
978-7-114-11446-5	汽车试验学	付百学、慈勤蓬	35.00	2014.07	有
978-7-114-11710-7	汽车评估	李耀平	29.00	2014.10	有
978-7-114-11874-6	汽车专业英语	周靖	22.00	2015.03	有
978-7-114-11904-0	新能源汽车	徐斌	29.00	2015.03	有
978-7-114-11677-3	汽车制造工艺学	石美玉	39.00	2014.10	有
978-7-114-11707-7	汽车CAD/CAM	王良模、杨敏	45.00	2014.10	有
978-7-114-11693-3	汽车服务工程导论	王林超	25.00	2017.06	
978-7-114-11897-5	汽车保险与理赔	谭金会	29.00	2015.01	
978-7-114-14030-3	汽车零部件有限元技术	胡顺安	23.00	2017.09	
978-7-114-11905-7	汽车诊断与检测技术（第四版）	张建俊	45.00	2017.05	有
	三、教育部 财政部职业院校教师素质提高计划职教师资培养资源开发项目系列教材				
	1. 车辆工程专业				
978-7-114-13320-6	汽车发动机构造与拆装	黄雄健	32.00	2017.01	有
978-7-114-13312-1	汽车底盘构造与拆装	廖抒华、陈坤	32.00	2017.01	有
978-7-114-13390-9	汽车电气设备与维修	楼江燕、江帆	42.00	2017.01	有
978-7-114-13473-9	汽车车身底盘电控技术与检修	张彦会、曾清德	42.00	2017.01	有
978-7-114-13313-8	汽车检测诊断实用技术	熊维平、许平	26.00	2016.12	有
	2. 汽车服务工程专业				
978-7-114-12195-1	汽油发动机管理系统故障诊断与修复	申荣卫	35.00	2017.05	有
978-7-114-13520-0	汽车检测与故障诊断技术	闫光辉	36.00	2017.02	有
978-7-114-13669-6	汽车营销	黄玮、高婷婷、台晓红	29.00	2017.04	有
978-7-114-13652-8	汽车专业教学法	关志伟、阎文兵、高鲜萍	25.00	2017.04	有
978-7-114-13746-4	汽车服务技能训练	刘臣富、杜海兴	40.00	2017.07	有
	四、成人教育汽车类专业规划教材				
978-7-114-13934-5	汽车概论	李昕光	25.00	2017.08	
978-7-114-13475-3	汽车运用基础	韩锐	32.00	2017.01	有
978-7-114-12562-1	汽车电控新技术	杜丹丰、郭秀荣	32.00	2017.04	有
978-7-114-13670-2	物流技术基础	邓红星	28.00	2017.04	有
978-7-114-13634-4	汽车保险与理赔	马振江	26.00	2017.03	
978-7-114-13808-9	汽车服务信息系统	杜丹丰	32.00	2017.07	
978-7-114-13886-7	汽车运行材料	吴怡	28.00	2017.05	有

●为"十二五"普通高等教育本科国家级规划教材、★为普通高等教育"十一五"国家级规划教材。咨询电话：010-85285253、85285977；咨询QQ：64612535、99735898。